普通高等院校经管系列
『十四五』规划教材·数字化财税应用系列

INTELLIGENT FINANCIAL STATEMENT ANALYSIS

智能财务报表分析

侯玉荣 主编

师艳 张玮 副主编

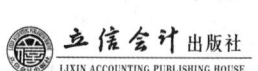

立信会计出版社
LIXIN ACCOUNTING PUBLISHING HOUSE

图书在版编目(CIP)数据

智能财务报表分析 / 侯玉荣主编. —上海：立信会计出版社，2023.4(2024.1重印)
ISBN 978-7-5429-7291-0

Ⅰ.①智… Ⅱ.①侯… Ⅲ.①会计报表—会计分析 Ⅳ.①F231.5

中国国家版本馆 CIP 数据核字(2023)第 071202 号

策划编辑　张巧玲
责任编辑　王秀宇
美术编辑　吴博闻

智能财务报表分析

ZHINENG CAIWU BAOBIAO FENXI

出版发行	立信会计出版社		
地　　址	上海市中山西路 2230 号	邮政编码	200235
电　　话	(021)64411389	传　真	(021)64411325
网　　址	www.lixinaph.com	电子邮箱	lixinaph2019@126.com
网上书店	http://lixin.jd.com	http://lxkjcbs.tmall.com	
经　　销	各地新华书店		
印　　刷	常熟市人民印刷有限公司		
开　　本	787 毫米×1092 毫米　1/16		
印　　张	22.5		
字　　数	545 千字		
版　　次	2023 年 4 月第 1 版		
印　　次	2024 年 1 月第 2 次		
书　　号	ISBN 978-7-5429-7291-0/F		
定　　价	49.00 元		

如有印订差错，请与本社联系调换

普通高等院校经管系列"十四五"规划教材·
数字化财税应用系列
编审委员会

委员会顾问

田高良（西安交通大学）

委　员（排名不分前后）

徐焕章（西安工程大学）

李永红（西安邮电大学）

谢　涛（西安欧亚学院）

宋粉鲜（西安欧亚学院）

罗艳妮（西安欧亚学院）

谢晓妮（西安欧亚学院）

贺　鸣（西安欧亚学院）

侯玉荣（西安欧亚学院）

杨徐馨（西安欧亚学院）

总 序

"教材建设是事关未来的战略工程、基础工程,教材体现国家意志"。近年来,由新业务、新变化、新需求拉动企业会计准则及其应用指南、管理会计及其应用指引等的不断推陈出新,以及财务机器人、大数据、区块链、人工智能等新技术及其应用加速涌现,让广大财务、会计、税务、审计理论研究和实际工作者及学生眼花缭乱。大智移云物区时代,企业与经济发展对会计、审计和财务管理的人才要求越来越高,具备大数据思维和信息素养的财、税、审专业人才越来越受到企业欢迎。因此,进一步深化会计、审计、财务管理、税务教育改革,培养满足新时代需求的高素质会计、审计、财务管理、税务的人才,是当前我国高等学校教育的紧迫任务。我们一直努力探索会计学专业和财务管理专业的教育改革,尤其是教材改革。

从2018年起,伴随财务管理、会计学两个一流专业建设,我们启动了相关专业课程体系重构,以及相应启动"普通高等院校经管系列'十四五'规划教材·数字化财税应用系列"的建设工作。教材编审委员会审定通过并确定的课程教材体系由特色课程教材、实务实践课程教材、信息化专业课程教材三个模块构成。特色课程教材包括《公司财务》《税法》《成本与管理会计》《战略管理会计》四种;实务实践课程教材包括《审计学原理与实务》《内部控制实务》《信息化财务管理实务》三种;信息化专业课程教材包括《管理信息系统教程》《业财一体化教程》《财务数据处理技术——基于PowerBuilder》《智能财务共享理论与实践》《区块链会计》《大数据财税》《大数据审计(智能审计)》《智能财务报表分析》八种。这套系列教材从2020年起陆续由立信会计出版社出版发行。

在此次教材建设中,我们继续坚持教材建设"关注前沿与技术、理论与实务并重、兼容并蓄、务实创新"的原则,关注会计工作的本质及其发展变化规律,基于人才培养创新的视角,以企业"业财资税审数字化转型"实际需求为基础,结合行业认知、企业运营、信息化技术等进行教材内容设计。本系列教材具有"科学性、先进性、实用性和易教易学性"四个特点:一是系统论述会计学科、审计学科和财务管理学科的基本知识、理论和技能,全面反映我国经济改革以及会计、审计、财务管理改革和研究的最新成果,体现教材的科学性。二是立足现实,面向未来,结合信息化技术,体现教材的先进性。三是既与国际趋同,又与中国实际相结合,体现教材的实用性。四是充分尊重教学规律的要求,体现教材的易教易学性。

需要特别说明的是,自2021年起新出版的"普通高等院校经管系列'十四五'规划教材·数字化财税应用系列",持续得到了立信会计出版社以及许多兄弟院校和广大读者的热情支持与帮助,在此一并表示衷心的感谢!同时,我们也真诚地希望会计界、审计界、财务界的专家、学者和广大读者,对本系列教材提出宝贵的意见和建议,以便再版时修订和完善。

编审委员会

2023 年 6 月

前 言

以大数据、人工智能、移动互联网、云计算、物联网为代表的新技术迅猛发展,业财融合逐渐深入,使得企业决策越来越依靠准确而及时的财务数据。繁杂的业务、财务数据只有经过整合、加工、分析和挖掘,才能真正为企业决策所用。随着越来越多的基础财务工作被自动化工具替代,大量的中低级财务会计工作岗位将被取代。"数据"是企业的核心资产,财务报表作为反映企业经营状况最直观的数据统计表,其产出部门——财务部门,自然而然成为企业的"神经中枢",具有先天的数据优势。面对时代带来的新挑战,坐拥先天优势的财务人员应当考虑如何破局。

除了需要持续提高与财务分析相关的专业能力,跨学科地掌握数据分析技术也是重要突破口,而 Power BI 作为业内领先的自助式商业智能分析工具显然是财务人员的转型利器。财务人员只要具备基础的 Excel 操作技能,就可以轻松地搞定大部分原本需要专业 IT 人士才能解决的数据抓取、数据查询、报表生成问题。通过 Power BI 整合来源于不同系统的数据,财务人员可以轻松解决传统模式下信息孤岛效应带来的大量数据核对问题,从而极大地提高工作效率和企业数据的准确性。

"智能财务报表分析"作为培养会计学、财务管理、审计学专业学生大数据财务分析的重要教材,其内容使用微软的 Power BI 工具实现从数据爬取、数据清洗、数据建模到交互式可视化财务报表分析页面的创建,既解决了传统财务报表分析课程数据获取困难的问题,又让学生重新认识了财务报表分析的重要性。本书在财务报表分析理论的基础上,与大数据技术深度融合对报表进行了深度解读。

通过对本书的学习,学生可以从财务报表分析的角度去分析、发现企业经营中存在的问题、潜在的风险,并提出具有针对性的改善措施,在此基础上进一步掌握数据分析的原理和底层逻辑。本书在课程体系、课程内容及教学模式的改革上能够凸显财会类专业与大数据技术的高度融合,为学生日后在企业实务工作中进行有效的财务分析、预测及决策提供坚实的理论基础及实践支持。

本书结合了党的二十大精神,大量引入了国内的财务创新实践理论以及前沿理论观点,以项目操作演练指导的方式进行编撰,配合具体的操作步骤截图,方便读者进行实际操作。

本书由侯玉荣任主编,师艳、张玮任副主编,具体编写分工如下:Power BI 操作部分由侯玉荣执笔,对应第一章至第八章以及第十六章;财务报表分析理论由师艳执笔,对应第九章至第十二章;能力分析理论由张玮执笔,对应第十三章至第十五章。

在此感谢西安欧亚学院财务大数据课程组和财报分析课程组对本书的指导和帮助。本书编写过程中,重点参考了张新民教授编写的《财务报表分析》和张先治、陈友邦主编的《财务分析》;在实操部分还重点参考了马世权老师、采悟老师、踏浪老师的可视化财务报表分析相关课程,在此对以上教材作者和课程老师表示诚挚的感谢!对于书中不妥的地方和出现的错误,恳请给予批评指正。此外,报表分析数据为网抓数据,其准确性和全面性仍有欠缺,仅作为课程授课使用,不建议以此分析为基础进行投资分析。

若您需获取本书的数据仓库、可视化的文件,请发送邮件至 houyurong@eurasia.edu 进行索要。

编 者

2023 年 4 月

目 录

第一部分　让财务报表走上商业智能之路

第一章　财务报表分析与商业智能 003
第一节　财务报表分析的目标 003
第二节　财务报表分析的内容 005
第三节　商业智能 008
第四节　商业智能与财务报表 010

第二章　Power BI 基础认知 012
第一节　Power BI 简介 012
第二节　Power BI 视图 022
第三节　Power BI 报表编辑器 025
第四节　数据类型 030
第五节　Power BI Desktop 的安装 032

第三章　使用 Power BI 开展财务报表分析 034
第一节　上市公司财务报表介绍 034
第二节　财务报表结构重构 037
第三节　使用 Power BI 开展财务报表分析的步骤 039

第二部分　财务报表分析的数据准备

第四章　抓取股票信息表 043
第一节　创建股票样表 043
第二节　抓取股票总表 052

第五章　抓取股票分组表 067
第一节　抓取股票分组表——概念 067

第二节　抓取股票分组表——行业 ··· 082
　　第三节　抓取股票分组表——地域 ··· 098
　　第四节　股票分组表的合并 ·· 113

第六章　抓取三大财务报表 ·· 122
　　第一节　创建报表样表 ··· 122
　　第二节　抓取资产负债表 ·· 129
　　第三节　抓取利润表 ··· 133
　　第四节　抓取现金流量表 ·· 138

第七章　抓取收入构成数据 ·· 140
　　第一节　创建收入构成样表 ·· 140
　　第二节　抓取收入构成——行业 ··· 146
　　第三节　抓取收入分类——地域 ··· 156
　　第四节　抓取收入分类——产品 ··· 161

第八章　数据仓库和关系模型的创建 ·· 169
　　第一节　合并建立数据仓库 ·· 169
　　第二节　辅助表的作用及创建 ··· 173
　　第三节　关系模型的创建 ·· 178

第三部分　创建交互式财务报表及综合分析

第九章　交互式资产负债表分析 ··· 185
　　第一节　资产负债表分析的目的 ··· 185
　　第二节　资产负债表的结构构成 ··· 185
　　第三节　资产负债表的核心指标 ··· 188
　　第四节　交互式资产负债表的设计与创建 ······································· 190

第十章　交互式利润表分析 ·· 210
　　第一节　利润表分析的目的 ·· 210
　　第二节　利润表的结构构成 ·· 211
　　第三节　利润表的核心指标 ·· 213
　　第四节　交互式利润表设计与创建 ·· 220

第十一章　交互式现金流量表分析 …… 242
第一节　现金流量分析的目的 …… 242
第二节　现金流量表的结构构成 …… 243
第三节　现金流量表的核心指标 …… 245
第四节　交互式现金流量表设计与创建 …… 246

第十二章　交互式综合分析评价 …… 253
第一节　综合分析与业绩评价的目的和内容 …… 253
第二节　杜邦分析体系及综合评价的目的与内容 …… 254
第三节　交互式杜邦分析及综合财务指标分析报表设计与创建 …… 256

第四部分　创建财务可视化报告及综合分析评价

第十三章　企业战略分析 …… 267
第一节　战略分析的内涵与基础 …… 267
第二节　行业总体情况分析 …… 268
第三节　企业竞争策略分析 …… 269
第四节　可视化行业总体情况分析页面设计与创建 …… 270

第十四章　比较财务报表技术 …… 282
第一节　比较财务报表的方法 …… 282
第二节　比较财务报表的可视化分析 …… 283

第十五章　财务综合分析与评价 …… 306
第一节　趋势分析与预测分析 …… 306
第二节　企业价值评估 …… 308
第三节　可视化经营与风险分析 …… 311

第五部分　交互式报表管理与分享

第十六章　交互式财务可视化报表的管理与分享 …… 333
第一节　度量值管理 …… 333
第二节　页面设计 …… 336
第三节　报表分享 …… 340

第一部分 让财务报表走上商业智能之路

导入案例

三大财务报表(资产负债表、利润表、现金流量表)分析是财务分析中最基础的,但也是财务人员经常面临的、频次较高的分析。传统的财务报表分析一般是通过给定的某一企业近年来公布的三大财务报表,运用 Excel 表格来处理。虽然短暂性地用 Excel 处理也能满足基本要求,但是如果要对比分析多年的数据或者同行业多个企业的多年数据,就需要处理存储在不同的 Excel 文件中的数据。如果使用 Excel 公式链接引用不同 Excel 文件数据来分析,则维护成本高,效率低下,并且极易出错,会给财务报表分析课程开设及分析内容讲授带来巨大的困扰。因此,结合新兴商业智能工具开展教学可以促使财务报表分析课程更加智能,更加符合数智化时代对于财务分析人员的能力要求。

通过对这一部分的学习,读者可以理解财务报表分析与商业智能的基本目标、作用和关系,并进一步了解和熟悉微软 Power BI 软件在视图、报表编辑器、数据类型以及安装等方面的特点,紧接着全面而又深入地了解使用 Power BI 开展财务报表分析的流程,为后面的章节学习奠定理论基础。

第一章
财务报表分析与商业智能

第一节 财务报表分析的目标

财务报表分析主体是指与企业存在现实或潜在的利益关系,为达到特定目的而对企业的财务状况、经营成果、现金流量状况等进行分析和评价的组织或个人,主要包括:投资者、债权人、经营者、供应商和客户、政府职能部门、社会中介机构等。财务报表分析可以帮助分析主体加深对企业的了解,减少评判过程中的不确定性因素,提高决策的科学性。不同财务报表分析主体的利益倾向存在明显的差异,这也就决定了他们在对企业财务报表进行分析时必然有不同的目的和侧重点。

一、企业投资者

企业投资者包括企业的所有者和潜在投资者,他们的投资决策往往在于是否继续持有对某一企业的投资或是否拟向某一企业投资。为此,他们需要了解企业的盈利能力、财务状况及现金流量,对企业的投资回报和投资风险做出估计和判断,他们主要关注的是企业未来的盈利能力和风险水平。

股权投资者是企业收益的最终获得者和风险的最终承担者。从股权结构来看,由于持股比例不同,投资者对企业的控制力和影响力有着较大的不同,其获取收益的规模及承担的风险存在差异,因而他们进行财务报表分析的目的也不尽相同。对于控股股东和大股东而言,他们可以通过自己的努力直接或间接地影响被持股企业管理层的人事安排,以控制企业的经营决策与财务决策,与此同时,企业一旦破产,控股股东和大股东会因持股比例较高将蒙受较大的经济损失,因此他们更加注重企业的长远发展,如企业的资产结构和资产质量、资本结构、长期投资机会及企业的长期发展能力等。而中小股东主要通过获取资本利得、现金分红来实现投资收益,因而他们比较关注企业的短期盈利水平、现金流量状况、股利分配政策等。

二、企业债权人

负债按照流动性分为流动负债和非流动负债,相应企业的债权人分为短期债权人和长期债权人。

一般情况下，企业的流动负债在债务到期时需要动用现金来偿还，企业资产的变现能力和近期的现金流量状况直接决定着企业能否如期偿付流动债务，因此短期债权人往往比较关心企业的资产的流动性和企业的短期现金流量状况。

非流动负债的债务偿还期限大于1年或一个营业周期，由于企业的非流动负债不需要在近期内动用现金偿还，非流动负债的安全性首先是通过所有的资产来保障。但是，在企业不进行破产清算的情况下，企业的非流动负债到期也需要用现金来偿还，因此，长期现金流量状况也是保障非流动负债偿还的关键因素，而稳定、持续的现金流离不开企业良好的盈利能力，因此，企业的非流动负债债权人较为关注企业的资本结构、长期现金流量状况和企业的盈利能力。同时，由于非流动负债还款期限较长，企业的经营风险和财务风险也都会影响到非流动负债的偿付，因此，非流动负债债权人也非常关注企业的经营风险和财务风险。

三、企业经营者

经营者作为委托—代理管理中的受托人，应对受托财产的保值、增值承担责任，需要对企业运营中的各项活动、企业的经营成果和财务状况进行有效的管理和控制。与其他报表分析主体相比，经营者掌握的信息更全面，分析的目的也更多样化。

经营者会关注企业的盈利能力、营运能力、发展能力、偿债能力等各方面的财务信息。他们通过财务报表分析，及时发现企业运营中存在的问题和不足，进而找到有效的解决对策。同时，经营者对财务状况及经营成果的全年分析，有助于其在投资、筹资等重大决策中做出科学、合理的决策。此外，经营者需要借助财务报表分析，对企业内部的部门及员工进行业绩考评。

四、供应商和客户

供应商是企业商品或劳务的提供者。在赊购过程中，企业与供应商形成了商业信用关系，他们需要分析受信企业的信用状况、偿债能力与风险程度，因此，供应商对企业的偿债能力和信用状况较为关注，以判断其货款回收的可靠性。

客户是企业商品或劳务的消费者。客户希望借助于财务分析，了解企业的产品或劳务的质量、持续提供商品或劳务的能力及持续发展能力等。

五、政府职能部门

政府职能部门主要履行监管职责，涉及的部门有工商、税务、财政、国资委等。这些部门需要通过财务报表分析，监督企业是否遵循了相关政策法规，审核企业经营的合法性与合规性，为宏观决策提供可靠信息。

六、社会中介机构

社会中介机构通常包括会计师事务所、律师事务所、资产评估事务所、证券公司、咨询评估公司等，主要提供审计、评估、咨询等专业服务的中介机构。这些部门通过财务报表分析，了解企业的财务状况、经营成果，以支持其进行评价、估值、鉴定、判断等相关业务及相关决策。

七、其他财务报表分析主体

(1) 员工。企业的员工与企业存在雇佣关系,他们希望借助财务报表分析了解企业的经营状况、盈利能力、发展前景等,从而判断其工作的稳定性、工资水平的高低以及其他福利的完整性等。

(2) 竞争对手。企业的竞争对手通过分析双方的财务报表,可以判断双方的相对效率与效益,找到自己的竞争优势与劣势,为提高自身的市场竞争力、寻求并购目标或防止被并购打下基础。

第二节 财务报表分析的内容

财务报表分析是以三大财务报表为基础,以财务能力分析为核心,基于分析者的目的,构建不同分析专题的一种专业活动。

一、财务报表分析的种类

财务报表的分析主要包括资产负债表分析、利润表分析、现金流量表分析。

(一) 资产负债表分析

资产负债表是基本财务报表之一,是以"资产=负债+所有者权益"为平衡关系,反映企业财务状况的静态报表。它揭示了企业在某一特定日期所拥有或控制的经济资源、所承担的现时义务和所有者享有的剩余权益。资产负债表分析有助于分析和评价企业的偿债能力、营运能力和盈利能力,有助于透视企业的资产管理的质量。针对资产负债表,主要的分析内容如下。

1. 资产负债表结构分析

资产负债表结构分析,就是将资产负债表中各项目与总资产、权益总额进行对比,分析企业的资产构成、负债构成和股东权益构成,揭示企业资产结构、负债结构、股权结构的合理程度,企业通过资本结构与资产结构的对称性分析,有助于透视企业财务风险,探索企业资本结构优化的思路。

2. 资产负债表变动分析

资产负债表变动分析,就是对资产负债表各个项目的期末与期初变动情况进行分析,包括期末与期初变动的绝对值分析、期末与期初变动的相对数分析。企业通过对各项资产、负债和股东权益进行变动分析,揭示企业筹资与投资过程的差异,从而分析与揭示企业生产经营活动、经营管理水平、会计政策及会计估计变更对报表各项数据的影响。

3. 资产负债表趋势分析

资产负债表趋势分析,就是通过对较长时期企业总资产及主要资产项目、负债及主要负债项目、股东权益及主要股东权益项目变化趋势的分析,揭示筹资活动和投资活动的状况、规律及特征,推断企业发展的前景。

4. 资产负债表重点项目分析

除了从整体上对资产负债表进行分析,财务分析者还可以对资产负债表的重点项目进行详细分析,以便发现需要重点关注的问题。这些重点项目主要是在资产负债表结构分析中占比重较大的项目、有异常变动及长期趋势中存在异常变动的项目。

5. 资产质量分析

对资产的要求,就是通过对其进行安排与使用,使其预期效用能够得以最大程度地发挥。因此,资产的质量,就是指资产在特定的经济组织中,实际所发挥的效用与其预期效用之间的吻合程度。企业通过资产质量分析,可以发现资产账面价值与其实际可带来的经济利益的差异,从而揭示企业资产的真实价值。为相关信息使用者提供更为准确、有效的信息。

(二) 利润表分析

利润表是总括地反映企业在一定期间内经营成果的财务报表。利润表是一种动态的时期报表,主要揭示企业一定时期的收入实现情况、费用耗费情况,以及由此计算出来的企业盈利(或亏损)情况。利润表的列报可以反映企业经营业绩的主要来源和构成,有助于使用者了解企业的利润规模。利润表的分析有助于解释、评级及预测企业的经营成果及盈利能力,评价、预测企业的偿债能力,帮助企业做出更科学的经营决策。针对利润表,主要的分析内容如下。

1. 利润表构成分析

利润表的利润分为营业利润、利润总额、净利润;基于形成利润事项,利润表还可以划分为经营活动带来的利润、投资活动带来的利润、利得和损失(利润表的重构详见第三章第二节)。通过对不同利润构成的解读和分析,企业可以深入了解当期利润的主要由来,进而有助于判断利润的持续性。

2. 利润表变动分析

利润表变动分析,主要是以"营业收入"为基数,计算利润表其他项目占营业收入的比重,主要用于考核各成本费用占营业收入的比重,以便分析企业成本费用的管控情况。利润表项目的结构变动分析,是在利润表结构分析的基础上,反映不同时期结构变动的情况,有助于发现变动幅度异常的项目。

3. 利润表趋势分析

利润表趋势分析,就是通过对较长时期企业利润表各项目变化趋势的分析,揭示各类活动的利润贡献程度,发现企业各类业务的贡献变化,有助于分析盈利的持续性和稳定性。

4. 利润表重点项目分析

除了从整体上对资产负债表进行整体分析,财务分析者还要对利润表的重点项目进行详细分析。这些重点项目主要是在结构分析中占比重较大的项目、利润表变动程度及长期趋势中存在异常变动的项目。

5. 利润质量分析

利润质量分析的核心是对利润的持续性和含金量加以考察,一般是选取重点或异动项目,结合其他报表及相关指标进行进一步分析。一般情况下,高质量的企业利润,应当表现为资产运转状况良好、企业所依赖的业务具有较好的市场发展前景、利润创造现金的能力较强、利润所带来的资产能够为企业的未来发展奠定良好的资产基础等。反之,低质量的企业利润表现为资产运转不灵、企业所依赖的业务具有企业的主观操纵性或没有较长发展前景、利润创造现金的能力较差、利润所带来的资产质量恶化,其增加不能为企业的未来发展奠定良好的资产基础。

（三）现金流量表分析

现金流量表是反映企业在一定会计期间现金和现金等价物流入和流出相关信息的报表，可以概括反映企业会计期间内发生的经营活动、投资活动、筹资活动等各项经济活动对现金及现金等价物所产生的影响。现金流量表是对一定时期现金及现金等价物流入、流出及净流量的进一步补充。企业通过现金流量表分析，有助于解释、评级和预测企业现金流量及现金获取能力，了解企业的现金流质量，评价企业的支付和偿债能力。针对现金流量表，主要的分析内容如下。

1. 现金流量表综合分析

现金流量表综合分析主要包括现金流量表总体分析、现金流量表水平分析、现金流量表结构分析、现金流量趋势分析。

2. 现金流量表重大或异动项目分析

现金流量表重大或异动项目分析主要是基于现金流量表的水平及结构分析，筛选重大或异动项目进行专门项目的分析。

3. 现金流量表的质量分析

在对企业的现金流量表进行分析时，企业不能仅仅关注现金流量的结果，而应该针对各类活动的现金流量变化过程分别展开分析。由于经营活动、投资活动和筹资活动在企业的资金周转过程中发挥不同的作用，体现不同的质量特征，因此，各项活动现金流量质量分析的侧重点也应有不同。现金流量表质量分析的核心是现金流量与企业利润的吻合度分析。

二、财务能力的分析

财务能力的分析主要包括偿债能力分析、盈利能力分析、营运能力分析、发展能力分析。

（一）偿债能力分析

偿债能力是指企业偿还到期债务本息的能力。债务按照流动性分为流动负债和非流动负债；按照是否需要还本付息，负债分为经营性负债和金融性负债。传统的偿债能力分析包括短期偿债能力分析与长期偿债能力分析。其中，短期偿债能力分析侧重考察企业的流动性和变现可能性，即企业拥有或控制的可以转变为现金的资产数额、需要时将资产变现的时间及资产变现价值；长期偿债能力分析侧重于关注企业财务风险及盈利能力，而这些又取决于企业的营运水平与管理效率，最终取决于企业的资产配置及筹集资金的能力。此外，由于债务分为需要还本付息的金融性负债和不需要还本付息的经营性负债，对于债务的分析，还需要结合企业在上下游的议价能力来分析。

（二）盈利能力分析

盈利能力又称获利能力，也称企业的资金或资本增值能力，通常表现为一定时期内企业收益数额的多少及其水平的高低，是企业获取收益或利润的可能性以及对投资者报酬的保障程度。按照业务事项不同，获利可以分为经营活动、投资活动及营业外收支活动给企业创造的价值增值。评价企业盈利能力的指标有很多，主要有三类：第一类是经营活动赚取利润的能力，用利润与收入的比值衡量；第二类是企业的资产对企业利润的贡献能力，用利润与资产的比值衡量；第三类是企业给股东带来的投资回报，用利润与股东投入的比值衡量。盈利能力取决于企业获取的收益数额及构成、正常营业状况下的经营业务的盈利性及其持续性,也取决于企业的现金流量。而这些又取决于企业的营运水平与管理效率,最终取决于企业的资产组合及资本利用能力。

(三) 营运能力分析

营运能力是指企业资金的利用效率,主要是通过将各种类型的资产与所带来的经营规模进行比较加以分析,通常以各类资产的周转速度来衡量。企业通过营运能力分析,可以看出资金周转状况和资产管理水平,发现企业在资产运营中存在的问题。企业的资产管理水平与营运能力最终会影响企业的经营安全性和盈利性,营运能力分析是偿债能力分析和盈利能力分析的基础和补充。

(四) 发展能力分析

发展能力是指企业在确保生存的前提下,进一步扩大经营规模、提升市场竞争力、实现投入资本保值增值的潜在能力,主要包括收益增长能力、资产增长能力、资本增长能力。企业能否健康持续发展取决于很多因素,包括外部的经营环境,更取决于内部的核心竞争力和创新能力,也取决于企业的经营绩效、风险管理水平、生命周期等。

三、专题分析

常见的专题分析有财务综合总体分析、主要指标分析、成长性分析、重要性分析、经营与风险分析。专题分析一般基于一定的目的,以财务报表为基础,以财务指标分析关键素材,重点通过指标之间的关联关系,进行更为深入、细致的主题性分析。

专题分析中最为重要的是财务综合分析。财务综合分析是指将各类财务指标作为一个整体,系统、全面、深入地分析企业的财务状况、经营成果、现金流量等,以便对企业的经营管理水平与经济效益做出整体评价与判断的过程。杜邦分析法是常用的财务综合分析的方法之一。杜邦分析法是利用几种主要的财务比率之间的关系来综合地分析企业的财务状况,具体来说是将企业净资产收益率逐级分解为多项财务比率乘积,有助于财务分析者更加清晰地看到净资产收益率的决定因素,以及销售净利润与总资产周转率、权益乘数之间的相互关联关系。

第三节 商业智能

商业智能(business intelligence,BI),从字面上解释:business,即商业,其特点是数据的规模大、涉及的范围广,往往要应用跨部门的企业级海量数据;intelligence,即智能,这个智能在广义上包含两层含义:第一层含义是指人的智能,即作为使用者,人需要学会甄别具有商业价值的数据,选择采集数据和展现数据;第二层含义是指应用系统的智能,即系统能够理解人们查询数据的"意图",并提供分析报表,帮助管理人员做出决策。实际上,将外部数据和企业中的经营活动数据有机结合,往往最具分析价值,而这正是单一的数据集合难以实现的,这也是最能体现应用系统"智能"特性之处。

早在 20 世纪 60 年代,现代商业智能这个概念的雏形已经形成,在当时被称作决策支持系统(decision support systems)。顾名思义,其主要运作形式是利用历史数据和当下的数据为企业的商业经营活动提供基础分析,以辅助企业进行商业决策和制订计划。时至今日,决策支持这个历史悠久的功能仍然是 BI 的主要价值所在。图 1-1 演示了 BI 系统如何将数据转换为信息并最终转化为有价值的知识。

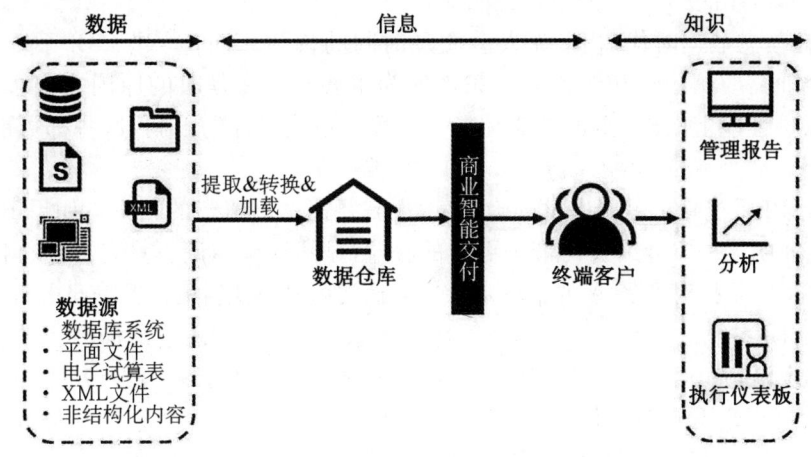

图 1-1　BI 系统的信息转化过程

注:图片引自知乎@BI 使徒。

直到 1989 年,"Business Intelligence"的概念才被正式提出,其被解释为"一种通过利用数据应用系统来支持商业决策的概念和解决方案"。由此可见,BI 既是一套实践方法论(宏观上为建立 BI 数据分析系统提供方法实践论),也是特指某种具体的技术和报表工具(微观上解决具体 BI 项目实施中的技术环节)。

随着技术的发展,BI 的功能从原先单一的报表功能延伸至战略管理、产品定价策略、风险控制等多方面,BI 的应用场景也越来越广泛,这是因为其背后有数据挖掘、文字挖掘、预测分析等高级应用在支持。虽然如今 BI 产品多种多样,但万变不离其宗,优秀 BI 产品的核心特性都是能"指导"企业赚取更多的利润。

如今,无论是通过基于 Excel 的 VBA、函数打造的 Excel BI 系统,还是昂贵的超级复杂的数据仓库系统,BI 早已经是现代企业必备的利器,其所实现的功能如图 1-2 所示。

由此得出,一套成熟的 BI 系统需要在准确、洞察、及时、可执行四个方面发挥体现其价值。

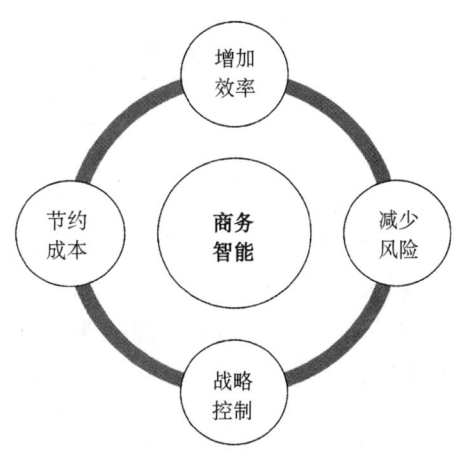

图 1-2　BI 系统能够实现的功能

准确:决策层是否能做出准确的企业决策,很大程度上取决于是否能获取到准确的信息客观地描述企业组织的真实状态。而错误的信息给企业带来的影响往往比没有数据还要糟糕,也会让用户对 BI 系统的可靠性产生怀疑。因此,是否能准确地将数据转化为准确的信息,是衡量 BI 系统是否成熟的最基本要求。

洞察:BI 系统的价值不仅仅在于为企业提供准确的信息,同时也为企业带来实质影响,如更多的盈利增长、更有效的运营或者是更少的损耗。典型的"超市中纸尿裤和啤酒的购买关联"就是洞察的一种应用实例。现实中,许多超市可能已经这样做了。真正有价值的商业洞察往往不容易被挖掘,但其影响往往明显直观。

及时:在信息数据时代,相信无人会质疑时间的价值。同样,对于 BI 系统,是否能及时产生对企业需要的信息和洞察对决策者尤为重要。造成延时的原因有很多,可能是系统硬件或软件性能上的限制,也可能是来自流程或系统以外的限制,这些都可能导致信息延迟。

可执行:BI 系统除了需要提供准确信息,也需要提供可执行的结论。如果 BI 系统的分析结论是企业明天关门会给公司带来更大的收益,显然这个结论不具有可执行性。更具执行性的 BI 分析,是指对产品 A 的市场定价决策这类可具体执行的决策信息的分析。

近年来,BI 系统也受到了一些诟病。从某种意义上来说,BI 这个词已经被滥用成为一种市场营销术语,尤其自"大数据"概念问世以来,某些商家为了营销自己的产品,总喜欢把 BI 这个概念弄得高深莫测。但其实他们过分强调了产品智能,而忽视了人的智能的重要性。这使得一些企业陷入了误区,有些时候只是为了 BI 而 BI,宁可花重金建立一套自认为技术"高大上"的系统,也不愿意花精力深入了解企业内部真正需要 BI 的地方,到头来还是无法解决任何问题。

所以,BI 系统并非全知全能,使用者应该先确立分析意图,再利用 BI 工具智能地进行分析并得出分析结果。即使做探索性分析也该如此。如果连使用者自己都不清楚分析的具体目的,单纯地寄希望于 BI 产品本身的智能,则忽略了人本身的主动性和创造力,其结果往往是徒劳的。

第四节　商业智能与财务报表

现在,越来越多的人都听说过 BI。很多人认为,BI 就是做报表的。其实,报表只是 BI 的一部分,虽然 BI 应用的结果通常需要通过报表来展示,但是,BI 绝对不等于报表。概念上来讲,报表是关于过去和现在状态的展示。BI 是关于如何通过分析数据,帮助决策者找到改变和提高的方案。报表只能实现查询,查询仅仅只能告诉你事实是什么。而我们不仅需要知道发生了什么,还要知道为什么发生,这就需要分析。实现分析要具备两个要素,一是任意维度,二是任意分析路径。

报表可以实现多维度数据展示,却无法支持任意维度的任意组合。有 N 个维度,制作 N 张报表的形式虽然可以勉强支持,但工作量直接翻了 N 倍;就算不考虑后期运维成本,如果每张报表再考虑配置数据权限,那将是指数级工作量的增长。

分析路径,不仅仅指代通过钻取改变分析的颗粒度。除此之外,数据分析需要对多维形式组织起来的数据进行联动、钻取、维度切换等各种分析操作,以便剖析数据。毕竟,管理层查阅数据的需求是无法预先设置的，真正的"任意分析"是满足其随心所欲的查看数据需求。且不说报表配置参数有多曲折繁琐，这一切，都不是靠报表系统配置一些常规的分析路径就能够满足的。

无论是日益增长的报表精细化分析以及多维的数据展示需求，抑或是企业对于业财融合的实际需求，都要求财务分析要与业务分析深度结合，即财务人员需要跳出原有的财务逻辑思维，从业务角度重新看待问题。虽然财务数据是业务结果的反映，但是实现业财融合分析并不容易。首先，财务报表数据一般是综合数据，一个会计科目往往记录了多个业务项目的发生，从财务数据出发很难溯源到具体业务，也就很难从业务角度解释数据发生的变化；其次，虽然目前大多数企业都使用了信息系统，但是各系统的数据难以兼容，信息孤岛现象严重，业务系统与财务系统相互脱离；最后，财务报表作为企业的综合反映数据，多变的商业环境决定了财务报表分析需求的多变，而企业的信息服务难以跟上业务的发展，信息相对滞后。但是，将商业智能技术应用于财务报表分析领域，这些问题可以不断地得到改善。基于商业智能的报表分析及管理平台，可以从数据采集整合、模型建立、数据呈现等方面提供一整套解决方案，在很大程度上可以解决管理报表数据不能溯源到业务、信息提供滞后等问题，并且可以使报表分析工作变得越来越智能化。

如果德勤的财务机器人可以实现财务会计的自动化与智能化，那么将商业智能技术应用于财务报表分析可以使报表分析不断地向自动化与智能化方向发展。《美国管理会计师协会管理会计胜任能力框架》(《IMA管理会计胜任能力框架》)将使用商业智能软件分析数据作为一项重要的能力。这为本书的编排出版提供了前瞻性的指导，可以预见，基于商业智能的财务报表分析平台将是财务报表分析迈向智能化发展的重大趋势。

本书选用微软 Power BI 进行财务报表分析，选择该商业智能软件的缘由将在第二章进行讲解。

本章小结

本章主要学习内容是财务报表分析的重要意义以及在大数据时代如何通过商务智能技术和工具实现财务报表及时、高效的反馈。读者可以结合学术期刊以及前沿技术发展的新闻，拓展知识体系，坦然迎接技术发展对传统专业冲击所带来的机遇与挑战。

第二章
Power BI 基础认知

第一节 Power BI 简介

一、什么是 Power BI

Power BI 是微软公司推出的一套用于分析数据和共享见解的商业智能工具,它可以连接数百个数据源,简化数据的准备工作,即时完成数据的统计分析,并将分析结果制作成类型丰富、外观专业的交互式可视化报告,发布到网页和移动设备上,供相关人员随时随地查阅,以便实时监测企业各项业务的运行状况。图 2-1 展示了 Power BI 对各类数据进行可视化的大致过程。它整合了 Power Query、Power Pivot、Power View、Power Map 等一系列工具的经验成果,使用过 Excel 做报表和 BI 分析的从业人员可以快速使用 Power BI,甚至可以直接使用以前的模型。

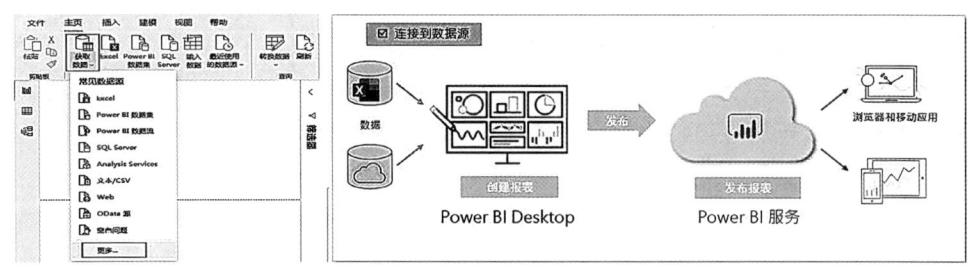

图 2-1 Power BI 对各种数据源进行可视化的过程

Power BI 既可作为员工的个人报表和可视化工具,又可作为项目组、部门或整个企业背后的分析和决策引擎。它由三个部分组成,即 Windows 桌面应用程序(Power BI Desktop)、Power BI Service(Power BI 服务),以及可在 iOS 和 Android 设备上使用的 App(Power BI 移动版)。

Power BI Desktop 是一款可在本地计算机上安装的免费应用程序。Power BI Desktop 可以汇集多种来源的数据,创建复杂且视觉效果丰富的报表。运用 Power BI 服务可与其他人共享制作的报表。使用 Power BI 移动版可在手机等移动设备上实时查看数据更新,随时掌握业务状况,图 2-2 为 Power BI 的三个组成部分。

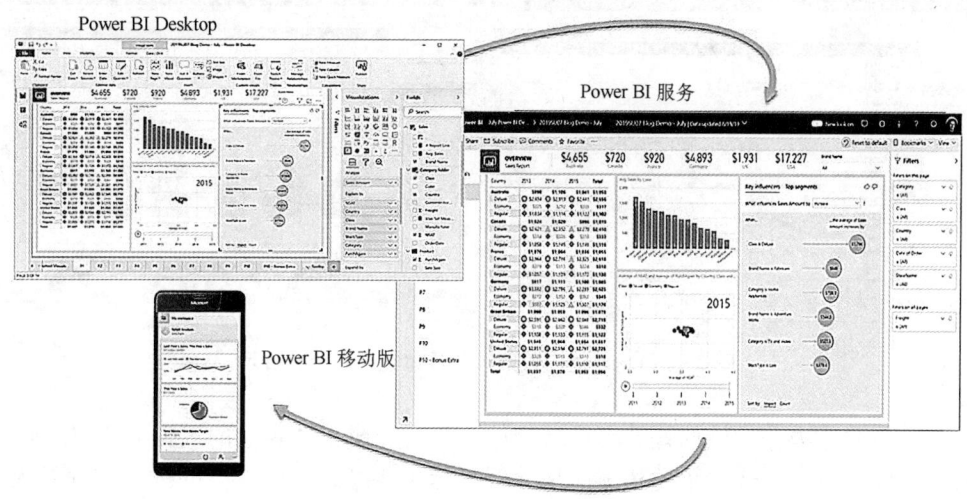

图 2-2　Power BI 三个部分

用户使用 Power BI 的哪一部分是由用户在项目中的角色或所在的团队决定的,不同角色的人可能以不同的方式使用 Power BI。例如,数据分析人员(包括财务、销售、人事等一系列需要使用数据进行决策支持的专业人士)主要使用 Power BI Desktop 和 Power BI 服务制作报表和仪表板,并使用 Power BI 服务共享报表和仪表板;领导层和大多数一线员工主要在办公室的计算机上使用 Power BI 服务查看制作好的报表和仪表板;经常出差在外的销售经理则主要在手机等移动设备上使用 Power BI 移动版监视销售进度,了解潜在客户的详细信息。当然,同一个人也有可能会在不同时间使用 Power BI 的不同部分,但是无论使用哪个部分,通常都要遵循以下工作流程:

(1) 将数据导入 Power BI Desktop,并创建报表。

(2) 将报表发布到 Power BI 服务,可在该服务中创建新的视觉对象或构建仪表板,并与他人(尤其出差人员)共享仪表板。

(3) 在 Power BI 移动版中查看共享的仪表板和报表,并与其交互。

总之,Power BI 的三个组成部分旨在帮助用户以最有效的方式创建、共享和获取商业见解。

二、为什么选择 Power BI

"工欲善其事,必先利其器。"数据分析工具是 BI 分析的重要组成部分,决定了数据分析的工作效率和工作质量,因此,数据分析工具的选择非常重要。市面上的数据分析工具有很多,下面就来对比几款常见的数据分析工具,谈一谈我们为什么要选择 Power BI。

(一) Excel——上手简单的数据分析工具

Excel 是 Office 办公系统的组件之一,它具有界面友好、操作直观、简单易学等优点。利用 Excel 既可以对数据进行整理和统计,还可以将统计结果用图表展现出来。图 2-3 为

Excel 对应付账款的具体统计及分析展示的效果。

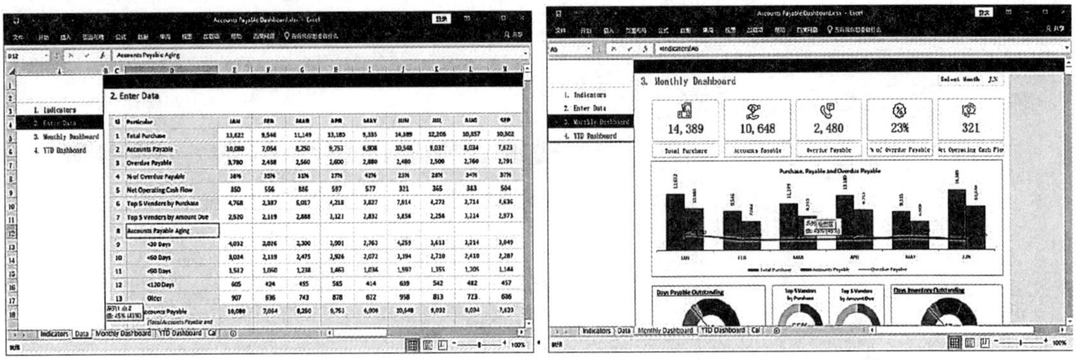

图 2-3　Excel 对应付账款的具体统计及分析展示

Excel 在日常办公领域的普及率很高，但是，若要完成整个企业的数据分析，Excel 就无法胜任了，即便是图 2-3 所示的从统计到分析展示也要经过非常复杂的数据整理及无数次的图表修订才可以实现最终效果。其主要原因有以下几点。

（1）一个 Excel 工作表的数据存储量是 1 048 576 行，虽然日常所见的分析表中少见上百万条数据记录，但是随着年份、业务领域及对比范围逐步扩大，数据体量指数级递增，Excel 显然无法满足需求。以本书所抓取的数据为例，网易财经沪深 A 股所有企业近 10 年的财务报表数据超过 5 亿行，Excel 的查询和计算速度明显下降，无法满足企业对数据分析效率的极高要求。

（2）虽然 Excel 内置了多种类型的图表，但是企业数据体量大、类型杂，若要将如此庞杂的数据信息呈现在一个图表中，并从不同角度进行多维分析，Excel 图表就"力不从心"了。

（3）Excel 只能限制用户的访问和修改权限，无法对用户进行角色管理。所以 Excel 在一些简单的破解程序面前将毫无招架之力，也就是说，Excel 的安全性是有限的。

总而言之，Excel 作为数据分析工具有非常多的优势并且可以满足一般办公人员的日常工作需求，但是对于专业的数据分析人员（财务分析人员、财务 BP）来说，还需要掌握更高级的数据分析工具。

（二）SPSS——适用于统计分析的数据分析工具

SPSS 是一款在市场研究、医学统计和企业数据分析应用领域久负盛名的数据分析工具。通过它，直接用鼠标就能完成回归分析、方差分析、多变量分析等复杂的分析工作，并能同时输出图形。日常工作中常用的 Excel 工作簿数据、文本格式数据等均可导入 SPSS 中进行分析。图 2-4 为使用 SPSS 进行分析的效果。

相比 Excel，SPSS 在数据分析领域有较大的优势，但它需要用户掌握一定的统计学基础知识，并能够理解一些分析模型，学习的门槛较高。此外，SPSS 制作的数据可视化效果外观过于单调和简陋，且无法进行图表交互，不太符合当前的使用便捷要求和审美潮流。

（三）R 语言——可扩展的开源数据分析工具

R 语言是一个数据分析环境，采用的是命令行的工作方式，其所有工作都需要通过输入程序代码来完成。它具有程序小巧精悍、语法结构简单、免费开源、扩展丰富等优点。

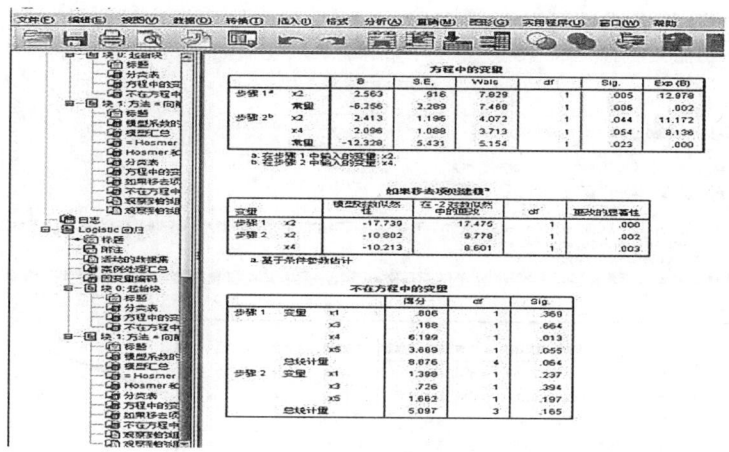

图 2-4　使用 SPSS 进行分析的效果

R 语言采用的命令行工作方式对于习惯了图形界面的用户可能会不太友好，对于没有编程基础的人来说，更是存在较大的入门难度。并且 R 语言和 SPSS 一样，不适合毫无统计知识的初学者。图 2-5 为 R 语言数据分析界面。

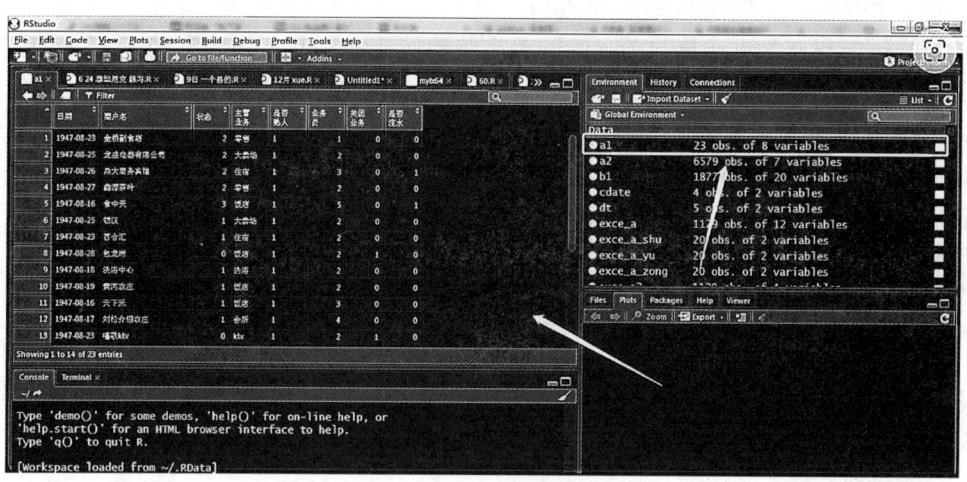

图 2-5　R 语言数据分析界面

虽然 R 语言的功能可以通过安装扩展包而得到增强，但是这些扩展包来自不同的贡献者，由于贡献者的水平参差不齐，导致扩展包很容易存在一些质量问题，对于鉴别和判断能力较弱的初学者来说，无疑增加了学习和使用的负担。

（四）Python——面面俱到的数据分析工具

Python 是当前非常流行的一种程序设计语言。如果说 R 语言的优势是在数据统计分析领域的游刃有余，那么 Python 的优势则是能够平衡兼顾系统的操作、文本的处理及复杂的数据挖掘算法。如今 Python 已经广泛地应用于 Web 开发、网络编程、人工智能、机器学习等领域，因而越来越多的数据分析师呼吁新手分析师学习使用 Python 进行数据分析。

但是，Python 的开源性使得它在保密功能上存在一些隐患，并且对于没有编程基础的用户尤其是财务工作者或学习者而言，Python 的学习门槛还是比较高的。图 2-6 为 Python 数据分析界面。

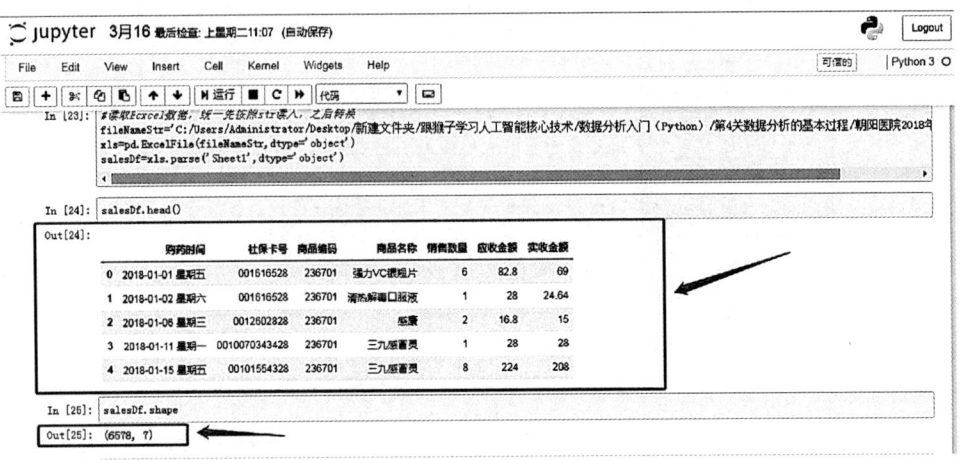

图 2-6　Python 数据分析界面

（五）Tableau——自助式 BI 的定义者

Tableau 软件将数据运算与美观的图表完美地嫁接在一起。作为自助式 BI 的定义者，Tableau 自面世以来，为很多企业的数据分析带来了巨大便利，它的程序很容易上手，各企业可以用它将大量数据拖放到数字"画布"上，转眼间就能创建好各种图表。这一软件的理念是，界面上的数据越容易操控，企业对自己在所在业务领域里的所作所为到底是正确还是错误，就能了解得越透彻。但是，其高昂的收费价格，以及不够通用的数据接口等属性，自动劝退了很多试图利用其美观的图表进行数据分析的尝试者。

（六）Power BI——数据分析界的后起之秀

综合上述分析，可以发现这些工具在功能性和易用性之间或多或少都存在一些矛盾。有的工具较易上手，但功能又有欠缺；有的工具功能强大，但学习门槛又太高。Power BI 则在这两者之间取得了较好的平衡。以下将介绍 Power BI 有哪些优点。

1. 支持的数据来源广泛

Power BI 不仅在处理大量数据时速度很快，而且可以连接多种来源的数据，如 Excel、文本、PDF、Access 数据库、SQL Server 数据库等，如图 2-7 所示（截图范围有限，未显示完全）。并且随着 Power BI 的更新，可连接获取的数据类型还在不断增加。

2. 软件更新速度快且使用条件便利

Power BI 作为基于互联网思维开发的软件，自发布以来，几乎每月都要更新一次。每次更新除了修补软件漏洞，还会改进或新增功能，让用户操作起来更顺手，甚至能让工作效率发生质的飞跃。同时，Power BI Desktop 产品本身免费，降低了很多数据分析入门级新手的学习壁垒，为自助式商业 BI 分析提供了很好的切入点。

3. 可视化图表种类繁多

Power BI 除了预置种类全面、外观精美的常用图表，还提供了内容丰富的视觉对象扩展库，如图 2-8 所示，用户可免费下载使用。而且该图表库会不断更新，补充新的视觉对象。

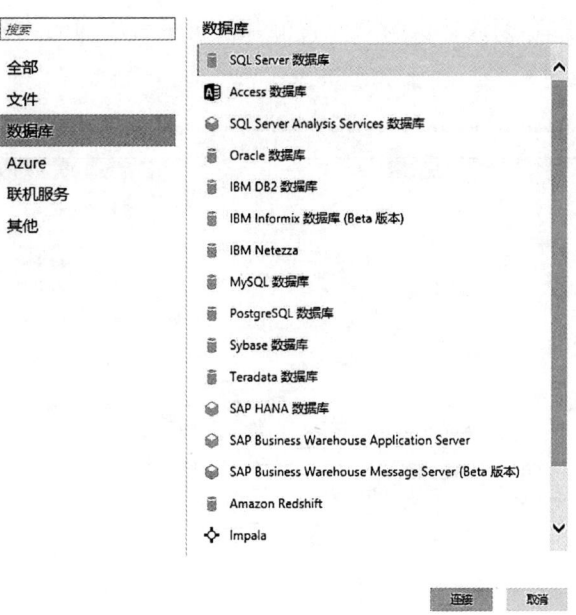

图 2-7 Power BI 获取数据源的种类

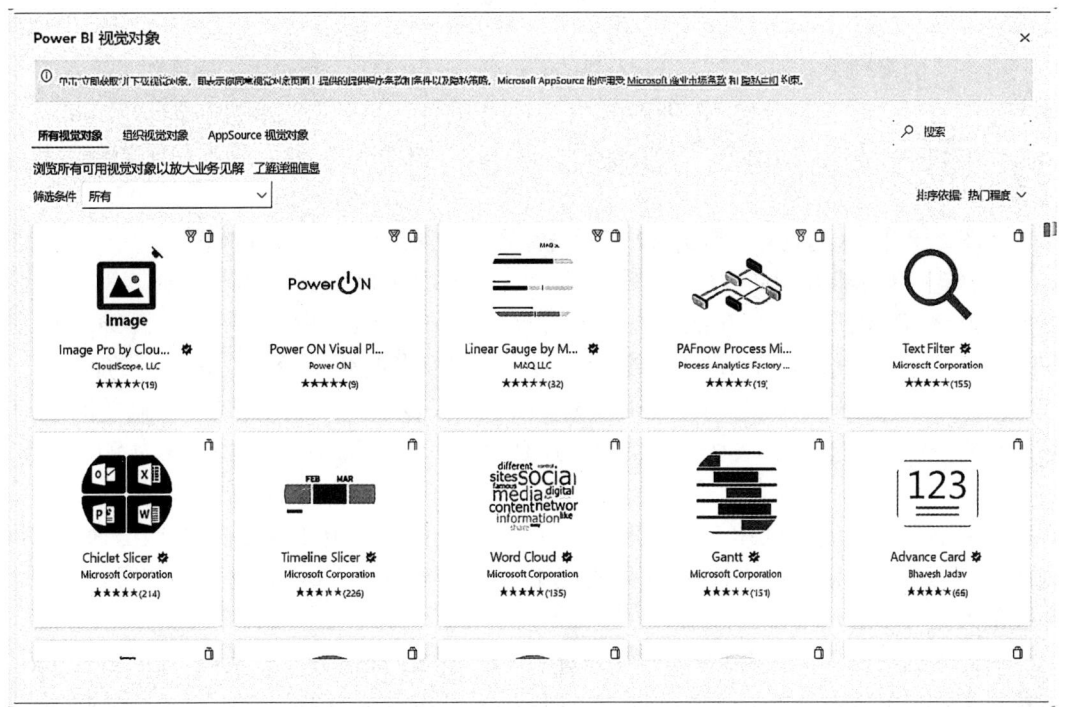

图 2-8 视觉对象扩展库

4. 在业界遥遥领先的地位

Power BI 连续 5 年在国际著名资讯机构 Gartner 发布的商业智能和分析平台魔力象限中处于领先地位。Gartner 发布的 2022 年最新报告简要描述了商业智能和分析平台的发展走势,逐一分析了每年 20 家最新入围商业智能和分析平台厂商的优势和应注意的问题,如图 2-9 所示。

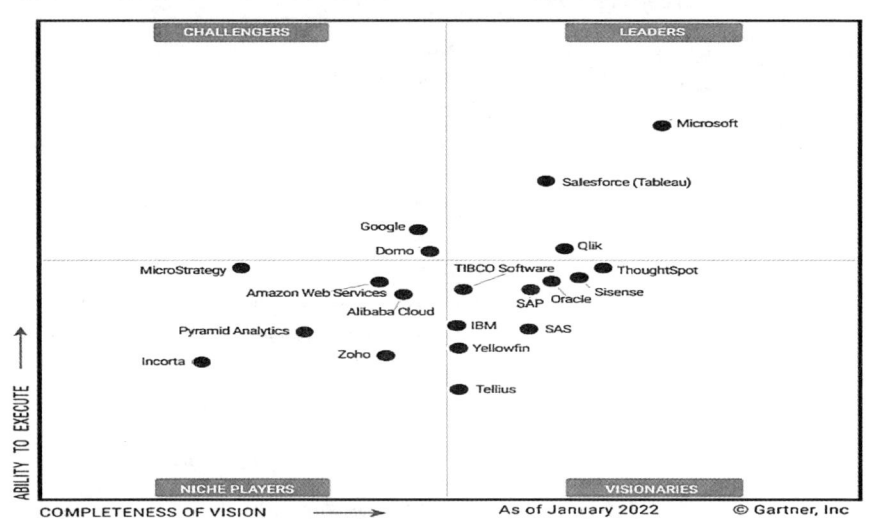

图 2-9 2022 Gartner 魔力象限

图 2-9 的横轴表示前瞻性(completeness of vision),包括厂商或供应商提供的产品底层技术基础能力、市场领导能力、创新能力和外部投资等;纵轴表示执行能力(ability to execute),包括产品的使用难度、市场服务的完善程度、技术支持能力、管理团队的经验和能力等。

在图 2-9 中,入选魔力象限的 20 家厂商整体的表现特点大致总结如下:

(1)整体执行能力(ability to execute)不高。产品的使用难度、市场服务的完善程度、技术支持能力、管理团队的经验和能力在某些方面或环节得到的评价不高。除了 Tableau 和 Microsoft,即使是入选领导者(leaders)象限的 Qlik 也没有真正深入领导者(leaders)的腹地。

(2)具备前瞻性(completeness of vision)的产品很多。对产品底层技术基础的能力、市场领导能力和创新能力等,各个厂商的投入还是比较大的,Microsoft 的表现尤为突出。

(3)业务驱动分析的自助式分析厂商更受市场青睐。入选领导者象限(leaders)的厂商在商业智能和分析领域只有三家,其中 Tableau、Qlik 都具备很强的可视化交互、探索和展现能力,而 Microsoft 具备完整的 BI 架构应用体系,其中尤以 Power BI 产品在可视化领域突破最大。

由此可见,Power BI 在商业智能和分析平台领域处于遥遥领先的地位,发展前景良好。通过对智能财务报表分析的深度学习,掌握 Power BI 的应用技能,对财务类学生的职业生涯发展将大有益处,将能极大程度地扩展就业面,提升就业层次。

三、利用 Power BI 进行报表分析可能遇到的问题

新手在使用本书的过程中,因内容具有较强的实操性,不可避免地会遇到各种问题,例如:①感觉要学习的东西太多,不知该从哪里入手;②实践中遇到莫名其妙的操作错误,不知

该如何解决,等等。为提高学习效率,以下总结了新手在学习 Power BI 的过程中常见的一些问题,并一一给出解决的办法或建议。但是请各位在实际操作过程中一定掌握一个学习原则,即"纸上得来终觉浅,绝知此事要躬行",只有勤加练习,多练多问才能运用自如。

(一)学习 Power BI 该从何处入手

无论学习哪种软件,首先都需要搭建好学习框架,然后遵循从易到难的学习流程,从基础知识开始学习,打牢根基,再针对重点和难点知识各个击破。学过 Excel 的读者应该都知道,一般的学习流程是先学习数据输入和编辑等基础知识,再学习公式、函数和图表等进阶知识。Power BI 的学习流程也是如此。本书将在第三章介绍用 Power BI 制作报表的完整流程,希望读者能够跟随书中的讲解大致浏览一遍,直观地感受和了解 Power BI 的几大功能板块,然后搭建出适合自己的学习框架和学习流程。如果读者想要更全面地学习 Power BI 的基础知识,可以通过购买 Power BI 的专门教材进行辅助理解学习。教学过程中,教师也会为大家提供更多学习指导。

掌握了 Power BI 的基础知识及常用功能后,还需要多做练习、勤于思考,尤其运用软件进行实践性的财务报表可视化分析系统的制作是一个综合能力的考验过程,更需要多加实践。练习是软件学习的灵魂,因为软件的学习非常讲究实践性,光看不练是无法将书本上的知识转化成实际操作能力的。因此,本书设置了一个体例庞大的案例系统,将一个大的数据案例贯穿全书,读者通过边学习边操作,在练习的过程中还要不断地推敲和思考,想清楚为什么要这样做,假设换成企业内部数据该如何建模、如何建立度量值等思考过程,这些都有助于将智能财务报表分析的操作过程深刻地印在脑海里,从而为今后在实际工作中运用自如打好坚实的基础。

(二)如何掌握 Power BI 的重要知识点

不少人在学习 Power BI 时,总想系统地学习每一个知识点,追求大而全,从而花费大量时间和精力在理解各种概念和理论知识上。但是从数据分析的角度来看,学习 Power BI 只要掌握几个重要知识点即可。

数据分析,顾名思义,必须以数据为先、分析为后。因此,在使用 Power BI 进行数据分析时,数据的获取和处理是最基本也是最重要的。本书的第四章至第七章会详细地逐步讲解如何使用 Power Query 进行网易财经的数据获取,并一步步将其整理为可分析的数据。

完成数据处理后,如果不对数据进行分析来获取有价值的信息,对于本书而言,如果不将财务报表分析指标体系纳入分析的内容中去,那么数据整理得再井井有条也只是个"绣花枕头"。因此,Power BI 中用于数据分析的 DAX 函数也是一个重要的知识点,本书的第八章至第十五章就用大量笔墨详细讲解了如何运用 DAX 函数写出能够随时调用的财务报表分析指标。

掌握 DAX 函数后,就能事半功倍地学习数据可视化了。本书的第八章至第十五章在度量值建立基础上详细讲解了 Power BI 数据可视化中常用的重要工具。Power BI 中许多视觉对象的数据可视化效果和 Excel 图表很相似,而且制作方法也很简单,熟悉 Excel 图表功能的读者应该很快就能掌握。同时本书在第十六章补充性地增加了报表可视化设计的原则规范以及如何进行报表分享的步骤和过程。

每个人经过对本书的学习之后,对于今后应用 Power BI 的侧重点也会不同。但是无论怎样，本书中的数据获取及处理、DAX 函数和可视化是 Power BI 的核心知识点也是智能财务报表分析的核心，需要掌握扎实。

（三）Power BI 使用中的常见问题和错误

针对使用本书的部分专业未先行开设 Power BI 基础课程的情况，学习者作为新手不熟悉 Power BI 的操作规范和操作要求，在使用过程中难免会遇到各种各样的问题。这里总结了一些 Power BI 使用中常见的问题和易犯的错误，帮助大家少走弯路。

1. 找不到文件

选择文件导入数据时，可能会出现"找不到文件"错误，界面如图 2-10 所示。

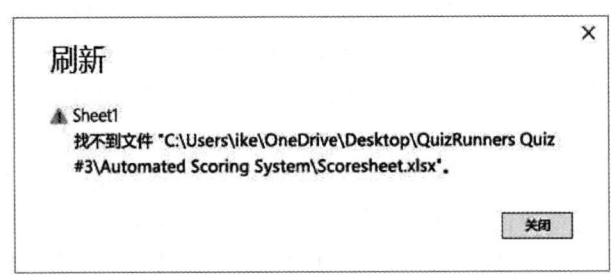

图 2-10　无法找到文件错误

通常，此错误是由文件移动位置或更改文件的权限引起的。如果原因是前者，则需要查找文件并更改源设置。解决这类问题的方法如下，有关界面如图 2-11 所示。

（1）通过在 Power BI 中选择"转换数据"按钮来打开 Power Query。

（2）突出显示正在产生错误的查询。

（3）在左侧的"查询设置"下，选择"源"旁边的齿轮图标"✱"，将文件位置更改为新位置。

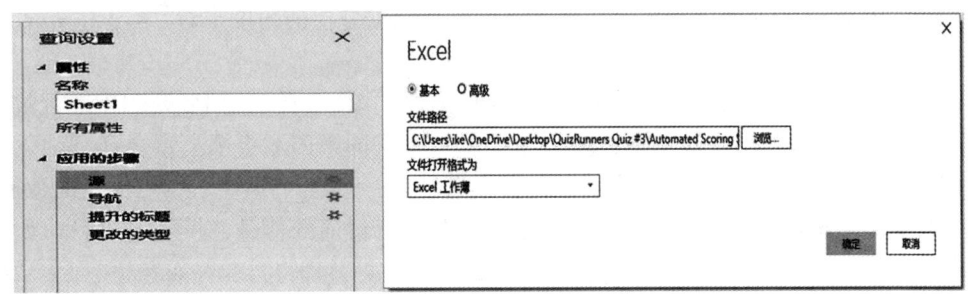

图 2-11　找不到文件错误修改方法

2. DAX 函数公式书写错误

在公式编辑栏中使用 DAX 函数新建度量值、列或表时，可能会出现很多红色的波浪线，表示公式中存在错误，如图 2-12 所示。

如果 DAX 函数公式无误，那么原因无非是以下几种：

（1）函数的括号不成对。

（2）引用表的单引号不成对。

（3）函数的各个参数之间缺少分隔逗号。

```
1 本周 =
2 VAR curyearweek=SELECTEDVALUE('日期表'[年度周数])
3 RETURN
4 CALCULATE(
5     [销售金额],
6     FILTER(
7         ALL('日期表',
8         '日期表'[年度周数]=curyearweek
9         &&'日期表'[日期]<=MAX('日期表'[日期])
10    )
```

图 2-12　DAX 书写错误

（4）括号、单引号和逗号没有在英文状态下输入。

（5）未按分析顺序建立度量值，先用后建立。

在 DAX 函数公式中仔细核查可能会出现问题的地方，改正发现的错误，最终得到正确的公式，这个问题算是相对容易解决的，一般会出现在刚开始学习 DAX 函数公式的时候。能够熟练运用 DAX 函数公式的人，基本上都不会遇到这种问题，就算偶尔犯错，也能够根据公式编辑栏中的提示快速定位错误并及时改正。编者建议读者在学习 DAX 函数公式时，应尽量自己动手输入公式，以尽快熟悉公式的编写规则。

3. DAX 函数参数使用错误

使用 DAX 函数创建度量值或列时，很容易出现函数的参数使用错误。例如：有的函数的参数只能为列，但是却使用了表作为参数；有的函数应该引用表作为参数，却引用了列或值作为参数。因此，在学习 DAX 函数时要注意不同函数对参数的要求。另外，还需要注意的是，时间智能函数的日期列参数一定要使用日期表中的日期列，而不能使用事实表中的日期列。

4. 返回表的函数和返回值的函数使用混乱

DAX 函数的使用方式也很容易出错。有些函数返回的是值，有些函数返回的是表，如果将返回为表的函数用于新建度量值，那么肯定会出错。

例如，FILTER 函数返回的是表，而度量值需要返回的是一个值，所以 FILTER 函数不能单独用于建立度量值，但是该函数可以作为其他函数的参数来建立度量值。而 CALCULATE 函数返回的是一个值，不能用于新建表，不过如果确实要建立一个只有一个值的表，可以在公式的表达式外层套一对大括号"{}"。

5. 排序错误

当把文本字段（月份、星期等）放到坐标轴或者切片器上，发现显示的顺序都乱了，完全不是自己想要的。以上这些都是文本类的数据，文本数据默认是按照字母来排序的，但是这样的排序明显与我们的初衷不符。在图表的排序或者切片器的设置中，可以利用 Power BI 中"按列排序"功能，进行轻松排序。以调整中文的月份字段为例，日期表中已经有数字的月份，那么可以选中中文字段[月度]，点击"按列排序"，下拉框中选择"月份"，然后中文的月度，就按照数字顺序来进行排列了。其他文本的排序都可以用这种方式来进行设置，不过首先一定要有对应的数字序列。因此当我们添加有顺序要求的文本数据时，一定要同时给这些文本添加序号，如对于三大报表科目，在设置维度表的科目内容时，需要严格按照三大报表的科目顺序先行给定序号，方便后续的显示是按照规范的习惯来进行显示。所以要养成为文本数据添加数字索引的好习惯,那么在任何场景下的文本排序都不再是问题。

由于篇幅有限及侧重点不同,这里只简单介绍 DAX 函数使用中的几个常见问题,对于 DAX 函数的类型、参数及公式的编辑规则等具体内容,将在使用过程中详细讲述。本书不可能涵盖 Power BI 学习过程中的所有问题。其实遇到问题并不可怕,可怕的是遇到问题就选择退缩和放弃。只要积极主动地面对问题,勤于思考、虚心请教,最终就一定能够解决问题。

也许还有人想问,掌握 Power BI 有没有捷径可走呢?俗话说"欲速则不达",快速提升的秘籍是没有的,但下面的一些建议可能会有点帮助。对于 Power BI 这种实用性很强的数据分析工具而言,不建议一开始就专门去学习 DAX 函数,因为如果不使用 DAX 函数去建立度量值、列或表,即使学了也难以真正掌握。而且大部分人学习 Power BI 并不是为了成为该软件的专家,而是为了解决实际工作学习中的问题。所以建议先按照本书的实践操作流程熟悉 Power BI 的概念和操作,结合智能财务报表分析可视化的建立过程,了解数据的获取和处理方法,能够建立数据关系,对常用的 DAX 函数有一个大概的认识,掌握数据可视化呈现的方法即可。

需要关注一点,Power BI 的定位之一是"自助式"的数据分析工具,这就意味着它的学习门槛和学习难度不会很高。只要认真阅读本书,然后在课堂过程中多加操练,通过整个大案例的学习,掌握Power BI 就不是一件难事。

第二节 Power BI 视图

认识视图是顺利操作 Power BI 的必备技能。Power BI Desktop 的视图中有报表视图、数据视图和关系视图 3 种,其中,当前现实的视图以黄色条表示。图 2-13 为报表视图,通过单击左侧导航栏中的图标,可以在报表视图、数据视图和关系视图之间进行切换。

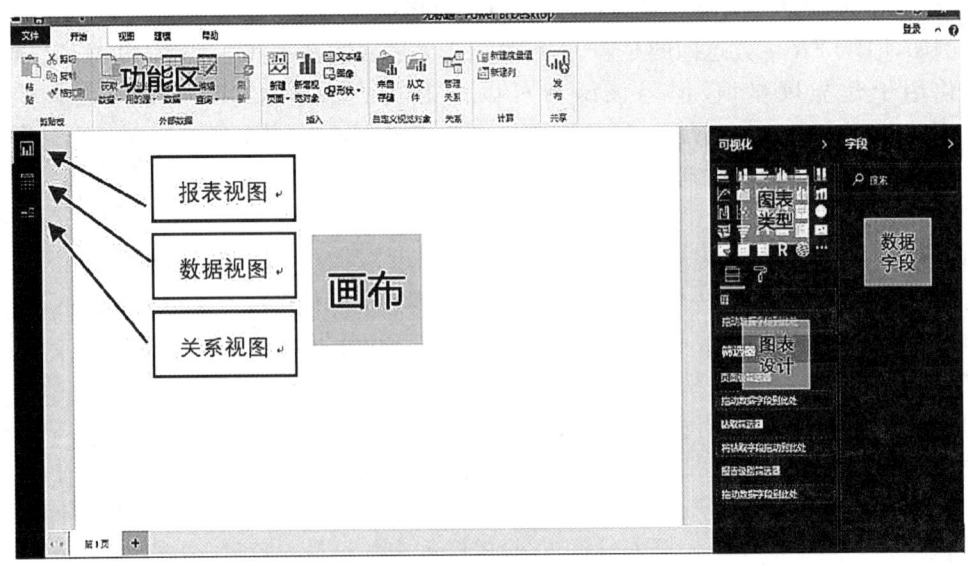

图 2-13 Power BI Desktop 的视图

一、报表视图

在报表视图中,可以创建任何数量的具有可视化内容的报表页、可移动可视化内容,以及进行复制、粘贴、合并等操作。首次在 Power BI Desktop 中加载数据时,界面将显示具有空白画布的报表视图,当添加数据"各省市 GDP.xslx"后,可以在画布中的可视化对象内添加字段,若要更改可视化对象的类型,可在报表编辑器的"可视化"窗格中将其选中,如添加环形图,然后勾选"产业分类"和"金额"字段,将"图例"设置为"产业"、将"值"设置为"金额",如图 2-14 所示。

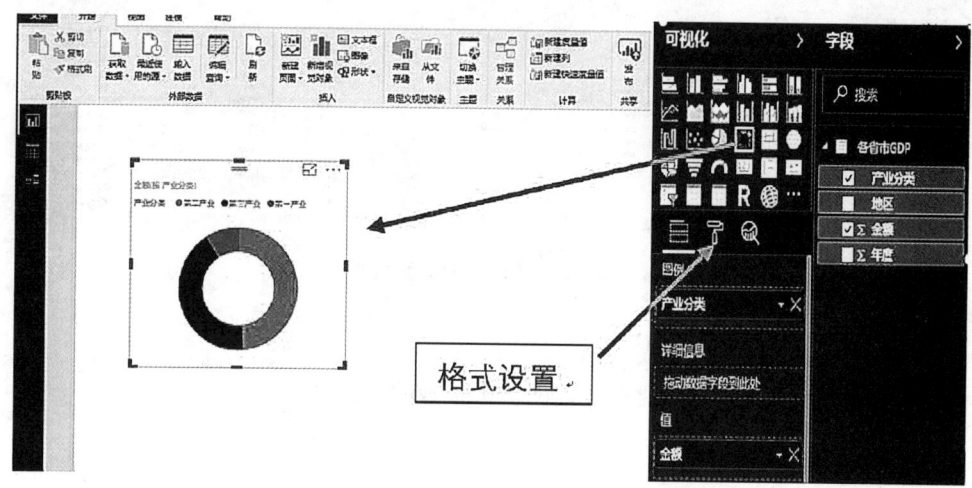

图 2-14 添加可视化对象并对其进行格式设置

同时可以选中格式刷图标,对可视化图形进行设置。后期本书会详细介绍如何进行各个可视化图形的格式设计。

如果页面上的可视化效果太多,看起来杂乱,就很难找到正确信息,因此需要向报表添加新的页面,同时也为了后期各个分析内容单独显示且符合财务报表分析的逻辑。单击报表视图底部的"新建页"按钮"+"即可。若要删除页面,需要单击报表视图底部页面选项卡上的"删除页"按钮"×"。

二、数据视图

数据视图有助于检查、浏览和了解 Power BI Desktop 模型中的数据。在 Power Query 中为便于数据清洗,数据行仅能显示 999+,而数据视图可以显示全部的数据量。特别是在需要创建度量值、计算列时、识别数据类别时,数据视图就变得非常重要。数据视图的页面构成如图 2-15 所示。

数据视图页面主要由以下 6 部分构成。
(1) 数据视图图标:单击可以进入数据视图。
(2) 数据网格:显示选中的表,以及其中的所有列和行,隐藏列显示为灰色。
(3) 建模功能区:用于管理关系,创建计算,更改列的数据类型、格式、数据类别等。
(4) 公式栏:用于输入度量值和计算列的 DAX 公式。

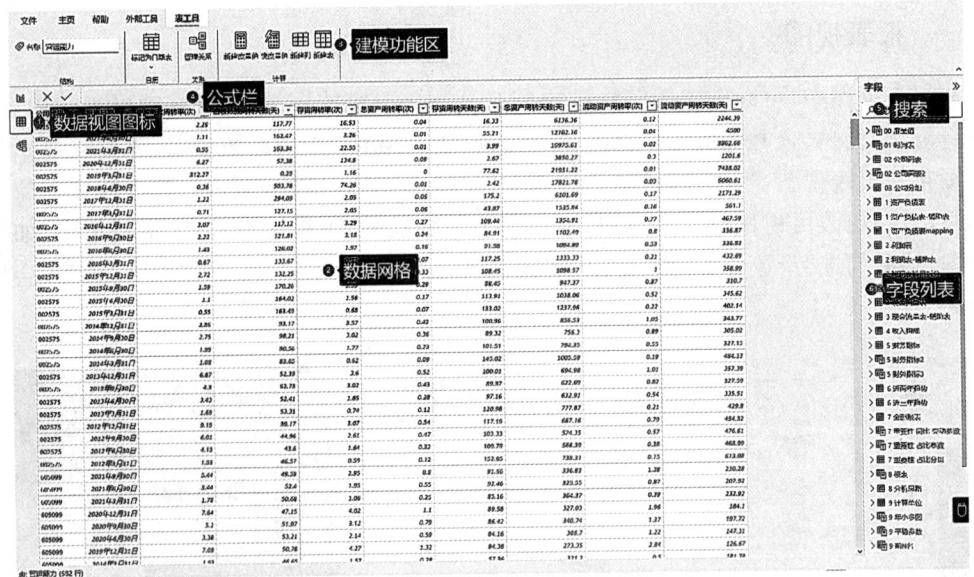

图 2-15 数据视图页面构成

(5) 搜索：可在模型中搜索表或列。
(6) 字段列表：可以选择需要在数据网格中查看的表或列。

三、关系视图

关系视图显示模型中的所有表、列和关系，这对于包含许多表且关系十分复杂的模型尤其有用。例如，图 2-16 中爬取的沪深 A 股 4 000 多家企业所有的财务报表及为分析建立的模型表等关系。关系视图页面主要由以下二部分构成。

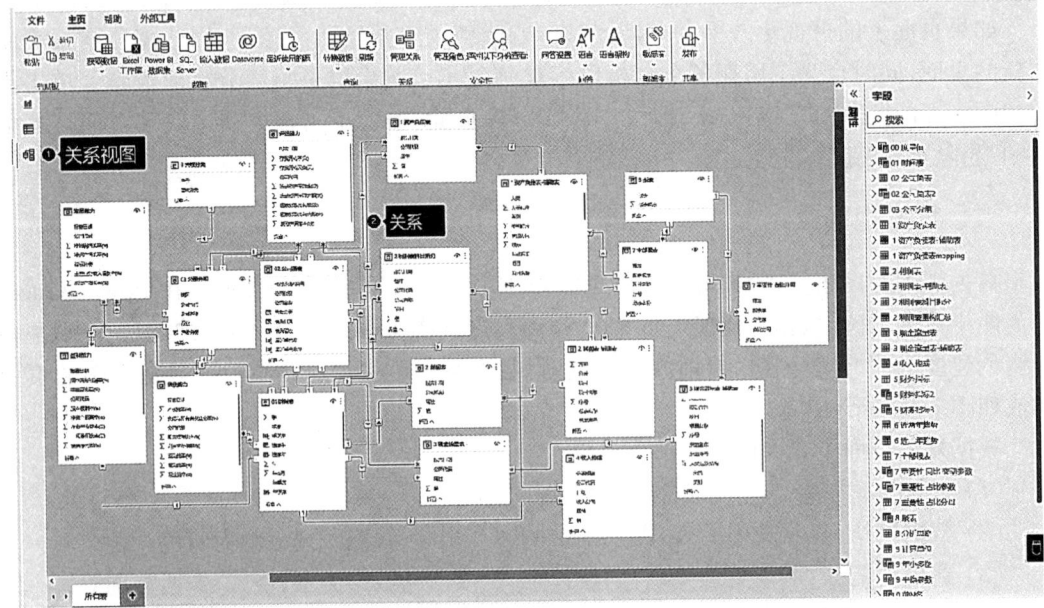

图 2-16 关系视图页面构成

(1)"关系视图"图标：单击可显示关系视图中的模型。
(2)关系：可以将鼠标指针悬停在关系上方以显示所用列，双击关系可打开"编辑关系"对话框，如图 2-17 所示。

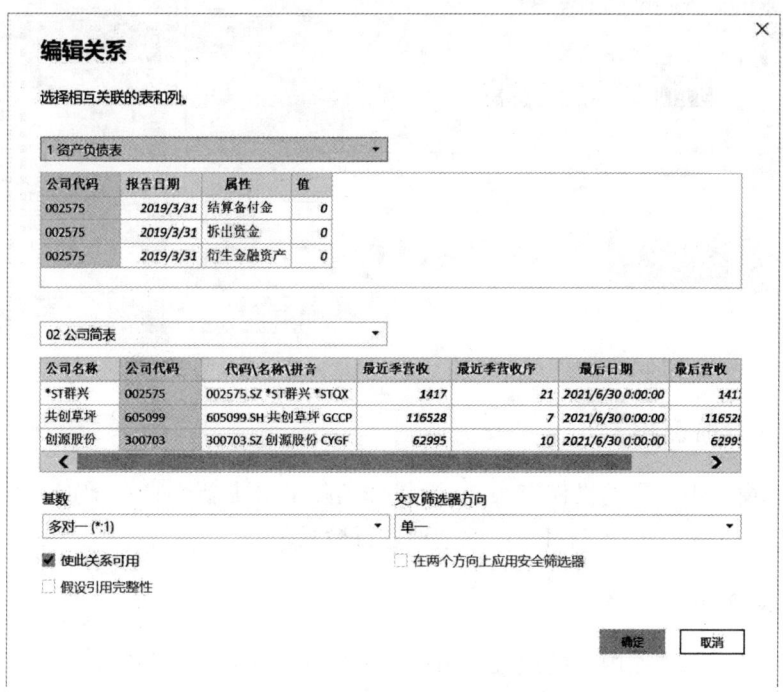

图 2-17　表间关系编辑器

可以看出，公司简表与资产负债表都有公司代码这个字段，并且其关系是"多对一（＊：1）"的关系，线中间的图标指出交叉筛选器的方向为"单一"。

第三节　Power BI 报表编辑器

在 Power BI Desktop 和 Power BI 服务中，报表编辑器用于设计最终用户所看到的报表，其中包含图表、表格、地图和其他视觉对象。这在两个环境中是类似的。通常情况下，先在 Power BI Desktop 中创建报表；然后将报表发布到 Power BI 服务，可在其中继续修改报表；还可以在 Power BI 服务中根据报表创建仪表板。

创建仪表板和报表后，将它们分发给报表使用者。根据具体共享方式，最终用户可以在 Power BI 服务的"阅读"视图中与仪表板和报表进行交互，但不能对其进行编辑。

在 Power BI 服务中，报表编辑器仅在"编辑视图"中可用。若要在"编辑"视图中打开报表，报表编辑器页面如图 2-18 所示，用户必须是报表所有者或创建者，或者是报表所在的工作区的参与者。

Power BI 报表编辑器由以下几个主要部分组成。

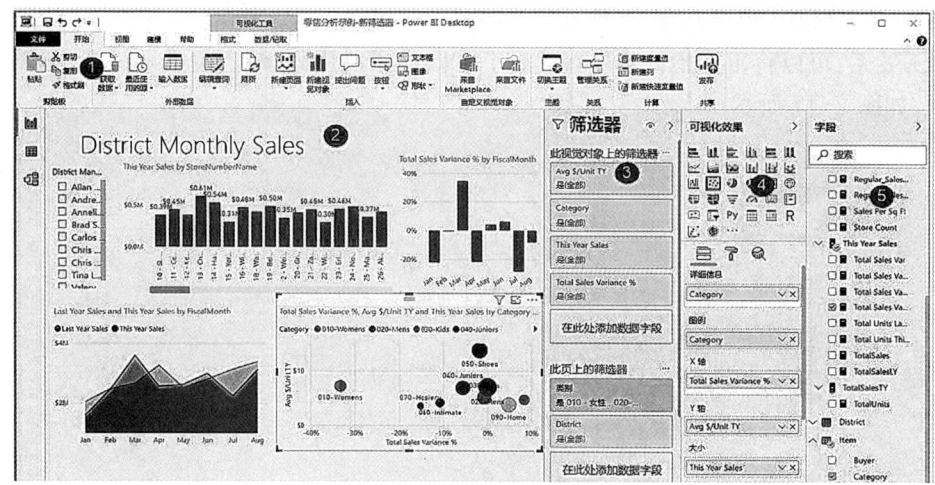

图 2-18 报表编辑器页面

一、顶部导航窗格

顶部导航窗格中可用的操作有很多,操作种类随平台更新一直在增加。有关特定操作的信息,请使用 Power BI 文档目录或搜索框进行检索。

二、报表画布

报表画布是显示工作内容的地方。用户使用"字段""筛选器"和"可视化效果"窗格创建视觉对象时,将在报表画布中生成和显示这些视觉对象。画布底部的每个选项卡均表示报表中的一个页面。选择某个选项卡将打开对应页面。

报表编辑器窗格:首次打开报表时,可以看到三个窗格:"筛选器""可视化效果"和"字段"。"筛选器"和"可视化效果"两个窗格位于左侧,它们可控制可视化效果的外观,包括类型、字体、筛选、格式设置。"字段"窗格位于右侧,它可管理将用于可视化效果的基础数据。报告编辑器中显示的内容会随报表画布中选择的内容不同而异。例如,如果选择单个视觉对象,如柱形图,编辑器的变化如图 2-19 所示。

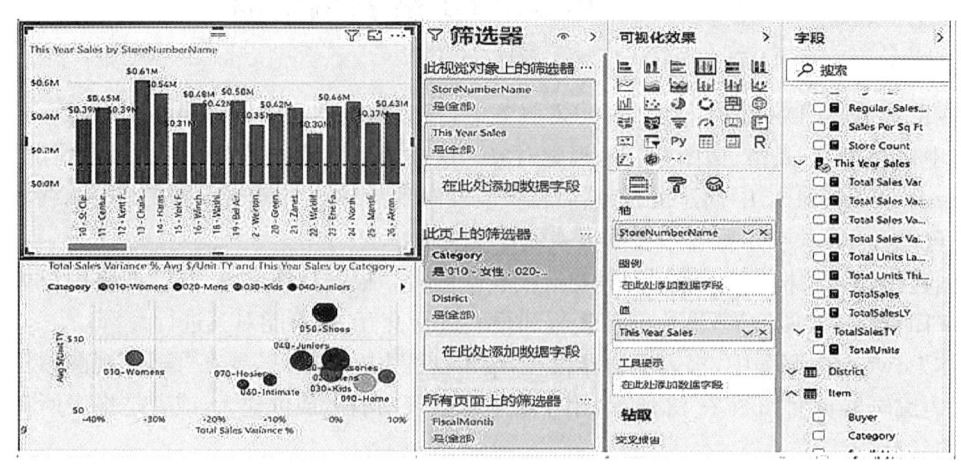

图 2-19 选择单个视觉对象时编辑器变化

"**筛选器**"**窗格**能显示视觉对象、页面或所有页面上的任何筛选器。在图 2-20 的示例中有页面级筛选器(此页上的筛选器),但是没有视觉对象级筛选器(此视觉对象上的筛选器)。

"**可视化效果**"**窗格**顶部会标识出正在使用的视觉对象类型。图 2-19 的示例中标识出的是一个簇状柱形图。其底部有三个选项卡,分别是"字段"选项卡(图 2-22)、"格式"选项卡(图 2-23)和"分析"选项卡(图 2-24)。

"**字段**":显示视觉对象中的字段,有时可能需要向下滚动以查看全部详细信息。图 2-22 中使用的是"StoreNumberName"和"This Year Sales"。

"**格式**":要显示所选视觉效果的格式窗格,请选择该图标。

"**分析**":要显示"分析"窗格,请选择该图标。

"**字段**"**窗格**"字段"中会列出数据模型中所有可用的表。展开表时,可以查看该表中的字段。黄色复选标记表示可视化效果中至少有该表中的一个字段。

以下将对三种窗格进行详细介绍。

三、"筛选器"窗格

使用"筛选器"窗格中的功能可在页面、报表、钻取和视觉对象级别查看、设置和修改报表的持久筛选器。可以对报表页和视觉对象执行筛选,方法是选择视觉对象元素,或使用切片器等工具。"筛选器"窗格中筛选功能的优点是:筛选器的状态会与报表一起保存。

"筛选器"窗格还有一项强大功能,即可使用尚未在报表中任意视觉对象中用过的字段来进行筛选。在创建可视化效果时,Power BI 会自动将可视化效果中的所有字段添加到"筛选器"窗格的视觉对象级别筛选器区域。若希望通过当前未在可视化效果中使用的字段来设置视觉对象、页面、钻取或报表筛选器,只需将其拖到其中一个筛选器 bucket(存储桶)。

新的筛选器体验能带来更强的灵活性。例如,可以将筛选器的格式设置为类似于报表本身的格式,还可以锁定筛选器或对报表使用者隐藏这些筛选器。

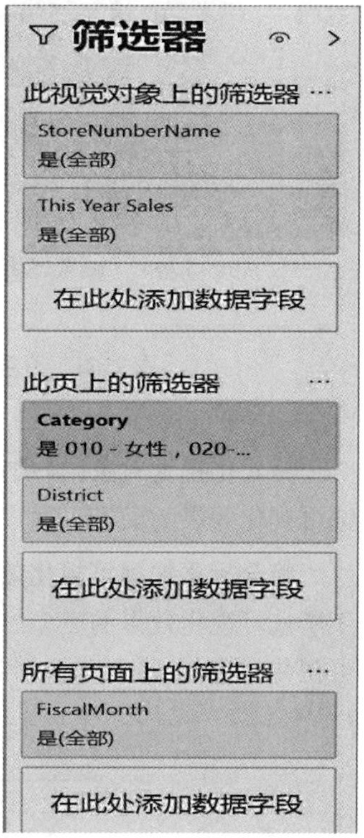

图 2-20 "筛选器"窗格

四、"可视化效果"窗格

可视化效果类型:可视化效果图标显示了可以创建的不同类型的可视化效果。图 2-21 选择的是气泡图。如果未首先选择可视化效果类型,而是通过选择字段开始生成可视化效果,则 Power BI 将自动选择可视化效果类型。用户可以保留 Power BI 的选择或自行选择不同的图标更改类型,也可以将自定义可视化效果下载到 Power BI Desktop,它们的图标也会显示在此窗格中。

管理视觉对象中的字段(字段):此窗格中的 bucket(存储桶有时也称"井")会根据所选

择的可视化效果类型而有所不同。例如，如果选择的是条形图，则会看到"轴""图例"和"值"。当选择某个字段时，或将其拖到画布上时，Power BI 会将该字段添加到其中一个 bucket。也可以直接将"字段"列表中的字段拖动到存储桶中。某些存储桶仅限于特定类型的数据。例如，**值**将不会接受非数字字段。因此，如果将"类别"字段拖入"值"bucket，Power BI 会将其更改为"类别计数"。**窗格的此部分还包含控制钻取和筛选器行为的选项。**

图 2-21 可视化效果类型界面

图 2-22 字段选项卡界面

格式化视觉对象（格式）：选择"![icon]"图标，以显示"格式设置"窗格。可用选项取决于所选可视化效果的类型。用户可以进行多种多样的格式设置。

将分析添加到可视化效果（分析）：选择"![icon]"图标以显示"分析"窗格。可用选项取决于所选可视化效果的类型。通过 Power BI 服务中的"分析"窗格，可以将动态参考行添加到可视化效果，并重点关注重要趋势或见解。

图 2-23 格式选项卡界面

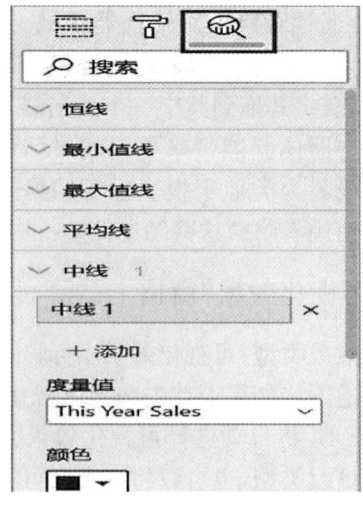

图 2-24 分析选项卡界面

五、"字段"窗格

"字段"窗格显示数据中存在的表、文件夹和字段,可供创建可视化效果:①可将字段拖到页面上,以启动一个新的可视化效果,还可以将字段拖动到现有可视化效果,以将字段添加到该可视化效果。②添加某一字段旁的选中标记时,Power BI 会将该字段添加到活动(或新的)可视化效果中。它还决定将该字段放入哪个存储桶。例如,该字段将应用于图例、轴还是值,Power BI 会进行最佳推测,如有必要,可以将其从一个存储桶移动到另一个。③无论哪种方式,每个所选的字段都会被添加到报表编辑器中的可视化效果窗格。在 Power BI Desktop 中,还可以选择显示/隐藏字段、添加计算等。

字段图标: Power BI 使用多种不同的图标来表示报表中的字段类型。只有学会识别图标,才能更好地了解它们在不同视觉对象中的作用。表 2-1 列示的是一些比较常见的图标。

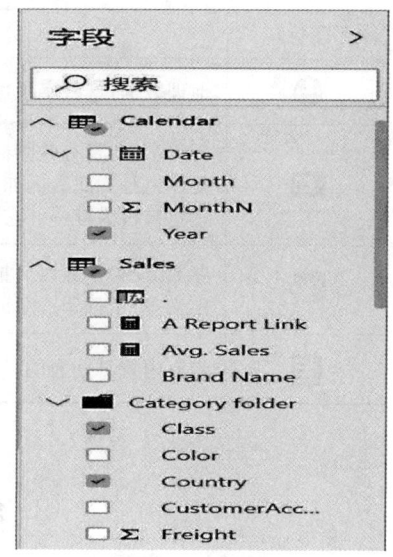

图 2-25 "字段"窗格

表 2-1 常见的图标

图标	含义
📁	"字段"列表中的文件夹
Σ	数值字段:例如,数值字段是可以求和或求平均值的聚合。聚合随数据一起导入,并在报表所基于的数据模型中定义。有关详细信息,请参阅 Power BI 报表中的聚合函数
🔣	非数值数据类型的计算列:使用数据分析表达式 DAX 公式创建的一个新的非数值列,该公式定义该列的值。详细了解计算列
🧮	数值计算列:使用数据分析表达式(DAX)公式创建新的列,该公式定义该列的值。详细了解计算列
🔢	度量值:度量值有自己的硬编码公式。不能更改此计算,例如,如果该计算是求和,则只能进行求和。值不会存储在列中。它们是动态计算的,具体取决于它们在视觉对象中的位置。有关详细信息,请参阅了解度量值
🗂	度量值组
📊	KPI:它是一个视觉提示,用于传达针对可度量目标已完成的进度。详细了解关键绩效指标(KPI)视觉对象
🏷	字段的层次结构:选择箭头以查看构成层次结构的字段。有关详细信息,请观看有关创建和使用层次结构的 YouTube Power BI 视频

(续表)

图标	含义
⊕	地理数据：这些字段可用于创建地图可视化效果
🆔	标识字段：具有此图标的字段是"唯一字段"，将被设置为显示全部值，即使它们具有重复项也是如此。例如，数据中可能存在两个名为 Robin Smith 的不同人员记录，每一条都将被视为唯一。它们不会合成一条
📇?	参数：设置参数以使报表和数据模型的某些部分（例如查询筛选器、数据源引用、度量值定义等）依赖于一个或多个参数值
📅	带有内置日期表的日历日期字段

第四节 数据类型

在 Power BI Desktop 中，可以在查询编辑器、数据视图和报表视图中确定并指定"列"的数据类型。为支持更高效的存储、计算和数据可视化的数据类型，如假设从 Excel 导入的值的列没有小数值，Power BI Desktop 会将整个数据列转换为整数数据类型，这能更好地存储整数。Power BI Desktop 数据类型主要有以下几种。

一、数字类型

Power BI Desktop 支持 3 种数字类型。

（一）十进制数

十进制数表示 64 位（八字节）浮点数。它是最常见的数字类型。虽然十进制数类型被设计为处理带小数值的数字，但也可以处理整数。十进制数类型可以处理从 $-32\ 768$ 到 $+32\ 767$ 的数值。例如，34、34.01 和 34.000 367 063 等数字都是有效的十进制数。可以用十进制数类型表示的最大精度为 15 位数。小数分隔符可出现在数字的任意位置。十进制数类型与 Excel 存储其数字的方式相对应。

（二）定点十进制数

定点十进制数的小数分隔符的位置是固定的，小数分隔符右侧始终有四位数，并可以表示有意义的 19 位数。它可以表示的最大值为 922 337 203 685 477.580 7（正或负）。定点十进制数类型在舍入可能会引发错误的情况下非常有用。在处理许多带小数值的数字时，有时它们会累积并强制性地使数据稍有偏离。由于小数分隔符右侧四位数其后的数字会被截断，定点十进制数可以避免这些类型的错误。此数据类型可对应于 Power Pivot 中的货币数据类型。

（三）整数

整数表示 64 位（八字节）整数值。整数的小数位数右侧没有数字。它支持 19 位数，即

从 $-9\ 223\ 372\ 036\ 854\ 775\ 807(-2^{63}+1)$ 到 $9\ 223\ 372\ 036\ 854\ 775\ 806(2^{63}-2)$ 的正数或负数。它可以表示各种数值数据类型可能的最大精度。与定点十进制数类型相同，在需要控制舍入的情况下，整数类型非常有用。

二、日期/时间类型

Power BI Desktop 支持查询视图中的 5 种日期/时间数据类型。在加载到模型的过程中，日期/时间/时区和持续时间都将被转换。Power BI Desktop 数据模型只支持日期/时间，但它们可以独立地格式化为日期或时间。

（一）日期/时间

"日期/时间"表示日期和时间值。实际上，日期/时间值是以十进制数类型进行存储的。因此实际上可以在这两种类型之间进行转换。日期的时间部分存储为 1/300 秒（3.33 ms）的整数倍的分数。Power BI 支持 1900 年和 9999 年之间的所有日期。

（二）日期

"日期"仅表示日期（没有时间部分）。转换为模型时，日期与表示分数值的带零日期值相同。

（三）时间

"时间"仅表示时间（没有日期部分）。转换为模型时，时间值与小数位数左侧没有数字的时间值相同。

（四）日期/时间/时区

"日期/时间/时区"表示带时区偏移量的 UTC 日期/时间。将这种数据加载到模型中时，它将被转换为日期/时间类型。Power BI 模型不会根据用户的位置或区域设置等调整时区。如果在美国将值 09:00 加载到模型中，则无论在何处打开或查看报表，它都将显示为 09:00。

（五）持续时间

"持续时间"表示时间的长度。加载到模型中时，它将被转换为十进制数类型。与十进制数类型相同，可将其添加到日期/时间字段，或从日期/时间字段中减去，并获取正确的结果。与十进制数类型相同，用户可以在显示度量值的可视化效果中轻松地使用它。

三、文本类型

文本类型即文本-Unicode 字符数据字符串，可以是字符串、数字或文本格式表示的日期。其最大字符串长度为 268 435 456Unicode 字符（256 Mega 字符）或 536 870 912 字节。

四、其他类型

（一）True/False 类型

True/False 为 True 或 False 的布尔值。

（二）空白/Null 类型

"空白/Null"表示空白 DAX 中表示和替代 SQLNull 的数据类型。用户可以使用

BLANK 函数创建空白,并使用 ISBLANK 逻辑函数对其进行测试。

(三)二进制数据类型

二进制数据类型可用于表示具有二进制格式的任何其他数据。在查询编辑器中,如果先将二进制文件转换为其他数据类型,然后再将它加载到 Power BI 模型,则可以在加载这些文件时使用该类型。Power BI 数据模型中不支持二进制列。由于版本原因,它存在于数据视图和报表视图菜单中,但如果尝试将二进制列加载到 Power BI 模型,则可能会遇到错误。

第五节 Power BI Desktop 的安装

我们已知 Power BI 由 Power BI Desktop、Power BI 服务和 Power BI 移动版三个部分组成,其中的 Power BI Desktop 是我们分析数据和制作报表的主要工具,下面就来讲解如何安装 Power BI Desktop。安装要求如下:

(1)支持的操作系统版本有 Windows 10、Windows 8.1、Windows 8、Windows 7、Windows Server 2008 R2、Windows Server 2012、Windows Server 2012 R2。

(2)同时支持 32 位(x86)和 64 位(x64)架构的 Windows 操作系统。

(3)操作系统中需要安装有 IneeExplorer 10 或更高版本的 Edge 浏览器。

第一步,由于 Power BI Desktop 的安装包按适用的 Windows 操作系统类型分成了 32 位(x86)和 64 位(x64)两个文件,所以在下载安装包之前,需要查看正在使用的操作系统类型是 32 位(x86)还是 64 位(x64)。

单击鼠标右键"我的电脑>属性"即可看到当前计算机的操作信息,如图 2-26 所示,当前操作系统为 64 位的 Windows 10,可以安装 Power BI Desktop。

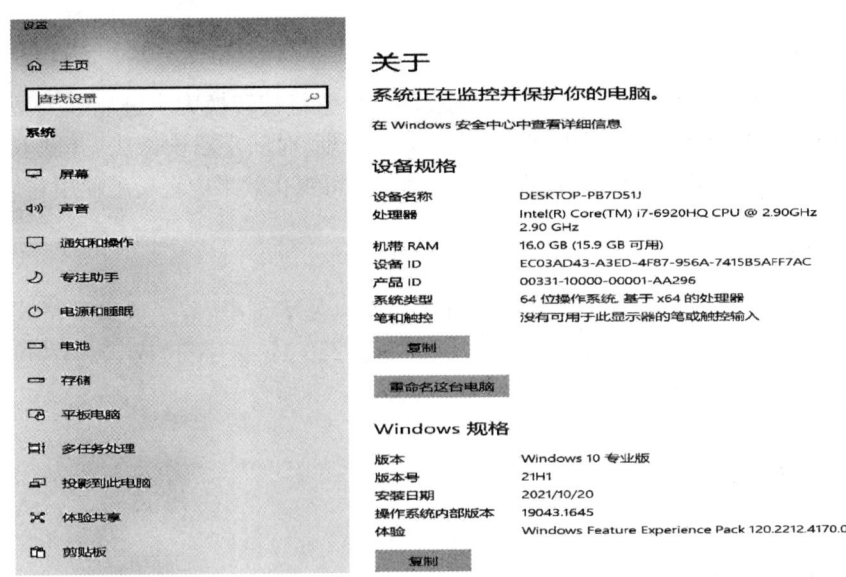

图 2-26 计算机操作系统信息

第二步,打开浏览器,在地址栏里输入"https://powerbi.microsoft.com/zh-cn/",从产品中选择 Power BI Desktop,如图 2-27 所示。

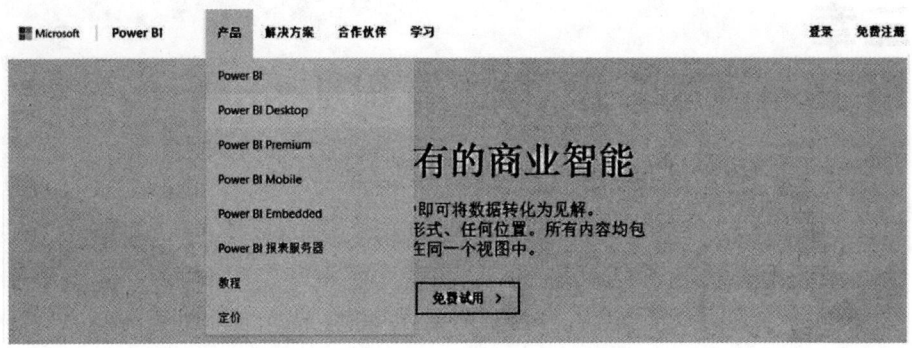

图 2-27 下载选项

第三步,下载的时候选择高级下载选项,可以选中文版本(如果英文不错,也可以直接下英文版本的),根据电脑的操作系统选择 32 位或者 64 位的安装包。如果是 Win10 系统,还可以直接在微软 store 里面找到 Power BI Desktop 应用直接安装。安装步骤没有多余复杂选项,可按照提示一步步完成即可。安装完成,启动后会提示用户注册登录,如图 2-28 所示。暂时不想注册直接关掉就行,如果注册,需要使用企业邮箱。安装完成后,可结合本章内容,对其操作界面进行全面熟悉。

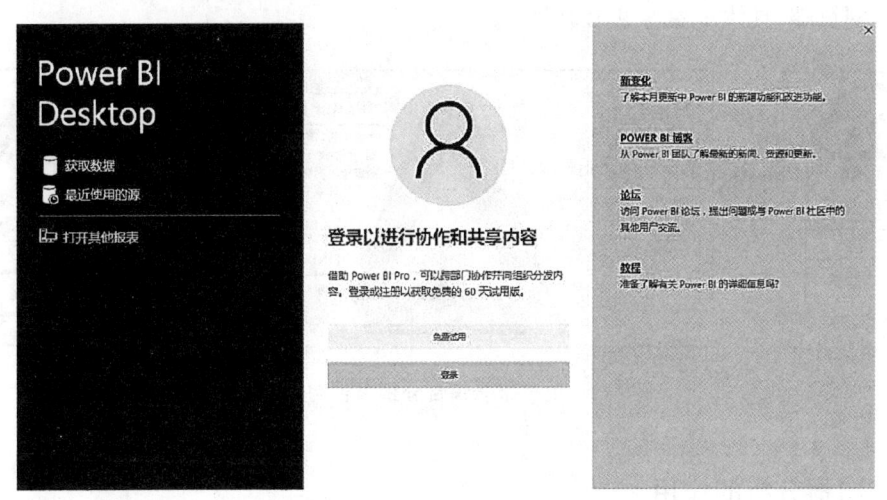

图 2-28 注册提示(可直接关闭)

本章小结

本章主要学习内容是 Power BI 软件的基本内容,包括其软件介绍、软件基本操作原理、软件的安装等。读者需要将自己所学的分析类软件与 Power BI 进行深层次的对比,理解 Power BI 在数据分析方面的优势。

第三章
使用 Power BI 开展财务报表分析

第一节 上市公司财务报表介绍

本章将简要介绍使用 Power BI 进行财务综合分析报告的制作流程,具体如图 3-1 所示。从获得上市公司财务报表并进行结构性的重构,使其公开公布的数据可以变成了解企业概况的可供分析数据,到利用 Power Query 获取并清洗数据的常用方法,再进一步使用 Power Pivot 建立分析模型的注意事项,最终进行财务报表可视化的分析并将可视化报表发布共享至网页端,具体步骤参见第十六章。

图 3-1 财务报表综合分析报告制作流程

一、财报分析的作用

财务报告是反映企业财务状况和经营成果的书面文件,包括资产负债表、利润表、现金流量表、所有者权益变动表(新的会计准则要求在年报中披露)、附表及财务报表附注和财务情况说明书。在现在企业经营的过程中,管理层学会了向财务要数据、要指标来了解企业的经营现状,用于支撑企业在未来的发展方向。财务报告反映的是企业的主要财务指标。财务人员通过分析报表中的数据,对企业的盈利情况、偿债能力、现金流量等多类发展经营情况有一个总体的把握,从而帮助经营管理人员了解企业、企业管理者以及具体工作人员的业绩,明确相关责任人,找到影响企业发展的关键因素,使经营者能提高自身的管理能力,投资人、债权人能直观掌握所需财务信息,预计企业未来盈利,定位企业发展方向,做出提高企业生产经营质量及效率的有效决策。那么这些数据和指标从哪里来,这就是财务报告存在的意义。对于会计类专业的学生而言,获取企业内部经营数据并进行财务报表的编制是一件较难实现的事情。但是,上市公司依据会计准则及社会责任的要求,会定期披露企业的年报数据,一般情况下可以在网易财经、新浪财经、巨潮资讯等网站获取上市公司的年报数据。本书后续数据获取主要是从网易财经抓取沪深 A 股上市公司的年报数据,对其进行分析,主要目的是培养学生的分析思路以及如何使用 Power BI 作为工具进行全面的可视化分析的方法。网抓数据若不够严谨,则对企业的分析结论不能够用于投资报告。

二、传统财报分析的局限性

(一)财务报表本身的局限性

从信息来源看,财务报表信息是在当前会计准则或会计制度的规范下由会计核算系统生成的,并且受到一系列会计原则的约束。首先,现行财务报表的表现形式表明其只能反映能用货币计量的信息,而无法反映对企业产生重大影响的其他信息;其次,从信息发生的时间来看,现行财务报表只能提供和反映已经发生的历史财务信息,而不能反映信息使用者进行未来决策所需要的预测信息。即使通过其他方法预测未来,预测的基础也都是财务报表提供的历史信息,是一种以历史为基础的假设。同时,现行会计准则规定同一经济业务可以根据企业需要选择不同的处理方法,并可以在一定的范围内进行会计估计,这就给企业人为操纵财务报表数据提供了可能,从而降低了财务信息的可信性。

(二)财务报表分析方法的局限性

一般财务报表中列出的多是能够利用、并通过货币计量的经济信息,但是目前对财务报表的分析仍有一定局限性,仅立足于对报表中经济资源的分析,而实际上,更多企业相关资源由于受到客观条件的制约,并没有体现出来,如企业的人力资源价值就没有在报表中体现出来。随着科技的发展,人力资源已成为重要价值资源,财务信息也应倾向于对企业整体资源的关注,它与经济投入资本不同,人力资本并不能直接转换为生产价值,但是能从深层次、潜移默化地影响企业的生产经营,尤其在高科技或信息化产业中,拥有无形的人力资本比有形资产的作用更大。可见,财务报表中没有体现出的内容,也有可能对企业的未来发展产生重要影响。

(三)财务报表分析者的局限性

财务报表分析是融会计学、审计学、经济学、管理学、统计学、金融学、数学为一体的一门综合性极强的经济管理学科,因此对于分析者的要求也比较高。由于自身的认知度、知识水平、账务财务分析理论和方法的不同,不同的财务分析人员对财务报表的理解分析也不相同,最终导致财务分析指标结果的不同。由于财务报表反映的是企业经营各个方面的经济信息情况,财务分析人员不能只是依照公式做报表分析,而要为使用者提供有用的信息,故应首先与报表使用者沟通确定需要分析的信息比率,因为不同的使用者对于报表信息比率考虑的角度都不相同,得出的结论自然也不相同。财务分析人员不能只是依照公式做报表分析,要为使用者提供有用的信息。

(四) 财务报表分析指标的局限性

目前,我国财务分析方面并没有一个统一的分析标准,不同的企业对于自身的财务报表分析,由于其分析指标的不同会得出不一样的结论。有些企业可能存在采用违规的会计方法少计应付账款、少计费用、少提设备折旧,多计库存、多估收入、多计应收账款、隐瞒应收账款的坏账处理、隐瞒不利于企业的交易等来改善财务指标,以达到企业良好运营的外向指标。因此,在财务报表分析过程中,分析者不能过多地仅依赖短期偿债能力指标(流动比率、速动比率)、长期偿债能力指标(资产负债率、产权比率、有形净值债务率、已获利息倍数)、资金营运能力指标(存货周转天数、应收账款周转天数、流动资产周转率、总资产周转率)和盈利能力指标(销售净利率、销售毛利率、利率、净资产收益率)的分析。

三、Power BI 分析报告的特点

Power BI 拥有更为炫酷的可视化功能、空前丰富的数据源、亿级的超级运算能力,以及更为便捷的数据更新渠道等一系列富有吸引力的功能。此外,使用 Power BI 相较于其他工具并不需要我们承担更多的费用,也不需要手动为计算机创建环境变量,只需要在官方网站下载安装包就能快速安装,立即开启我们的可视化报表创作之路。通过对可视化财报系统不断摸索与尝试,本书总结了可视化财报系统以下的几个特点。

(一) 提高财务分析的效率与质量

在传统的财务工作中,财务人员常常要面对大量的手工处理所带来的成本高、效率低、质量差等问题。而数据分析技术工具 Power BI 的应用,能降低数据处理工作的成本,提高财务分析的效率与质量,让财务部门对企业需求与外部市场变化做出快速响应,从而高效率、高质量地支撑企业的管理和发展。

(二) 强化财务风险的评估与防范

面对各类风险的不可控问题,企业应增强财务预警与风险管控意识,通过数据分析技术及工具的应用,运用比对数据差值、筛查异常数据、分类统计、监督审查、指标预测等各类分析方法,建立并完善企业财务风险识别与预警系统,科学合理地评估财务数据信息与财务指标趋势,并及时采取相应的防范措施,从传统的事后反应转变为事前、事中的控制与追踪,迅速捕捉危机发生的先兆,增强企业抵御风险和防范风险的能力,以保障企业持续健康发展。以 Power BI 为代表的可视化工具就可以给企业提供这类帮助。

(三) 全方位支撑业务的高效开展

数据来自业务,最终也要回到业务中去。财务分析中可通过利用数据探索与数据算法深度挖掘数据,预测未来产品趋势、服务业务的开展方向与收益分布,提升企业在市场中的竞争力。但是数据更新往往意味着要在原始模型的基础上多出大量的复制粘贴步骤和建模工作。这些工作不仅重复枯燥,而且往往占用更多时间。而 Power BI 工具的出现,使得这个问题迎刃而解,财务分析时只需要将新数据拖进原有的数据仓库文件夹中并点击刷新,后面的重复分析建模工作便不用再费神费力。有了这个功能,财务报表分析工作便能瞬间提升效率。

(四) 精准驱动企业经营管理决策

财务部门通过数据分析对多种数据资料进行深层次的研究,有助于提高数据的有效利

用率,挖掘潜藏在数据中的信息,释放数据价值,完成企业从流程驱动到数据驱动的转变,赋能企业的智慧决策革命,缓解经营者的焦虑,消除财务人员的决策困境,增强运营的灵活性与敏捷性,实现科学决策与精准决策,为企业创造新的附加值,帮助企业在竞争激烈的市场中保持长久的竞争优势。Power BI 制作的可视化报表交互功能的优势主要体现在报表展示阶段。因为有了交互的效果,在不同维度下,数据变化的趋势才能更加清晰,多个图表之间的数据变化也能快速发现机会和问题,大大提升了数据分析的效率。

第二节 财务报表结构重构

传统三大财务报表结构,都是按照统一的一个会计准则编制的,而标准化的报表往往会保留一些共性的东西,去除一些特征化的东西,要想对某个公司进行深度分析,仅仅使用传统报表还是有一些不足,因此要对报表进行重构。现金流量表因其划分的标准相对规范,不需要进行重构。下面本书将就资产负债表和利润表结构进行调整,以对接后续分析。

一、资产负债表结构重构

资产负债表结构重构的有关内容如图 3-2 所示。

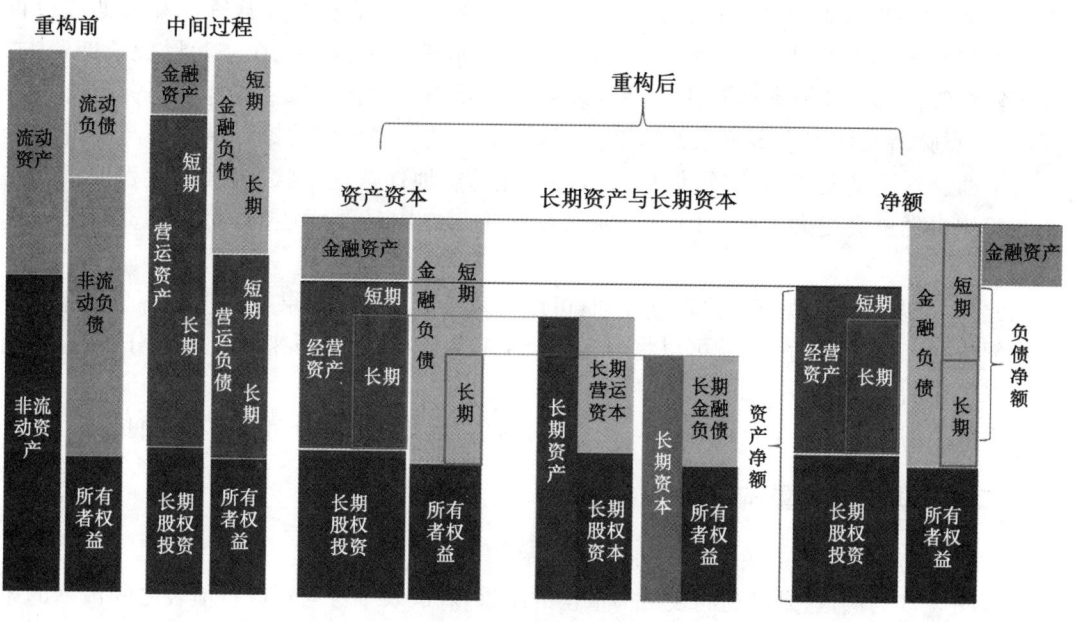

图 3-2 资产负债表结构重构

以图 3-2 为例,传统资产负债表的左边是流动资产和非流动资产,右边是负债和所有者权益,而流动与非流动的区分标准是期限是否超过 1 年。为了后期财务报表分析的颗粒度足够细化,本书结合了市面上较为流行的报表分析教材,对资产负债表进行重构。

融合企业生命周期管理办法,若要成立一家企业,要先筹集资本,然后将筹集到的资本投入可以带来利润的资产中去,而筹集资本的一种方式就是所有者权益即股东投入,另一种方式是银行借款也就是金融负债,而这部分资金使用是需要支付利息的。上述两类资本筹集好了之后往哪儿投呢?传统资产负债表将资产分为流动资产和非流动资产,但是流动资产里面的库存现金、银行存款、有价证券(统称为交易性金融资产),是没有参与营运过程的。其原因在于即便银行存款对于企业而言每天都在进进出出,但是资产负债表中的数据是一个时点数,如果将每一天的数据进行平均,除了固定的一点利息收入,期初到期末的这部分数据是保持相对稳定的。另外一个部分是对外投资,会形成长期股权投资。其他剩下来的资产就是我们在生产经营过程中间占用的资金。在负债中,也有一部分跟营运相关的,主要包含供应商的欠款,所欠税款,所欠员工工资、社保等内容。而原来放在资产里的存货或者应收账款等,其实都是在经营过程中产生的,真正运营占用的资金是它们两者之间的差额,经过分析之后,运用可视化工具就可以把原来的这个资产负债表,变成重构后的资产资本表。该表右边分别是银行借款和股东投入;左边分别是不计入经营的金融资产和长期股权投资,两边差额就成为经营资产。

资产负债表经过重构之后,来源和去向都比较清楚,三类不同的资产,收益来源也是不一样的,其中金融资产收益主要是国家规定的利息收入,长期股权投资收益是靠分红或后期处理收益,同样不随着管理层意志而转移,这两者是相对固定的;而只有经营资产,才是企业管理层能够真正直接控制的。

随着资产负债表的重构,后面的分析过程会产生一些新的概念。例如:经营资产,同样也分长期和短期;金融负债也有短期跟长期之分。分析中将把长期经营资产和长期股权投资两者加起来变成长期资产。同样,长期金融负债和所有者权益加在一起形成长期资本。长期经营资产和长期资本的对比也是后续的分析重点。以图3-2为例,长期资产比长期资本高,意味着长期资产多出来的这部分,就需要通过一些短期的银行借款来与长期资本保持平衡。这个就是所谓的"短债长投",而企业持续地保持这个状态,其风险程度跟其他企业相比自然就会更大一些。因为短期借款在1年之内是要偿还的,而长期资产又不容易变现。

此外,金融资产变现能力比较强,随时可以拿来还贷。所以如果我们想看一个企业的资产净额情况,或者负债净额,就可以将金融资产单独剔除出来,剩下来的这一部分,就是企业真正要关注的。

而资产的收益情况又是在利润表中完全体现的,因此下一部分将要重构利润表。

二、利润表结构重构

利润表结构重构的有关内容如图3-3所示。

以图3-3为例,这是对利润表结构重构的结果,利润表本身与资产负债表之间清晰的逻辑关系使得对利润表结构的重构也是必要的。举例来说,传统利润表将经营收益、投资收益都捆绑在一起,对深入分析经营活动或者投资活动的收益就比较困难,因此需要重构利润表。针对资产负债表的三类资产,利润表的增值部分也是对应来自三部分资产的利润。其中,利息是要支付给银行的部分,要从三个资产利润里面减掉,得到的就是净利润。资产负债表和利润表的对应关系建立好了之后,我们在跟同期比较或者在跟同行比较的时候,不同

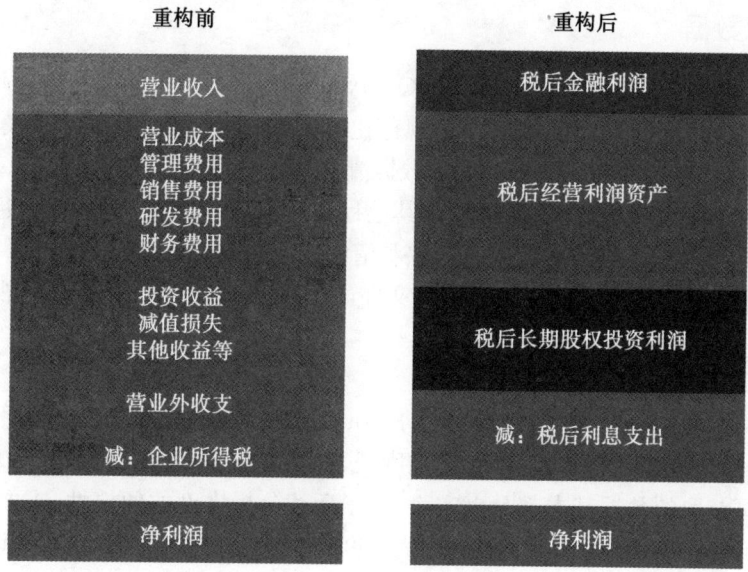

图 3-3　利润表结构重构

的资产对应不同的收益率,这样就比较清晰了。

重构报表对于深度分析财务报告是很有帮助的,但是伴随而来的问题是会增加很大的工作量,因为之前财务报表中的科目是由会计预先设定的,要想进行重构就需要按其属性用手工予以拆分。这给分析人员带来一定挑战,但是从分析重要性角度而言,可以将影响较大的科目予以单独拆分,而影响较小的就可以按照传统归类。

无论是拆分或是重组,对于一个企业累积多年的数据或者多个企业多年的数据而言都是一个庞大的工作量,因此需借助先进的 Power BI 工具来实现。

第三节　使用 Power BI 开展财务报表分析的步骤

使用 Power BI 开展财务报表分析的步骤与使用 Power BI 开展其他商业分析的步骤基本相同,主要包括需求分析、获取数据、建立模型、数据可视化、分享报表等步骤。对于本书案例而言,获取数据和建立模型是核心部分。其具体内容和详细操作步骤在后续章节体现,本节只进行简要概述。

一、需求分析

在开展分析之前,需要详细研判报表分析的内容指标,即报表的用途、分析的主要指标及维度、传统报表分析存在的主要问题、分析报表要解决的问题,以及未来潜在的分析需求等。此外,要对分析报表的呈现方式、主题颜色的选取等内容进行详细的规划设计及资料的整理,做到心中有数。

二、获取数据

获取数据主要是通过功能组件 Power Query 完成的。本书所用到的数据均来自网易财经沪深 A 股的企业板块，虽然数据来源于规范化的网站，但不符合后续的建模要求，需要在 Power Query 中对导入的数据进行清洗。数据清洗工作十分重要，如果数据规范、结构合理，则后续建模就会相对容易。当然，如果使用其他程序语言（如 R 语言、Python）更方便，则也可以使用其他程序语言或工具完成数据的获取和清洗。由于案例数据的内容较多，数据体量庞大，需要借助外部工具将数据导出成为 CSV 文件，便于后续建模、度量值以及可视化的使用。

三、建立模型

建立模型主要是通过功能组件 Power Pivot 完成的，这是 Power BI 数据分析的核心。建立模型需要确定哪些是事实表、哪些是维度表，以及表与表之间的关系等。对于本书案例而言，通过网页获取的数据基本都是事实表，为了后续分析维度的便捷性，需要结合数据表，依据报表分析的理论内容建立对应的维度表，并将本地文件全部导入新的 pbix 文件中。在表与表之间的关系建立起来之后，由于报表分析的业务逻辑比较复杂，通过鼠标进行简单的拖曳可能不能达到分析目的，这时就需要使用 DAX 编写度量值，度量值公式要严格遵从财报分析指标进行建立，从而将各业务指标表示出来。

四、数据可视化

数据可视化就是将模型的分析结果呈现出来，该步骤主要由功能组件 Power View 和 Power Map 完成。数据可视化与建立模型的过程密不可分，虽然在工作步骤中是先建立模型、编写度量值，然后将度量值用可视化视觉对象呈现出来，但在人脑的逻辑思维中，很多时候会先思考选择采用什么图表呈现数据，然后再编写该图表所需要的度量值或建立模型所需的辅助表等。

五、分享报表

分享报表就是分析报表成果的输出。由于 Power BI 是动态交互式报表，为了突出交互功能，一般首选以 Web 方式将报表分享给报表使用者。如果需要打印或用作其他用途，则也可以将 Power BI 报表以 PDF 文件格式的方式导出。Power BI 最新的版本也支持 PPT 形式的导出，方便后续的汇报展示。分析报表的制作是一个不断完善和优化的过程，报表分享给报表使用者之后，有些效果可能达不到预期，或者又产生了一些新的需求，这时就需要再次按照上述步骤进行修改和优化等。

本章小结

本章主要介绍上市公司财务报表在分析过程中因其结构原因导致的分析局限性，结合 Power BI 的数据分析理论，对财务报表的结构进行重新划分，并对分析的步骤进行简要描述。读者可以结合财务报表课程的理论内容对本章内容进行深度的探讨和研究，提升自己的专业研究能力。

第二部分

财务报表分析的数据准备

导入案例

权威的股票信息网站包括巨潮网、新浪财经、网易财经、东方财富网等,该类网站包含了大量上市公司历年的众多财务信息。财务报表分析的数据获取可以从上述网站任选其一。而本部分的设计以2022年网易财经为数据源头,共抓取5亿行且涉及4 000多家沪深A股上市公司连续10年披露的财务报告数据,并对其进行横向与纵向的财务报表分析。将M语言与Power Query相结合,可使众多数据通过筛选转换形成了一套便捷的财报数据仓库。与此同时也为该系统准备了三套分别对应三大财务报表的报表辅助表,通过辅助表与财务报表数据相结合,形成一套完备的财务报表数据集。

该数据集的优势主要体现在财务报表分析中表与表之间查询等方面,充分应用了数据库管理中联表查询的技术。通过多表之间各个维度间关系的创建,让财务报表分析过程中数据的查询与调用更加便捷,节省了数据对比的时间,为后期可视化报表的创建奠定了基础。

Power BI中的关系模型搭建主要通过Power Pivot来区分维度与事实两种表格的关系处理。在搭建过程中,主要应用时间表、三大财务报表、报表辅助表、公司简表、收入分类表五大类型的表格。通过一对多的关系将各个维度的表格与三大财务报表数据关联,搭建了一个以三大财务报表为中心、时间表为主线、收入分类表为辅助的关系模型。在后期表格数据查询中,该模型建立的表关系也可以迅速得到相关数据,避免了表格调取的重复工作。

第四章
抓取股票信息表

第一节 创建股票样表

本节以网易财经沪深 A 股近 10 年各个行业上市公司股票代码与公司名称为可视化财务报表系统的股票总表源头。通过网页开发者模式获取所需数据，进而实现创建股票代码总表。该步骤的主要作用是通过对该数据的收集为后期数据获取与数据清洗做准备。

通过解析 URL 找到网页规律，我们可以发现其中"page="后面的内容随着点击发生变化，而其他不变，这就为后续书写参数提供了较大便利。具体操作步骤将逐步介绍。

读者可通过输入下方网址进入对应界面根据步骤获取相应数据：

http://quotes.money.163.com/stock

一、解析 URL 获取网页链接

（1）复制上方网址进入网易财经首页，点击"沪深行情"—"分类市场"，通过网页弹出提示进入沪深 A 股界面，步骤如图 4-1 所示。图 4-2 为沪深 A 股主界面。

图 4-1　打开沪深 A 股路径

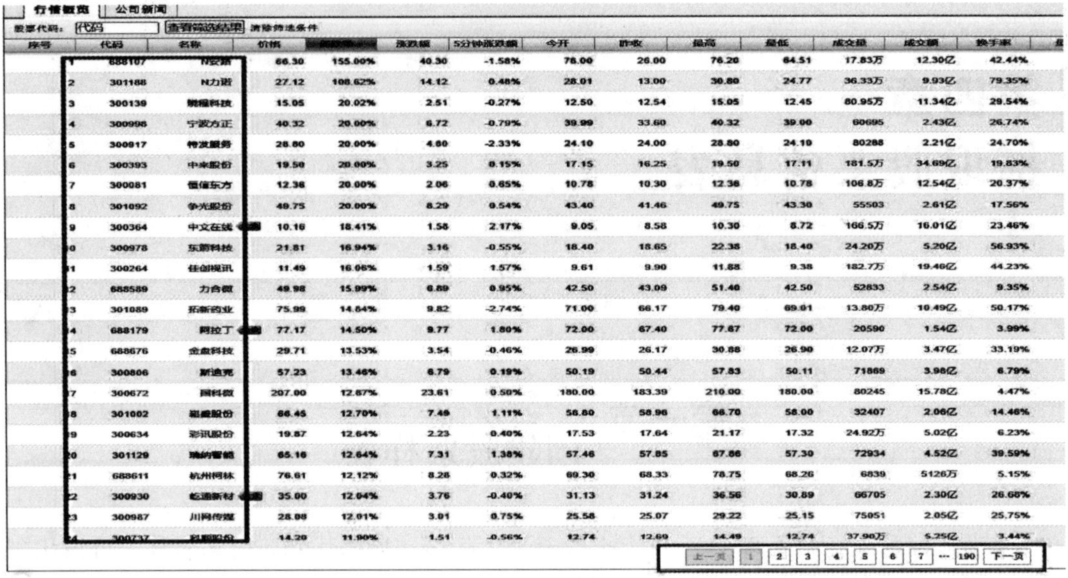

行情概览 | 公司新闻

股票代码：代码　查看筛选结果　清除筛选条件

序号	代码	名称	价格	[illegible]	涨跌额	5分钟涨跌额	今开	昨收	最高	最低	成交量	成交额	换手率
1	688107	N安路	66.30	155.00%	40.30	-1.58%	78.00	26.00	76.20	64.51	17.83万	12.30亿	42.44%
2	301188	N力诺	27.12	108.62%	14.12	0.48%	28.01	13.00	30.80	24.77	36.33万	9.93亿	79.35%
3	300139	能辉科技	15.05	20.02%	2.51	-0.27%	12.50	12.54	15.05	12.45	80.95万	11.34亿	29.54%
4	300998	宁波方正	40.32	20.00%	6.72	-0.79%	39.99	33.60	40.32	39.00	60695	2.43亿	26.74%
5	300917	特发服务	28.80	20.00%	4.80	-2.33%	24.10	24.00	28.80	24.10	80288	2.21亿	24.70%
6	300393	中来股份	19.50	20.00%	3.25	0.15%	17.15	16.25	19.50	17.11	181.5万	34.69亿	19.83%
7	300081	恒信东方	12.36	20.00%	2.06	0.65%	10.78	10.30	12.36	10.78	106.8万	12.54亿	20.37%
8	301092	争光股份	49.75	20.00%	8.29	0.54%	43.40	41.46	49.75	43.30	55503	2.61亿	17.56%
9	300364	中文在线	10.16	18.41%	1.58	2.17%	9.05	8.58	10.30	8.72	166.5万	16.01亿	23.46%
10	300978	东箭科技	21.81	16.94%	3.16	-0.55%	18.40	18.65	22.38	18.40	24.20万	5.20亿	56.93%
11	300264	佳创视讯	11.49	16.06%	1.59	1.57%	9.61	9.90	11.88	9.38	182.7万	19.46亿	44.23%
12	688589	力合微	49.98	15.99%	6.89	0.95%	42.50	43.09	51.40	42.50	52833	2.54亿	9.35%
13	301089	拓新药业	75.99	14.84%	9.82	-2.74%	71.00	66.17	79.40	69.01	13.80万	10.49亿	50.17%
14	688179	阿拉丁	77.17	14.50%	9.77	1.80%	72.00	67.40	77.67	72.00	20590	1.54亿	3.99%
15	688676	金盘科技	29.71	13.53%	3.54	-0.46%	26.99	26.17	30.88	26.90	12.07万	3.47亿	33.19%
16	300806	斯迪克	57.23	13.46%	6.79	0.19%	50.19	50.44	57.83	50.11	71869	3.98亿	6.79%
17	300672	国科微	207.00	12.87%	23.61	0.50%	180.00	183.39	210.00	180.00	80245	15.78亿	4.47%
18	301002	崧盛股份	66.45	12.70%	7.49	1.11%	58.80	58.96	66.70	58.00	32407	2.06亿	14.46%
19	300634	彩讯股份	19.87	12.64%	2.23	0.40%	17.53	17.64	21.17	17.32	24.92万	5.02亿	6.23%
20	301129	瑞纳智能	65.16	12.64%	7.31	1.38%	57.46	57.85	67.86	57.30	72934	4.52亿	39.59%
21	688611	杭州柯林	76.61	12.12%	8.28	0.32%	69.30	68.33	78.75	68.26	6839	5126万	5.15%
22	300930	屹通新材	35.00	12.04%	3.76	-0.40%	31.13	31.24	36.56	30.89	66705	2.30亿	26.68%
23	300987	川网传媒	28.08	12.01%	3.01	0.75%	25.58	25.07	29.22	25.15	75051	2.05亿	25.75%
24	300737	科顺股份	14.20	11.90%	1.51	-0.56%	12.74	12.69	14.49	12.74	37.90万	5.25亿	3.44%

上一页　1　2　3　4　5　6　7　…　190　下一页

图 4-2　沪深 A 股主界面

（2）通过在当前网页点击鼠标右键选择“检查”按钮，如图 4-3 所示，或通过在当前网页按一下键盘的“F12”按键调出开发者模式，以此获取页面基础 URL。

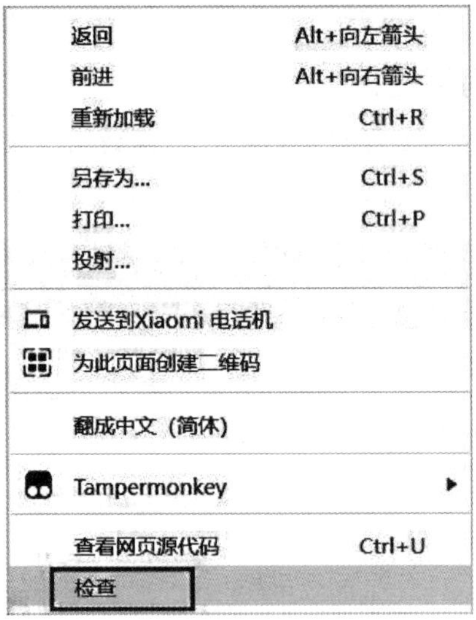

图 4-3　网页邮件检查按钮

（3）进入开发者模式后，点击“Network”（网络）监控模块，选择“All”子选项卡后任意选择如图 4-4 所示文件，进入请求“Headers”数据部分（该部分受网址代码结构影响或许有变化，但总体逻辑不变）。

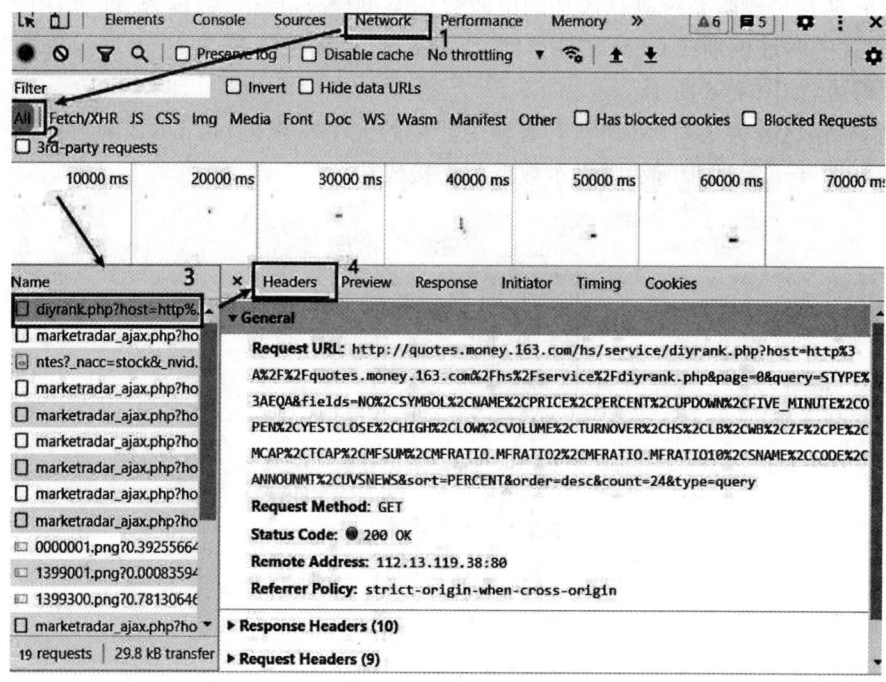

图 4-4　网络监控模块

（4）找到 General 标签后，复制该标签下 URL（Request URL）地址。注意 URL 结尾需要与图 4-5 保持一致。

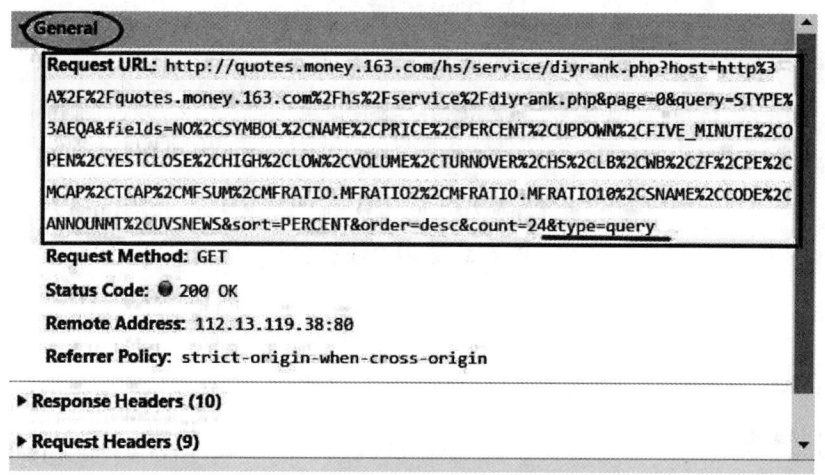

图 4-5　URL 地址

（5）打开 Power BI 界面，点击"获取数据"，选择该选项卡中"Web"按钮，如图 4-6 所示，将上述的 URL 地址粘贴进输入框中，点击"确定"，如图 4-7 所示。系统会直接进入 power query 界面。该软件内置函数会默认将导入的数据更改格式，所以需要我们手动修改属性栏部分的标签。可以看到，通过复制网址 URL 创建的接口所访问的数据并不是我们所需要的数据。先在属性栏删除系统默认添加的更改数据类型(×),点击"数据源"部分,由于软件误将 Json 格式的网址识别成 CSV 文件类型,所以需要几步操作,修改 M 语言函数将"Csv"改为"Json"即可,如图 4-8 所示。

注意:严格区分大小写(M 语言有着较为严格的大小写规范)将 URL 函数修改完成后,界面显示如图 4-8 第四步所示则表示数据源连接成功。

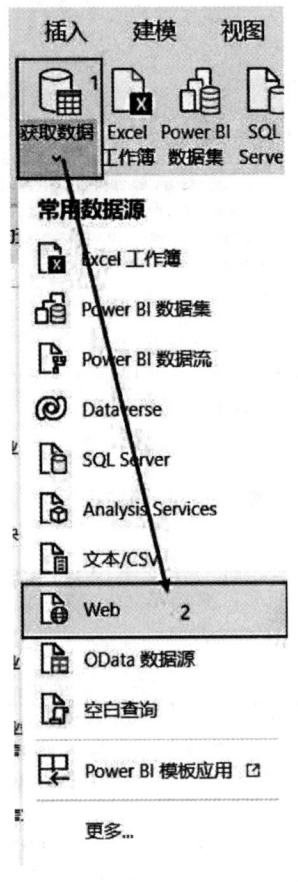

图 4-6 获取 Web 数据

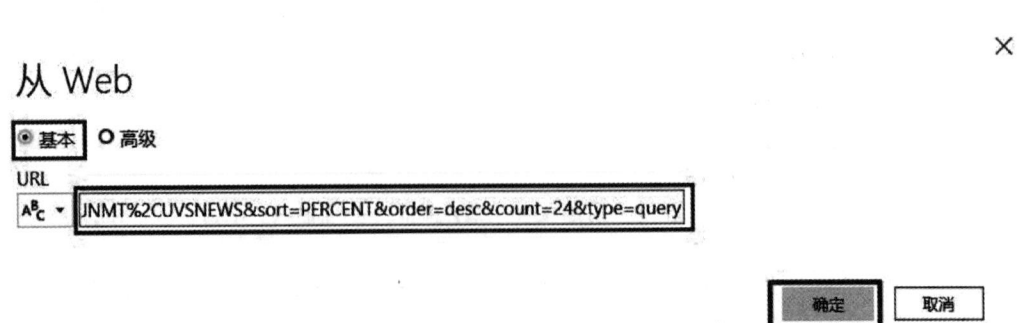

图 4-7 完成 URL 的获取

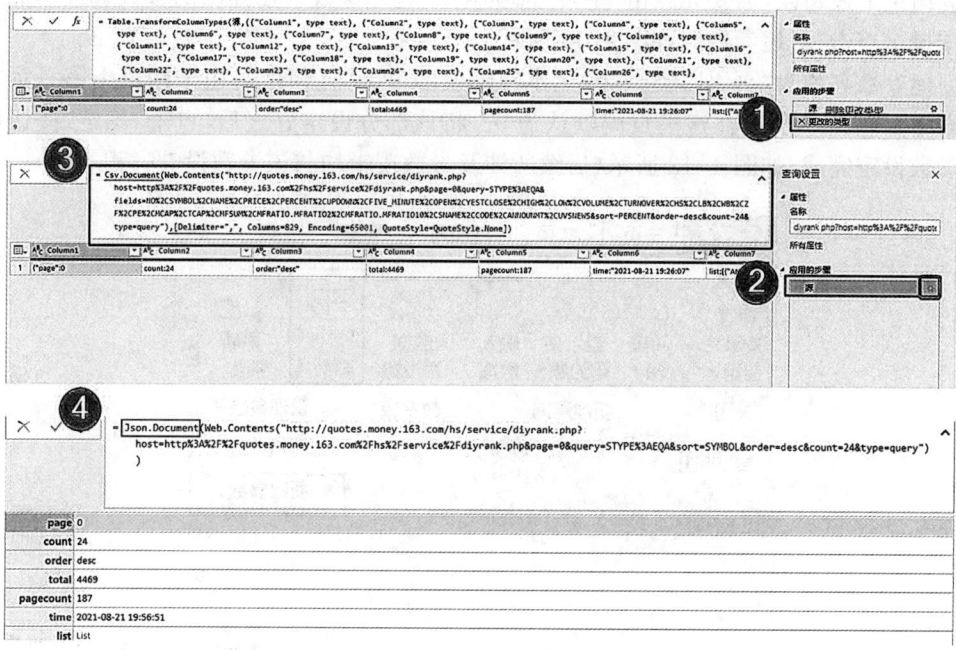

图 4-8 修改 URL 地址

二、创建"页码"调用参数

数据获取需要批量爬取该网站上超过 200 页的公司名称列表,所以固定的 URL 参数无法满足我们的需求,在这里需要通过设立参数达到批量访问的效果。图 4-9 中使用了"页码"参数,但是尚未创建,会出现如图 4-10 所示的错误提示。

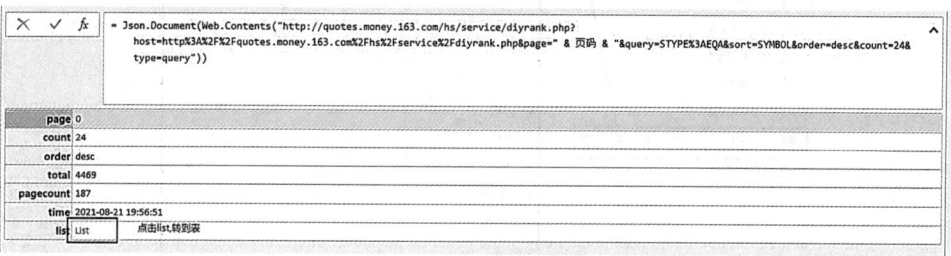

图 4-9 "页码"参数的使用

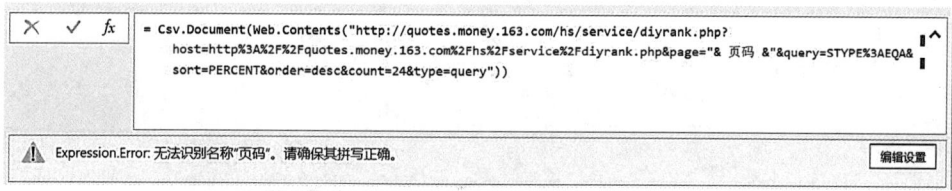

图 4-10 未建先用错误提示

为纠正上述错误,需要先点击"主页"选项卡中"管理参数",在弹出的参数管理功能窗口中根据提示点击"新建参数",如图 4-11 所示。

新建参数名称为"页码",类型为"文本",建议的值为"任何值",由于网页中第一页在服务返回中页码为 0,所以在这里页码默认为 0。将该部分设定好之后,点击"确定"按钮则该页码参数设定完成,如图 4-12 所示(后续所涉及参数逻辑均与该参数设立过程类似)。

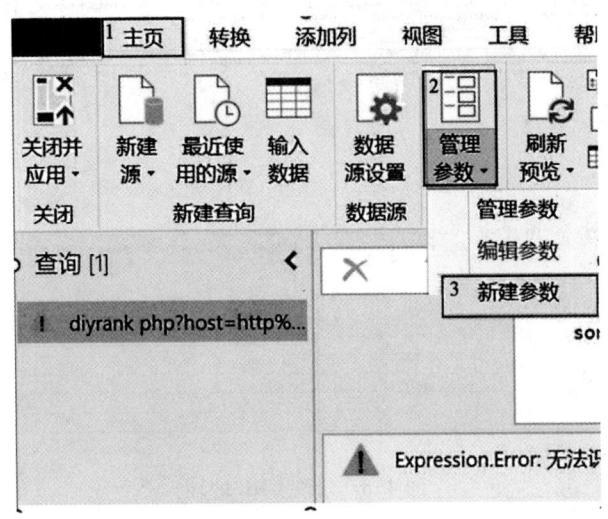

图 4-11　新建参数步骤

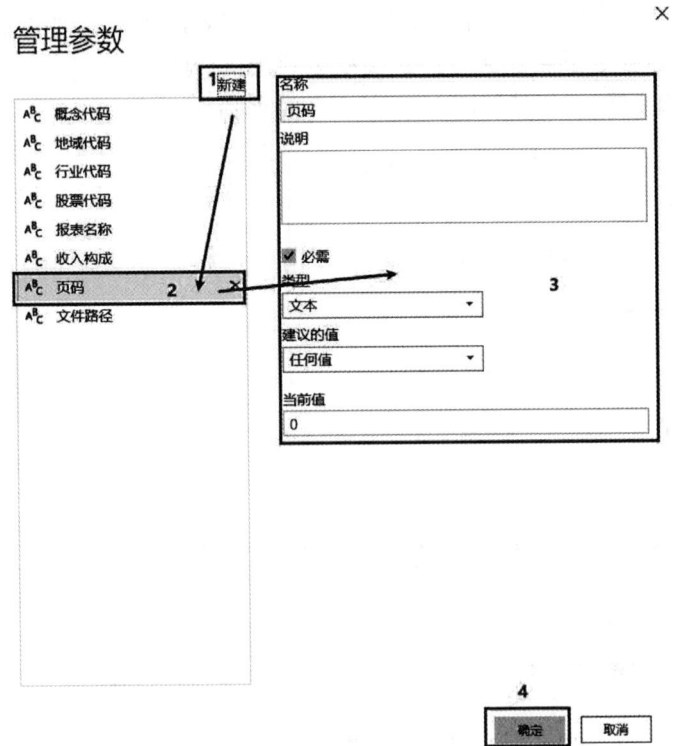

图 4-12　新建"页码"参数

参数创建好之后记得将该参数添加进网页网址中,具体如图 4-13 所示。自此股票总表源数据接口设定完成,后续数据更新只需清理 Power BI 缓存后刷新即可。

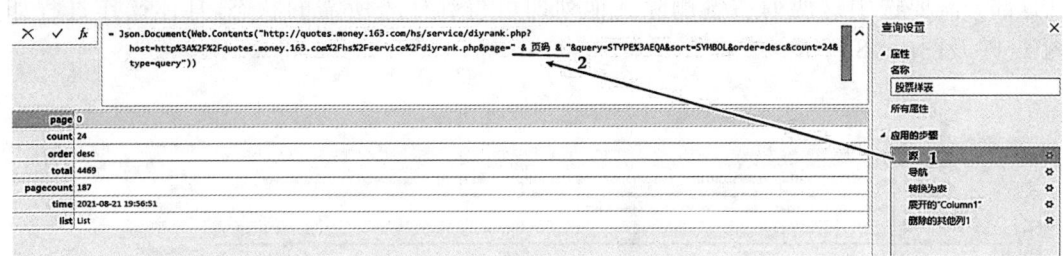

图 4-13 "页码"参数的应用

三、股票样表数据清洗

按照上述步骤请求该网页服务器后返回的是一组 list 类型数据,想要调用该数据只需要在数据源部分点击 List,即可完成数据导航步骤。图 4-14 为完成数据导航后的数据结果。

图 4-14 数据导航后的结果

通过图 4-14 结果可以看到,列表导航后的数据为一条条记录(Record)函数,想要将该数据批量读取只需要点击列表工具"转换"选项卡中"到表"按钮,即可展开每一个公司列,如图 4-15 所示。

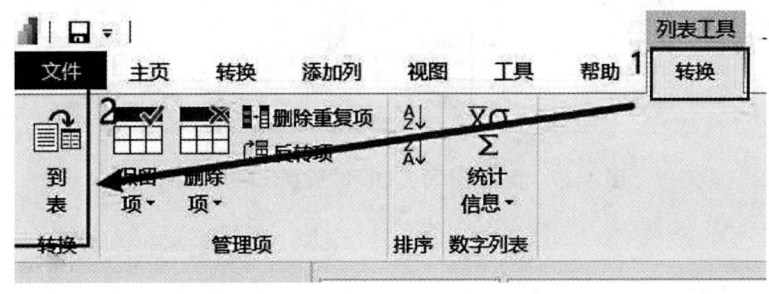

图 4-15 记录"到表"操作按钮

通过图 4-16 结果可以看到该部分与此前在网页中看到的沪深 A 股各公司今日股票变动情况一致，对于基础样表后续数据的提取，只需要表中的股票代码和公司名称两列，所以在这部分需要选中这两列右键删除其他列即可得到样表所需的状态，具体操作过程如图 4-17 及图 4-18 所示。

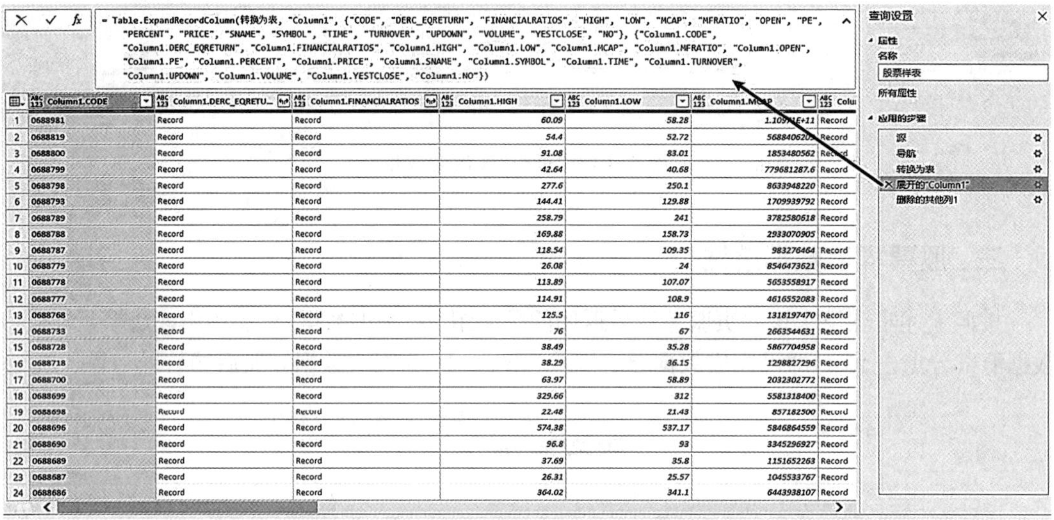

图 4-16　展开的企业股票变动表

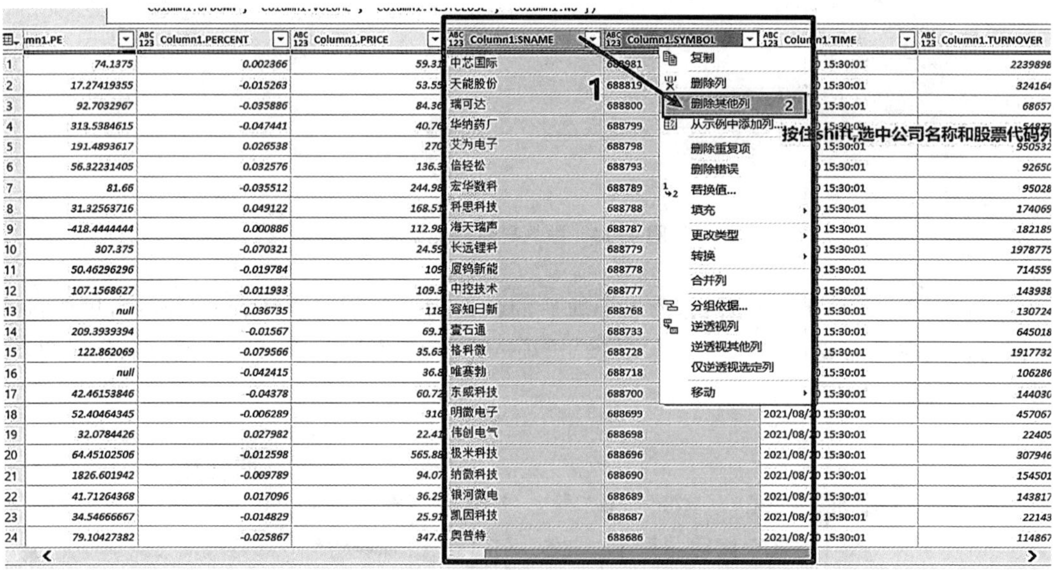

图 4-17　保留"公司名称"和"股票代码"的操作

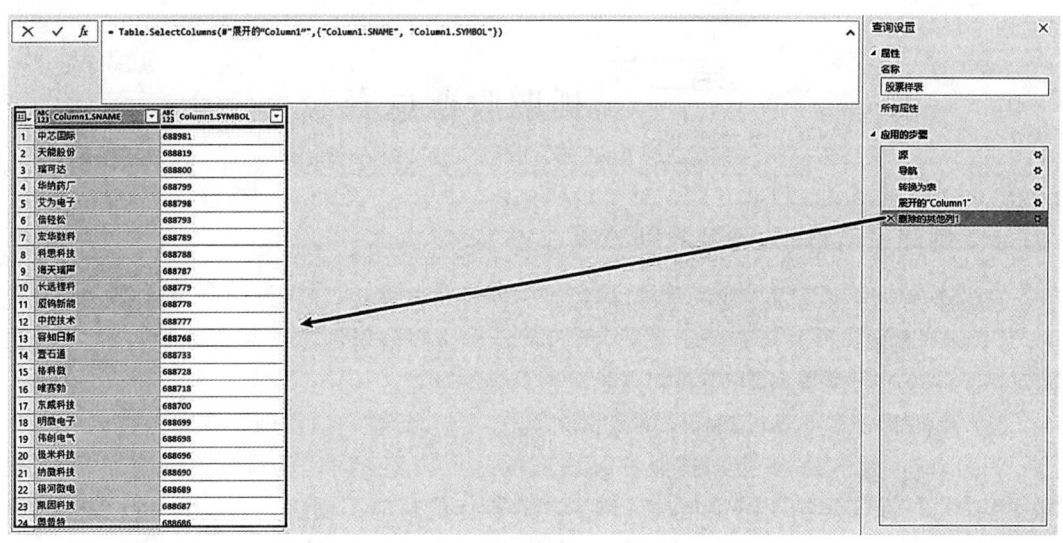

图 4-18 股票样表的初始状态

四、创建股票总表爬虫函数

Power Query 中通过创建函数的调用方可达到批量爬取数据的效果,因此通过选中刚才创建的样表并右键选中"创建函数",可以构建一个自动爬虫函数,以方便沪深 A 股 4 000 多家企业的股票代码和公司名称的自动获取,如图 4-19 所示。

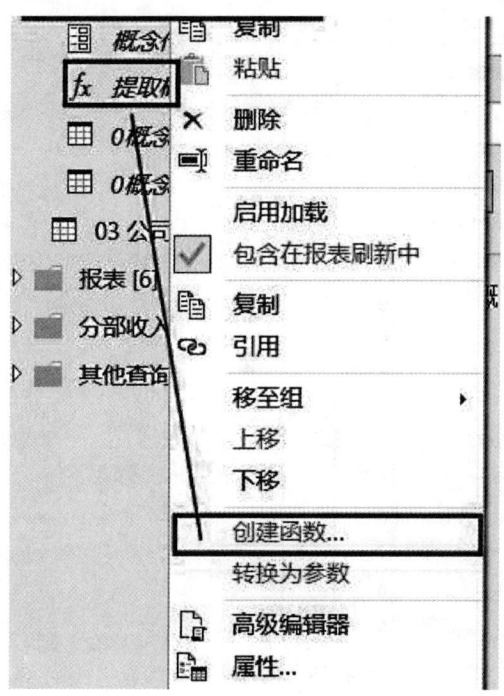

图 4-19 创建爬虫函数

第二节 抓取股票总表

一、创建空白查询,从样表到总表

股票样表是股票总表创建的基础,通过观察网址可以发现,该网站每一页都有数十家公司,为了顺利爬取该网站所有公司数据,我们需要为这些公司创建与网站类似的列表,通过该列表保存对应公司数据,下面我们开始股票总表的创建。

(1)我们需要在 Power Query 中点击主页选项卡,新建空白查询。在空白查询中写入{0..200},应注意的是,此处可按照沪深 A 股的总页数随着时间的推移逐渐增加,因此创建过程中可按照实际情况酌情增加或减少。此操作的目的是创建一个 1 到 200 的一维列表,主要作用与网站页码类似。按照如图 4-20 所示操作,依次进行"到表"至数据格式转换操作。

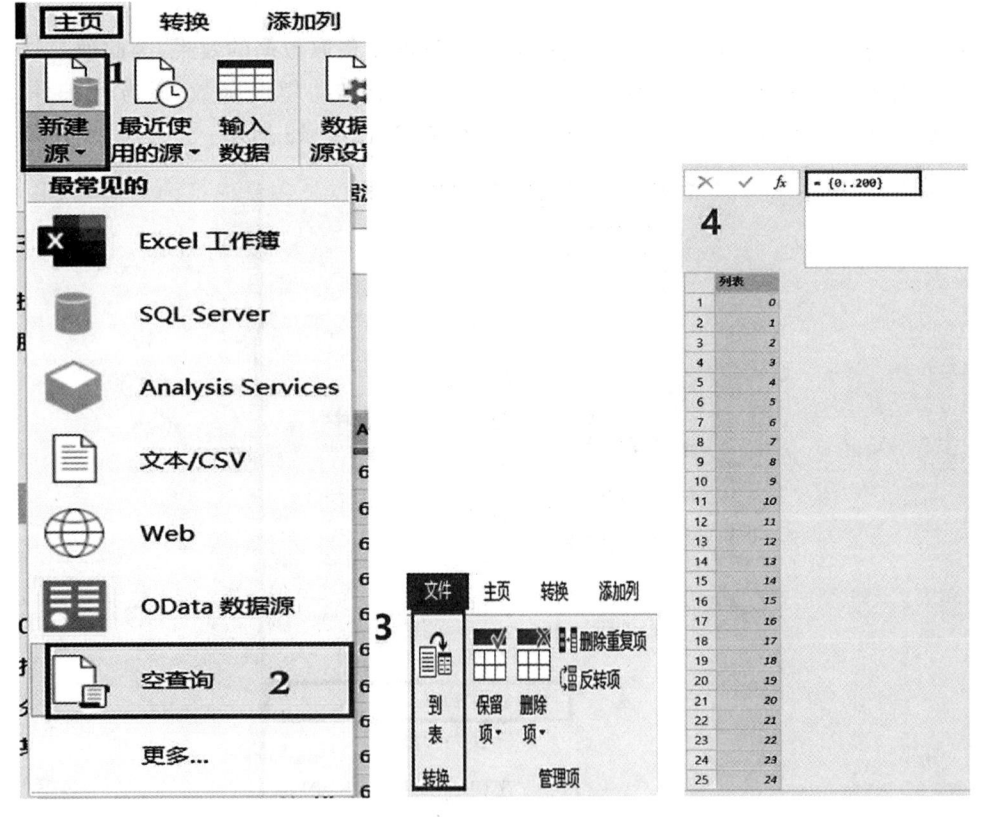

图 4-20 创建空白查询表

空白查询的 1 到 200 的数字仅作为页码使用，数据类型应改为"文本"，如图 4-21 所示。

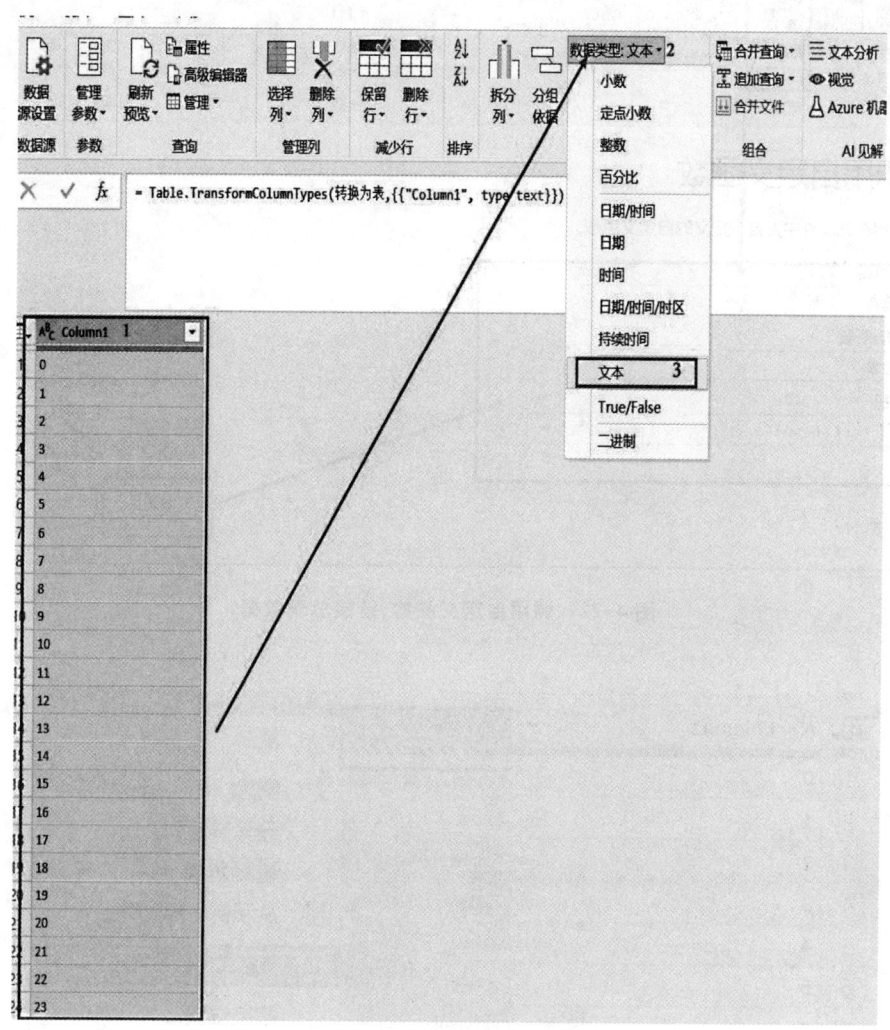

图 4-21　查询数据类型为"文本"

（2）使用"调用自定义函数"创建新一列，如图 4-22 所示，该列包含了网站服务器所返回的每一页公司的数据(200 * 24)，但由于并不是每一页都有 24 行数据，因此网页返回的数据包含空白值，这是因为我们设定了多余页数的原因，在这里只需要右键删除错误即可，操作如图 4-23 所示。

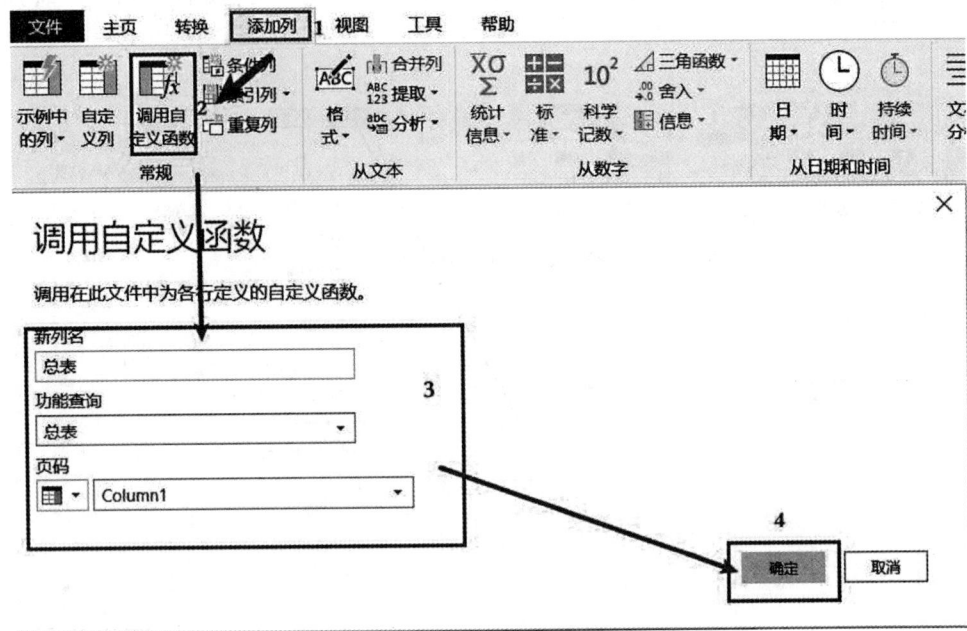

图 4-22 调用自定义函数,链接总表数据

图 4-23 删除多余错误数据

二、通过 Power Query 内置数据清洗工具，整理股票总表

总表获取之后，通过 Power Query 内置的简单一键式数据清洗按钮的任意组合操作即可对数据进行清洗，以形成整齐的数据样式。通过"展开列表—删除多余列—更改数据类型—更改列名称"一系列操作流程，最终形成了一个以股票样表为基础，包含全网公司名称和代码的股票总表，如图 4-24 至图 4-26 所示。

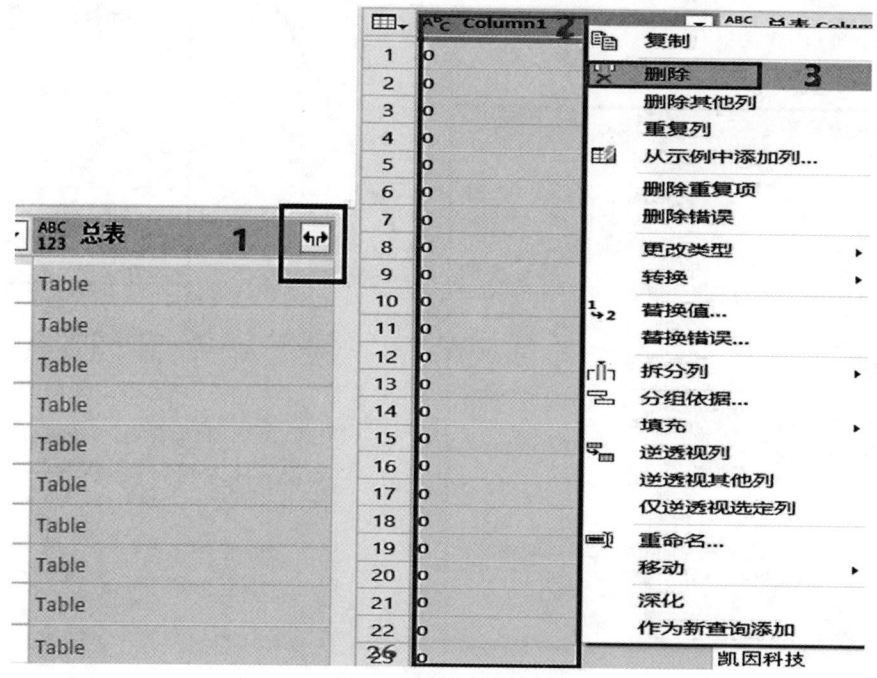

图 4-24 股票总表数据清洗 1

图 4-25 股票总表数据清洗 2

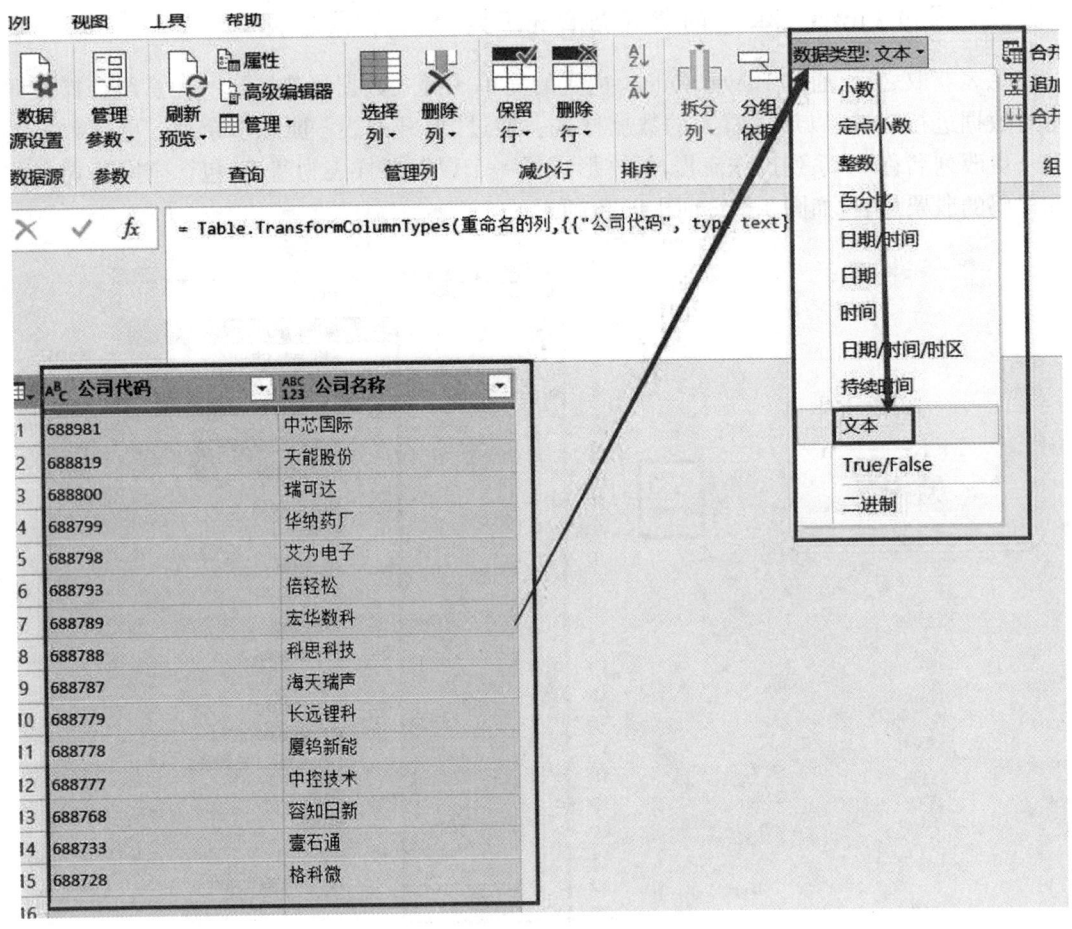

图4-26 股票总表数据清洗3

三、股票总表辅助表的创建及股票总表的清洗

创建股票总表辅助部分的主要目的是使后期可视化界面拥有与股票平台类似的筛选效果,具体制作步骤如下:①关闭并应用股票总表(图4-27)。②复制股票总表数据并粘贴进新的Excel文件中(图4-28)。③利用列拆分选项卡将股票名称拆分(图4-29)。④使用分词函数将中文名称转换为文字首字母(图4-30、图4-31)。⑤合并拼音首字母(图4-32)。⑥将拆分好的数据导入Power BI并清洗(图4-33)。⑦结合"第一行用作标题""自定义列""条件列""重命名列""删除列""排序列"等数据清洗操作(图4-34至图4-45)。⑧通过Power Query清洗股票总表,最终完成(图4-46)。

第四章　抓取股票信息表　　057

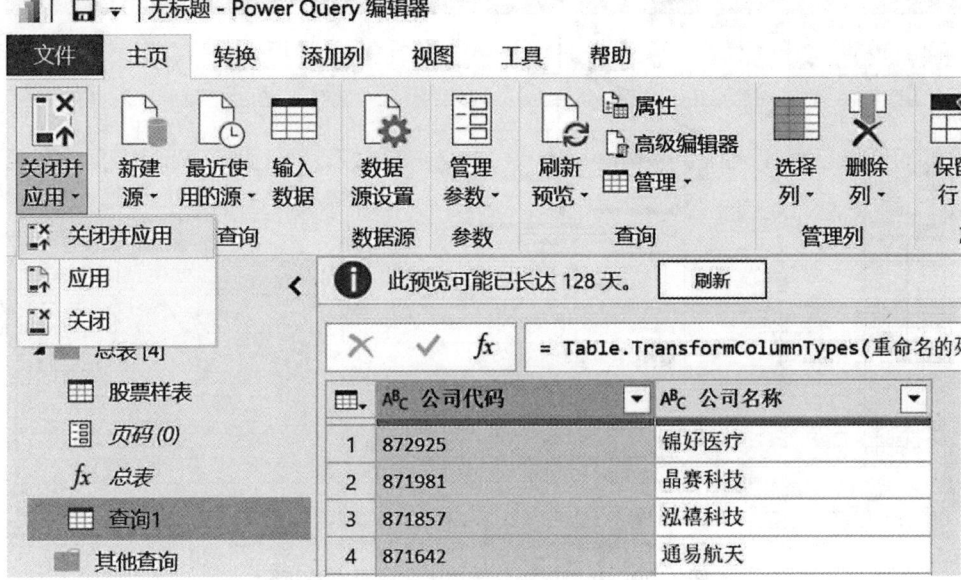

图 4-27　关闭并应用股票总表

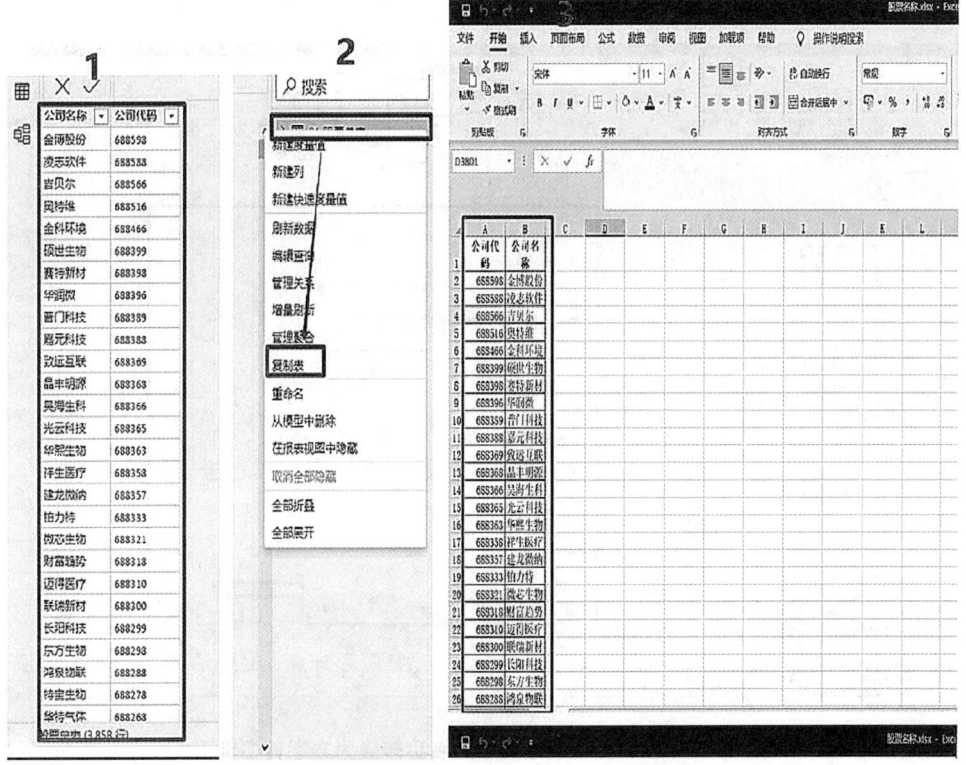

图 4-28　复制股票总表数据并粘贴进新的 Excel 文件中

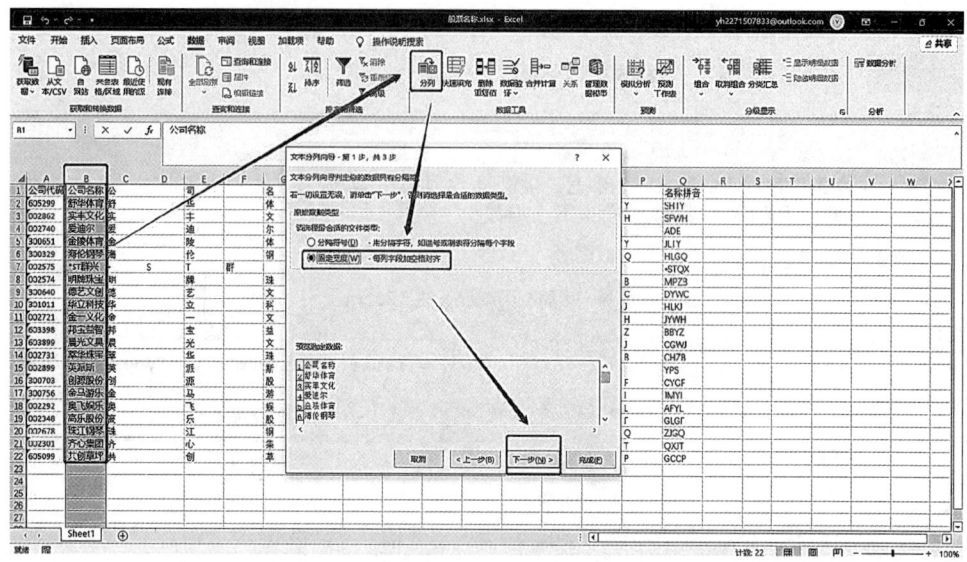

图 4-29　利用列拆分选项卡将股票名称拆分

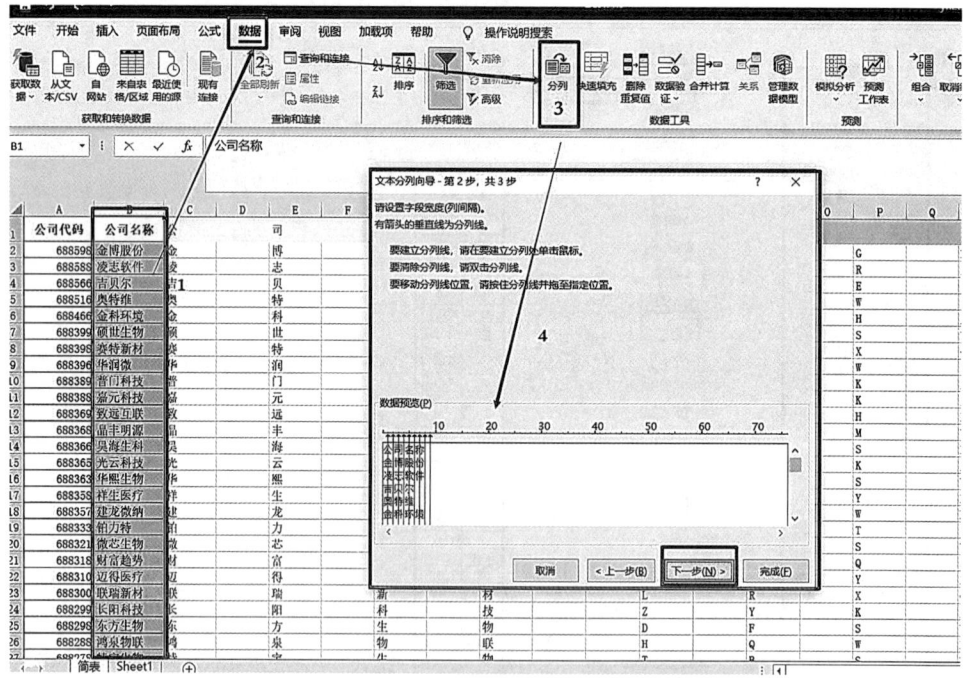

图 4-30　使用分词函数将中文名称转换为文字首字母 1

图 4-31　使用分词函数将中文名称转换为文字首字母 2

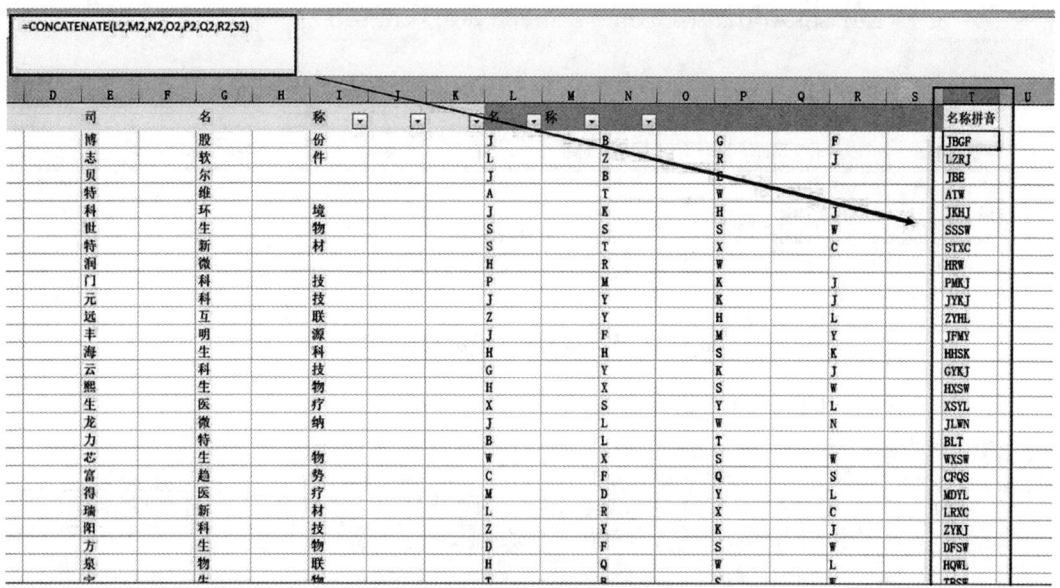

图 4-32　合并拼音首字母

图 4-33 将拆分好的数据导入 Power BI

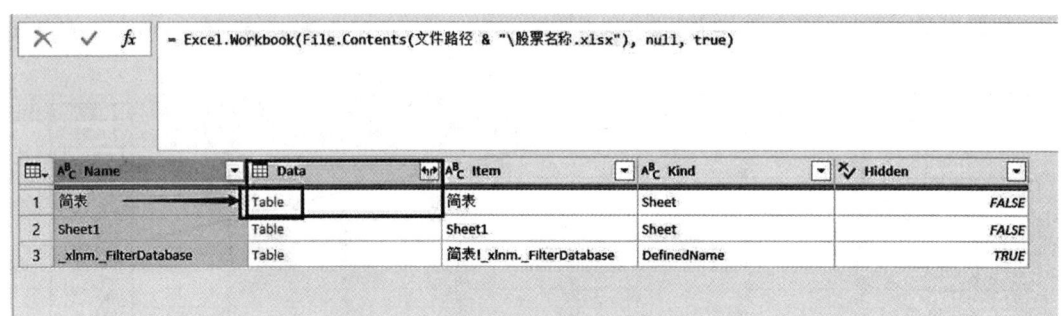

图 4-34 Power Query 清洗股票总表 1

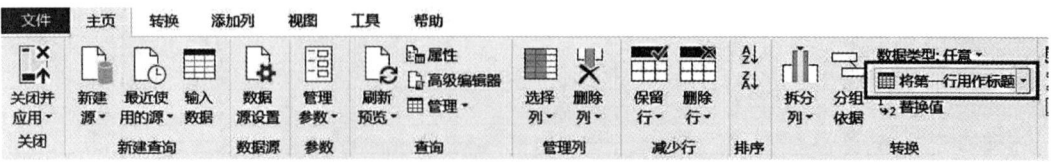

图 4-35 Power Query 清洗股票总表 2

图 4-36　Power Query 清洗股票总表 3

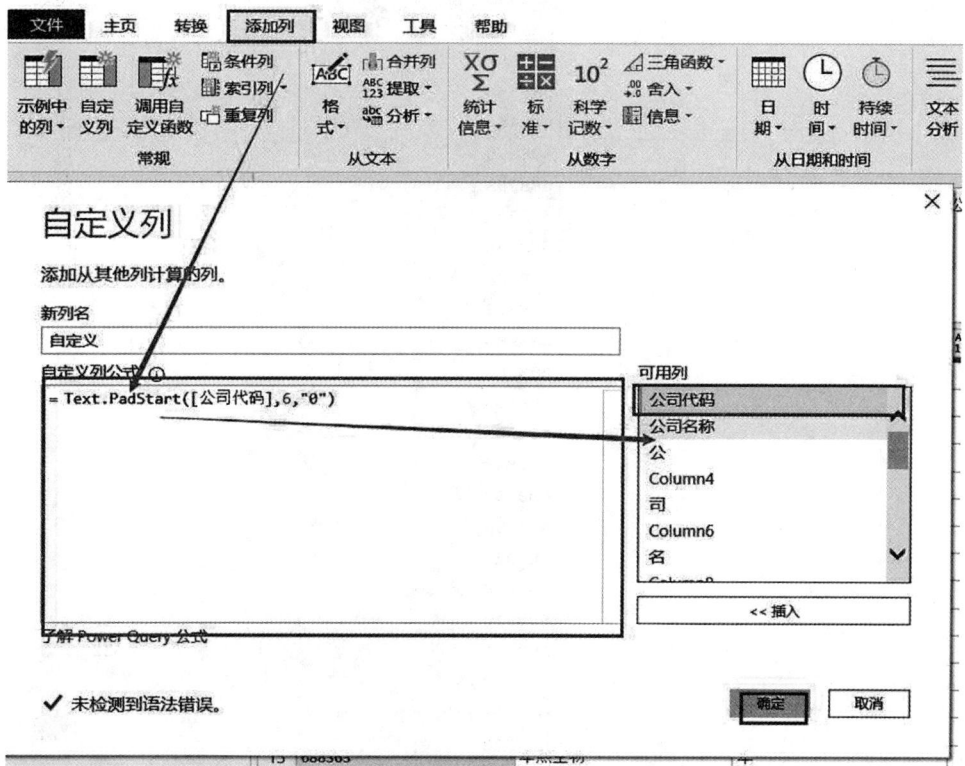

图 4-37　Power Query 清洗股票总表 4

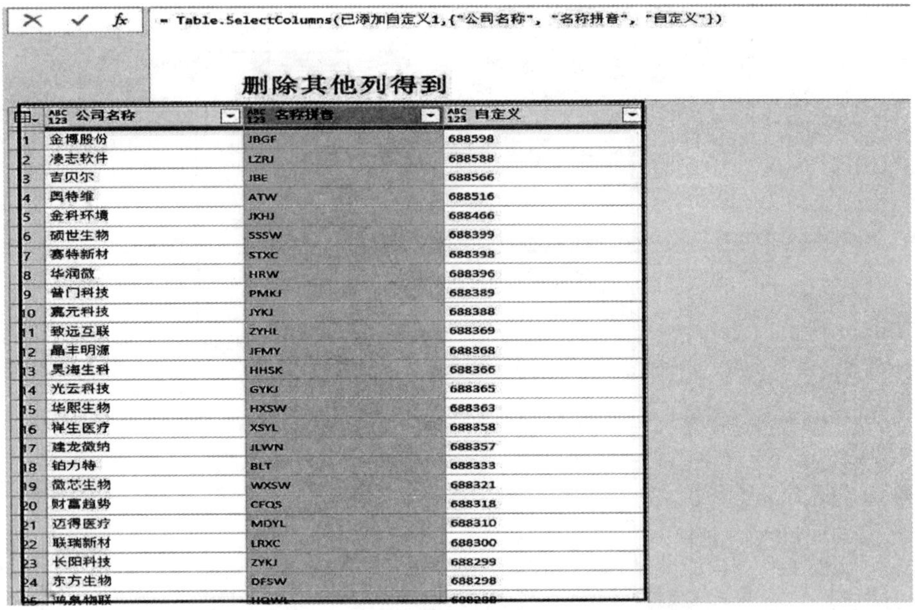

	公司名称	名称拼音	自定义
1	金博股份	JBGF	688598
2	凌志软件	LZRJ	688588
3	吉贝尔	JBE	688566
4	奥特维	ATW	688516
5	金科环境	JKHJ	688466
6	硕世生物	SSSW	688399
7	赛特新材	STXC	688398
8	华润微	HRW	688396
9	普门科技	PMKJ	688389
10	嘉元科技	JYKJ	688388
11	致远互联	ZYHL	688369
12	晶丰明源	JFMY	688368
13	昊海生科	HHSK	688366
14	光云科技	GYKJ	688365
15	华熙生物	HXSW	688363
16	祥生医疗	XSYL	688358
17	建龙微纳	JLWN	688357
18	铂力特	BLT	688333
19	微芯生物	WXSW	688321
20	财富趋势	CFQS	688318
21	迈得医疗	MDYL	688310
22	联瑞新材	LRXC	688300
23	长阳科技	ZYKJ	688299
24	东方生物	DFSW	688298

图 4-38　Power Query 清洗股票总表 5

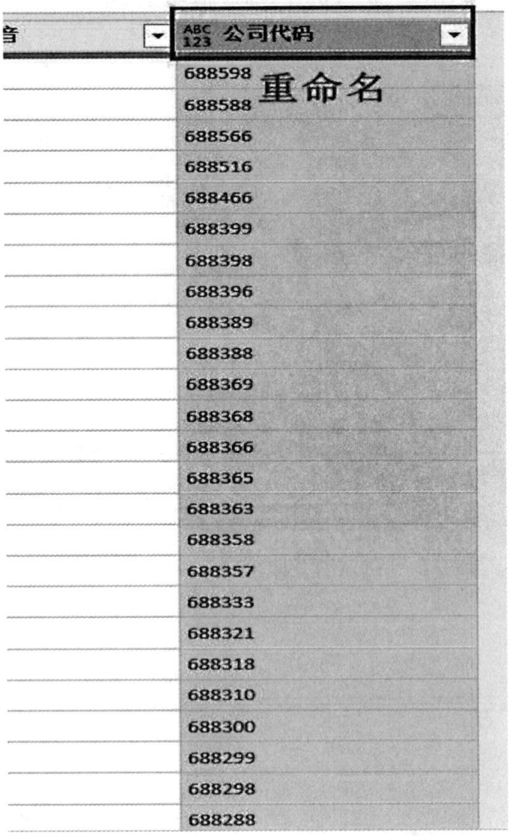

公司代码
688598
688588
688566
688516
688466
688399
688398
688396
688389
688388
688369
688368
688366
688365
688363
688358
688357
688333
688321
688318
688310
688300
688299
688298
688288

图 4-39　Power Query 清洗股票总表 6

第四章 抓取股票信息表 063

公司代码	公司名称	名称拼音
688598	金博股份	JBGF
688588	凌志软件	LZRJ
688566	吉贝尔	JBE
688516	奥特维	ATW
688466	金科环境	JKHJ
688399	硕世生物	SSSW
688398	赛特新材	STXC
688396	华润微	HRW
688389	普门科技	PMKJ
688388	嘉元科技	JYKJ
688369	致远互联	ZYHL
688368	晶丰明源	JFMY
688366	昊海生科	HHSK
688365	光云科技	GYKJ
688363	华熙生物	HXSW
688358	祥生医疗	XSYL
688357	建龙微纳	JLWN
688333	铂力特	BLT
688321	微芯生物	WXSW
688318	财富趋势	CFQS
688310	迈得医疗	MDYL
688300	联瑞新材	LRXC
688299	长阳科技	ZYKJ
688298	东方生物	DFSW

将列重新排序

图 4-40 Power Query 清洗股票总表 7

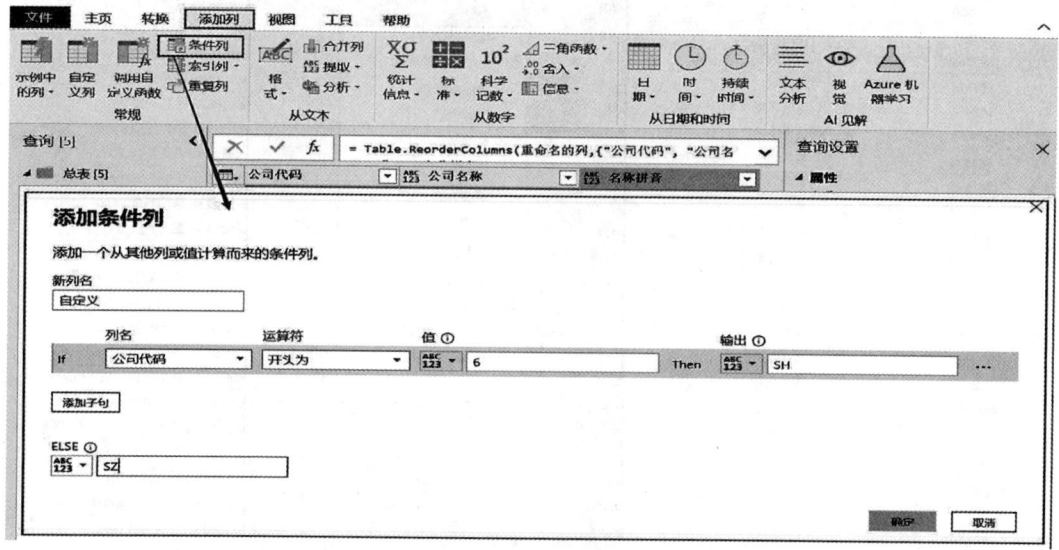

图 4-41 Power Query 清洗股票总表 8

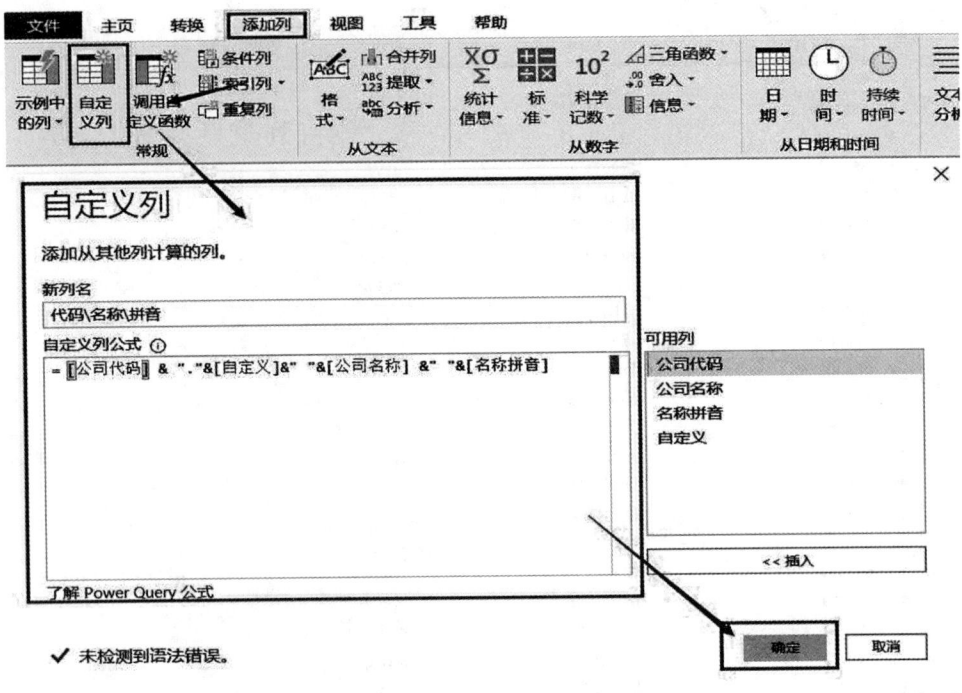

图 4-42 Power Query 清洗股票总表 9

图 4-43 Power Query 清洗股票总表 10

	ABC 123 公司代码	ABC 123 公司名称	ABC 123 代码\名称\拼音
1	688598	金博股份	688598.SH 金博股份 JBGF
2	688588	凌志软件	688588.SH 凌志软件 LZRJ
3	688566	吉贝尔	688566.SH 吉贝尔 JBE
4	688516	奥特维	688516.SH 奥特维 ATW
5	688466	金科环境	688466.SH 金科环境 JKHJ
6	688399	硕世生物	688399.SH 硕世生物 SSSW
7	688398	赛特新材	688398.SH 赛特新材 STXC
8	688396	华润微	688396.SH 华润微 HRW
9	688389	普门科技	688389.SH 普门科技 PMKJ
10	688388	嘉元科技	688388.SH 嘉元科技 JYKJ
11	688369	致远互联	688369.SH 致远互联 ZYHL
12	688368	晶丰明源	688368.SH 晶丰明源 JFMY
13	688366	昊海生科	688366.SH 昊海生科 HHSK
14	688365	光云科技	688365.SH 光云科技 GYKJ
15	688363	华熙生物	688363.SH 华熙生物 HXSW
16	688358	祥生医疗	688358.SH 祥生医疗 XSYL
17	688357	建龙微纳	688357.SH 建龙微纳 JLWN
18	688333	铂力特	688333.SH 铂力特 BLT
19	688321	微芯生物	688321.SH 微芯生物 WXSW
20	688318	财富趋势	688318.SH 财富趋势 CFQS
21	688310	迈得医疗	688310.SH 迈得医疗 MDYL
22	688300	联瑞新材	688300.SH 联瑞新材 LRXC
23	688299	长阳科技	688299.SH 长阳科技 ZYKJ
24	688298	东方生物	688298.SH 东方生物 DFSW
25	688288	鸿泉物联	688288.SH 鸿泉物联 HQWL

图 4-44　Power Query 清洗股票总表 11

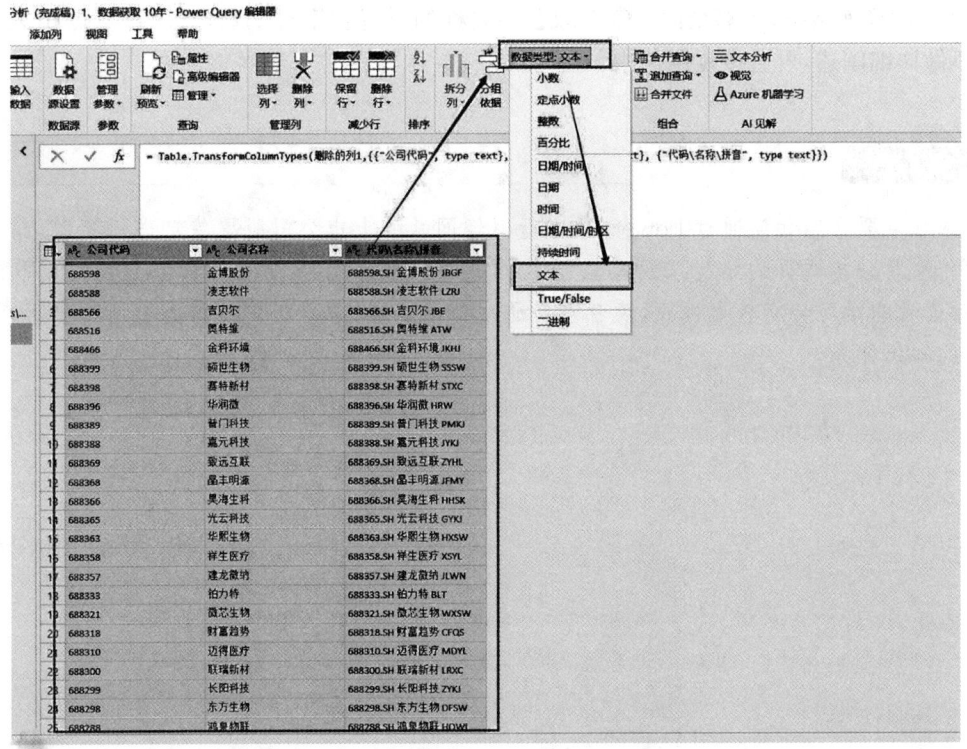

图 4-45　Power Query 清洗股票总表 12

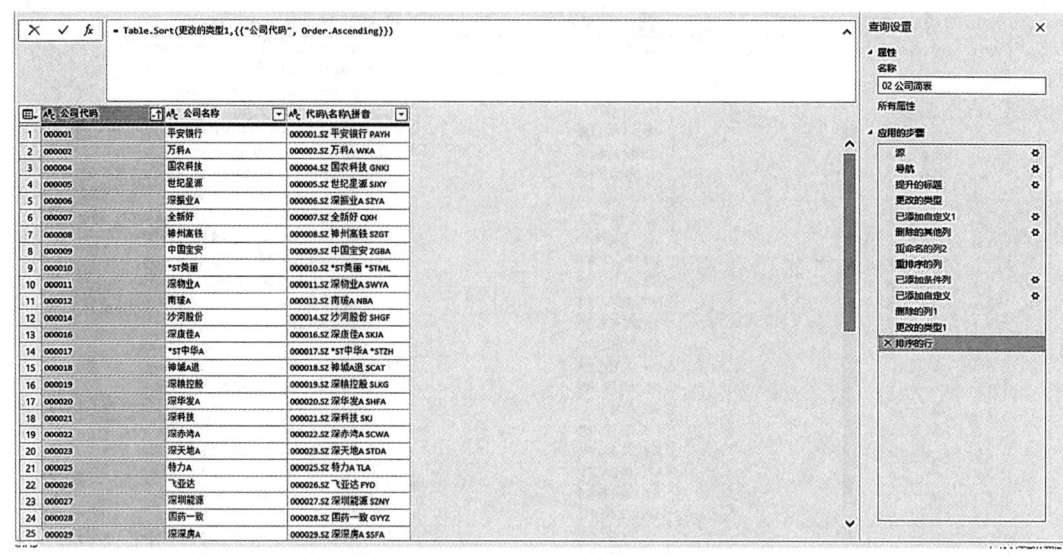

图 4-46　股票总表

注意：①只能在 Power BI 的数据视图中显示的数据才是加载所有函数链接后的最全的数据，在此进行数据的复制才能得到沪深 A 股所有股票信息。而 Power Query 中显示的仅为 999＋的样例数据，不够全面。②获取公司名称的拼音首字母函数，与课程重点相关性不大，不做详细阐述，可直接复制使用。

本章小结

本章主要介绍如何通过 Power BI 进行财经网站的上市公司股票信息进行爬取，结合实际操作深度分析网页的结构以及爬虫函数的书写。股票信息作为所有企业数据获取的开端，对读者的学习会有较大挑战，读者需要通过各类资源，学习相关技术类的结构分析，扩宽自己的知识体系。

第五章
抓取股票分组表

第一节 抓取股票分组表——概念

结合网易财经对于沪深 A 股企业的总体分类,同时也是便于后期搭建的可视化效果能够分别从不同的维度进行数据的分析,这一阶段需要结合网站信息抓取概念板块、行业板块、地域板块等信息,并按照三个板块对 4 000 多家企业进行细分,这对于同行业、同地区、同概念板块企业的分析有非常重要的意义。本章的操作与第四章多有相似,均通过建立样表,结合爬虫函数链接总表,并对总表进行数据清洗等操作步骤进行最终分组表的呈现,因此多以操作步骤予以说明,不进行过多文字赘述。

一、概念样表的建立

(1) 通过概念样表的创建区分股票总表中各个股票所属概念。如图 5-1 所示,从网址"http://quotes.money.163.com/stock"进入网易财经股票首页,选择概念板块中 3D 打印板块,通过该板块创建概念样表。

图 5-1 概念板块打开步骤

(2) 按下 F12 按键调出开发者模式，点击 Network 网络监控模块，选择 All 子选项卡后任意选择如下文件进入请求头数据部分（Headers），获取相应动态链接地址如图 5-2 所示。

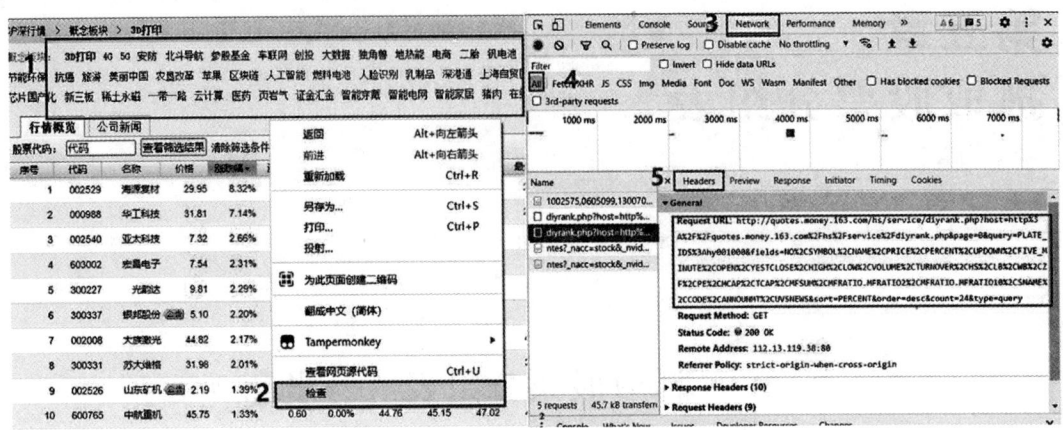

图 5-2　获取概念板块动态 URL

(3) 打开 Power BI 主页"新建源"获取界面，选择该选项卡中"Web"按钮，将复制的 URL 粘贴进输入框中，点击"确定"，如图 5-3 所示，系统会直接进入 Power Query 界面。

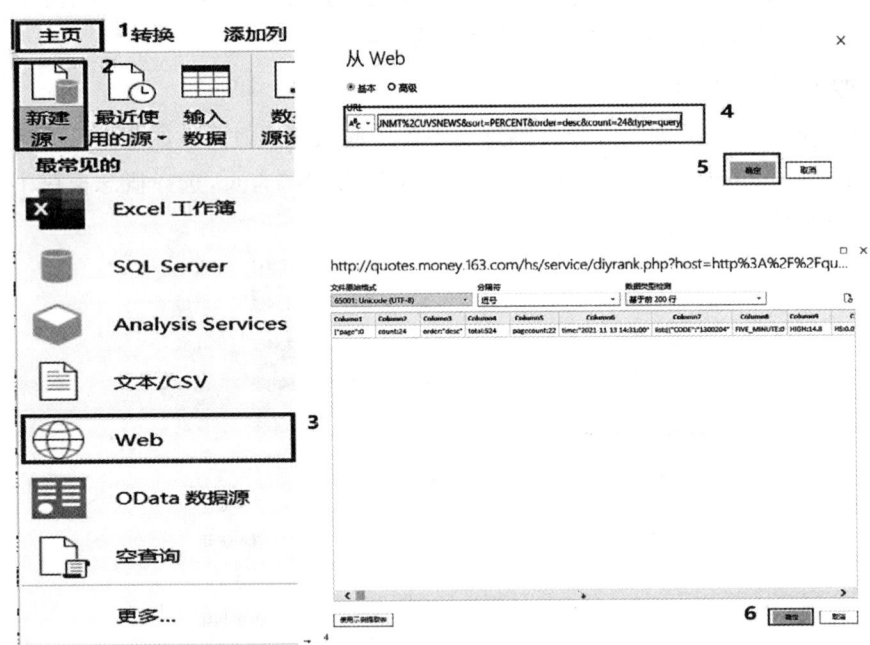

图 5-3　获取概念分组 URL

（4）由于 Power BI 内置函数会默认将导入的数据进行格式修改，所以需要在步骤记录器中手动删除"更改的类型"，如图 5-4 所示。

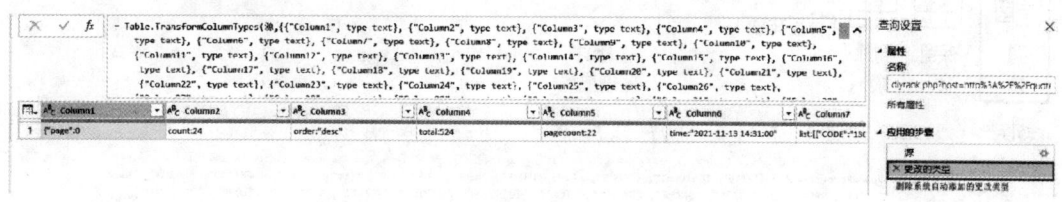

图 5-4　步骤记录器中删除"更改的类型"

（5）同时，通过复制网址 URL 创建的接口所访问的数据并非可使用的数据，需进一步点击"数据源"设置按钮，修改 M 语言函数，将"Csv"改为"Json"，如图 5-5 所示。

图 5-5　"Csv"修改为"Json"

（6）函数修改完成后，Record 记录表的出现，意味着数据源连接成功，获取到股票概念板块分组的网页数据，如图 5-6 所示。

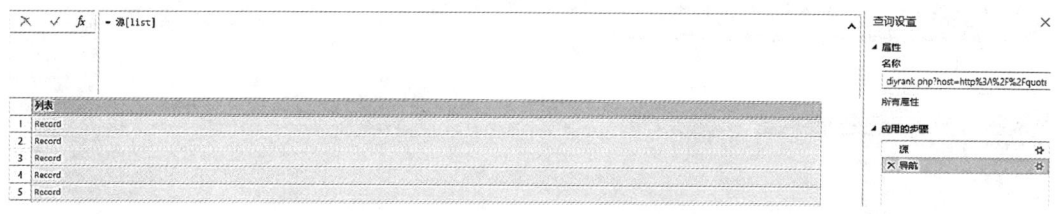

图 5-6　概念板块分组连接成功

（7）通过列表"转换"选项卡中"到表"功能，进一步将 Record 中包含的数据进行展开，即得到"3D 打印"板块下的企业相关股票信息，如图 5-7 所示。

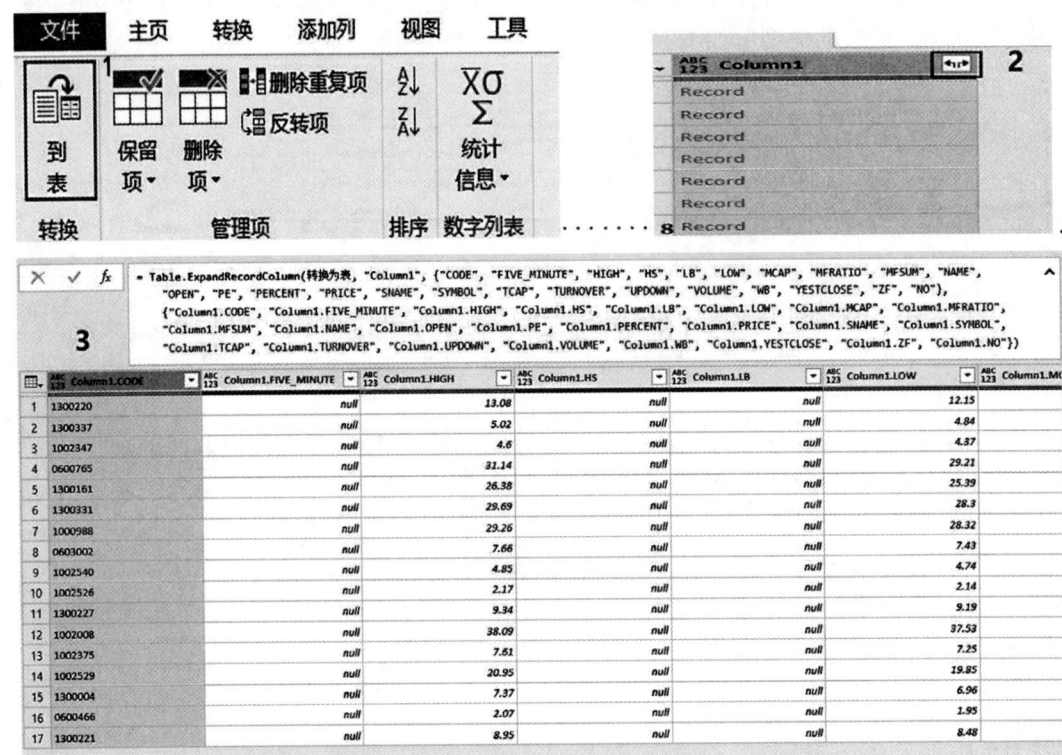

图 5-7 "3D 打印"板块下企业股票信息

（8）选中股票代码和公司名称两列信息，通过"删除其他列"和修改数据类型为"文本"这两个操作，保留概念板块样表信息，如图 5-8 和图 5-9 所示。

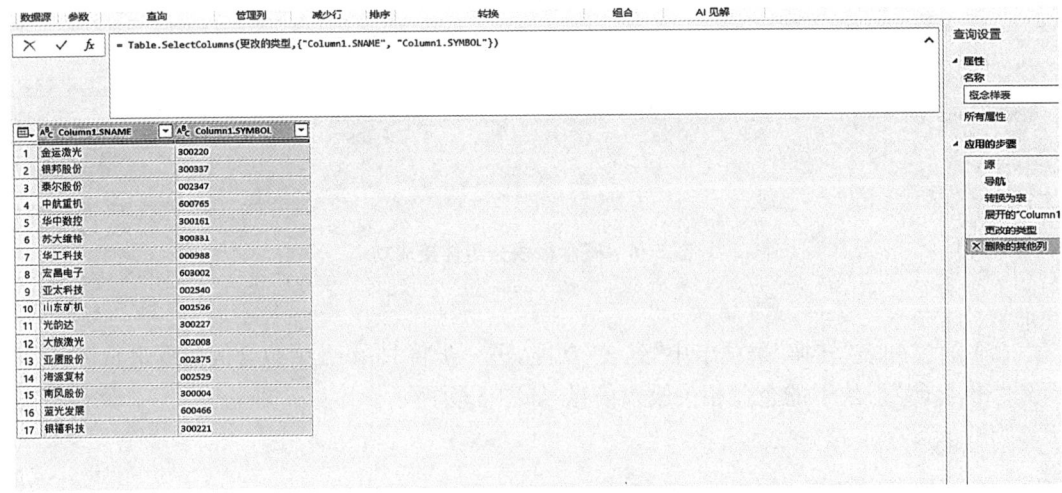

图 5-8 删除其他列

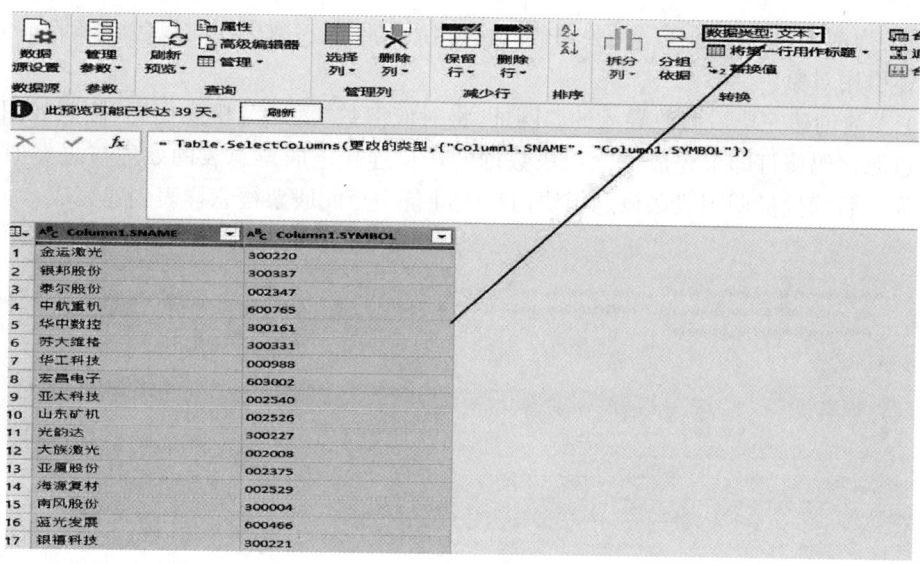

图 5-9 修改数据类型

二、创建"概念代码"调用参数

（1）通过观察网站网址可以发现，股票概念板块对应每个公司的板块都有板块代码。通过页码参数与概念代码参数的结合才能访问到对应公司网页，其中页码参数在股票总表的创建过程中已经创建完毕，此处无需重新创建，仅需按照图 5-10 创建概念代码即可。

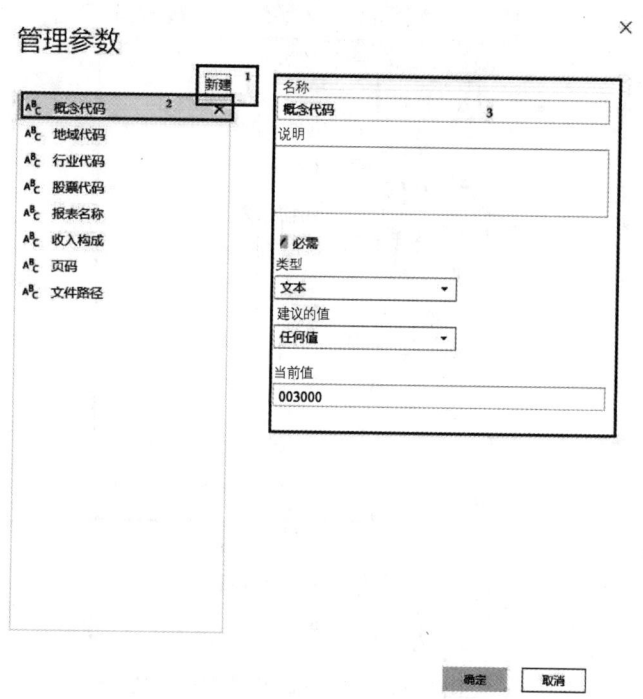

图 5-10 创建"概念代码"参数

注意:当前值可任意选择一个公司代码代替,后续调用参数引用时以包含该股票代码的列为集体引用对象。

(2)参数创建完毕后修改导入的源网址,将对应参数"页码""概念代码"按照如图5-11格式通过源代码修订即可完成概念板块数据的接口连接。股票总表的处理与之类似,该步骤也是为了后续批量调用股票概念板块内容做准备。至此股票概念样表创建完成。

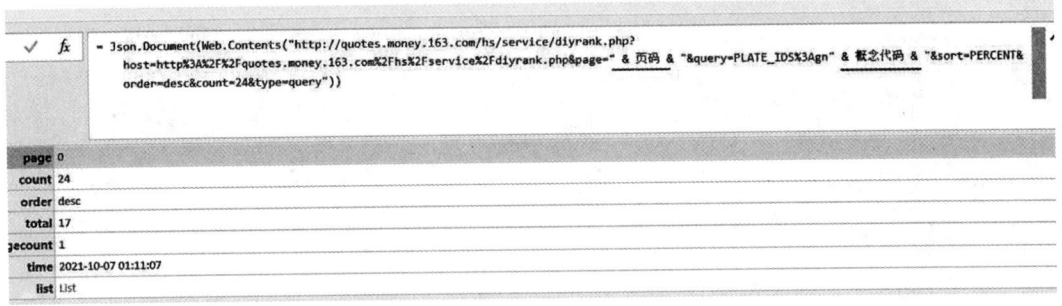

图5-11 创建概念板块数据接口

三、创建概念板块爬虫函数

(1)在概念板块样表完成的基础上,右键选中"概念样表",在菜单中选择"创建函数",如图5-12所示;完成概念板块表的爬虫函数创建,如图5-13所示。

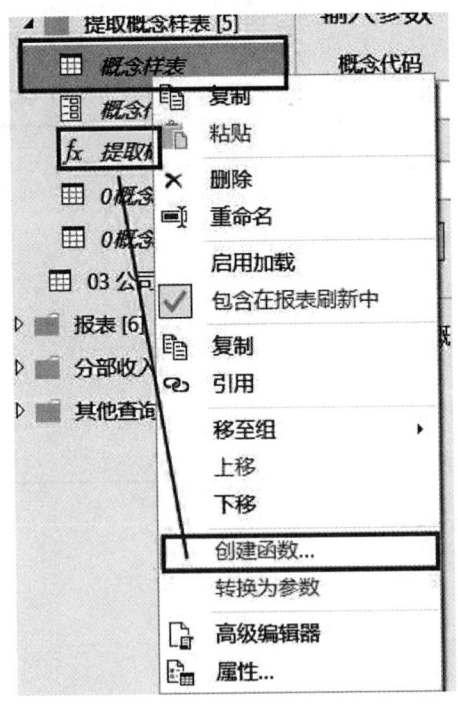

图5-12 创建概念板块爬虫函数

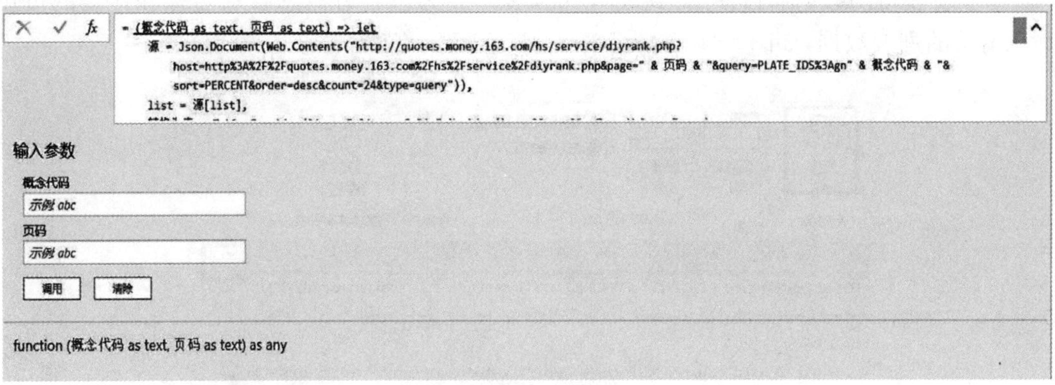

图 5-13　概念板块爬虫函数

（2）通过该方式创建爬虫函数的主要逻辑是根据网页源代码的筛选，找到每个概念板块对应名称与代码。这种方式可以避免数据自动爬取造成的数据误差，并且可以爬取网址中隐藏的数据。复制任意概念页面网址进入该接口，通过修订 M 语言，如图 5-14 所示，在 Power Query 中自定义拆分网页源代码，进而获取对应数据。

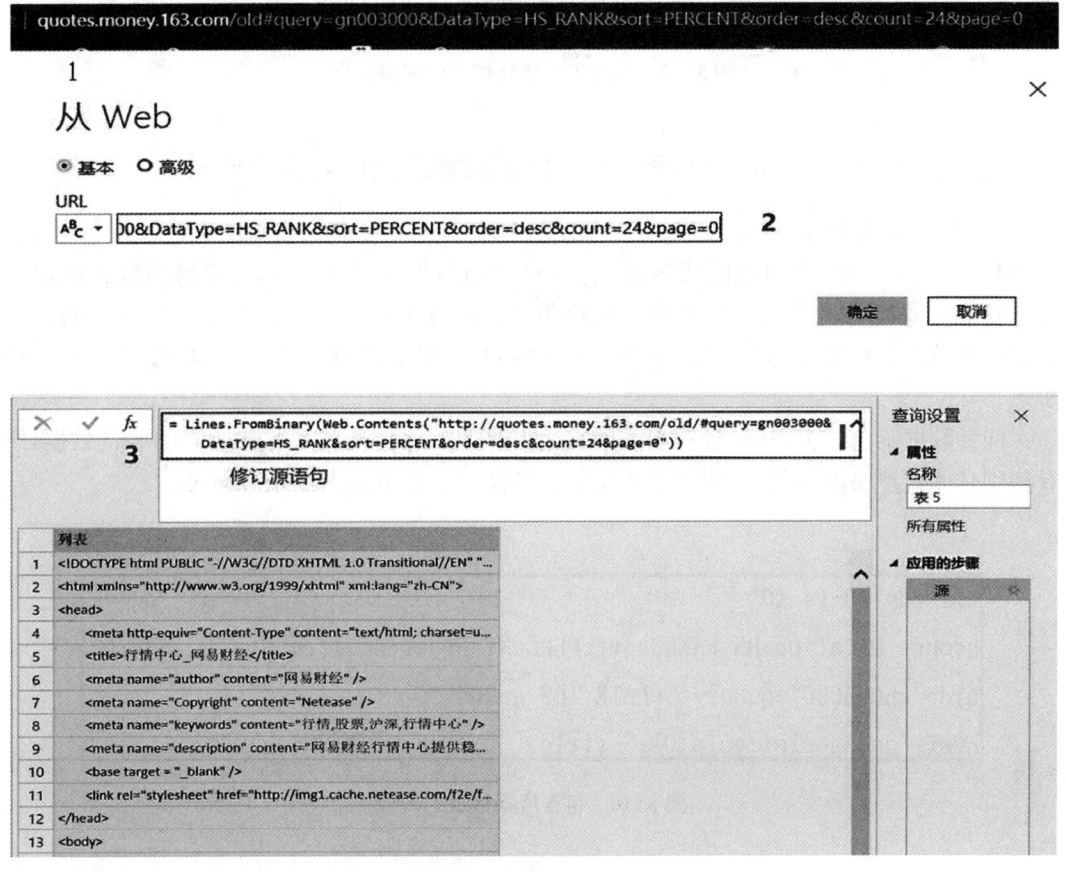

图 5-14　获取概念板块代码信息

（3）将获得的数据通过使用"到表"功能，展开成为包含有概念板块名称和代码的可供筛选清洗的列表数据，如图 5-15 所示。

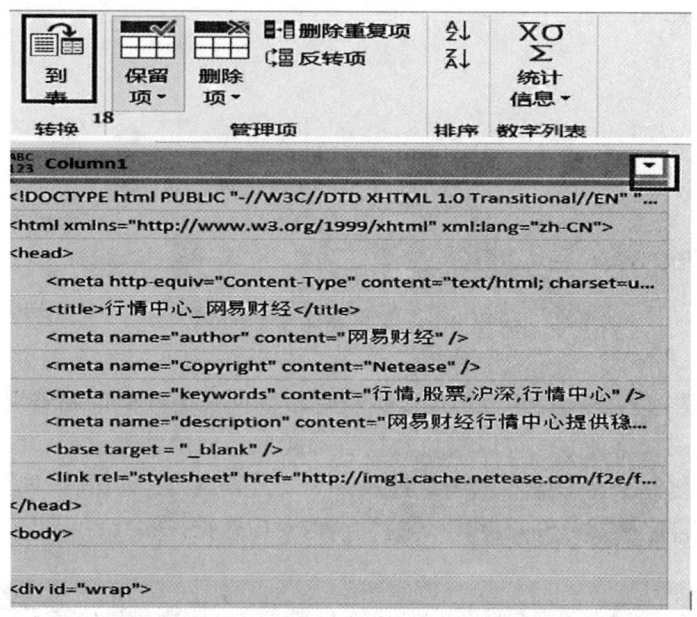

图 5-15　包含概念板块信息的列表数据

四、通过 Power Query 数据清洗工具提取概念板块名称和代码

（1）认真观察网页结构，通过筛选功能找到对应数据排列特征，并通过按行分析，找到包含如图 5-16 中列示的代码信息，发现其包含所需的概念板块代码和概念板块名称等信息。继而按照图 5-17 所示方式定位到关键信息，筛选出包含关键信息的列。通过操作两次"文本筛选器"中的"包含"筛选即可将对应关键信息提取出来，如图 5-18 所示。

网页数据筛选较为灵活，针对当前网页数据筛选采取包含关系寻找所需的关键数据，没有特别具体或严格的步骤，只要灵活运用数据清洗工具获取需要的信息即可。

```
<li id="f0-f4-f0"
qcond="DataType:HS_RANK;sort:PERCENT;order:desc;count:24;page:0;"
qid="gn003000" qquery="PLATE_IDS:gn003000"><a class="lv13"
href="javascript:void(0);" title="3D 打印">3D 打印</a></li>
```

图 5-16　包含所需信息的内容

图 5-17 文本筛选

图 5-18 两次文本筛选

（2）通过筛选获得包含所需信息后，结合 Power Query 的拆分列不同属性，运用筛选、删除等功能对信息进行详细拆分。而 Power Query 中拆分列属性有较多方式，如图 5-19 所示。

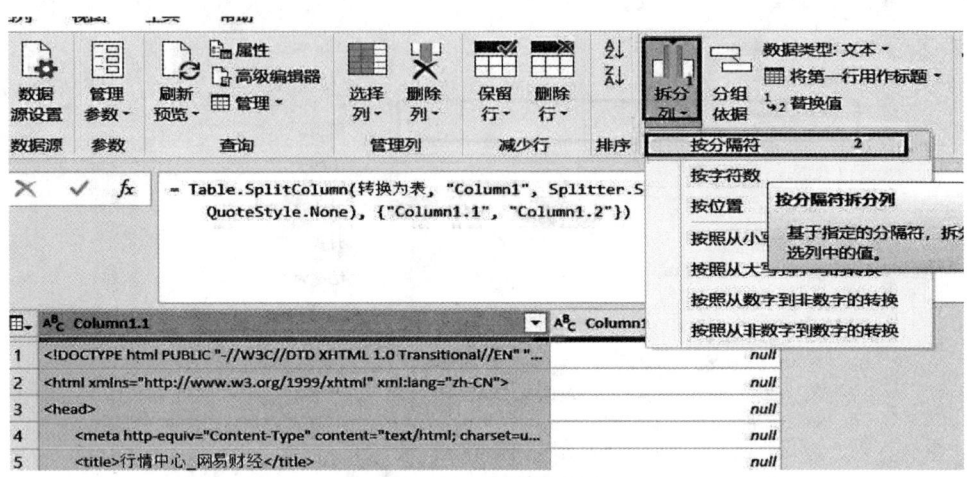

图 5-19　拆分列的多个属性

（3）通过观察包含概念名称和代码的网页源代码可知，本案例使用分隔符作为网页拆分条件较为合适，因为需要的数据均在格式相同的＜li 标签中通过里标签拆分，对应的数据就可以轻而易举的获取，如图 5-20 所示。

图 5-20　第一次按分隔符拆分列及拆分结果

注意：在拆分过程中，因多次出现某些相同的字符或符号，为了拆分内容不被严重破坏，可以通过较为复杂内容的选择来定位拆分位置，其方法因人因例均有不同，需要读者结合自己的案例数据做好预判。与此同时可以利用 Power Query 高级编辑器中的 M 语言去判断拆分步骤的合理性。

（4）分析筛选后的数据可以发现，在网页源代码中有着很多重复性关键数据，图 5-21 中每一行数据包含两个板块名称，这是网页源代码的嵌套关系导致的，在这里不需要纠结到底选择哪个位置进行筛选，只要提取出所需信息即可，如图 5-22 所示。提取信息后即可删除多余的列，如图 5-23 所示。

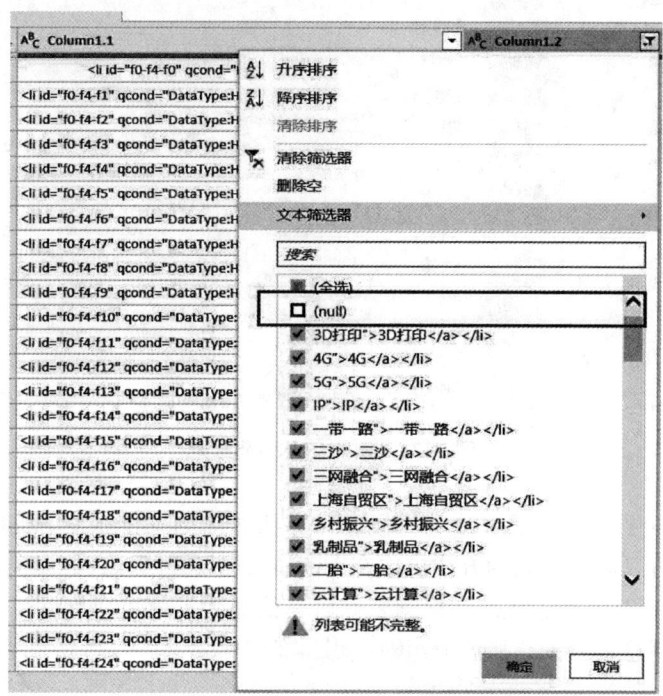

图 5-21　筛选剔除空的内容

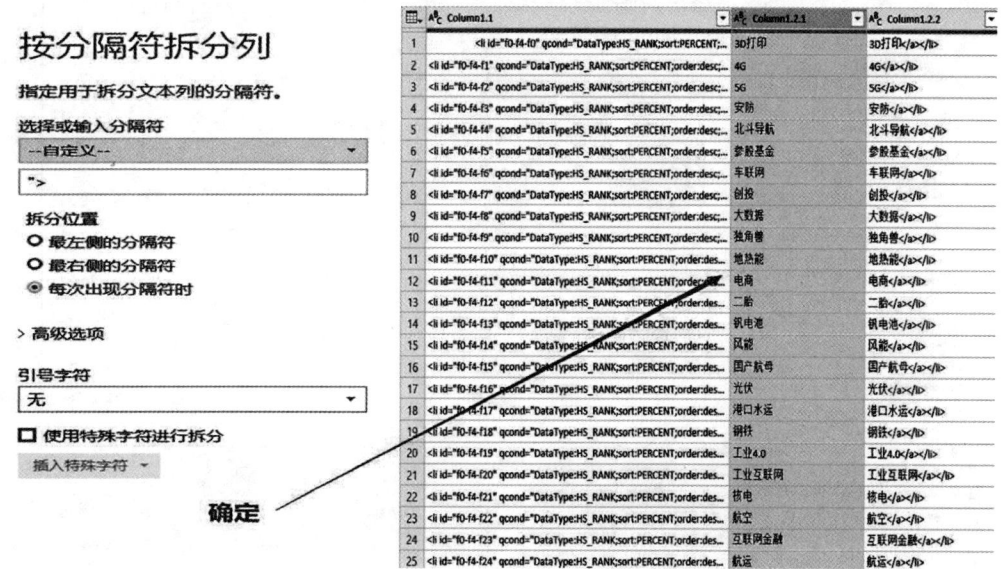

图 5-22　第二次按分隔符拆分及结果

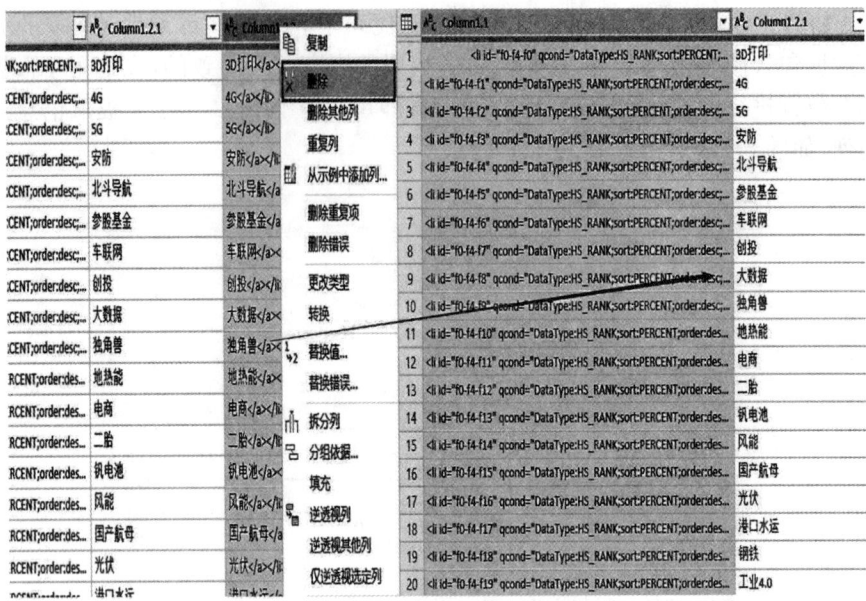

图 5-23 删除多余列及结果

（5）至此，通过拆分工具已经成功将概念名称从对应的<li 标签中提取出来，而与之对应的概念代码也可以通过相同的方式再次在 column1 中进行提取，具体操作如图 5-24 至图 5-26 所示。提取到对应概念代码和概念名称后其他列数据就可以删除了，删除多余列后需要修改列名为后期总表数据与概念分组对应做准备。

图 5-24 第一次按分隔符拆分概念代码及结果

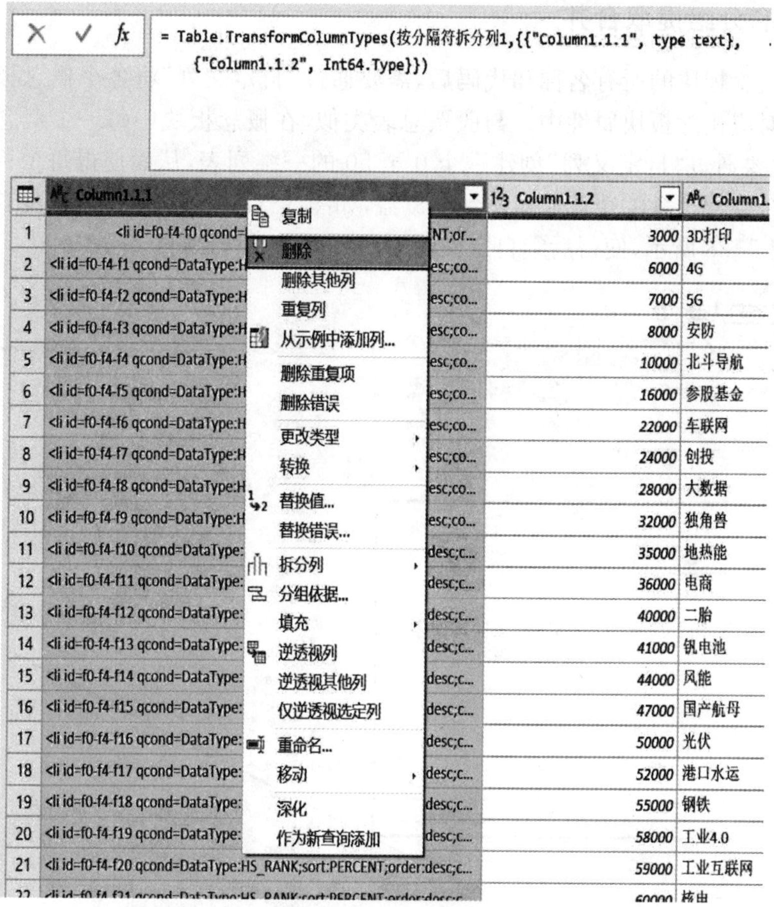

图 5-25 删除多余列

图 5-26 重命名列

五、概念分组提取合并

提取到概念板块的所有名称和代码后,需要通过"自定义列"将各个概念板块所包含的企业分配到对应概念板块属性中。与股票总表类似,在概念板块中每一个概念都包含若干个企业,因此要通过"自定义列"创建一个 0 至 50 的一维列表,从而使得每个板块都能在表中出现 50 次,以便包含的企业能够达到全覆盖,如图 5-27 所示。进一步改变自定义列的数据类型,如图 5-28 所示,使得后续自定义调用函数可以顺利执行。

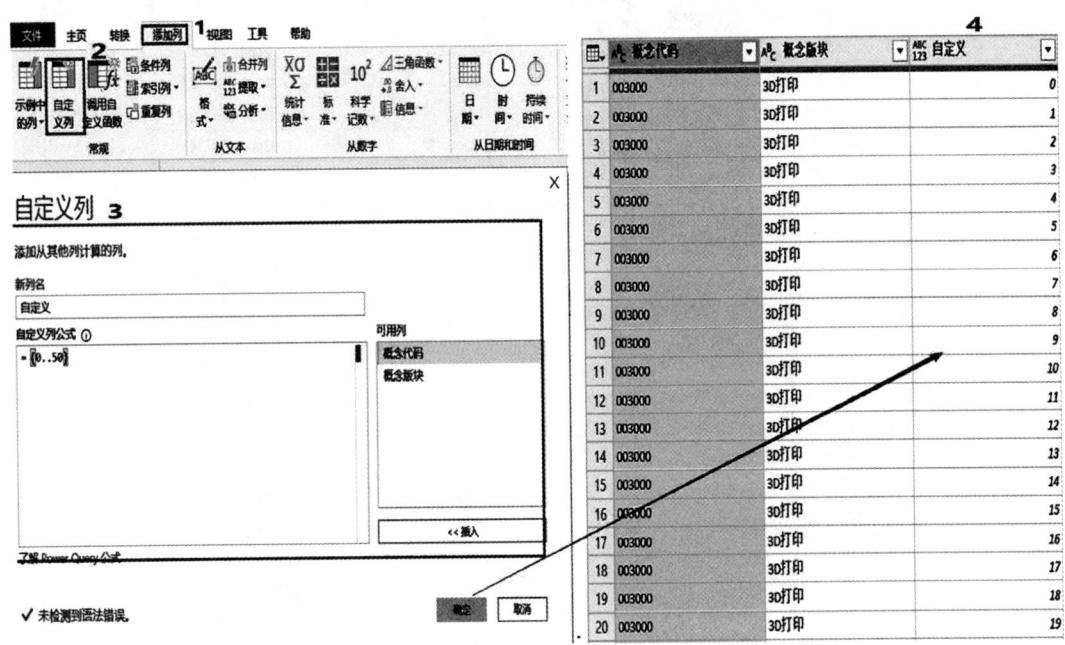

图 5-27 创建自定义列及结果

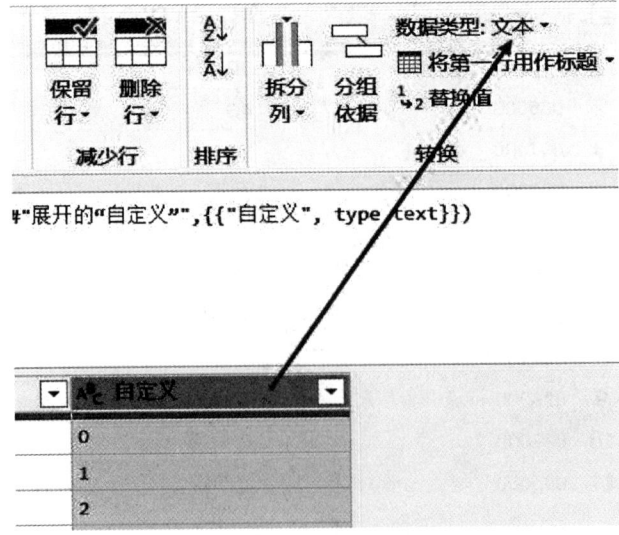

图 5-28 自定义列数据类型更改为"文本"

调用自定义函数获取网易财经网站中每个概念板块对应的所有企业数据。调用自定义函数的过程与股票分组类似。具体要通过调用自定义函数、删除调用过程中产生的多余错误信息、展开调用的列、删除其他不需要的列值信息等步骤，如图 5-29 至图 5-31 所示。将所有数据列设置为文本类型得到股票分组表——概念表，如图 5-32 所示。

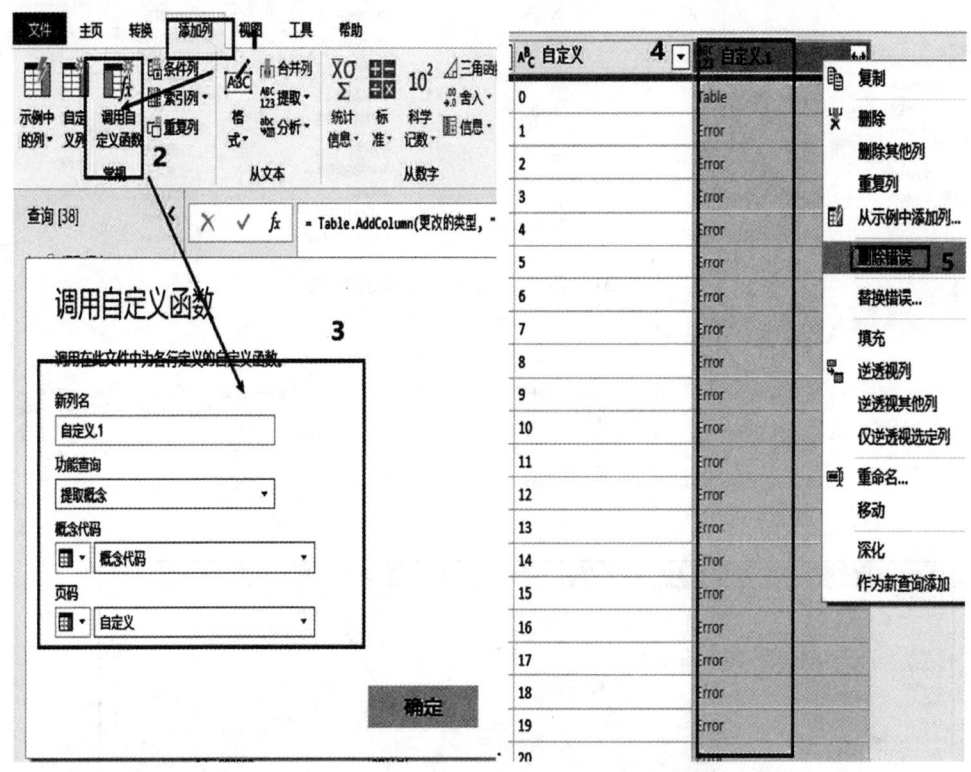

图 5-29　调用自定义函数后删除结果中的错误

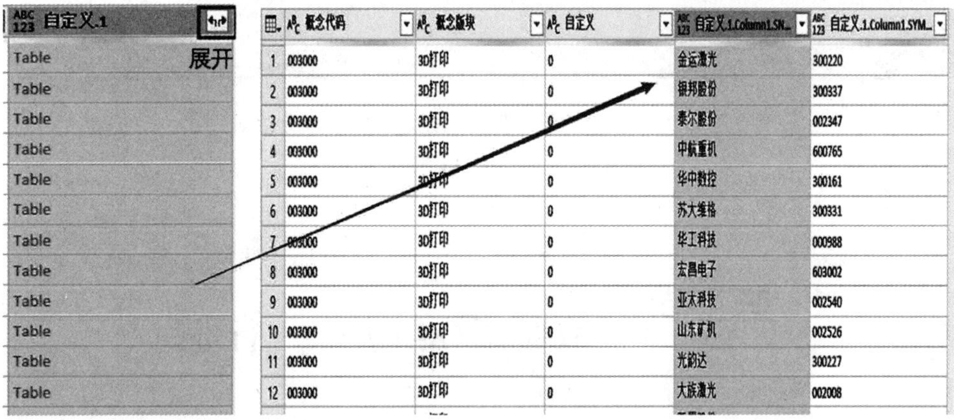

图 5-30　展开调用的列

图 5-31 重命名列并删除多余的列

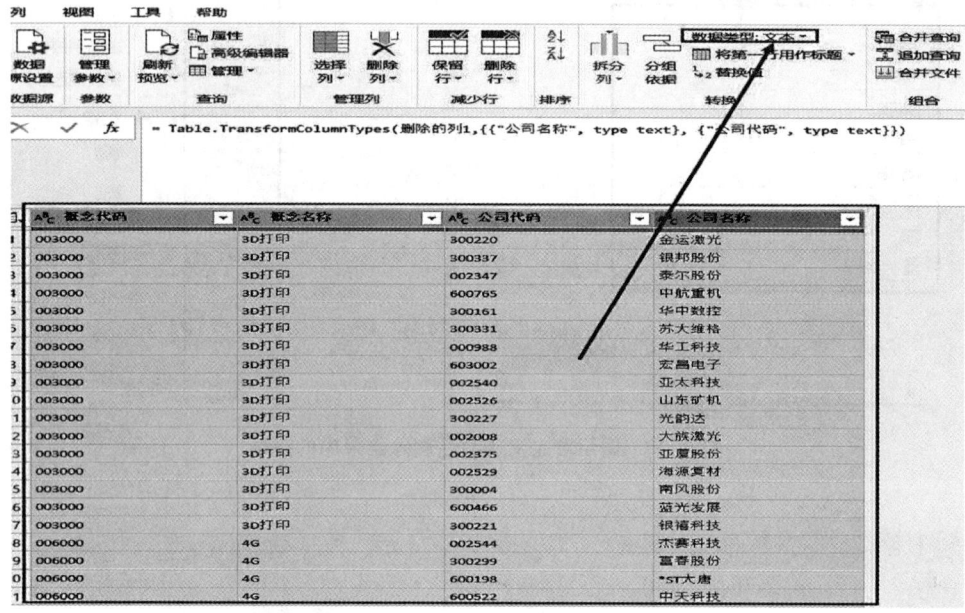

图 5-32 修改数据类型得到概念板块股票分组表

第二节 抓取股票分组表——行业

一、行业样表的建立

股票行业分组的样表创建与股票概念分组的样表创建逻辑基本相似,唯一不同点在于创建参数的名称不同。在行业样表中其对应参数名称为行业代码。

（1）网页中打开主要行业（新）页签，并选中其中一个行业名称，以获取对应 URL 地址，如图 5-33 所示。

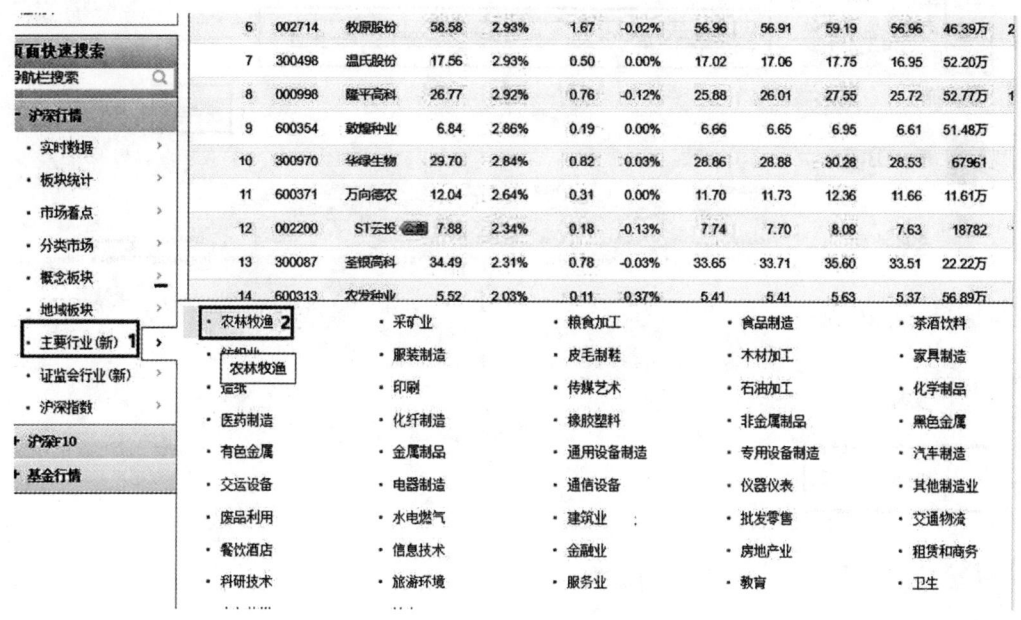

图 5-33　主要行业打开步骤

（2）按 F12 键调出开发者模式，点击 Network 网络监控模块，选择 All 子选项卡后任意选择如下文件进入请求头数据部分（Headers），获取相应动态链接地址，如图 5-34 所示。

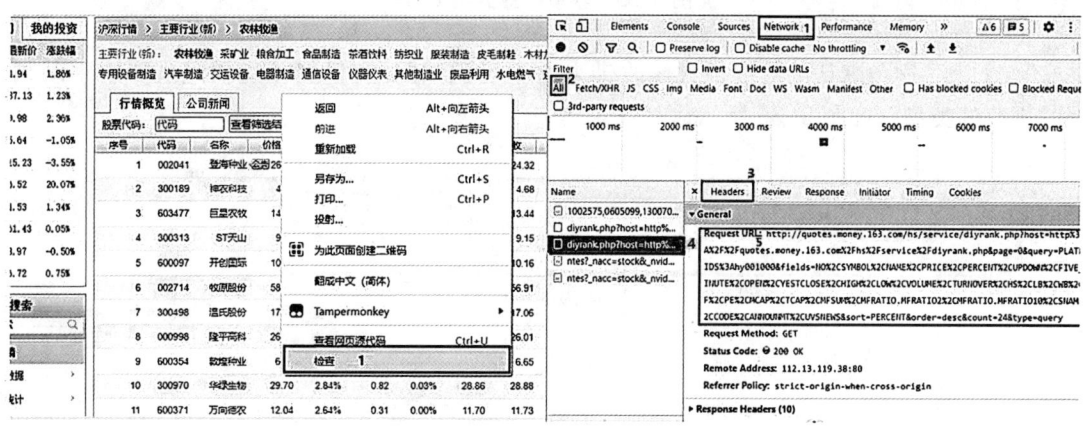

图 5-34　获取主要行业动态 URL

（3）再次打开 Power BI 主页"新建源"获取界面，选择该选项卡中"Web"按钮，将复制的 URL 粘贴进输入框中，点击"确定"，如图 5-35 所示。系统会直接进入 Power Query 界面。

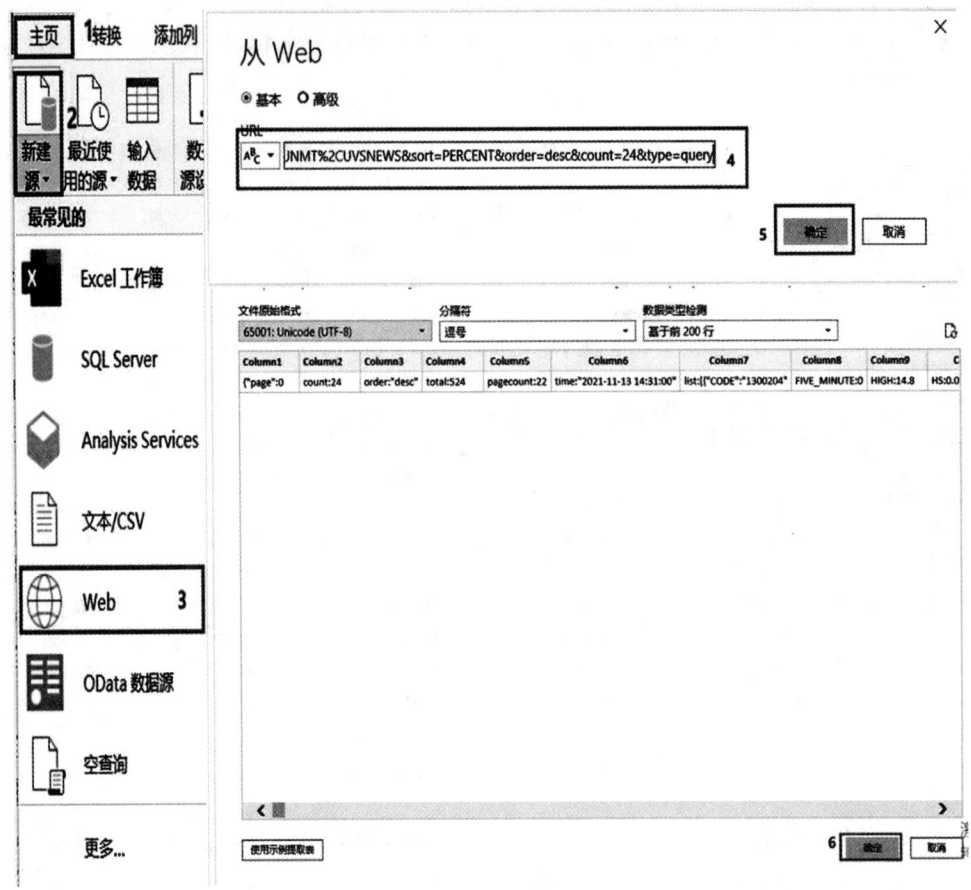

图 5-35 获取行业分组 URL

（4）为了避免默认的数据格式修改带来的不可预知问题，仍然在步骤记录器中手动删除"更改的类型"，如图 5-36 所示。

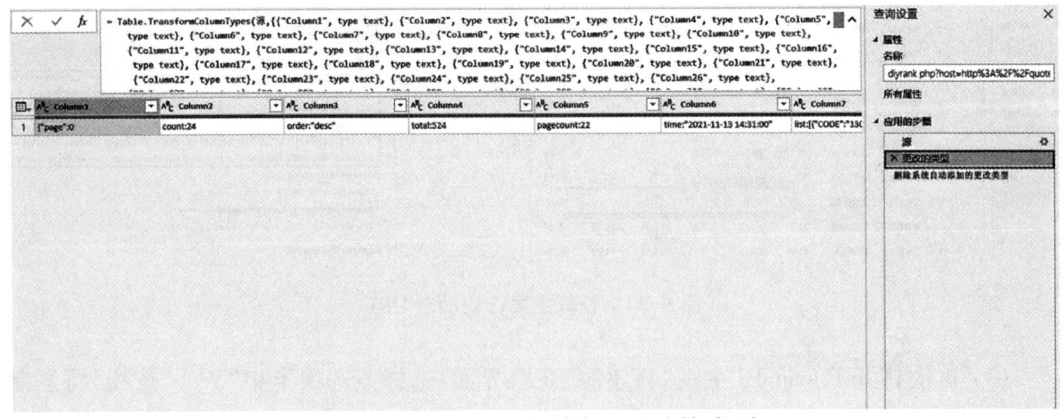

图 5-36 步骤记录器中删除"更改的类型"

（5）与此同时，通过复制网址 URL 创建的接口所访问的数据并非可使用的数据，需进一步点击"数据源"设置按钮，修改 M 语言函数，将"Csv"改为"Json"，如图 5-37 所示。

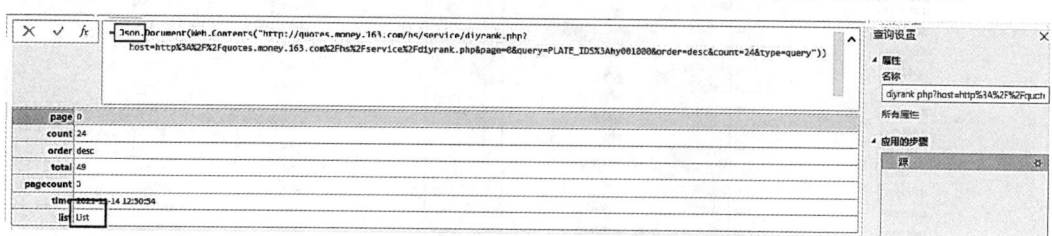

图 5-37　"Csv"修改为"Json"

（6）函数修改完成后，Record 记录表的出现意味着数据源连接成功，能获取股票概念板块分组的网页数据，如图 5-38 所示。

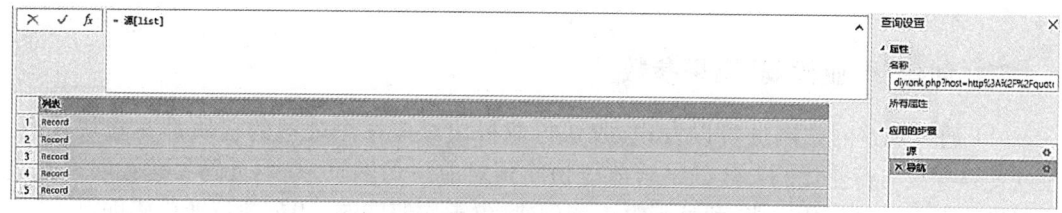

图 5-38　概念板块分组连接成功

（7）通过列表"转换"选项卡中"到表"功能，进一步将 Record 中包含的数据进行展开，即结合前述步骤得到"农林牧渔"行业下的企业相关股票信息，如图 5-39 所示。

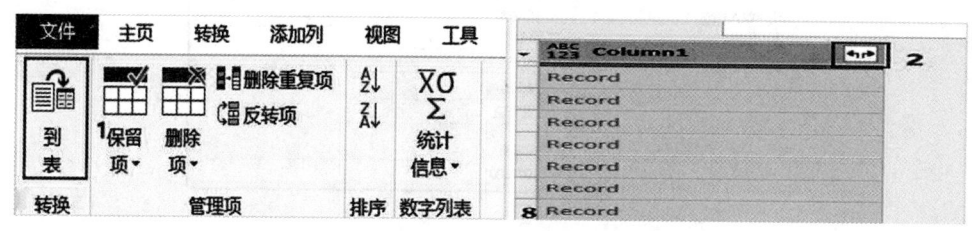

图 5-39　"农林牧渔"行业下企业股票信息

（8）选中股票代码和公司名称两列信息，通过"删除其他列"保留行业样表信息，如图 5-40 所示。

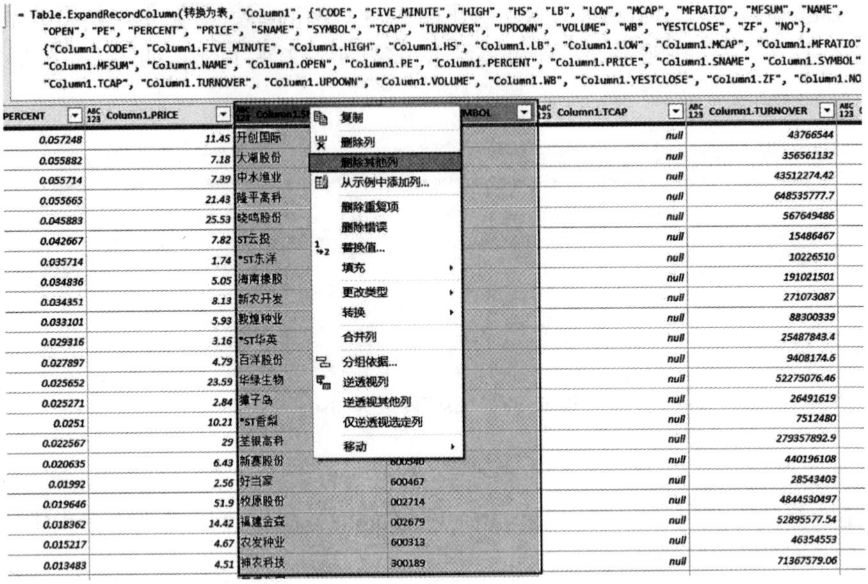

图 5-40 删除其他列

二、创建"行业代码"调用参数

（1）通过观察网站网址可以发现，股票行业板块对应每个公司的板块都有板块代码。通过页码参数与行业代码参数的结合才能访问到对应公司网页，其中页码参数在股票总表的创建过程中已经创建完毕，此处无需重新创建，仅需按照图 5-41 创建行业代码即可。

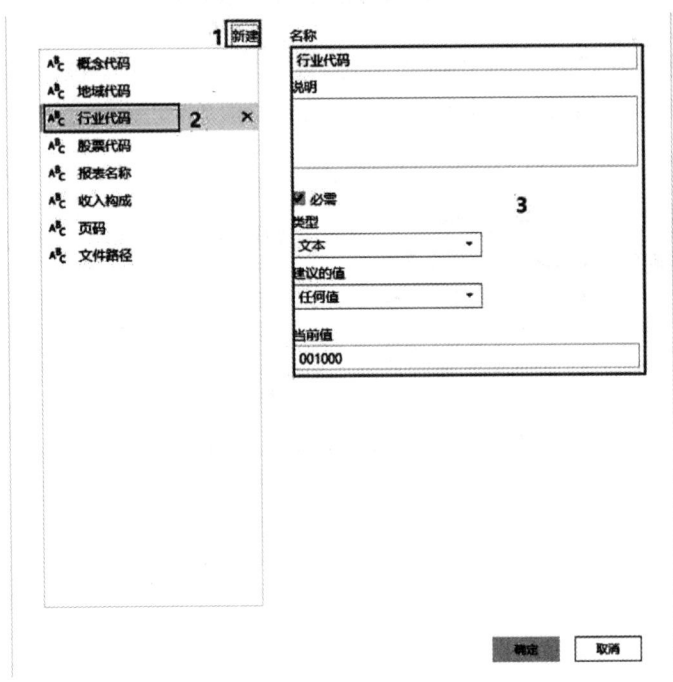

图 5-41 创建"行业代码"参数

注意：当前值可任意选择一个公司代码代替，后续调用参数引用时以包含该行业代码的列为集体引用对象。此处参数为行业代码，代码当前值默认 001000。

（2）参数创建完毕后修改导入的源网址，将对应参数"页码""行业代码"按照如图 5-42 格式通过源代码修订即可完成行业板块数据的接口连接。股票总表的处理与之类似，该步骤也是为了后续批量调用股票行业板块内容做准备。至此股票行业样表创建完成。

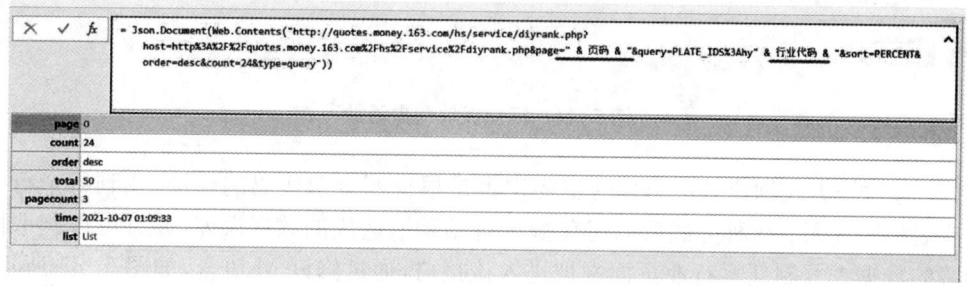

图 5-42　创建行业板块数据接口

三、创建行业板块爬虫函数

（1）在行业板块样表完成的基础上，右键选中"行业样表"，在菜单中选择"创建函数"，如图 5-43 所示，完成行业板块表的爬虫函数创建，如图 5-44 所示。

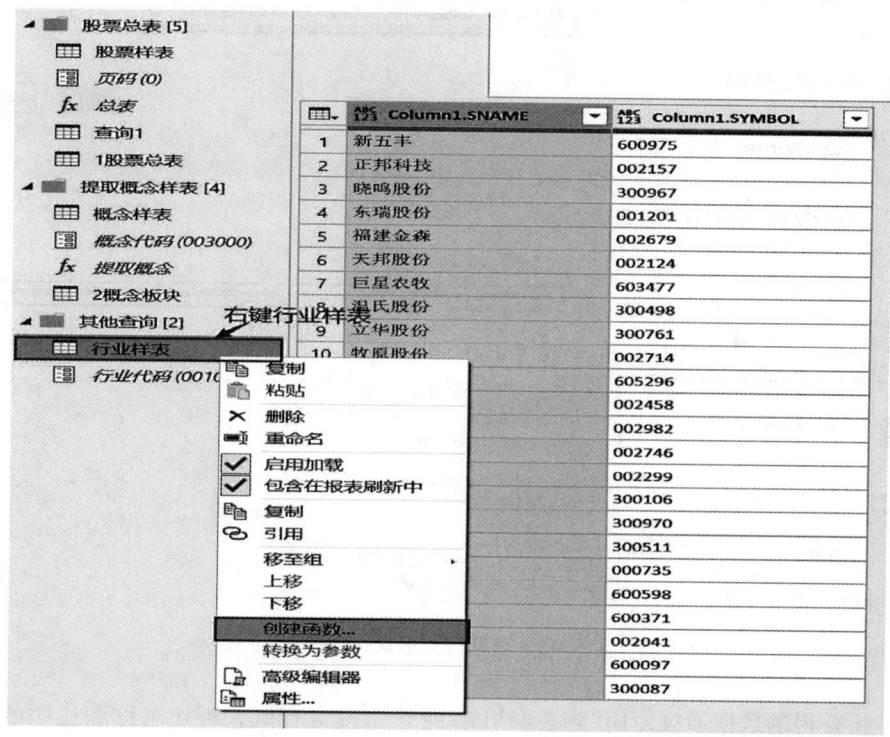

图 5-43　创建行业板块爬虫函数

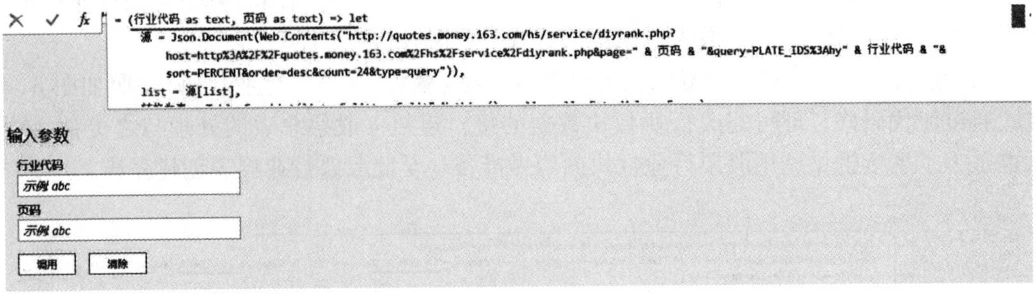

图 5-44 行业板块爬虫函数

（2）通过该方式创建爬虫函数的主要逻辑是根据网页源代码的筛选，找到每个行业板块对应名称与代码。这种方式可以避免数据自动爬取造成的数据误差，并且可以爬取网址中隐藏的数据。复制任意行业页面网址进入该接口，通过修订 M 语言，如图 5-45 所示，在 Power Query 中自定义拆分网页源代码，进而获取对应数据。

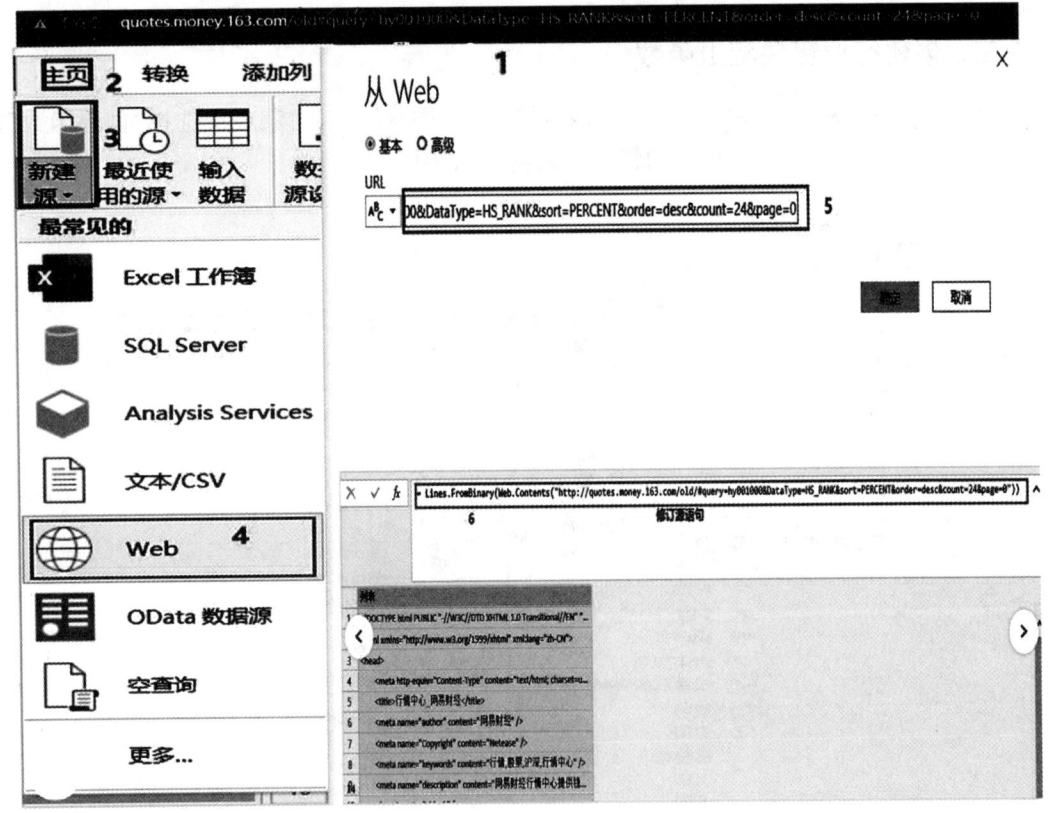

图 5-45 获取行业板块代码信息

（3）将获得的数据通过使用"到表"功能，展开为包含有概念板块名称和代码的可供筛选清洗的列表数据，如图 5-46 所示。

第五章　抓取股票分组表　　089

图 5-46　包含行业板块信息的列表数据

四、通过 Power Query 数据清洗工具提取行业板块名称和代码

（1）按照图 5-47 所示方式定位到关键信息进而筛选出包含关键信息的行。通过"文本筛选器"中的"包含"筛选即可将对应关键信息提取出来，如图 5-48 所示。

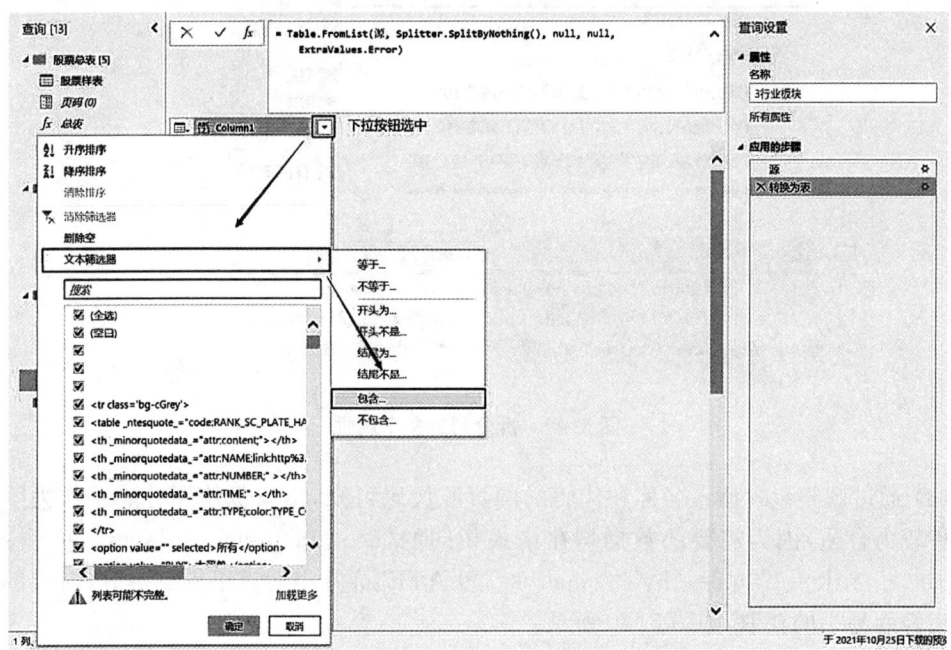

图 5-47　打开文本筛选器

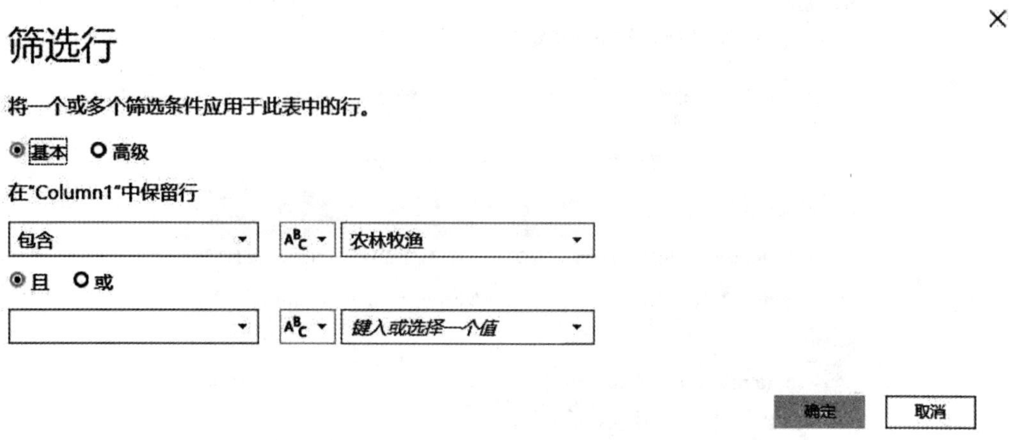

图 5-48 文本筛选

网页数据筛选较为灵活,针对当前网页数据筛选采取包含关系寻找所需的关键数据,没有特别具体或严格的步骤,只要灵活运用数据清洗工具获取需要的信息即可。

(2)通过筛选获得包含所需信息后,结合 Power Query 的拆分列不同属性,运用筛选、删除等功能对信息进行详细拆分。而 Power Query 中拆分列属性有较多方式,如图 5-49 所示。

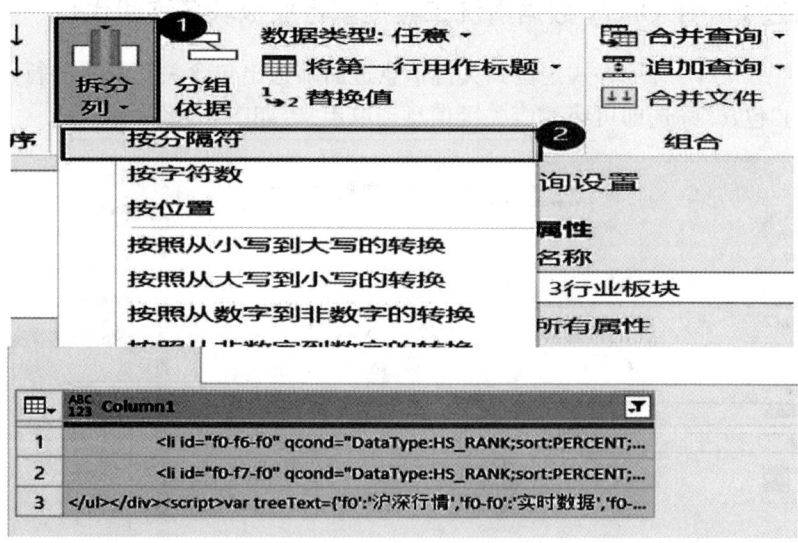

图 5-49 拆分列的多个属性

(3)通过观察包含概念名称和代码的网页源代码可知,本案例使用分隔符作为网页拆分条件较为合适,因为需要的数据均在格式相同的">＜span class＝"switcher close">＜/span>""title＝""qid＝"hy""qquery＝"PLATE"标签中通过里标签拆分,对应的数据就可以轻而易举的获取,如图 5-50 所示。

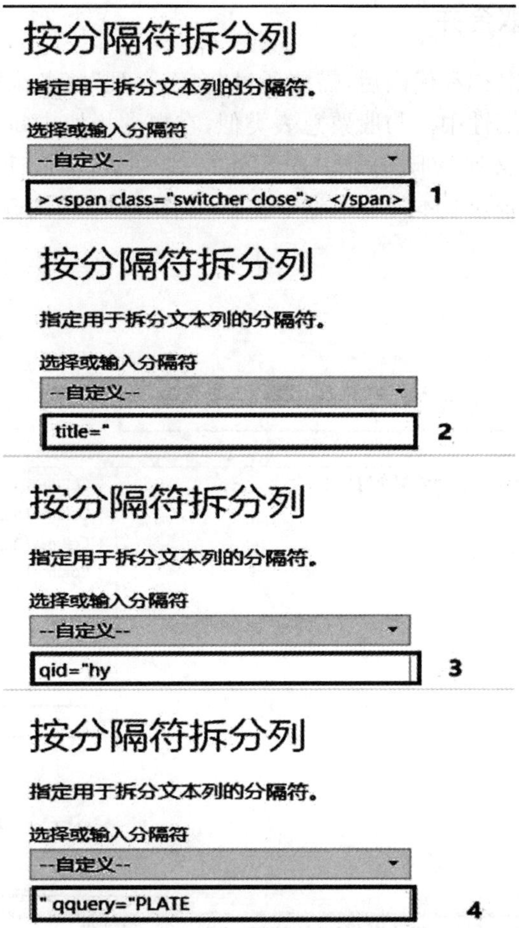

图 5-50 四次按分隔符拆分

注意：在拆分过程中，因多次出现某些相同的字符或符号，为了拆分内容不被严重破坏，可以通过较为复杂内容的选择来定位拆分位置，其方法因人因例均有不同，需要读者结合自己的案例数据做好预判。与此同时可以利用 Power Query 高级编辑器中的 M 语言去判断拆分步骤的合理性。

图 5-51 删除多余的行

五、概念分组提取合并

提取到概念板块的名称和代码后，需要通过“自定义列”将各个概念板块所包含的企业分配到其对应概念板块属性中。与股票总表类似，在概念板块中每一个概念都包含若干个企业，因此要通过“自定义列”创建一个 0 至 50 的一维列表，从而使得每个板块都能在表中出现 50 次，以便包含的企业基本能够达到全覆盖，如图 5-52 与图 5-53 所示。

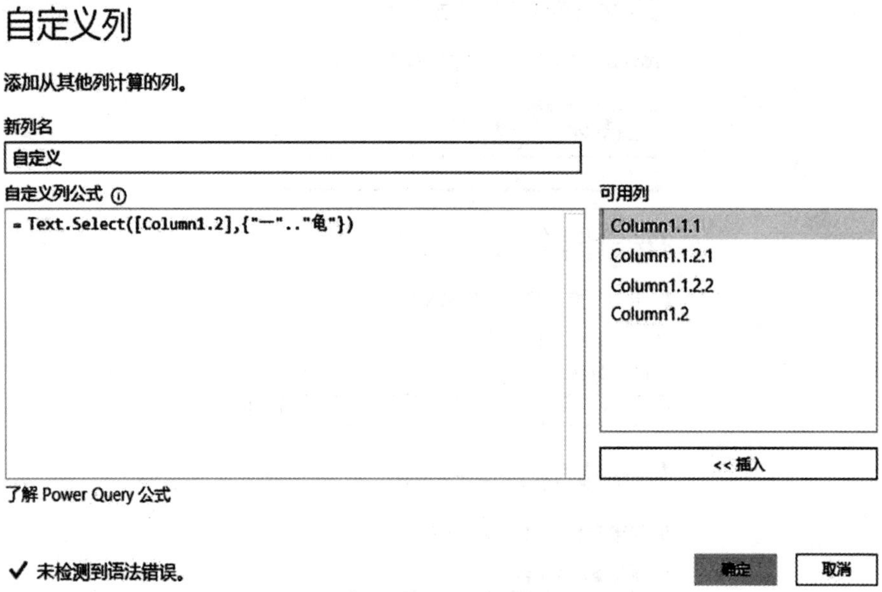

Column1.1.2.1	Column1.1.2.2	Column1.2	自定义
01000	_IDS:hy001000"><a class="leaf lvl3" href="javascript:void(0);"	农林牧渔"	农林牧渔
02000	_IDS:hy002000"><a class="leaf lvl3" href="javascript:void(0);"	采矿业"	采矿业
03001	_IDS:hy003001"><a class="leaf lvl3" href="javascript:void(0);"	粮食加工"	粮食加工
03002	_IDS:hy003002"><a class="leaf lvl3" href="javascript:void(0);"	食品制造"	食品制造
03003	_IDS:hy003003"><a class="leaf lvl3" href="javascript:void(0);"	茶酒饮料"	茶酒饮料
03004	_IDS:hy003004"><a class="leaf lvl3" href="javascript:void(0);"	纺织业"	纺织业
03005	_IDS:hy003005"><a class="leaf lvl3" href="javascript:void(0);"	服装制造"	服装制造
03006	_IDS:hy003006"><a class="leaf lvl3" href="javascript:void(0);"	皮毛制鞋"	皮毛制鞋
03007	_IDS:hy003007"><a class="leaf lvl3" href="javascript:void(0);"	木材加工"	木材加工
03008	_IDS:hy003008"><a class="leaf lvl3" href="javascript:void(0);"	家具制造"	家具制造
03009	_IDS:hy003009"><a class="leaf lvl3" href="javascript:void(0);"	造纸"	造纸
03010	_IDS:hy003010"><a class="leaf lvl3" href="javascript:void(0);"	印刷"	印刷
03011	_IDS:hy003011"><a class="leaf lvl3" href="javascript:void(0);"	传媒艺术"	传媒艺术
03012	_IDS:hy003012"><a class="leaf lvl3" href="javascript:void(0);"	石油加工"	石油加工
03013	_IDS:hy003013"><a class="leaf lvl3" href="javascript:void(0);"	化学制品"	化学制品
03014	_IDS:hy003014"><a class="leaf lvl3" href="javascript:void(0);"	医药制造"	医药制造
03015	_IDS:hy003015"><a class="leaf lvl3" href="javascript:void(0);"	化纤制造"	化纤制造
03016	_IDS:hy003016"><a class="leaf lvl3" href="javascript:void(0);"	橡胶塑料"	橡胶塑料
03017	_IDS:hy003017"><a class="leaf lvl3" href="javascript:void(0);"	非金属制品"	非金属制品
03018	_IDS:hy003018"><a class="leaf lvl3" href="javascript:void(0);"	黑色金属"	黑色金属
03019	_IDS:hy003019"><a class="leaf lvl3" href="javascript:void(0);"	有色金属"	有色金属
03020	_IDS:hy003020"><a class="leaf lvl3" href="javascript:void(0);"	金属制品"	金属制品
03021	_IDS:hy003021"><a class="leaf lvl3" href="javascript:void(0);"	通用设备制造"	通用设备制造
03022	IDS:hy003022"><a class="leaf lvl3" href="javascript:void(0);"	专用设备制造"	专用设备制造

图 5-52　创建自定义列及结果

图 5-53 修改列名称为"行业代码""行业模块"

将行业样表中的行业代码和行业板块数据列调整为文本类型,如图 5-54 所示。选取的上市公司分属于不同行业,因此创建一个自定义列,并将其设为每个行业有 50 家企业的索引数量,为方便后续调用,需将自定义列数据类型修改为文本类型,如图 5-55 所示。

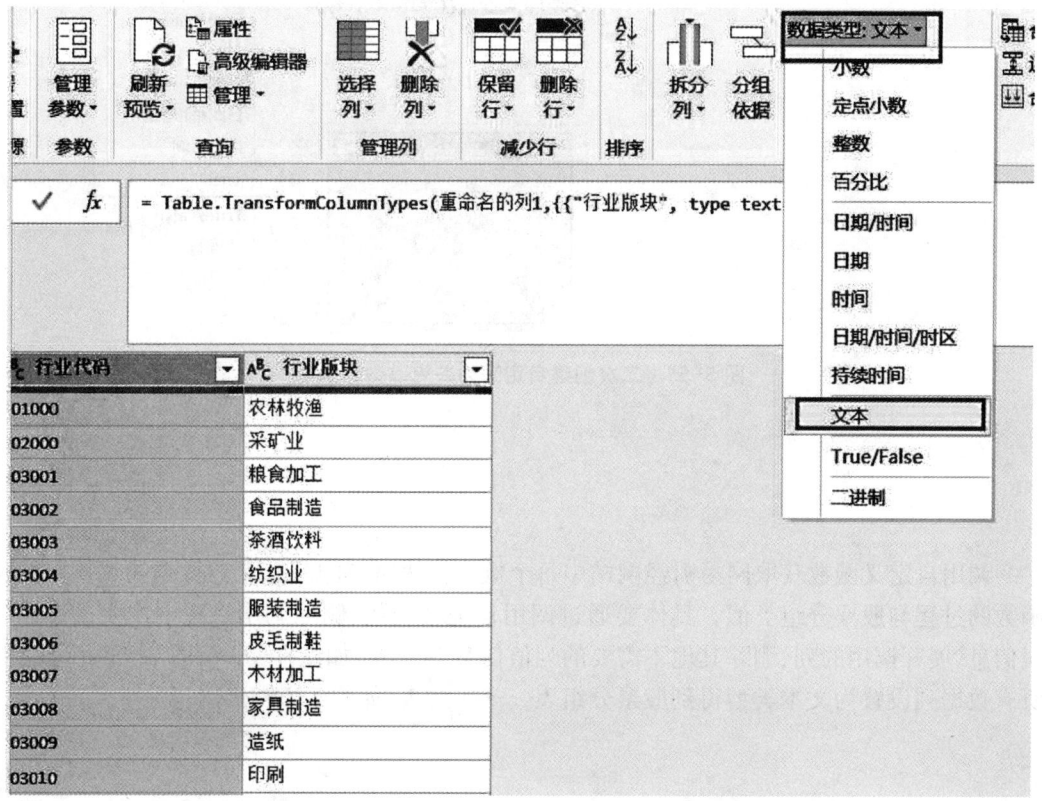

图 5-54 更改数据类型

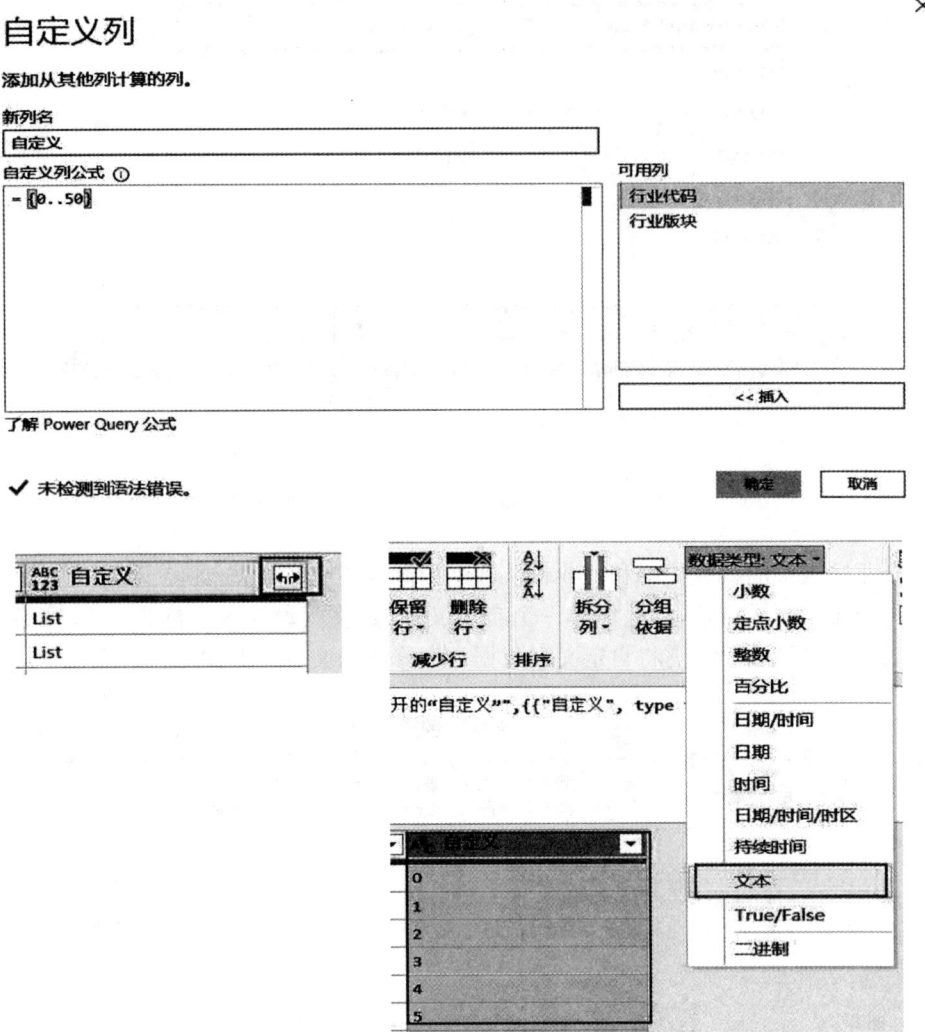

图 5-55　二次创建自定义列并更改数据类型

调用自定义函数获取网易财经网站中每个概念板块对应的所有企业数据。调用自定义函数的过程与股票分组类似。具体要通过调用自定义函数、删除调用过程中产生的多余错误信息、展开调用的列、删除其他不需要的列值信息等步骤,如图 5-56 至图 5-58 所示。将所有数据列设置为文本类型得到股票分组表——概念表,如图 5-59 所示。

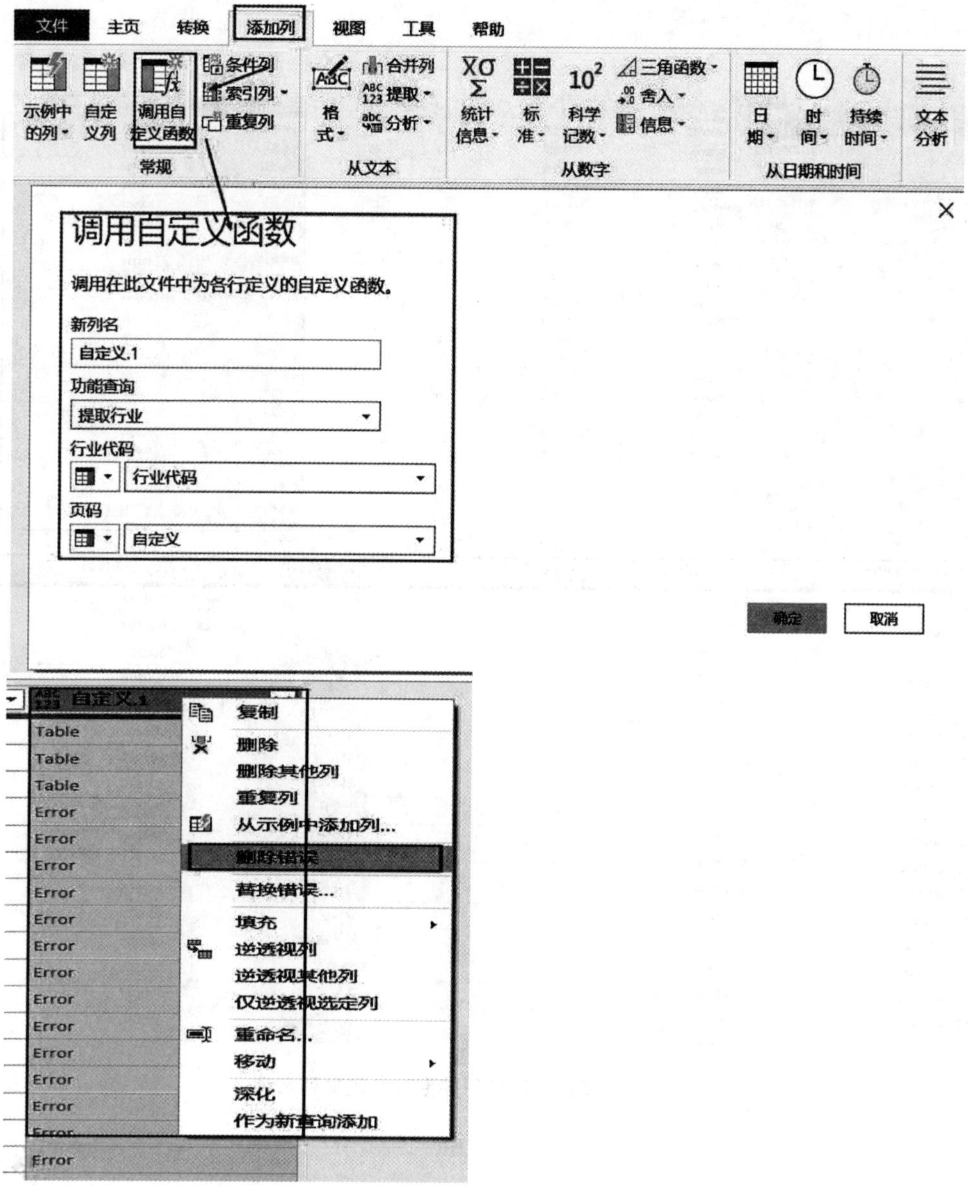

图 5-56 调用自定义列并删除错误

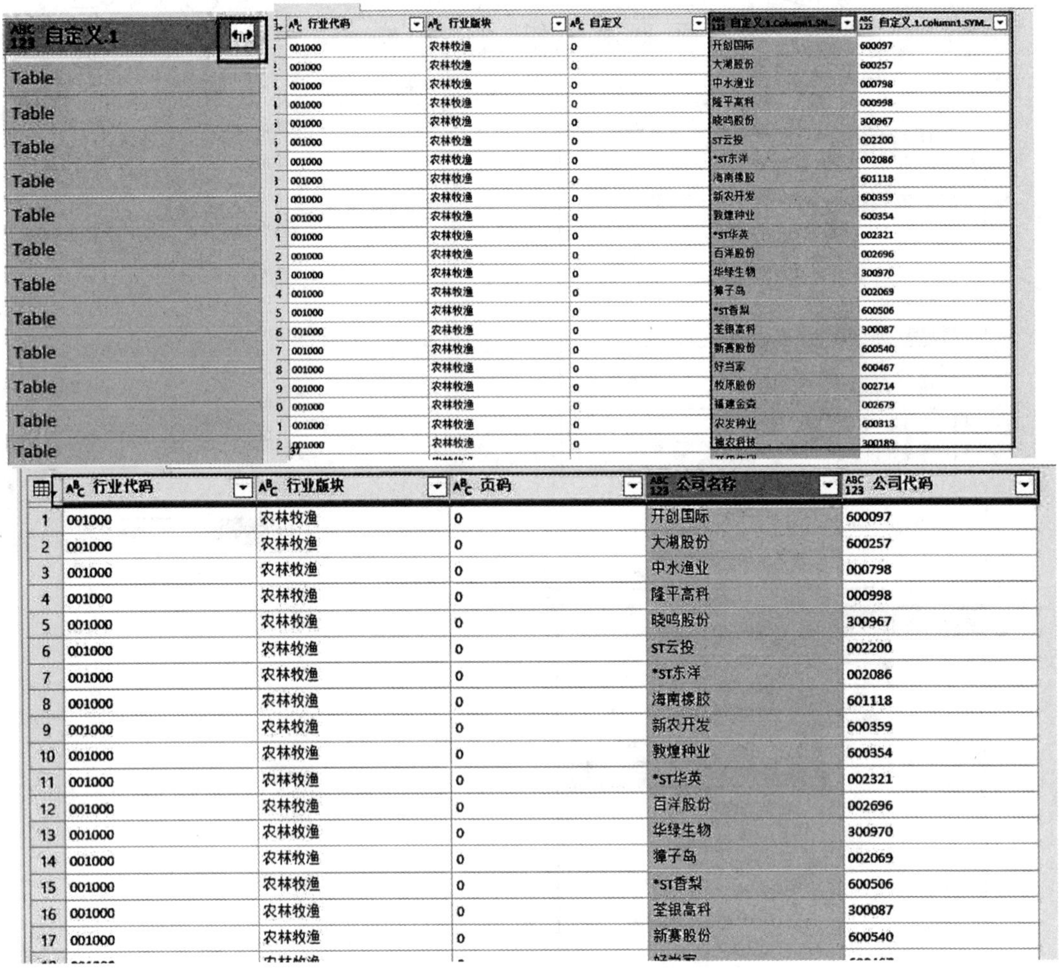

行业代码	行业版块	自定义	自定义.1.Column1.SN...	自定义.1.Column1.SYM...
001000	农林牧渔	0	开创国际	600097
001000	农林牧渔	0	大湖股份	600257
001000	农林牧渔	0	中水渔业	000798
001000	农林牧渔	0	隆平高科	000998
001000	农林牧渔	0	晓鸣股份	300967
001000	农林牧渔	0	ST云投	002200
001000	农林牧渔	0	*ST东洋	002086
001000	农林牧渔	0	海南橡胶	601118
001000	农林牧渔	0	新农开发	600359
001000	农林牧渔	0	敦煌种业	600354
001000	农林牧渔	0	*ST华英	002321
001000	农林牧渔	0	百洋股份	002696
001000	农林牧渔	0	华绿生物	300970
001000	农林牧渔	0	獐子岛	002069
001000	农林牧渔	0	*ST香梨	600506
001000	农林牧渔	0	荃银高科	300087
001000	农林牧渔	0	新赛股份	600540
001000	农林牧渔	0	好当家	600467
001000	农林牧渔	0	牧原股份	002714
001000	农林牧渔	0	福建金森	002679
001000	农林牧渔	0	农发种业	600313
001000	农林牧渔	0	神农科技	300189

	行业代码	行业版块	页码	公司名称	公司代码
1	001000	农林牧渔	0	开创国际	600097
2	001000	农林牧渔	0	大湖股份	600257
3	001000	农林牧渔	0	中水渔业	000798
4	001000	农林牧渔	0	隆平高科	000998
5	001000	农林牧渔	0	晓鸣股份	300967
6	001000	农林牧渔	0	ST云投	002200
7	001000	农林牧渔	0	*ST东洋	002086
8	001000	农林牧渔	0	海南橡胶	601118
9	001000	农林牧渔	0	新农开发	600359
10	001000	农林牧渔	0	敦煌种业	600354
11	001000	农林牧渔	0	*ST华英	002321
12	001000	农林牧渔	0	百洋股份	002696
13	001000	农林牧渔	0	华绿生物	300970
14	001000	农林牧渔	0	獐子岛	002069
15	001000	农林牧渔	0	*ST香梨	600506
16	001000	农林牧渔	0	荃银高科	300087
17	001000	农林牧渔	0	新赛股份	600540

图 5-57　展开自定义列并更改自定义列名称

第五章 抓取股票分组表

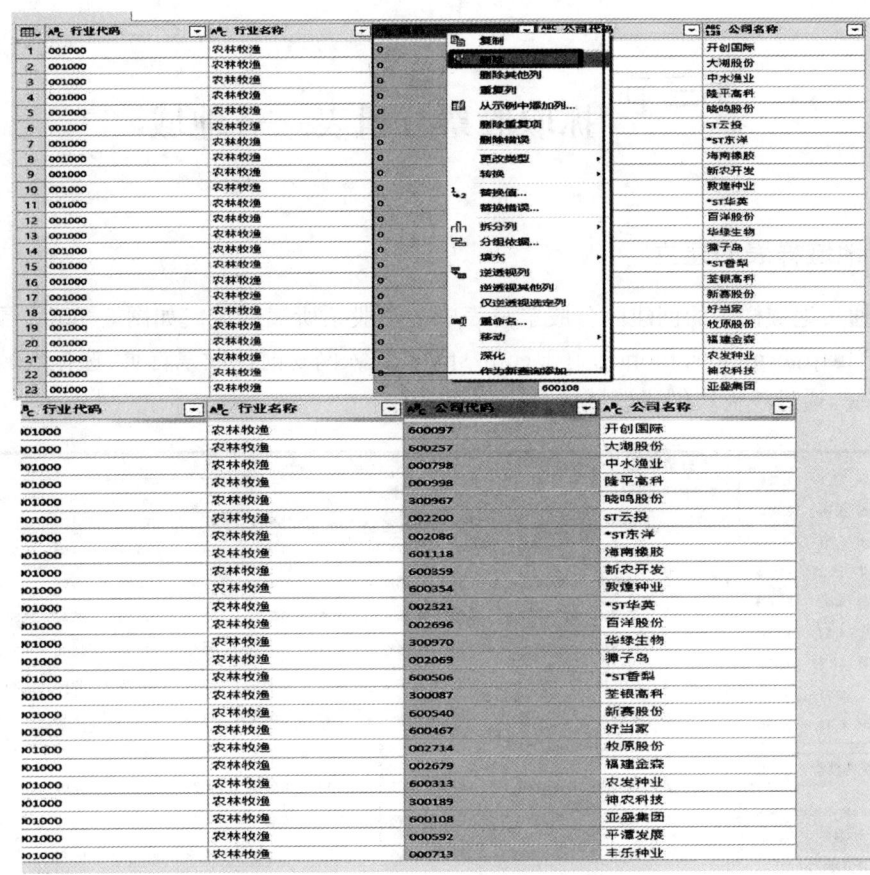

图 5-58　删除"页码"列

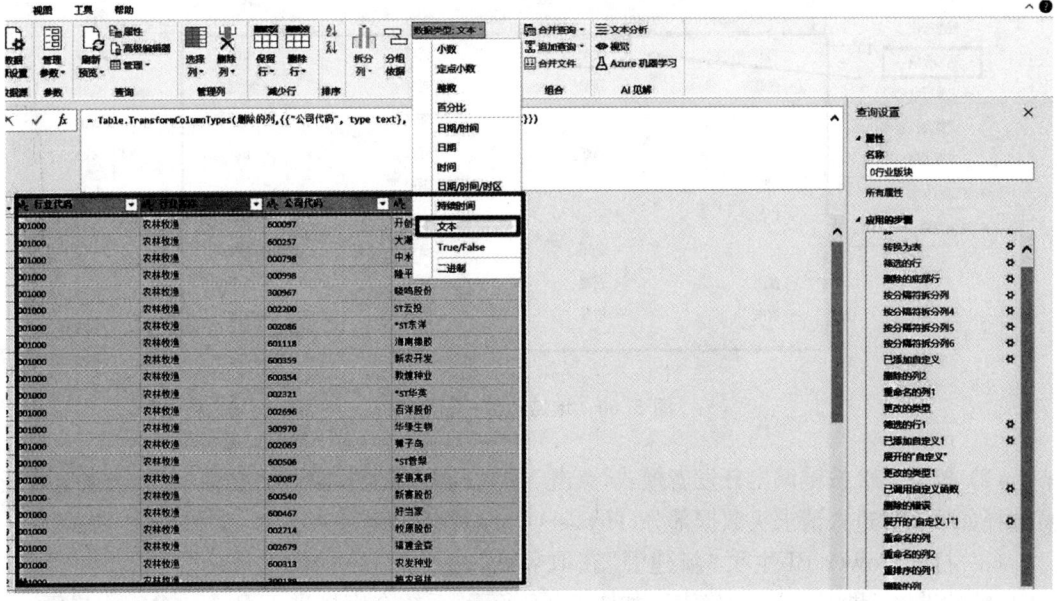

图 5-59　将数据列设置为文本类型

第三节 抓取股票分组表——地域

一、地域样表的建立

（1）通过地域样表的创建区分股票总表中各个股票所属地域。如图 5-60 所示操作步骤由网址"http://quotes.money.163.com/stock"进入网易财经股票首页，选择地域板块中的天津板块，通过该板块创建地域样表。

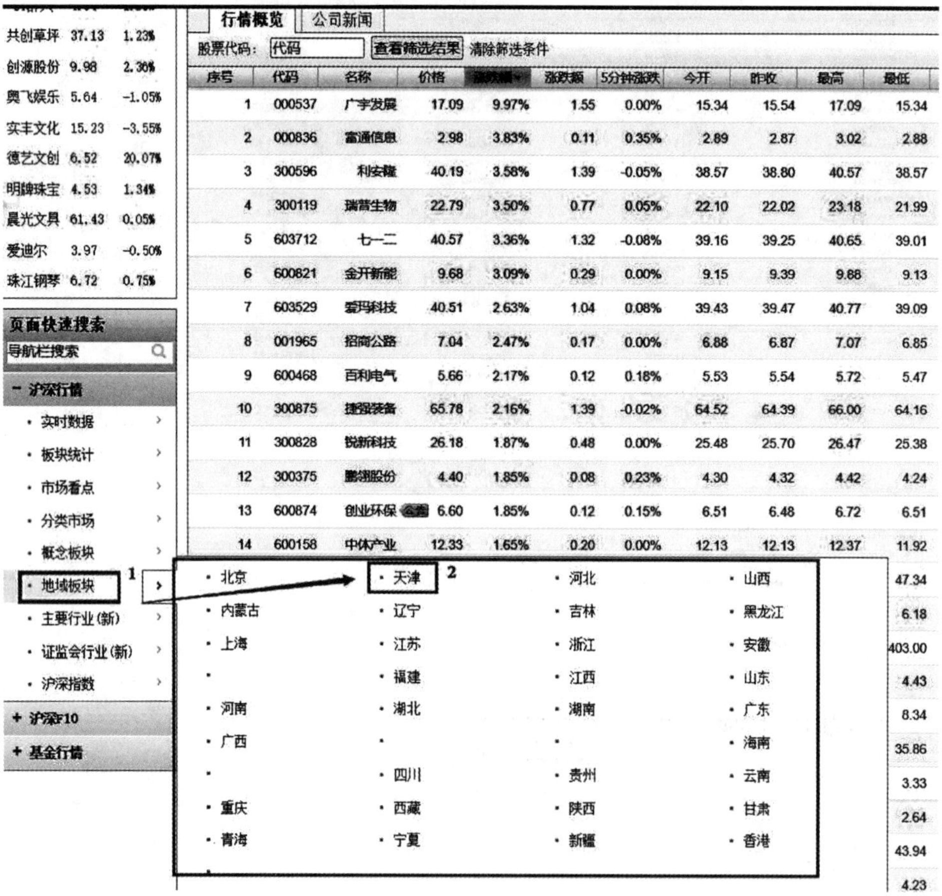

图 5-60 地域板块打开步骤

（2）按下 F12 按键调出开发者模式，点击 Network 网络监控模块，选择 All 子选项卡后任意选择如下文件进入请求头数据部分（Headers），获取相应动态链接地址，如图 5-61 所示。

（3）打开 Power BI 主页"新建源"获取界面，选择该选项卡中"Web"按钮，将复制的 URL 粘贴进输入框中，点击"确定"，如图 5-62 所示，系统会直接进入 Power Query 界面。

（4）在步骤记录器中手动删除"更改的类型"，如图 5-63 所示。

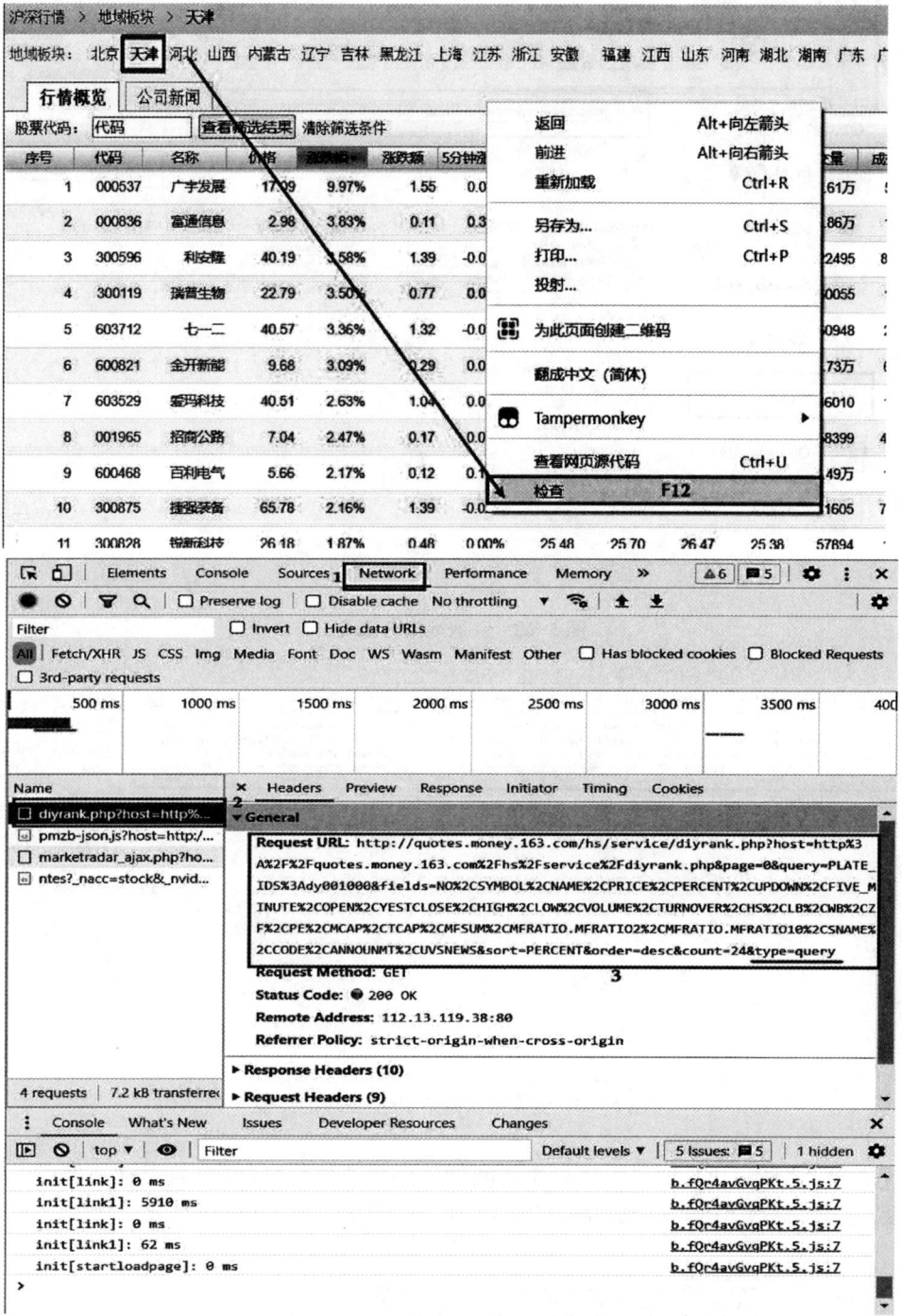

图 5-61 获取地域板块动态 URL

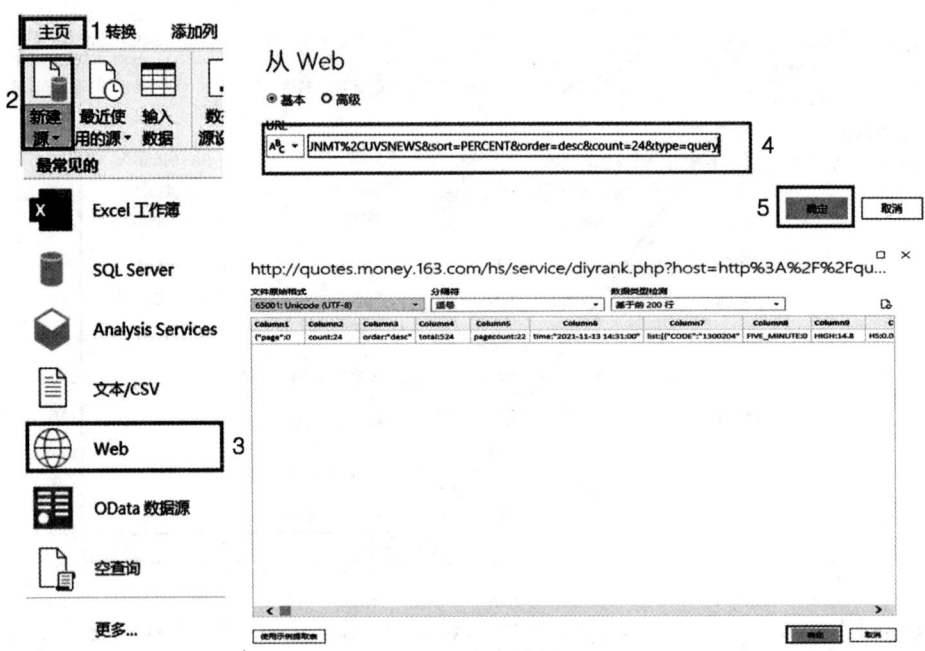

图 5-62　获取地域分组 URL

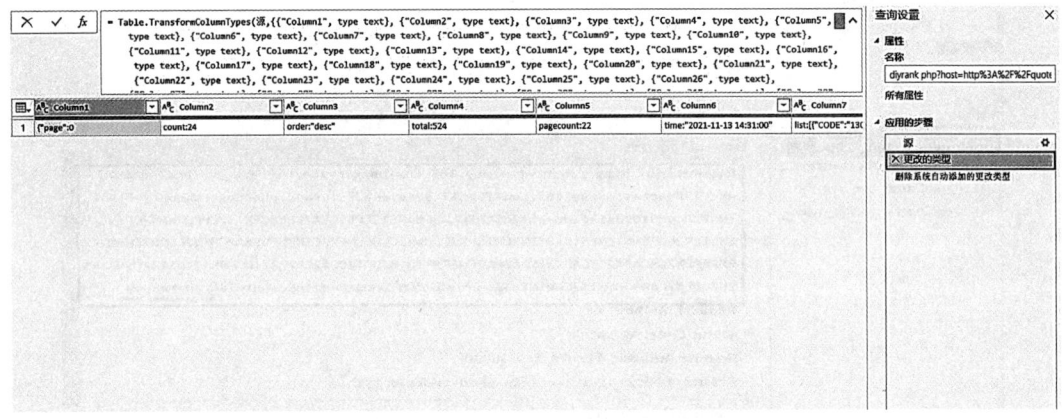

图 5-63　步骤记录器中删除"更改的类型"

（5）复制网址 URL 创建的接口所访问的数据并非可使用的数据，需进一步点击"数据源"设置按钮，修改 M 语言函数，将"Csv"改为"Json"即可，如图 5-64 所示。

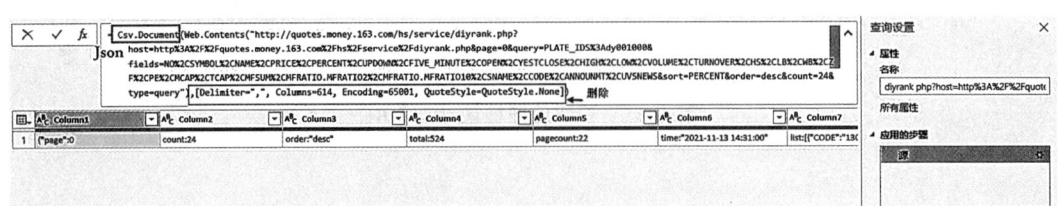

图 5-64　"Csv"修改为"Json"

（6）函数修改完成后，Record 记录表的出现，意味着数据源连接成功，获取到股票概念板块分组的网页数据，如图 5-65 所示。

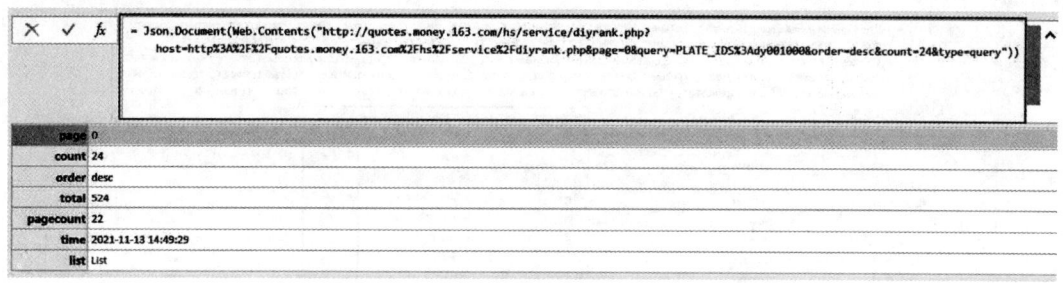

图 5-65　概念板块分组连接成功

（7）通过列表"转换"选项卡中"到表"功能，展开 Record 中包含的数据，即得到天津板块下的企业相关股票信息，如图 5-66 所示。

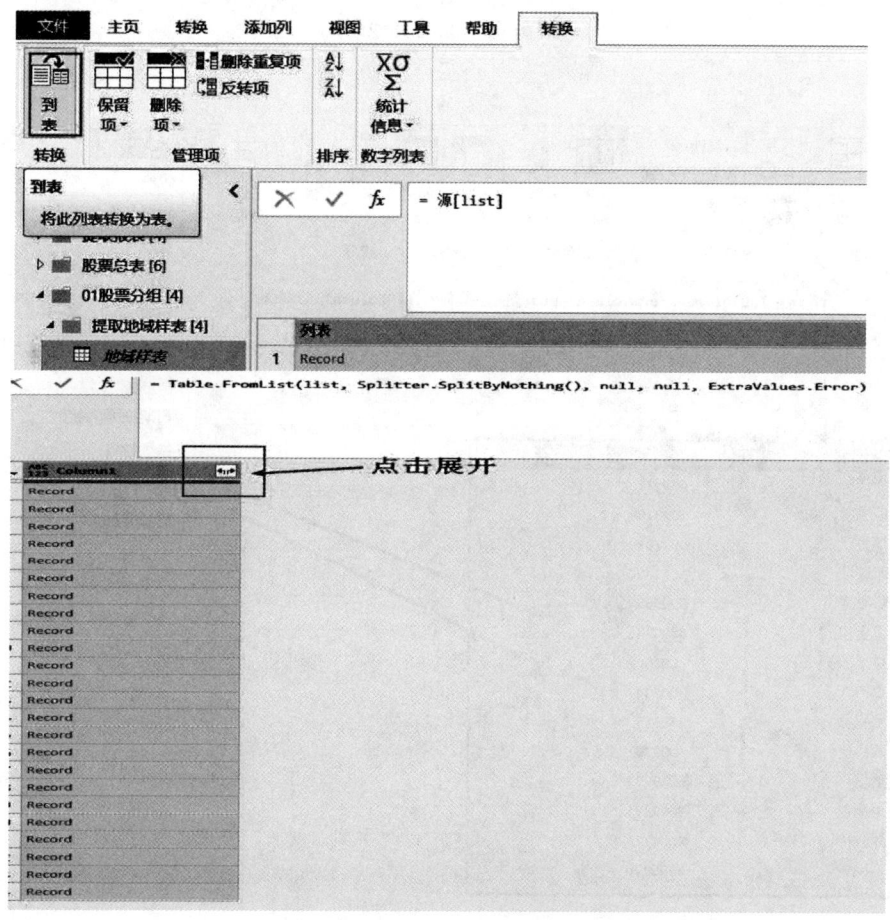

图 5-66　天津板块下企业股票信息

（8）选中股票代码和公司名称两列信息，通过"删除其他列"和修改数据类型为"文本"这两个操作，保留地域板块样表信息，如图 5-67 和图 5-68 所示。

图 5-67 删除其他列

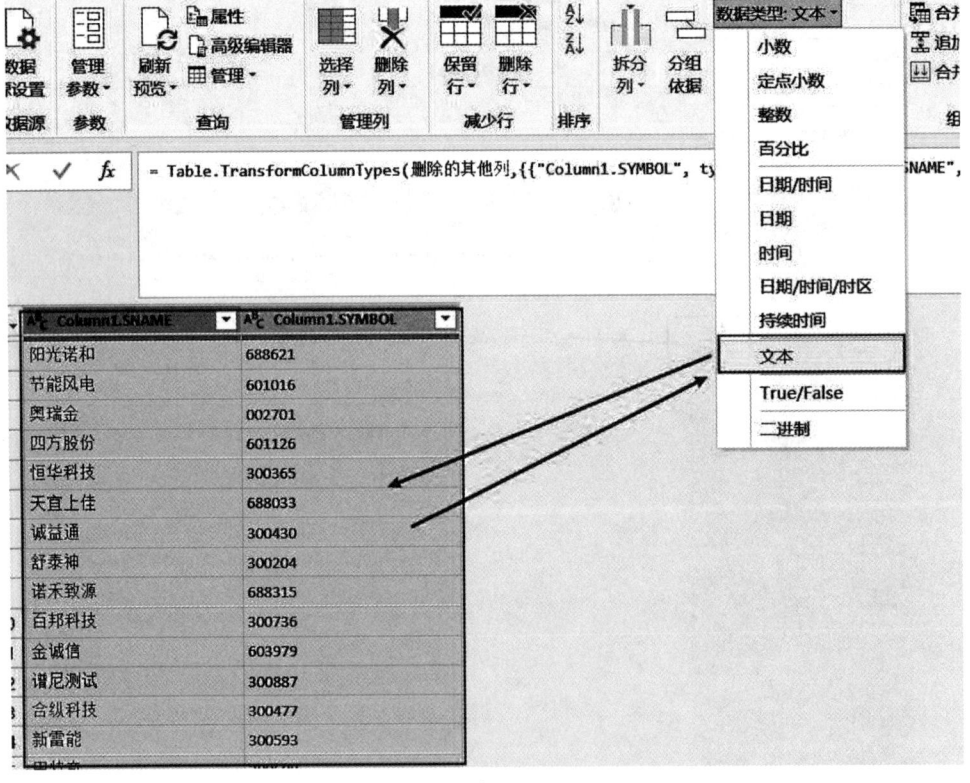

图 5-68 修改数据类型

二、创建"地域代码"调用参数

(1) 通过观察网站网址可以发现,股票地域板块对应每个公司的板块都有板块代码。通过页码参数与地域代码参数的结合才能访问到对应公司网页,按照图 5-69 创建地域代码与页码。

注意:当前值可任意选择一个公司代码代替,后续调用参数引用时以包含该股票代码的列为集体引用对象。

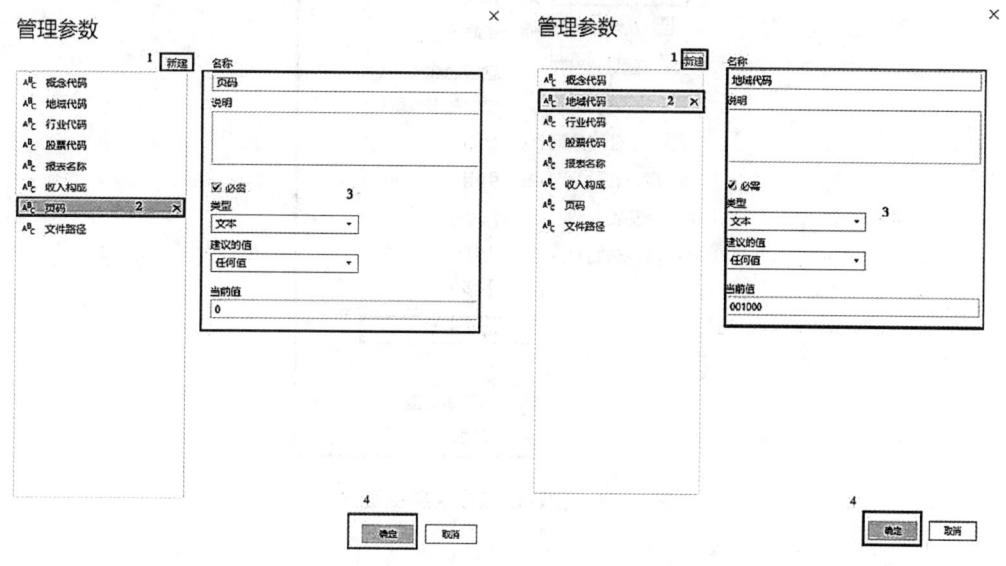

图 5-69　创建"地域代码""页码"参数

(2) 参数创建完毕后修改导入的源网址,将对应参数"地域代码""页码"按照如图 5-70 格式通过源代码修订即可完成地域板块数据的接口连接。股票总表的处理与之类似,该步骤也是为了后续批量调用股票地域板块内容做准备。至此股票地域样表创建完成。

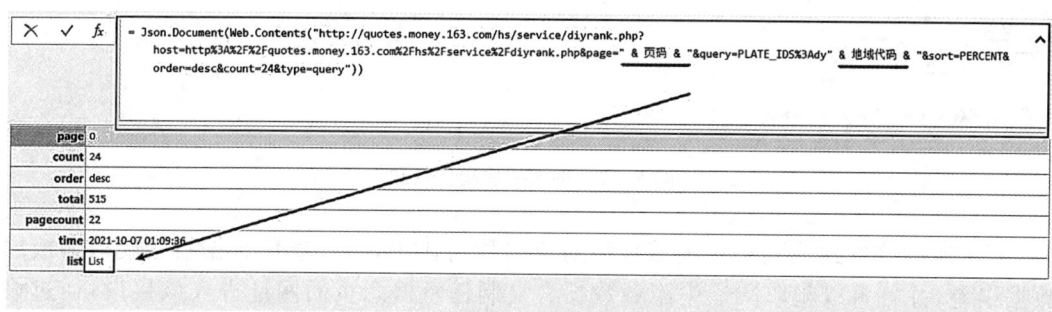

图 5-70　创建地域板块数据接口

三、创建地域板块爬虫函数

（1）在地域板块样表完成的基础上，右键"地域样表"，在菜单中选择"创建函数"，如图 5-71 所示，完成地域板块表的爬虫函数创建，如图 5-72 所示。

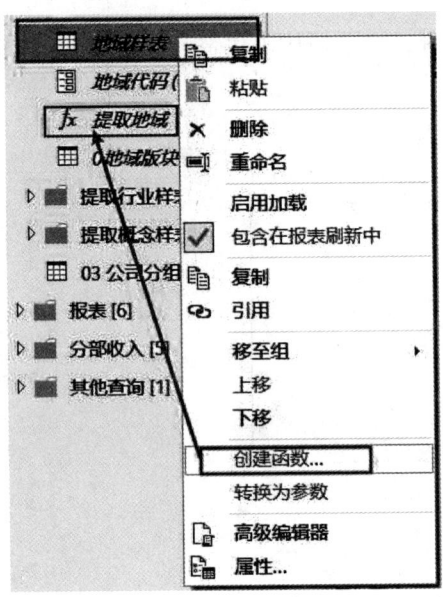

图 5-71　创建地域板块爬虫函数

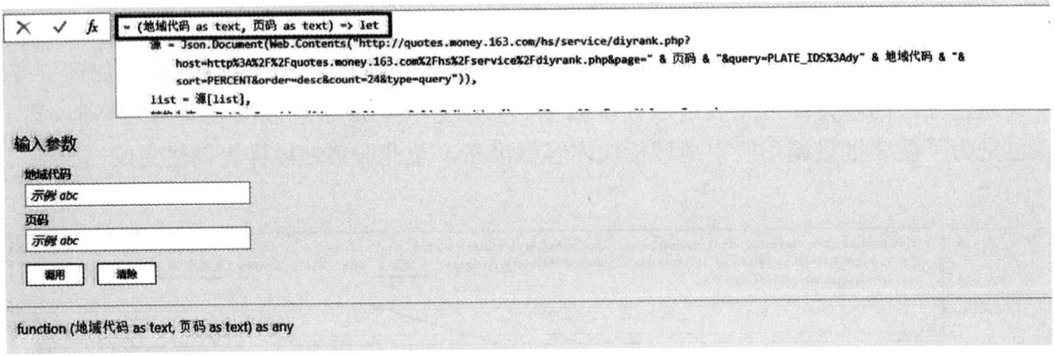

图 5-72　地域板块爬虫函数

（2）通过该方式找到每个地域板块对应名称与代码，可以避免数据自动爬取造成的数据误差，并且可以爬取网址中隐藏数据。复制任意概念页面网址进入该接口，通过修订 M 语言，如图 5-73 所示，在 Power Query 中自定义拆分网页源代码，进而获取对应数据。

第五章 抓取股票分组表

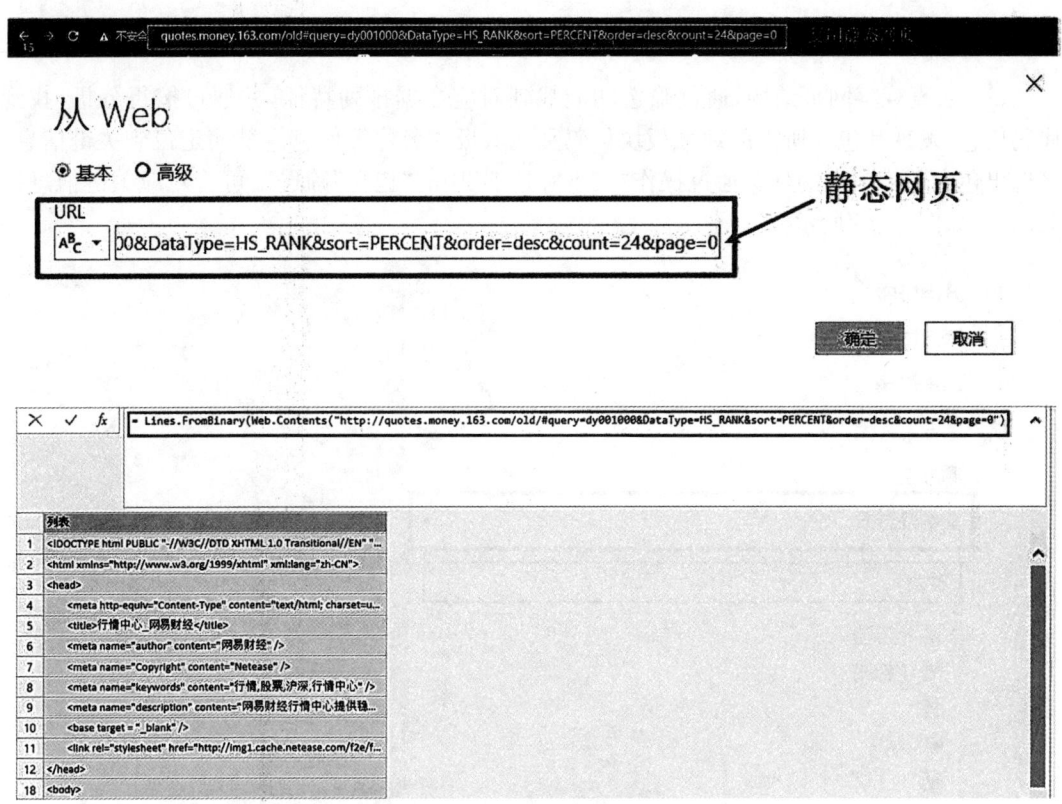

图 5-73 获取地域板块代码信息

（3）将获得的数据通过使用"到表"功能，展开成为包含有地域板块名称和代码的可供筛选清洗的列表数据，如图 5-74 所示。

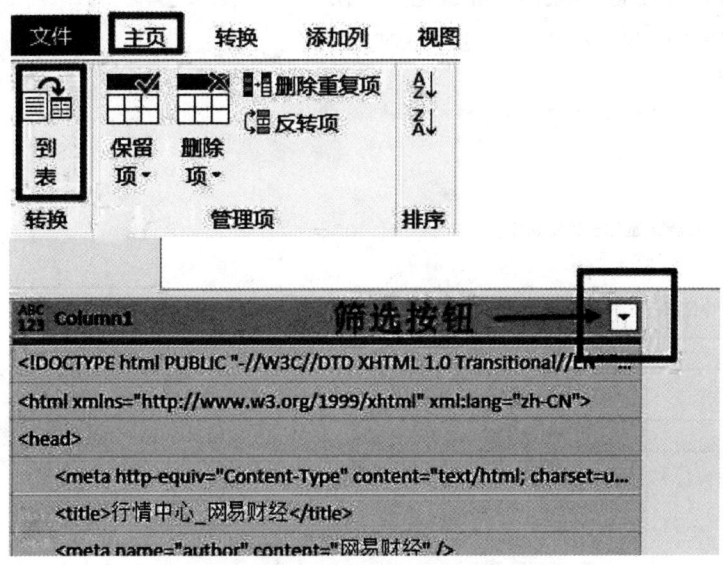

图 5-74 包含地域板块信息的列表数据

四、通过 Power Query 数据清洗工具提取地域板块名称和代码

（1）认真观察网页结构，通过筛选功能找到对应数据排列特征，并通过按行分析，找到代码信息，发现其包含所需的地域板块代码和地域板块名称等信息。继而定位到关键信息，筛选出包含关键信息的列。通过操作"文本筛选器"中的"包含"筛选即可将对应关键信息提取出来，如图 5-75 所示。

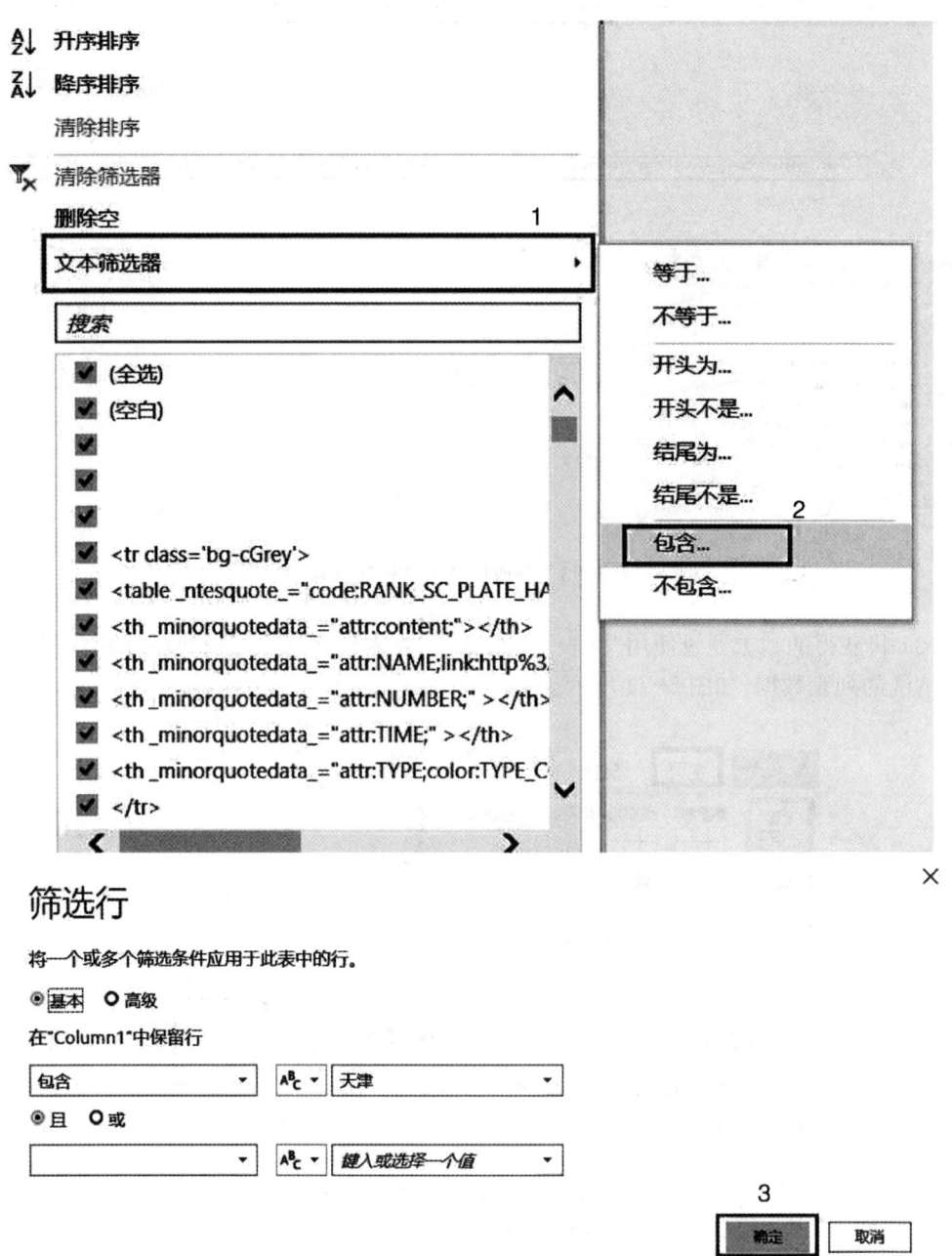

图 5-75　文本筛选

针对当前网页数据筛选采取包含关系寻找所需的关键数据,没有特别具体或严格的步骤,只要灵活运用数据清洗工具获取需要的信息即可。

(2) 通过筛选获得包含所需信息后,结合 Power Query 的拆分列不同属性,运用筛选、删除等功能对信息进行详细拆分。而 Power Query 中拆分列属性有较多方式,如图 5-76 所示。

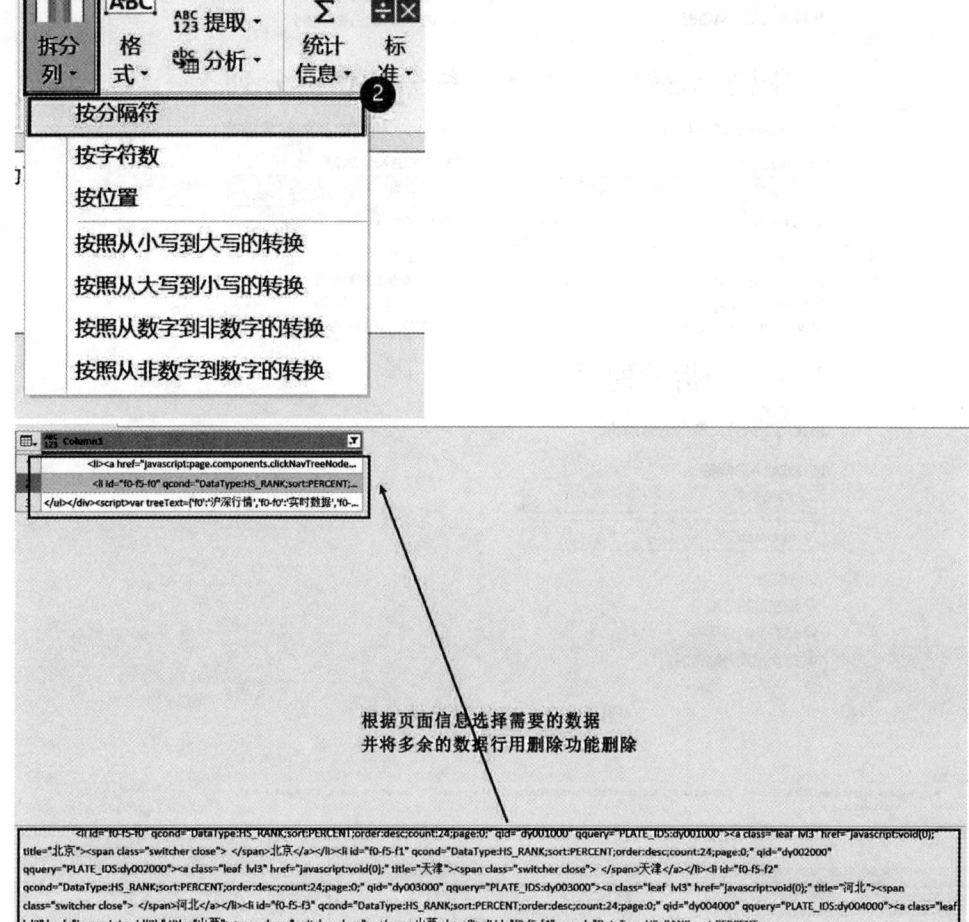

图 5-76 拆分列的多个属性

(3) 通过观察包含概念名称和代码的网页源代码可知,本案例使用分隔符作为网页拆分条件较为合适,因为需要的数据均在格式相同的＜li 签中通过里标签拆分,对应的数据就可以轻而易举的获取、如图 5-77、图 5-78 所示。

注意:在拆分过程中,因多次出现某些相同的字符或符号,为了拆分内容不被严重破坏,可以通过较为复杂内容的选择来定位拆分位置,其方法因人因例均有不同,需要读者结合自己的案例数据做好预判。与此同时可以利用 Power Query 高级编辑器中的 M 语言去判断拆分步骤的合理性。

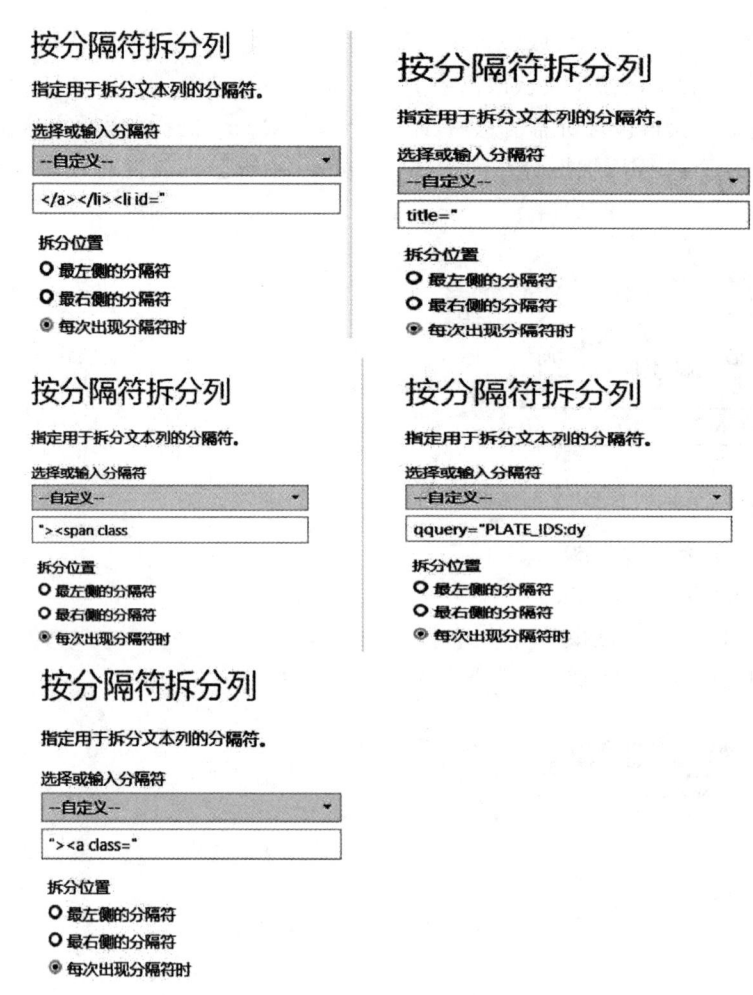

图 5-77　按分隔符拆分列

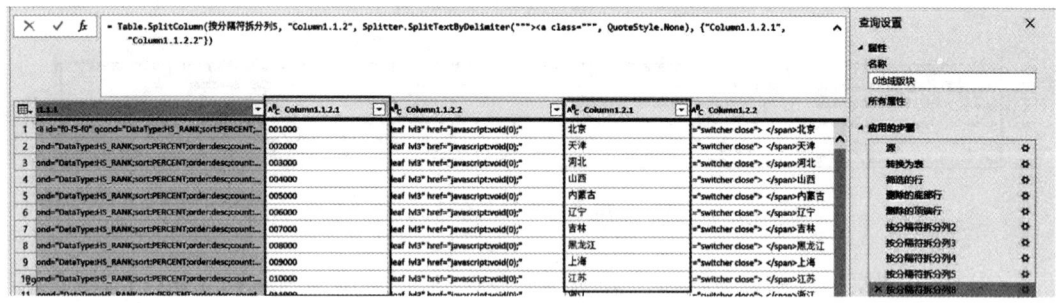

图 5-78　拆分结果

（4）至此，通过拆分工具已经成功将地域名称、地域代码提取到对应概念代码和名称，其他列数据可以删除。删除掉多余列和空值的具体操作如图 5-79 至图 5-81 所示。

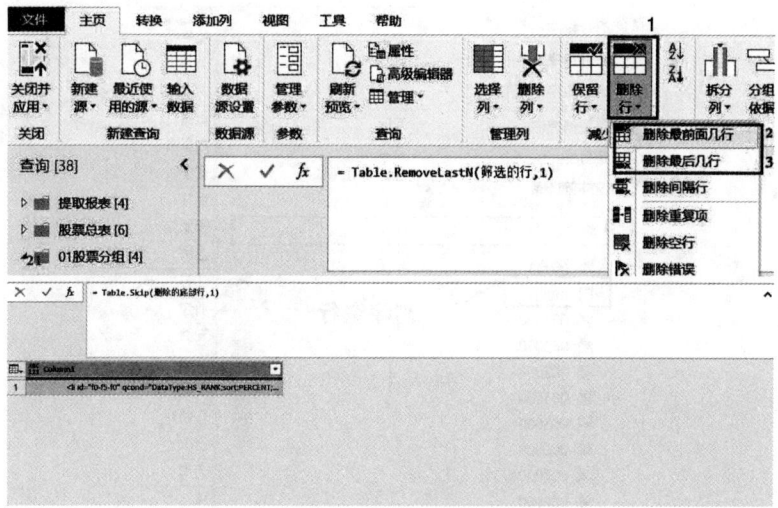

图 5-79 删除多余的行

Column1.1.2.1	Column1.2.1
001000	北京
002000	天津
003000	河北
004000	山西
005000	内蒙古
006000	辽宁
007000	吉林
008000	黑龙江
009000	上海
010000	江苏
011000	浙江
012000	安徽
	null
013000	福建
014000	江西
015000	山东
016000	河南
017000	湖北
018000	湖南
019000	广东
020000	广西
	null
	null
021000	海南
	null

图 5-80 删除其他列所得

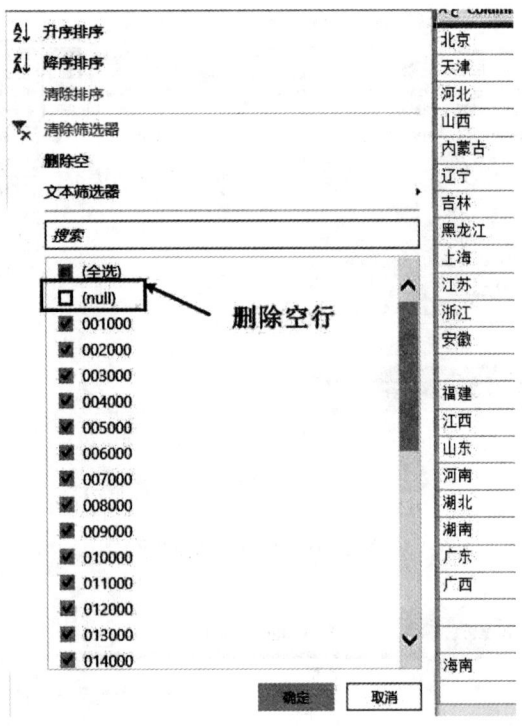

图 5-81　删除空值

五、概念分组提取合并

提取到地域板块的所有名称和代码后，需要通过"自定义列"将各个地域板块所包含的企业分配其对应地域板块属性中。与股票总表类似，在地域板块中每一个地域都包含若干个企业，因此要通过"自定义列"创建一个 0 至 50 的一维列表，从而使得每个板块都能在表中出现 50 次，以便包含的企业能够基本达到全覆盖，如图 5-82 所示。进一步改变自定义列的数据类型，如图 5-83 所示，使得后续自定义调用函数可以顺利执行。

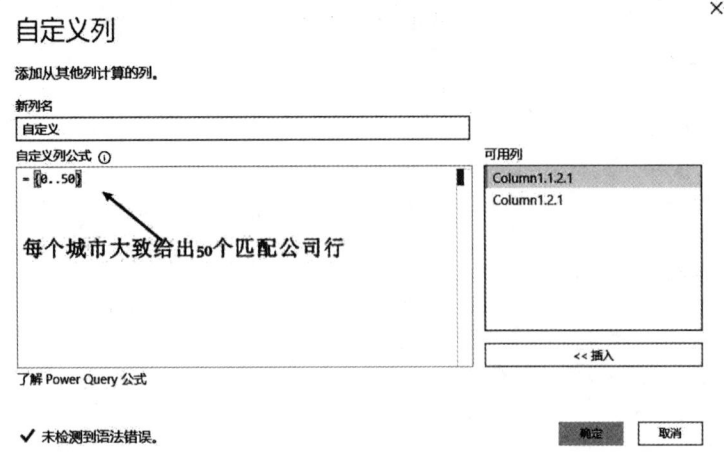

图 5-82　创建自定义列

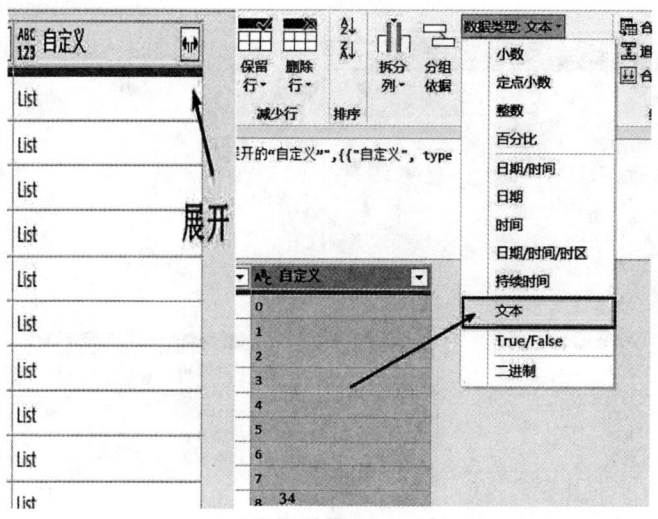

图 5-83　自定义列数据类型更改为"文本"

调用自定义函数获取网易财经网站中每个地域板块对应的所有企业数据。调用自定义函数的过程与股票分组类似。具体要通过调用自定义函数、删除调用过程中产生的多余错误信息、展开调用的列、删除其他不需要的列值信息等步骤，如图 5-84 至图 5-86 所示。将所有数据列设置为文本类型得到股票分组表——地域表，如图 5-87 所示。

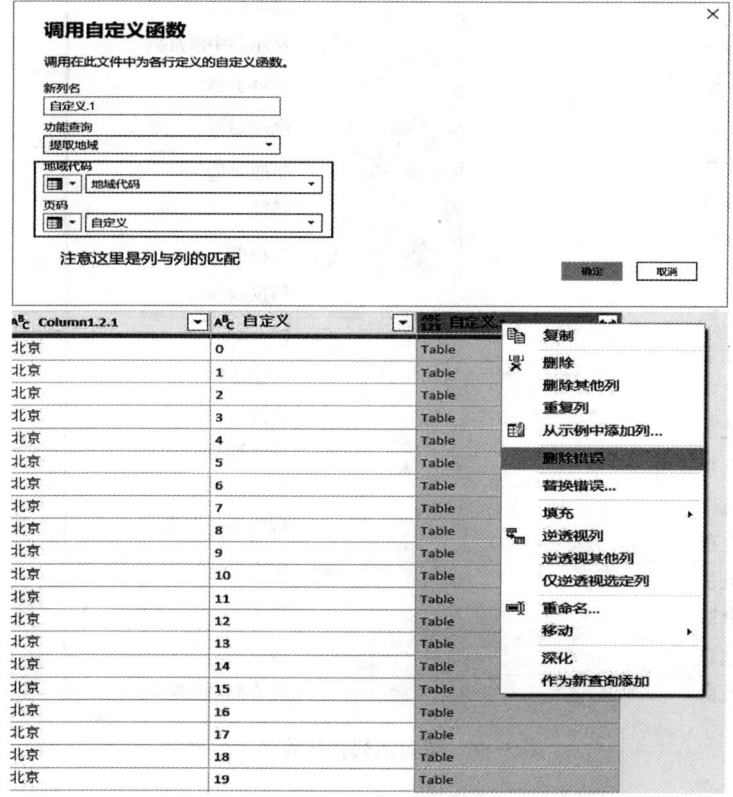

图 5-84　调用自定义函数后删除结果中的错误

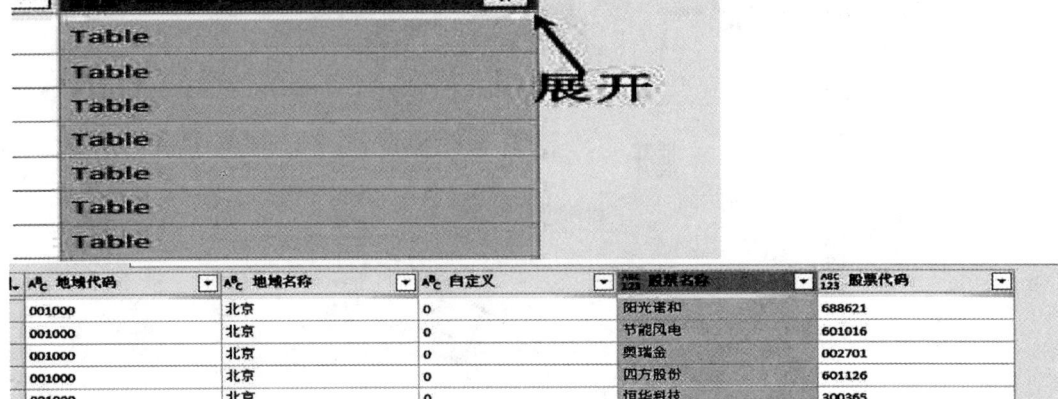

图 5-85 展开调用的列

图 5-86 重命名列并删除多余的列

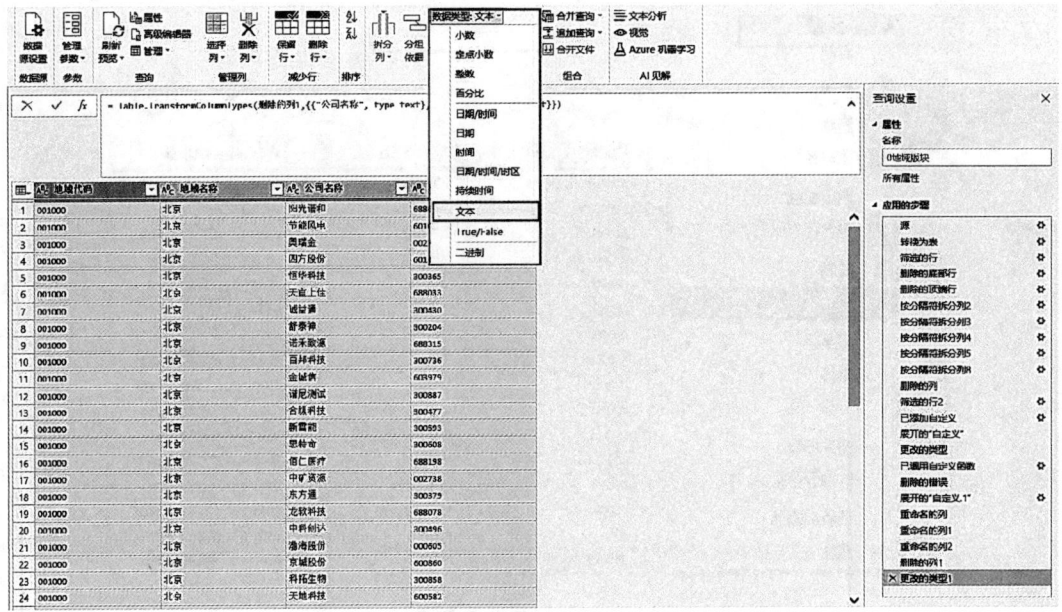

图 5-87 修改数据类型得到地域板块股票分组表

第四节 股票分组表的合并

通过第四章和第五章前 3 节的操作步骤,我们已经成功创建了股票总表、股票概念表、股票行业表、股票地域表。分组维度信息已经基本完整,但为后续调用方便,我们需要将这四张表格合并为一张表。

通过观察四张表格的数据内容发现,每一张表都包含了共同的两列数据(股票名称、股票代码),因此我们可以通过 Power Query 自带的合并查询功能,结合四张表格共有的特征,实现联表合并。

一、引用公司简表

Power Query 列表中右键"公司简表"选择"引用"功能,或者复制该表,得到一份复制的公司简表数据,如图 5-88 所示,用作数据合并查询的基础。

注意:因简表的获取过程非常复制,为了原始数据的安全性和完整性,建议在复制的数据基础上对其进行多表合并操作。

图 5-88　引用公司简表

二、保留公司代码

公司代码是每张报表数据中最全的数据,也是一切表格的基础,所以我们删除其他两列,只保留公司代码,如图 5-89 所示。

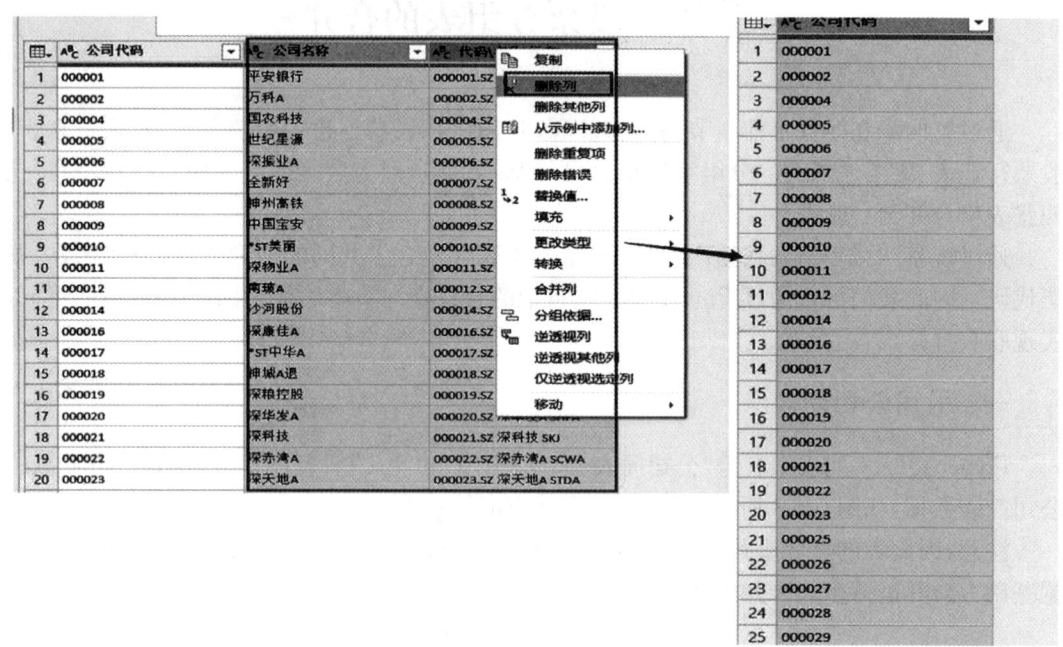

图 5-89　删除所选定列及结果

三、合并查询

四张表的合并需要通过三次合并查询操作才能完成,具体操作参照图 5-90 至图 5-95 所示。

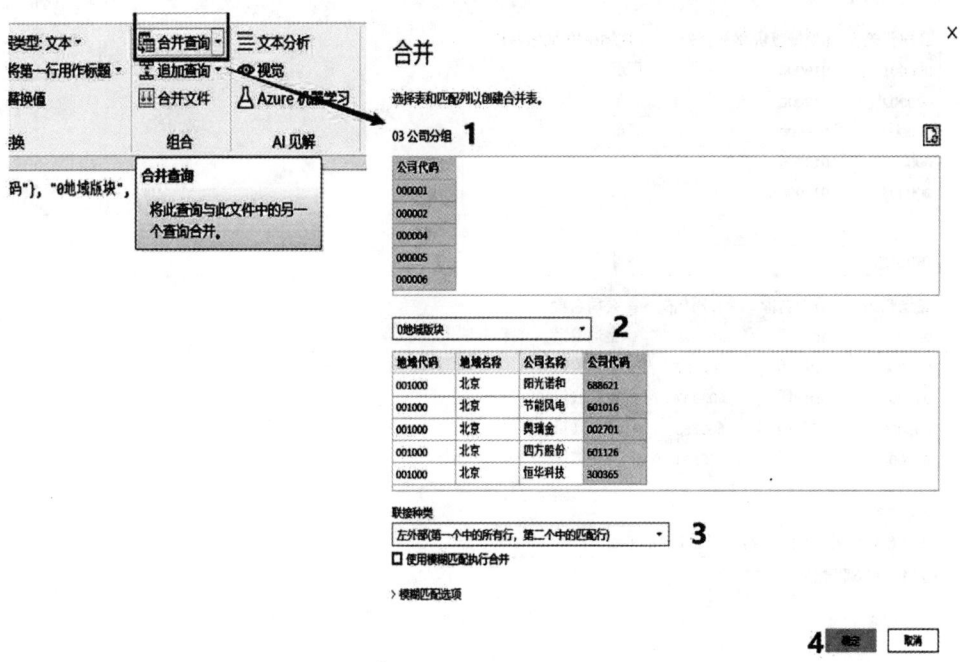

图 5-90　第一次合并报表(公司分组和地域)

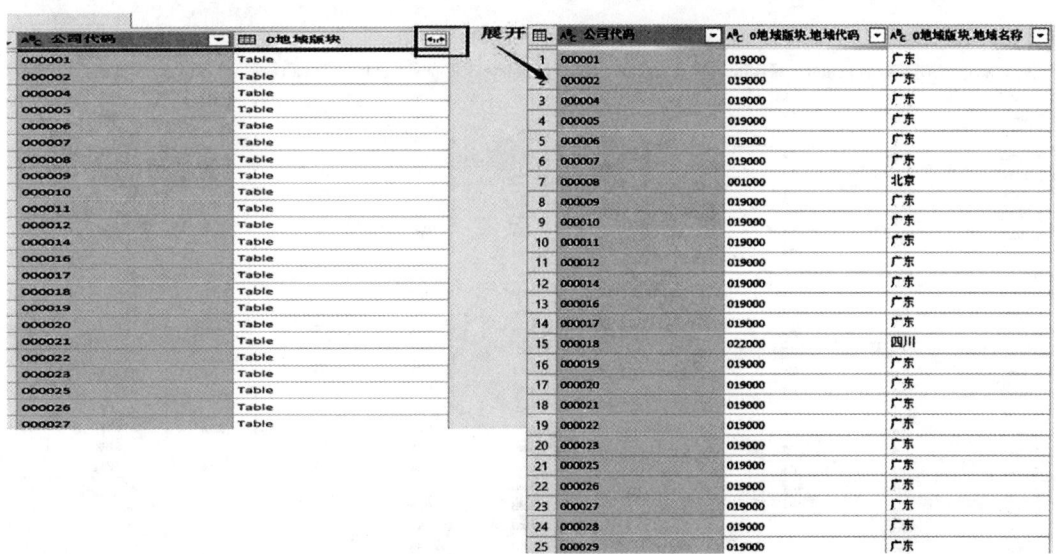

图 5-91　展开地域模块

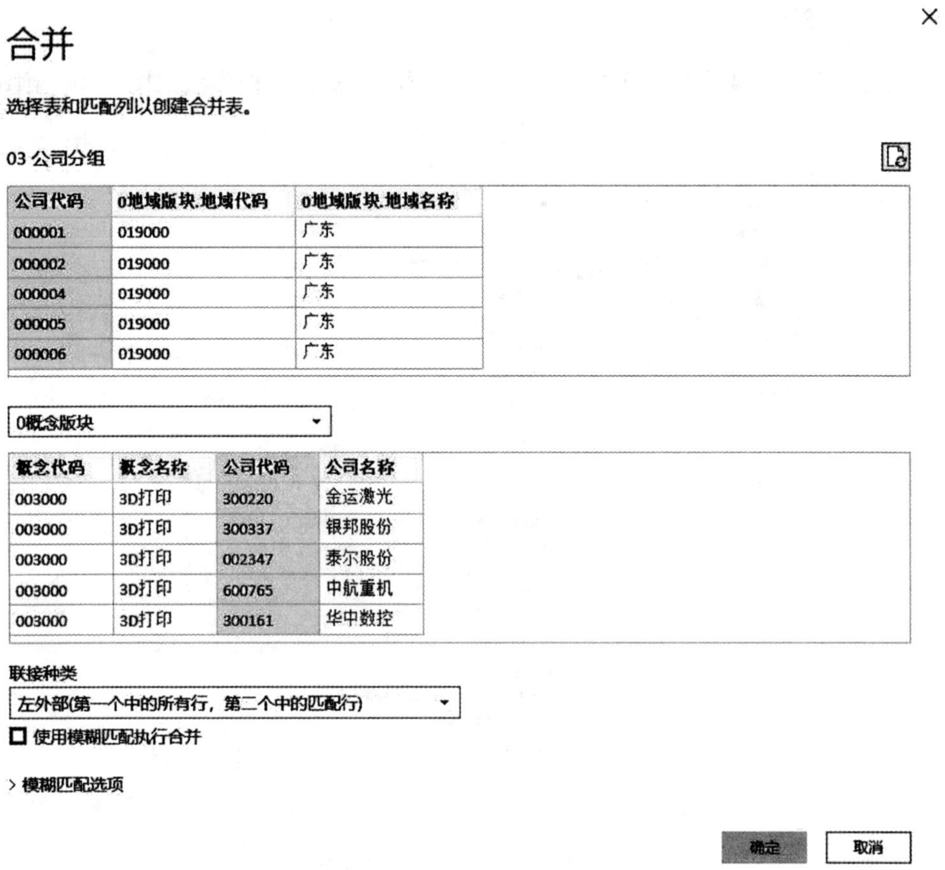
合并
选择表和匹配列以创建合并表。
03 公司分组
公司代码 | 0地域版块.地域代码 | 0地域版块.地域名称
000001 | 019000 | 广东
000002 | 019000 | 广东
000004 | 019000 | 广东
000005 | 019000 | 广东
000006 | 019000 | 广东
0概念版块
概念代码 | 概念名称 | 公司代码 | 公司名称
003000 | 3D打印 | 300220 | 金运激光
003000 | 3D打印 | 300337 | 银邦股份
003000 | 3D打印 | 002347 | 泰尔股份
003000 | 3D打印 | 600765 | 中航重机
003000 | 3D打印 | 300161 | 华中数控
联接种类
左外部(第一个中的所有行，第二个中的匹配行)
使用模糊匹配执行合并
> 模糊匹配选项
确定
取消

图 5-92　第二次合并报表(概念和地域)

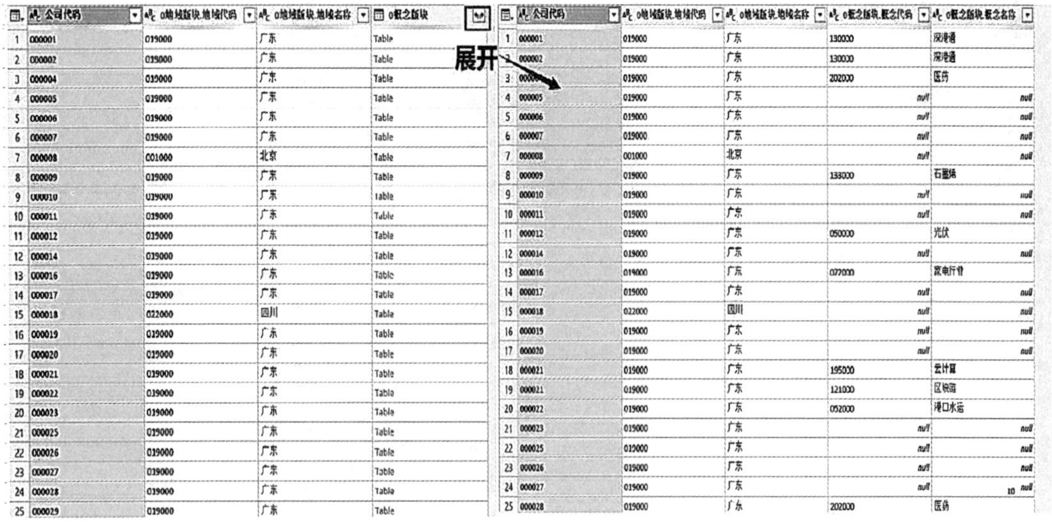
公司代码
0地域版块.地域代码
0地域版块.地域名称
0概念版块
展开
公司代码
0地域版块.地域代码
0地域版块.地域名称
0概念版块.概念代码
0概念版块.概念名称

图 5-93　合并地域和概念表结果

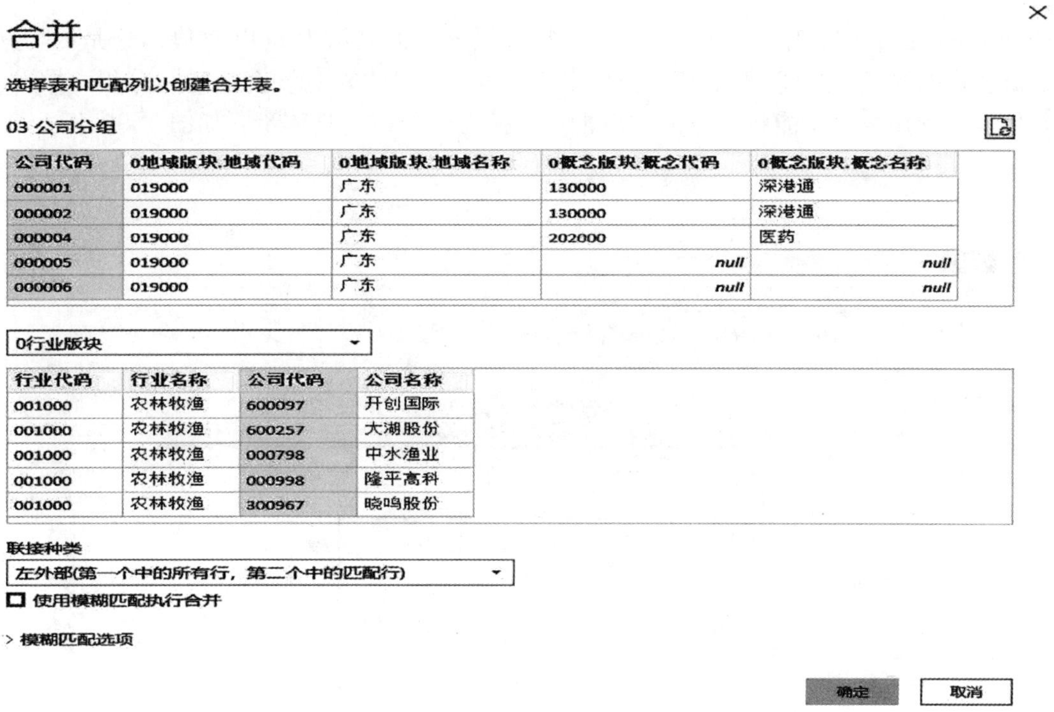

图 5-94　第三次合并概念、地域、行业样表

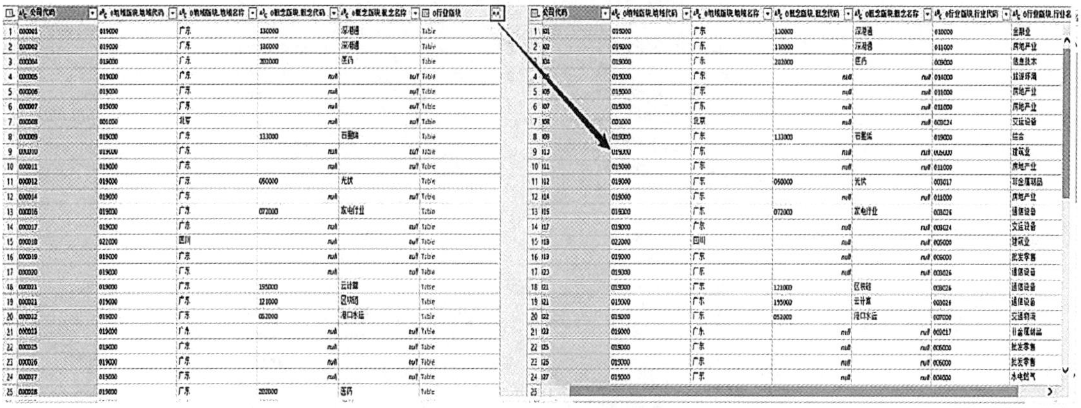

图 5-95　合并概念、行业、地域样表结果

四、数据细节处理

当所有的查询工作结束后我们会发现,有部分数据显示为 null(空值),这是因为新上市企业的主营业务、注册地等信息并非单一信息,网站未对该企业进行分组。因此,我们需要利用替换功能将对应的空值批量替换为未分组。具体步骤如图 5-96、图 5-97 所示。

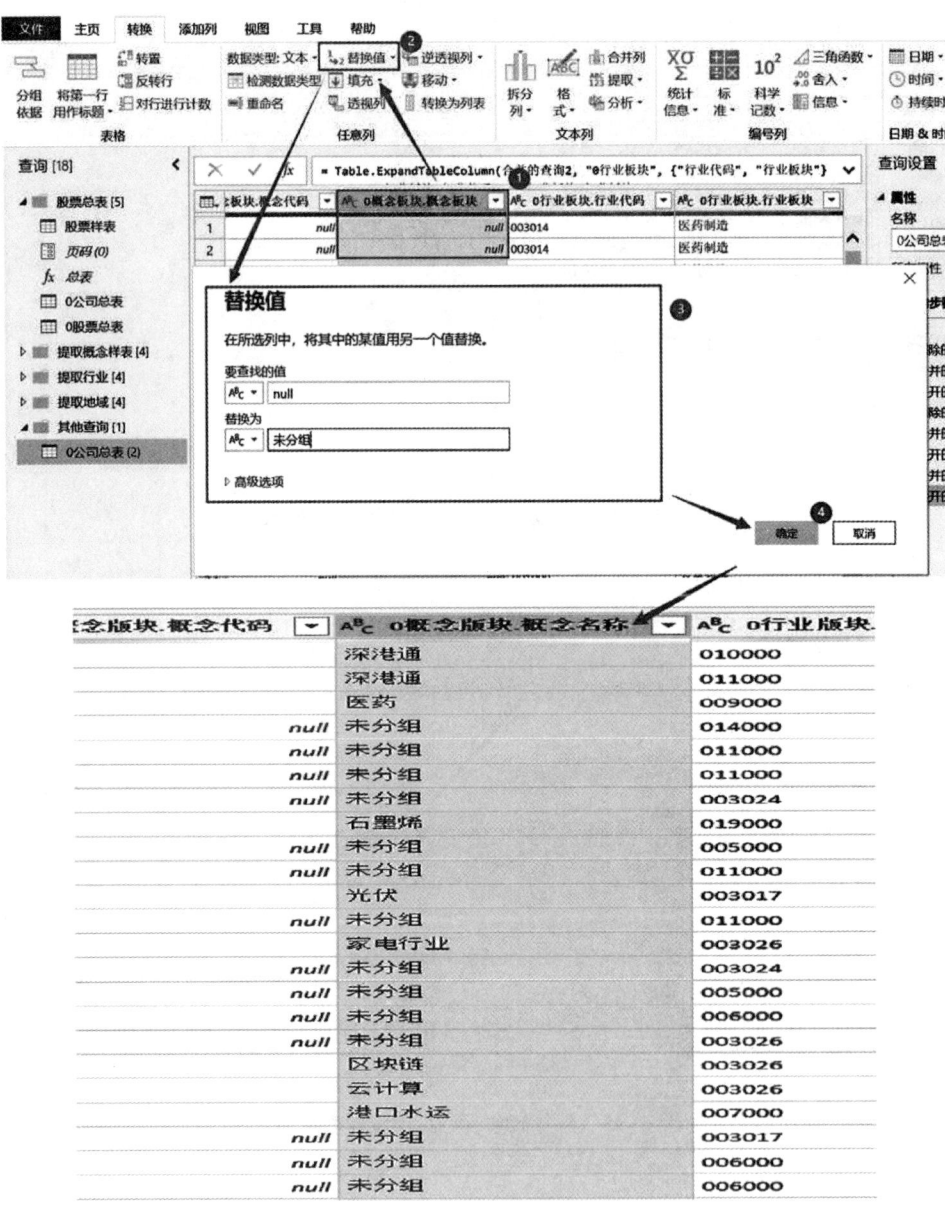

图 5-96 第一次替换及结果

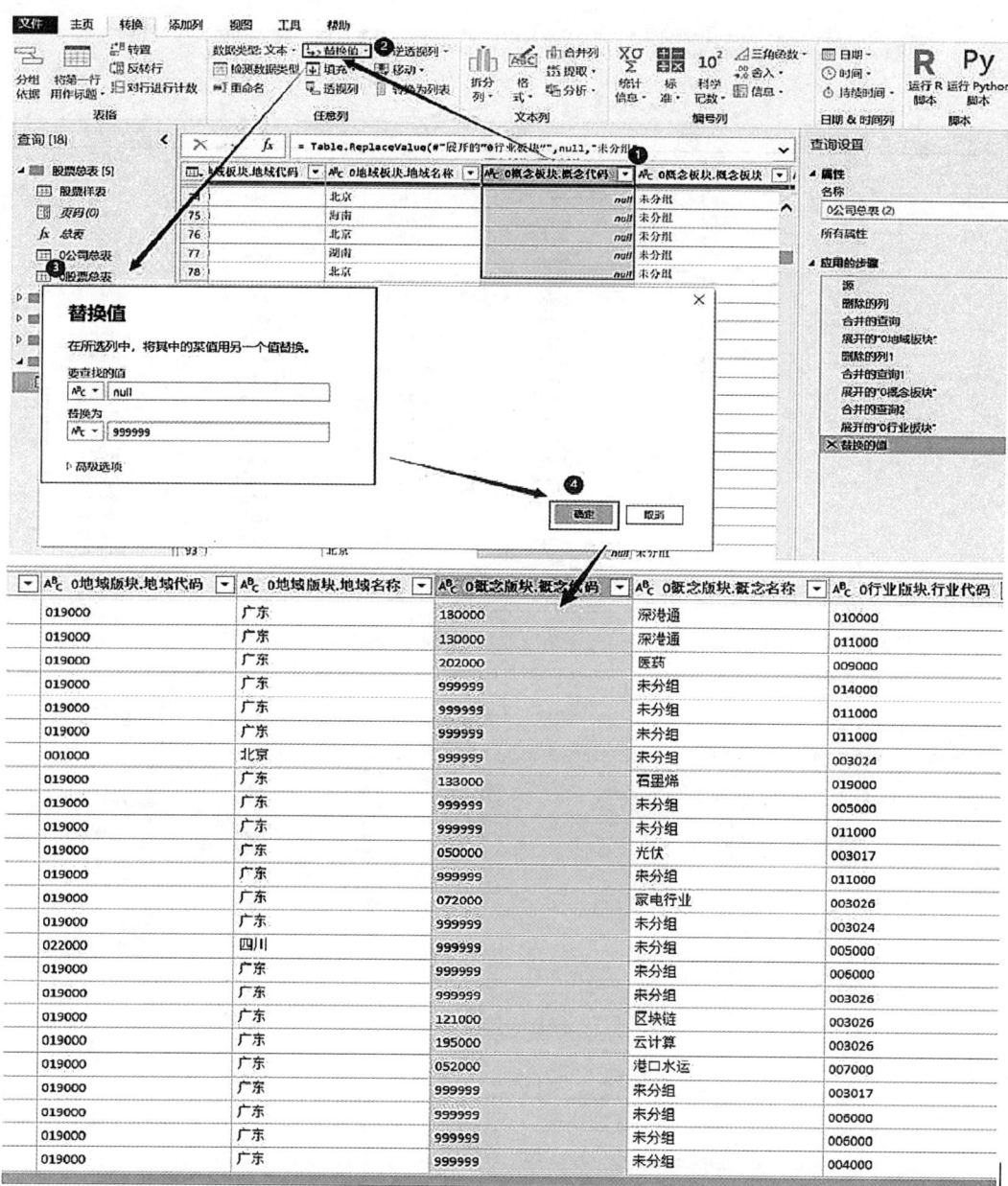

图 5-97 第二次替换及结果

进一步对分组表中的所有字段进行列名称的修改，以便后续数据名称的规范统一。具体操作如图 5-98 所示。

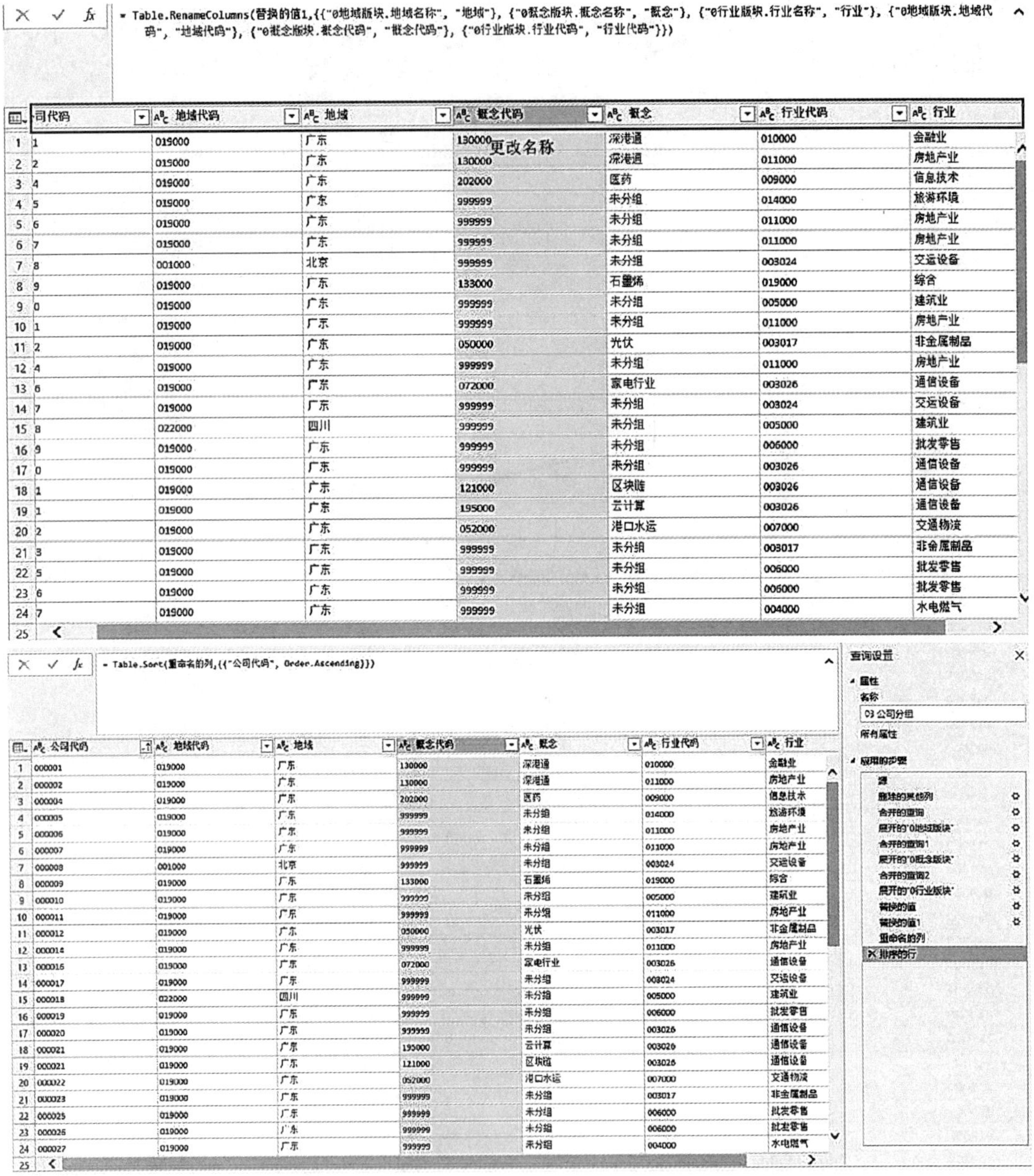

图 5-98　更改列的名称

至此，股票分组的前期准备工作就基本完成了。需要注意的是，部分数据的类型更改需要根据具体所需数据类型在后续可视化报表中的展现而定。具体的数据类型设置可借鉴本章截图中的样式。

本章小结

　　本章主要介绍股票分组表(概念、行业、地域)三张表的获取、清洗和合并等操作步骤,该部分为后期上市公司的分类分析奠定了较为坚实的基础。读者需要在第四章的基础上,进一步熟悉参数和爬虫函数的创建,并对数据清洗进行深度的应用。

第六章
抓取三大财务报表

第一节 创建报表样表

本章开始,正式进入三大财务报表获取阶段,其数据的提取方法与股票分组阶段略有不同,原因在于三大财务报表是各公司的特有属性,其数据位于各家公司的详情页面下,因此在提取该部分数据时需要详细观察三大财务报表的网址结构,具体步骤如下。

一、样表前期准备

在网易财经网页的公司列表中点击任意一家公司的公司名称或代码进入该公司详情页,如图 6-1 所示。

序号	代码	名称	价格	涨跌幅	涨跌额	5分钟涨跌	今开	昨收	最高	最低	成交量
1	688212	N澳华	37.44	66.40%	14.94	-1.56%	33.00	22.50	39.50	33.00	13.73万
2	688105	N诺唯赞	85.33	55.15%	30.33	-3.04%	74.00	55.00	94.80	74.00	12.95万
3	301098	C金埔	41.33	21.56%	7.33	3.44%	33.63	34.00	41.33	33.63	95158
4	300360	炬华科技	11.14	20.04%	1.86	0.00%	10.51	9.28	11.14	10.51	57.28万
5	688668	鼎通科技	69.60	20.00%	11.60	0.00%	64.45	58.00	69.60	64.45	22341
6	688100	威胜信息	30.36	20.00%	5.06	0.00%	27.83	25.30	30.36	27.30	90488
7	300926	博俊科技	29.22	20.00%	4.87	0.00%	24.66	24.35	29.22	24.66	64351
8	301081	严牌股份	28.80	20.00%	4.80	0.00%	26.95	24.00	28.80	26.70	10.02万
9	300261	雅本化学	7.14	20.00%	1.19	0.00%	6.26	5.95	7.14	6.13	84.87万
10	300556	丝路视觉	33.49	19.99%	5.58	0.00%	27.92	27.91	33.49	27.67	12.55万

图 6-1 进入公司股票界面

在详情页中可以看到,三大财务报表的所有历史数据都镶嵌在该网页的子模块中,如图 6-2 所示,只有点击对应的报表名称才可以进入对应公司财务报表的详情数据页面中。

第六章 抓取三大财务报表　123

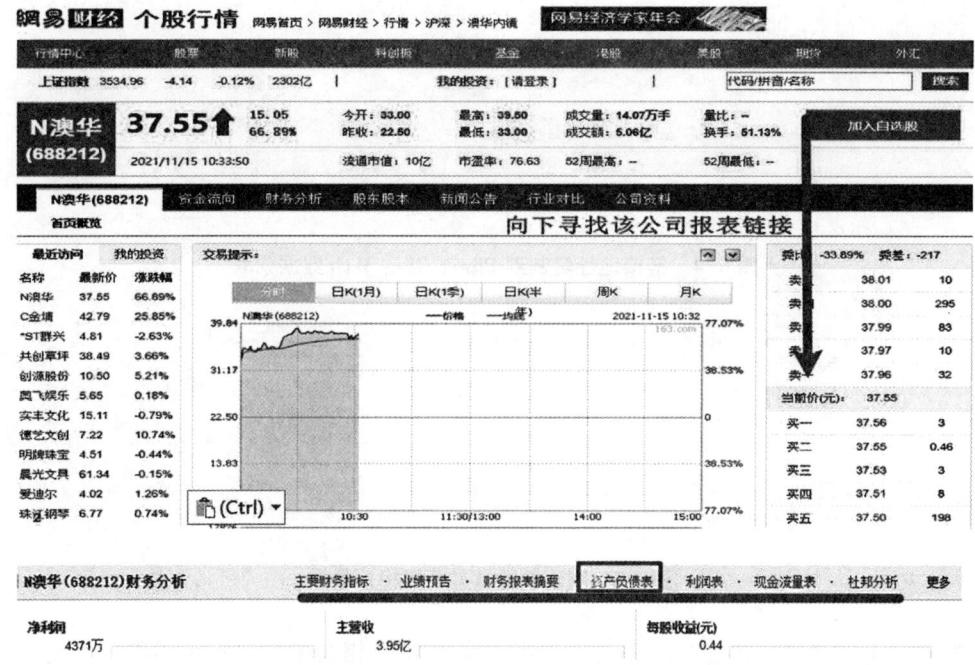

图 6-2　查找并取得财务报表页面

在对应报表的右上角，鼠标右键点击"下载数据"，选择"复制链接地址"复制该报表网址，如图 6-3 所示。将选中的链接地址粘贴至 Power BI 的 web 数据获取窗口，如图 6-4 所示。通过多次的复制和数据访问观察发现，同一家公司三大财务报表的网址结构中只有对应报表名称不同，而类比其他公司则可以发现，需要关注的三大财务报表网址参数主要是公司代码和报表名称，所以在后期的输入、导入中，只需要通过使用设定参数去替换对应可变元素即可批量获取对应的数据，如图 6-5 所示。

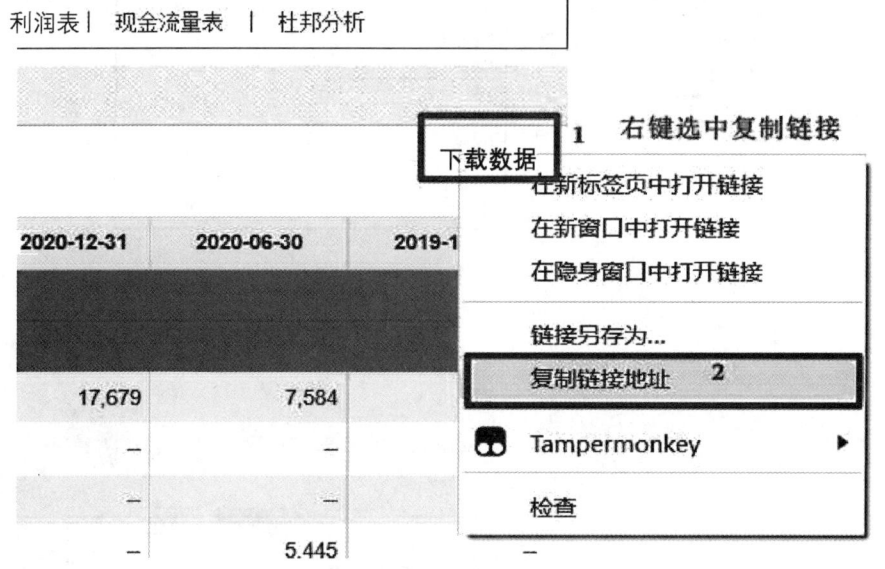

图 6-3　取得财务报表链接地址的步骤

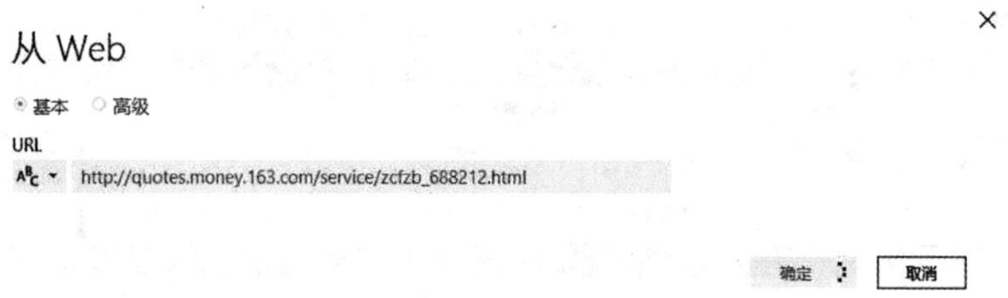

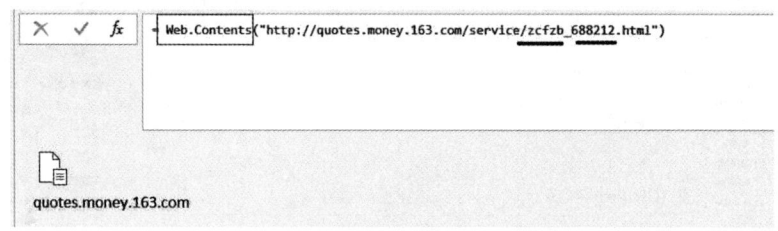

图 6-4 链接地址复制到 Power BI 的 Web 数据获取

图 6-5 修改参数批量获取相关数据

按照前述步骤进行数据获取时会出现由于尚未建立相关参数，Power BI 默认使用了错误的函数出现数据样表调用失败的情况，需要通过创建参数和函数名对调用网址进行修改，如图 6-5 所示，具体可以参考第五章数据获取部分内容。点击左侧空白窗口，选择"新建"，创建股票代码和报表名称两大参数，具体如图 6-6 和图 6-7 所示。

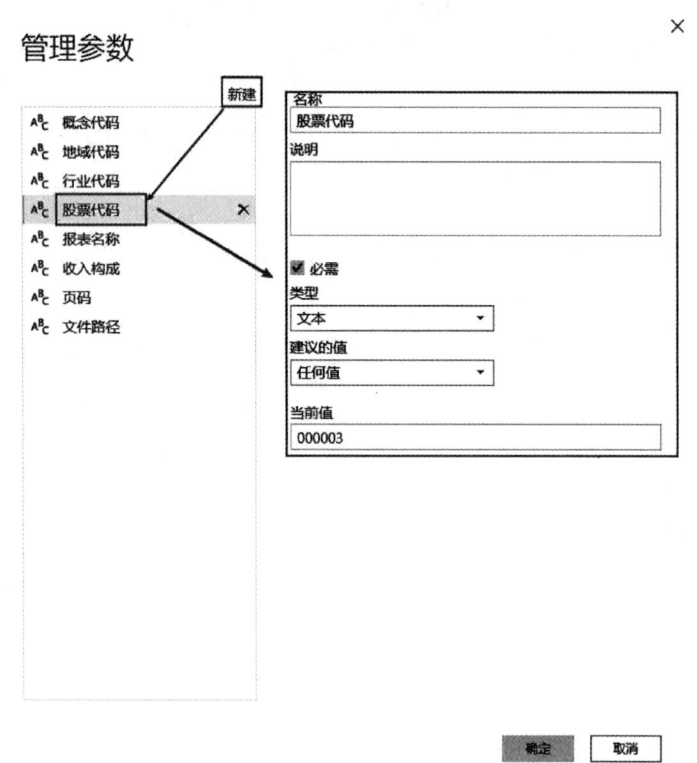

图 6-6 创建股票代码参数

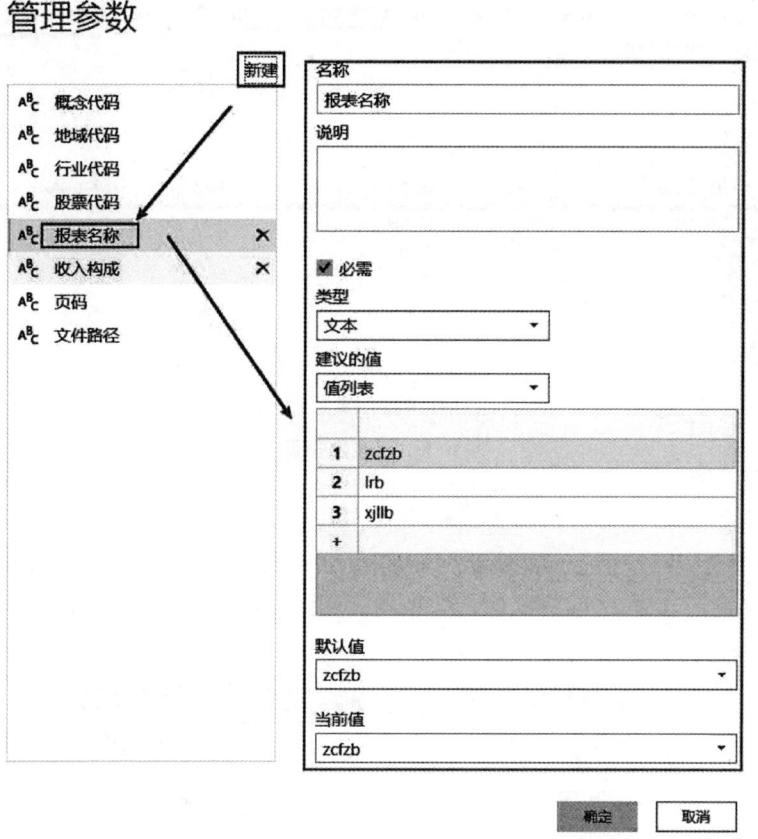

图 6-7　报表名称参数建立

注意：在参数设立的过程中，我们需要将参数建议的值更改为值列表，通过自定义对应报表名称的字母简写，达到网址请求参数的组合效果。

二、样表数据处理

参数建立完成后，通过样表开始导入相应报表数据，需要在原始源代码中加入对应参数，并且关注 M 语言中 CSV.Document()函数的关键元素。具体函数可查询 Power Query 使用教程。

为了保证所获取数据的易用性和可用性，也为了保证后续调用数据的准确性，需要对样表数据进行预清洗。样表数据处理主要包括更改源、空白数据删除、数据替换、报表数据转置、删除空行、数据类型修改、爬虫函数创建等操作步骤。

（1）更改源。在函数前嵌套 CSV.Document()函数，更改网址中报表名称和股票代码参数，并且在后方添加函数元素。具体设定如图 6-8 所示。

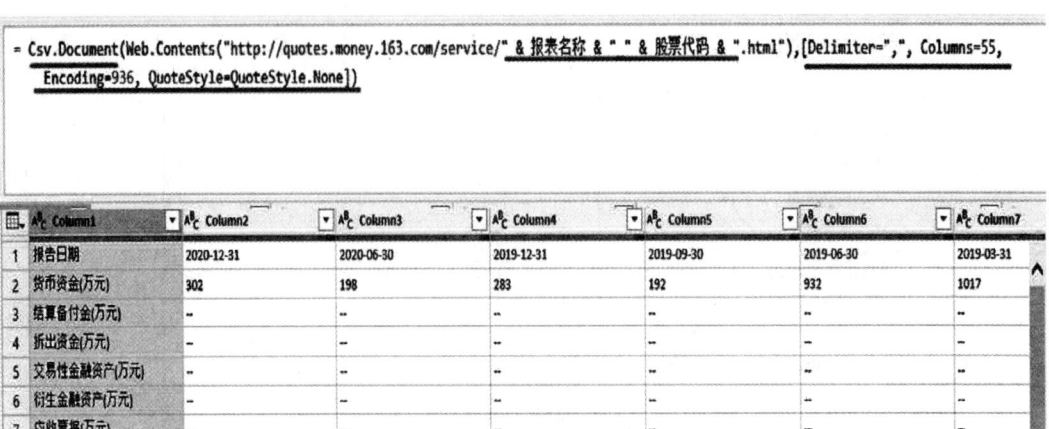

图 6-8　更改数据源

(2) 空白数据删除。因企业经营业务时间及业务范围不同,多个规范报表项目内容显示为空,为后续数据分析之便,需要筛选数据列表删除空白项目,如图 6-9 所示。

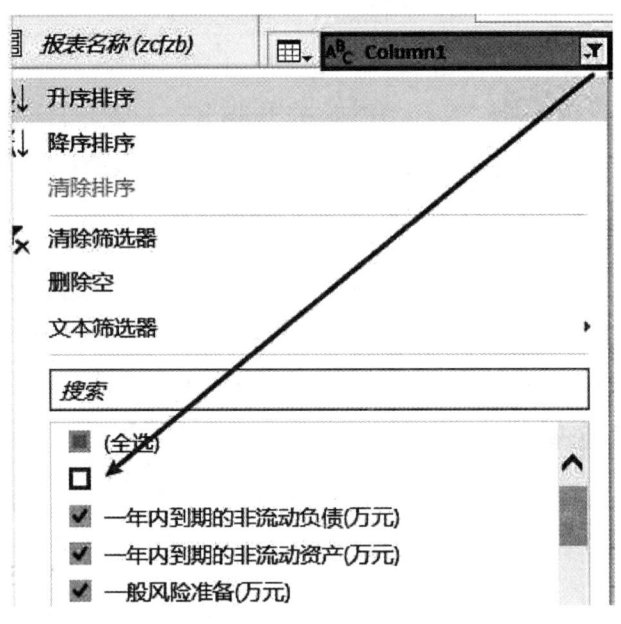

图 6-9　空白数据删除

(3) 数据替换。运用替换值功能将"--"替换为"0",如图 6-10 所示。
(4) 报表数据转置。运用转置功能,完成样表的行列转换,如图 6-11 所示。
(5) 删除空行。再一次运用筛选功能,完成多余空行的删除,如图 6-12 所示。

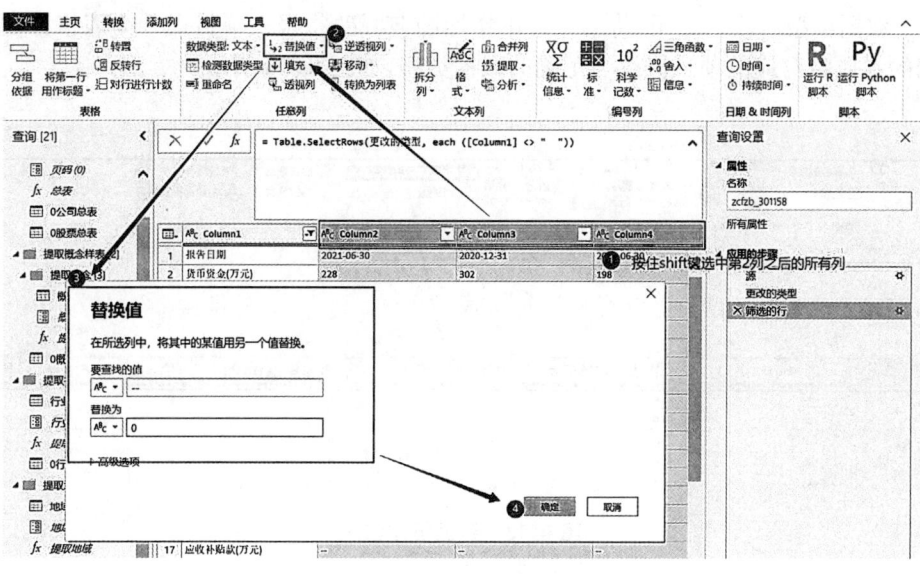

图 6-10 数据替换

图 6-11 报表数据转置

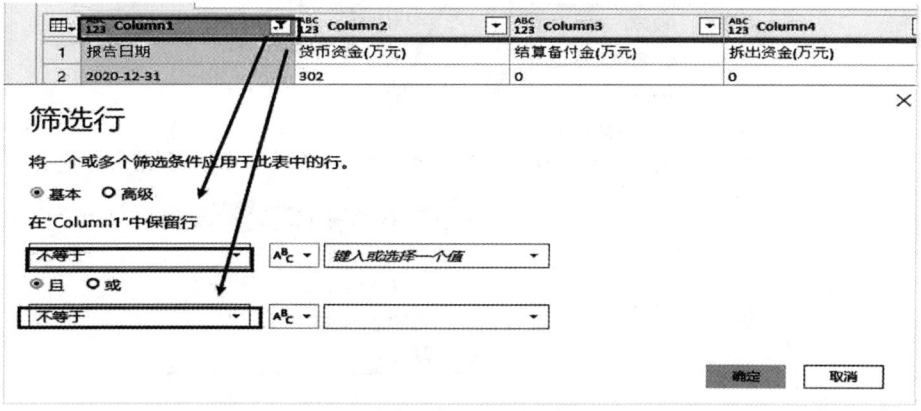

图 6-12 删除空行

(6)数据类型修改。运用"将第一行用作标题"功能,将报表项目提升为表格标题,并结合数据的本质将对应的项目修改为正确的数据类型,如图 6-13 所示。

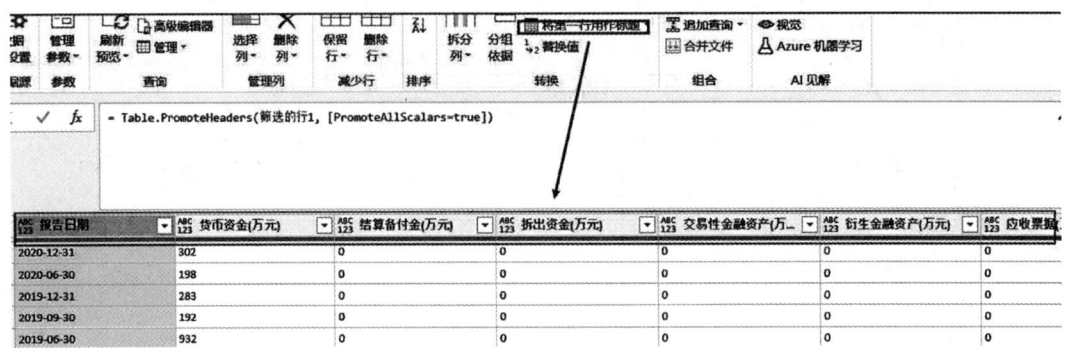

图 6-13　数据类型修改

至此,三大财务报表样表制作完成,本节通过对三大财务报表网址的比对分析,发现其网址的关联性。因此,只需要创建一个报表样表,后期通过更改对应爬虫参数便可获取其他报表的数据。我们要做的就是在提取之前对样表创建爬虫函数。

(7)爬虫函数创建。以资产负债表为例,鼠标右键点击"报表样表",创建提取数据函数,如图 6-14 所示。函数的具体参数设计如图 6-15 所示。

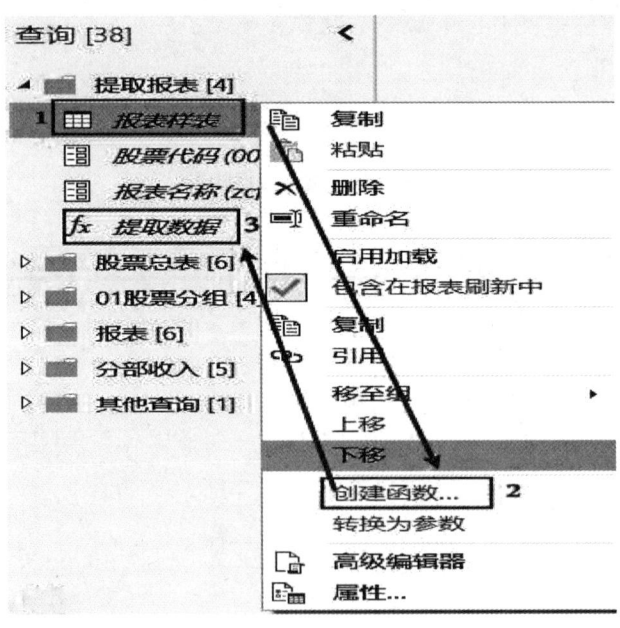

图 6-14　函数创建

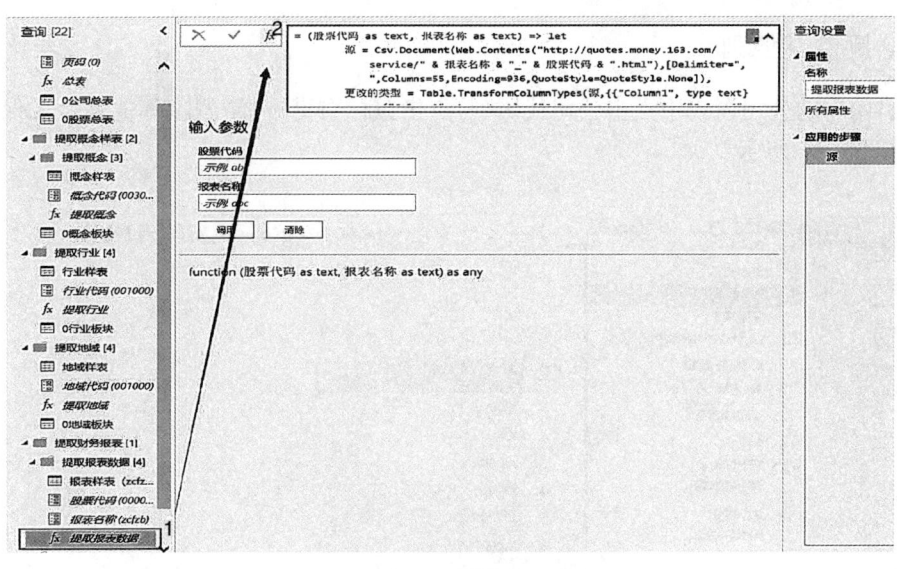

图 6-15 资产负债表的提取

第二节 抓取资产负债表

资产负债表作为企业经营情况的时点表,是最能反映企业财产情况的一张表。获取数据时需要通过之前抓取的公司简表和报表提取函数合并使用,结合逆透视、修改数据类型、改变列字段等数据清洗的操作完成可供后续使用的上市公司资产负债表。具体操作步骤如下。

一、引用公司简表

引用一份包含所有公司代码的表,其效果与复制相似,目的在于保持各类参数的正常运行。引用公司简表操作界面如图 6-16 所示。

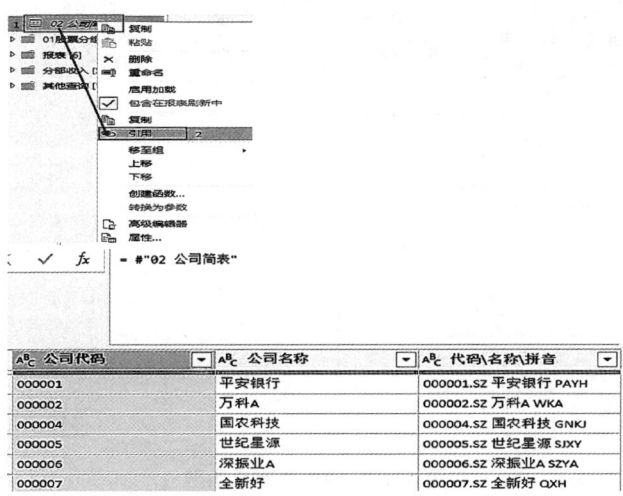

图 6-16 引用公司简表

二、删除其他列

在引用后的公司简表中点击公司代码列,点击鼠标右键选择"删除其他列",仅保留公司代码,如图 6-17 所示。

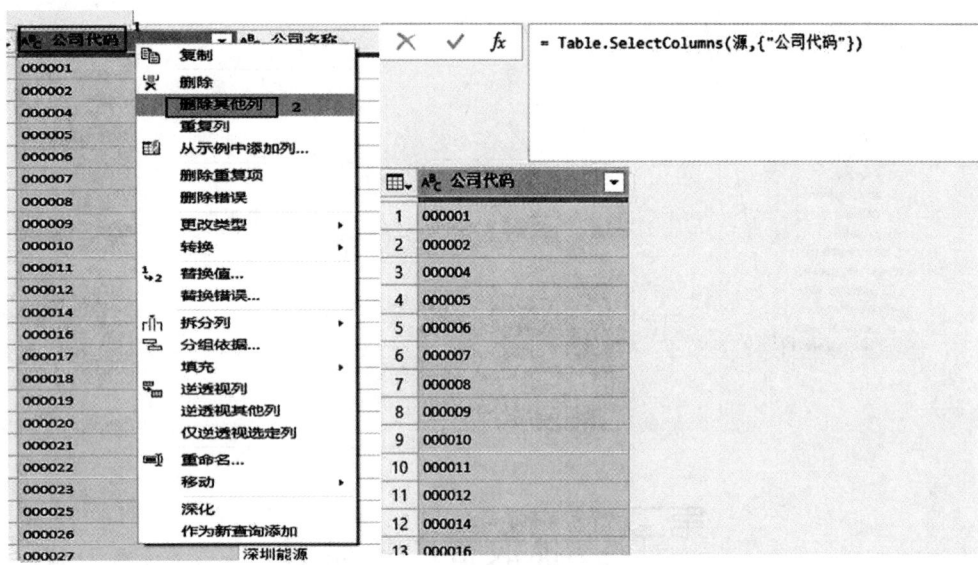

图 6-17　删除其他列保留公司代码

三、调用自定义函数

在公司代码基础上,使用"调用自定义函数",使新列名与调用函数保持一致,提取资产负债表(zcfzb)数据,具体如图 6-18 所示。

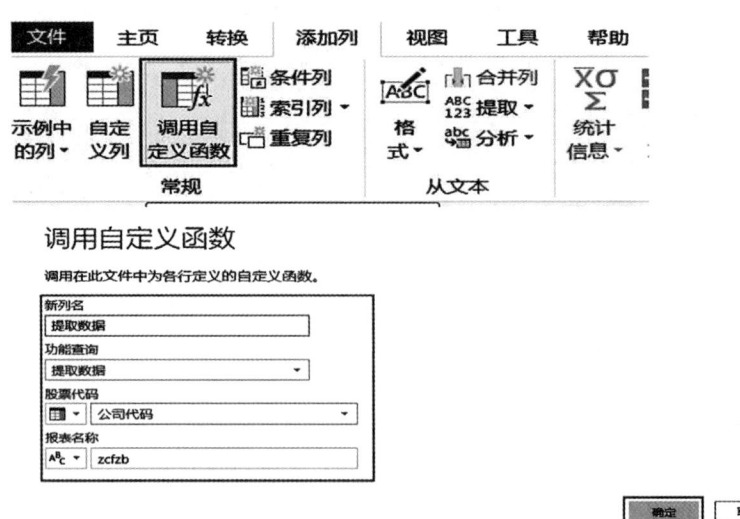

图 6-18　调用自定义函数

四、数据提取

函数调用结束后,提取的数据会以表格(table)的形式储存在该自定义函数列。点击展开按钮,完成表格所有数据的提取,如图 6-19 所示。

图 6-19 数据提取

五、逆透视

展开的数据为一个以日期为行、资产负债表项目为列的二维表,为了后续数据分析的顺利展开,需要通过逆透视将其转化为有公司代码、日期、报表项目(属性)、金额等数据列的一维表。

注意:二维表与一维表的转化是数据分析的关键。具体操作时,按住键盘中 Shift 或者 Ctrl 按键,选中公司代码和报告日期,选择"逆透视其他列",如图 6-20 所示。

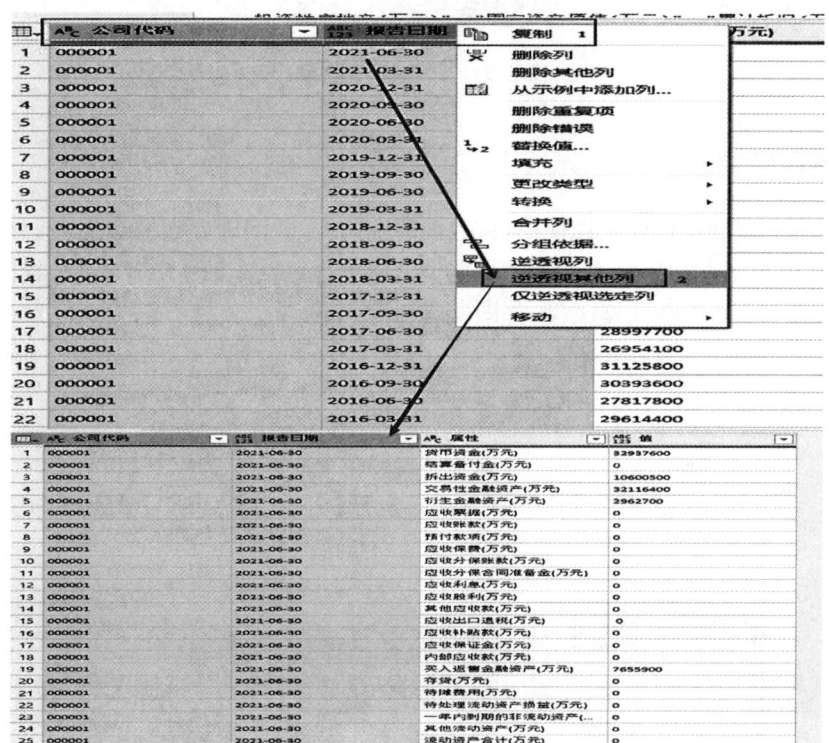

图 6-20 逆透视其他列

六、属性列数据提取

观察逆透视后内容为报表项目的属性列,可以看到在属性列中每一个报表项目后方均有"(万元)"标注。通过文本"提取"的方式将分隔符"("之前的文本提取出来形成一个新的列,新列的内容则为包含内容完整的报表项目列,如图 6-21 所示。

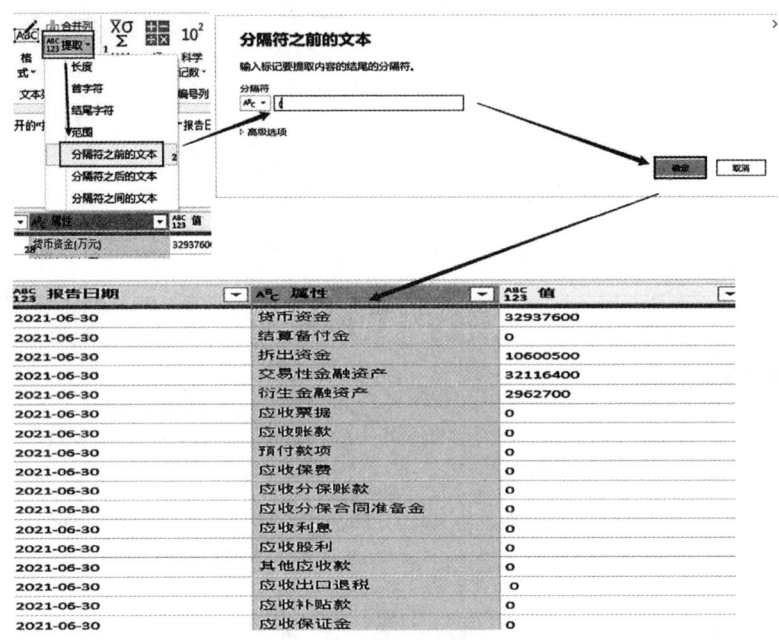

图 6-21 属性列数据提取

七、修改数据类型

为了后期创建度量值能更加便捷,在数据清洗阶段,我们需要按照数据内容将数据列修改为正确的数据类型,包括将金额列的数据类型更改为定点小数或数字类型、将报表项目的属性列的数据类型更改为文本类型,如图 6-22 所示。

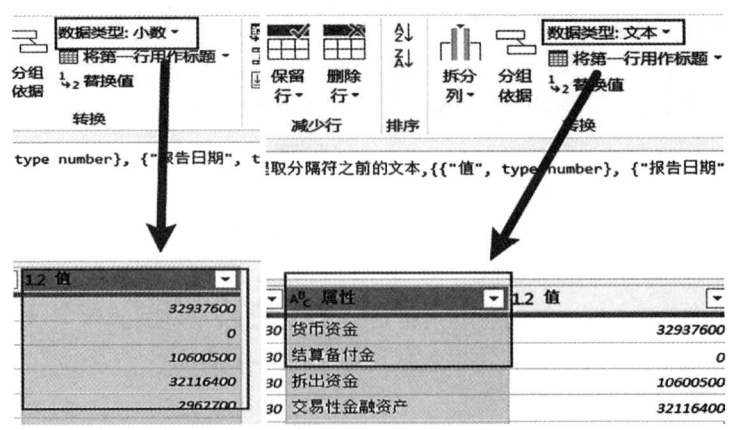

图 6-22 修改数据类型

八、报告日期筛选

按照前述步骤完成的资产负债表数据包含了所有公司上市日以来的所有财务数据,但是根据财务报表分析的需求,过多的数据除了增加数据存储的困难,并无更多实际意义,因此应当对报告日期一列进行高级筛选,仅保留近10年的报表数据,将筛选条件设定为晚于2012年12月31日后的报表数据(实际近10年数据以实际操作时间为准设置),如图6-23所示。

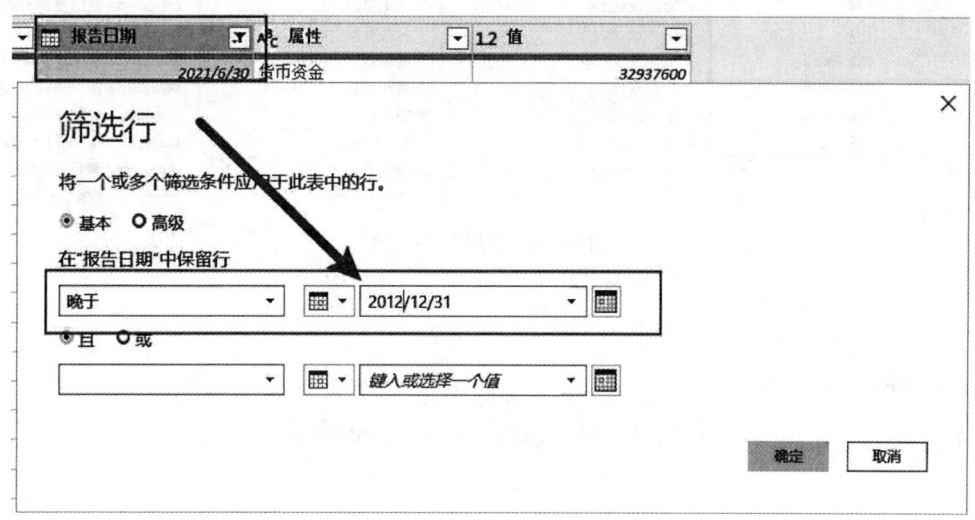

图 6-23 报告日期筛选

至此,完成资产负债表数据的提取。

第三节 抓取利润表

利润表是反映企业在一定会计期间经营成果的报表。它反映的是某一期间的情况,所以,又被称为动态报表。其数据获取与资产负债表类似,需要通过之前抓取的公司简表和报表提取函数合并使用,结合逆透视、修改数据类型、改变列字段名称等数据清洗的操作,完成可供后续使用的上市公司利润表的抓取。因操作步骤与抓取资产负债表较为类似,步骤解释不再详细说明,具体操作如下。

一、引用公司简表

鼠标右键点击公司简表获取一份新的包含所有公司代码的表,如图6-24所示。

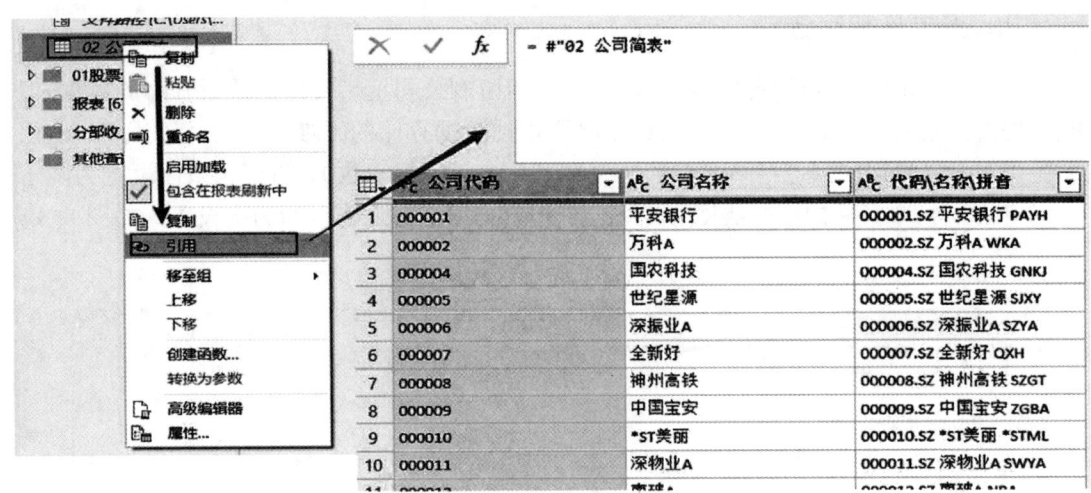

图 6-24　引用公司简表

二、删除其他列

选中公司代码列点击鼠标右键选择"删除其他列",如图 6-25 所示。

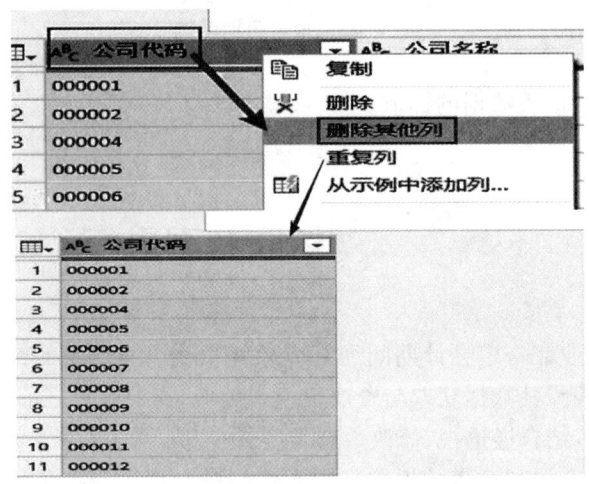

图 6-25　删除其他列

三、调用自定义函数

通过自定义函数,调用与公司代码一一对应的企业利润表数据,如图 6-26 所示。

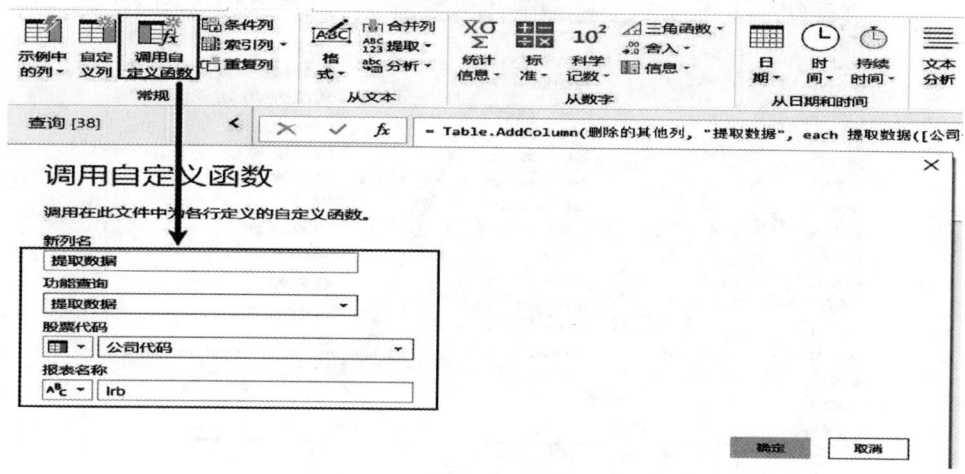

图 6-26　调用自定义函数

四、数据展开提取

调用成功的利润表以表格数据(table)形式存储在提取数据列,点击展开按钮,获得所提取的全部数据,如图 6-27 所示。

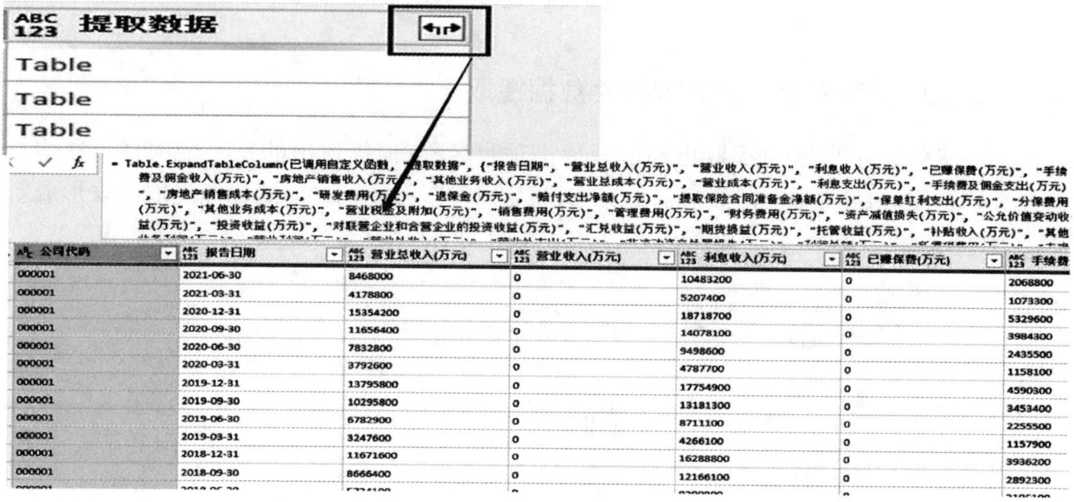

图 6-27　数据提取

五、逆透视

按住键盘中的 Shift 按键,选中公司代码和报告日期,选择"逆透视其他列",将多列利润表项目及数值转变成属性、值两列,如图 6-28 所示。

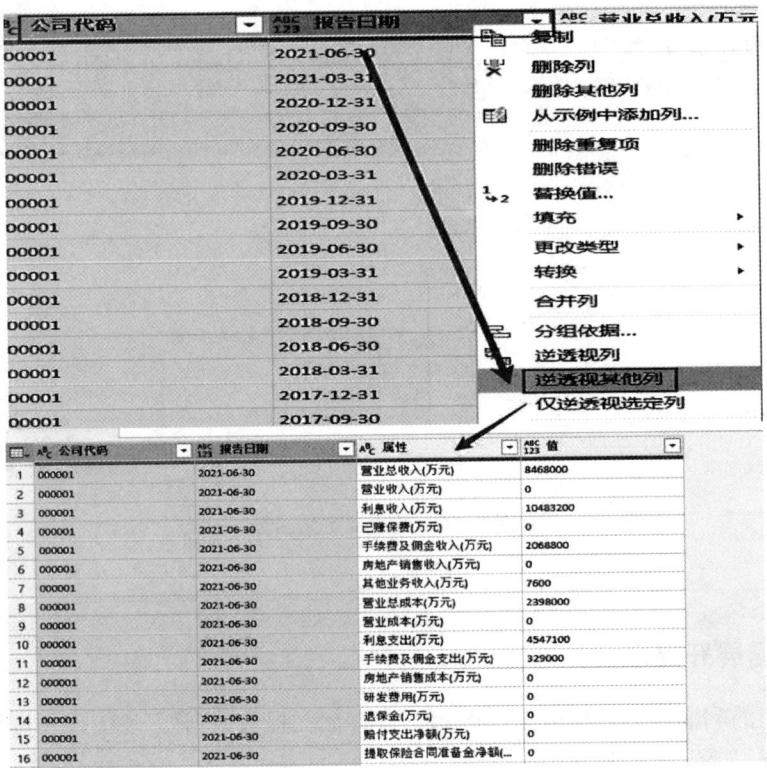

图 6-28 逆透视

六、属性列利润表项目名称相关数据提取

为便于数据分析,需要提取出利润表标准项目名称,但提取出的每一个项目名称均有"(万元)"标注,通过提取分隔符之前的文本,将分隔符"(万元)"之前的文本提取出来形成新的属性列,如图 6-29 所示。

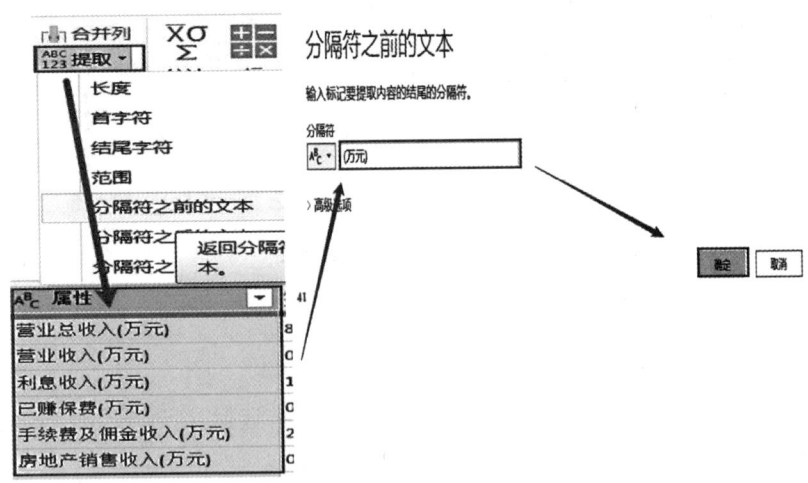

图 6-29 属性列数据提取

七、修改数据类型

将属性列更改为文本类型,金额列的更改为小数或数字类型,如图 6-30 所示。

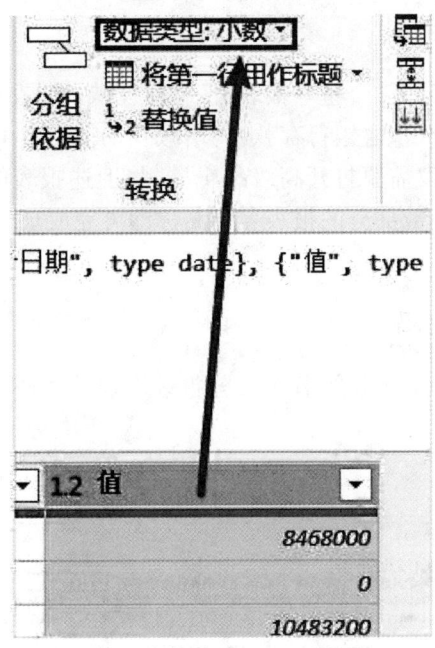

图 6-30　修改数据类型

八、报告日期筛选

与资产负债表保持一致,选中日期列筛选 2012 年 12 月 31 日后的报表数据,如图 6-31 所示。

图 6-31　报告日期筛选

第四节 抓取现金流量表

现金流量表是财务报表的三个基本报表之一,所反映的是在一段固定期间(通常是每月或每季)内,一家企业的现金(包含银行存款)的增减变动情形。由于其数据获取与资产负债表和利润表极其类似,我们仅需要打开高级编辑器,将上述报表的获取 DAX 源代码进行复制并对应修改调用自定义函数部分的报表名称简称即可完成现金流量表数据的获取。具体操作如下。

一、现金流量表源代码

复制利润表源代码,并将自定义函数部分报表名称由"lrb"修改为"xjllb",如图 6-32 所示。

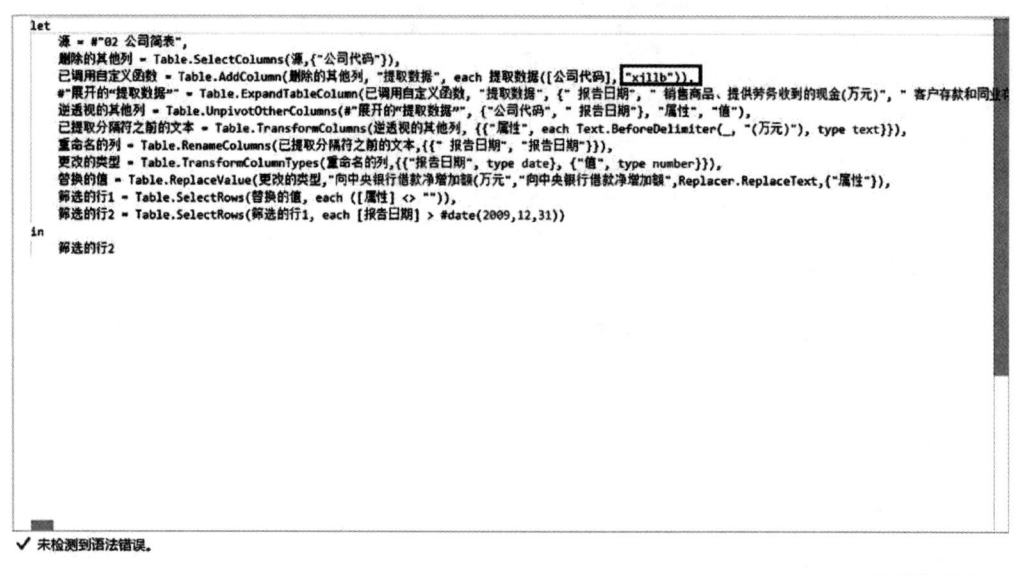

图 6-32 现金流量表源代码

二、现金流量表最终结果

按照源代码对照应用步骤之后,最终获得上市公司近 10 年完整的现金流量表数据,如图 6-33 所示。

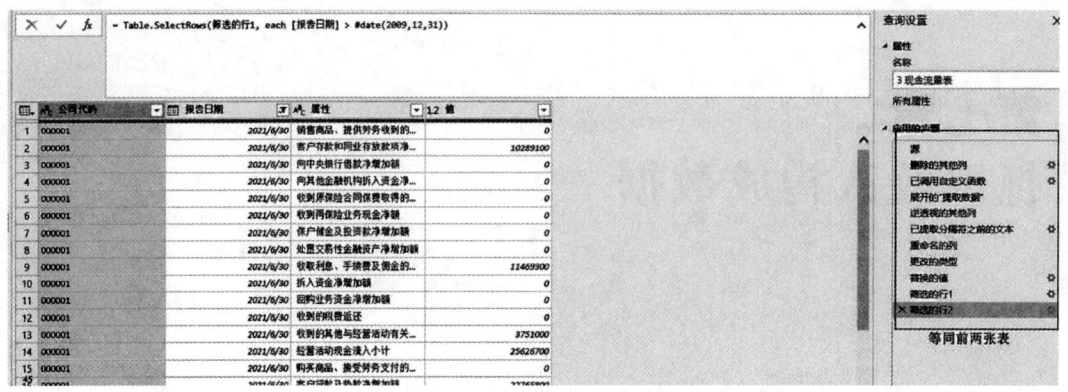

图 6-33　现金流量表的处理

本章小结

本章主要介绍了如何在股票总表的技术上,获取企业的三大财务报表,本部分作为数据分析的主体数据表,对后续的报表结构分析、指标分析和专项分析起到至关重要的作用。读者需要实践练习,理解表结构以及后续分析需要的数据设置。

第七章
抓取收入构成数据

第一节 创建收入构成样表

上市公司作为业务规模较大,业务内容较为复杂的企业,其收入来源更是多种多样。按照网易财经数据的解析,在对上市公司进行分析的过程中,我们发现将收入分别按照行业、地域、产品三种方式进行区分,通过对该部分数据的抓取,可以快速了解不同公司在主要盈利中按行业、按产品、按地域的收入情况,并能进一步细分其主营业务及利润的主要来源。

一、获取收入构成网址

在网易财经网页中点击任意一个公司名称进入其详情页,点选公司资料下拉进入收入构成页面,可以看到数据源与报表类似都采取网址嵌套的方式。鼠标右键点击该地址发起访问便可获取该部分数据的网页地址,如图7-1所示。

二、网址 URL 解析

选取按行业、按地域、按产品中的任意一个下载历史数据链接,点击鼠标右键选择复制链接地址,在 Power BI 中新建源 Web,如图7-2所示。因该网址也与报表网址类似,只需要更改股票代码和收入分类缩写参数即可批量获取。

第七章 抓取收入构成数据

图 7-1 收入分类网址抓取

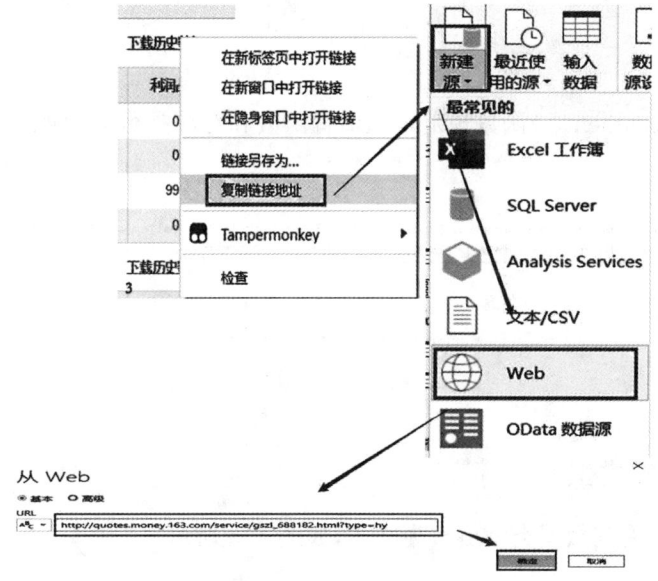

图 7-2 网址解析

三、参数创建

点击"新建",创建收入构成参数,其中收入构成的建议值为值列表与收入类别首字母小写一致,如图 7-3 所示。股票代码参数与前期步骤共用。

注意:收入构成与报表名称参数的值不是任意创建的,而是需要观察网站访问网址,使用网址中的简写作为参数访问。

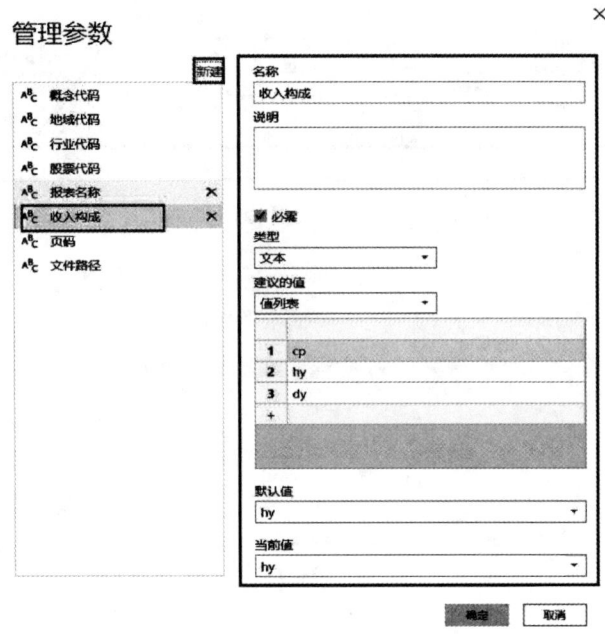

图 7-3 参数创建

四、修改源

按照 CSV.Document( )函数规范修改前置函数和对应参数并更改后缀设定,如图 7-4 所示。

```
=Csv.Document(Web.Contents("http://quotes.money.163.com/service/gszl_" & 股票代码 & ".html?type=" & 收入构成 ),[Delimiter=",",
    Columns=6, Encoding=936, QuoteStyle=QuoteStyle.None])
```

图 7-4 修改源

五、修改数据类型

将调取出的所有列数据类型更改为文本,如图 7-5 所示。

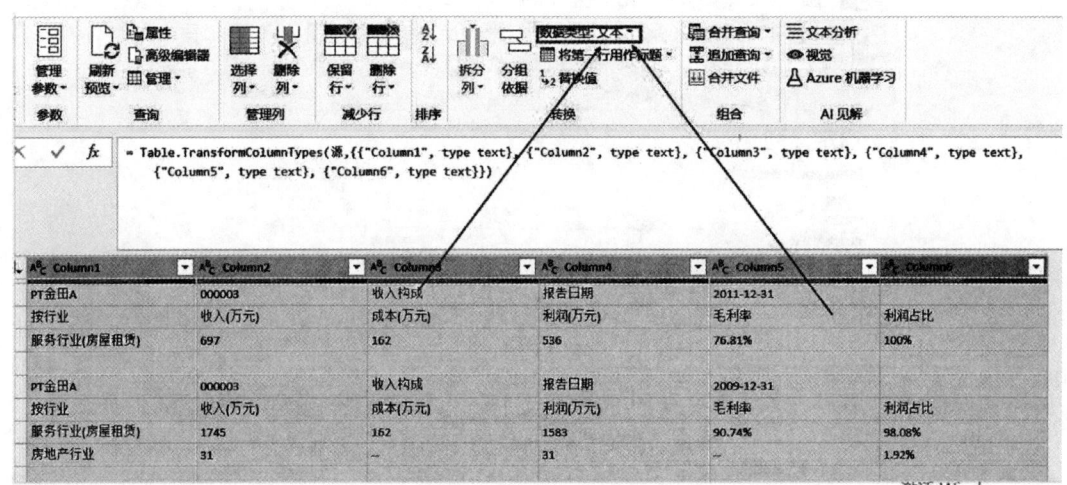

图 7-5　修改数据类型

六、报告日期提取

观察数据表格发现,报告日期并没有单独一列展示,其原因是在网页中,报告日期是单独在表格外的注释数据。因此,要想得到不同时间段下的收入构成,就需要单独提取日期。

针对这种情况,通过自定义列的方式将第五列包含日期的部分单独复制成为新列,更改数据类型为日期、将错误(error)替换为空值(null)以及向下填充等步骤,完成日期列的补充及完善。具体步骤如图 7-6 至图 7-11 所示。

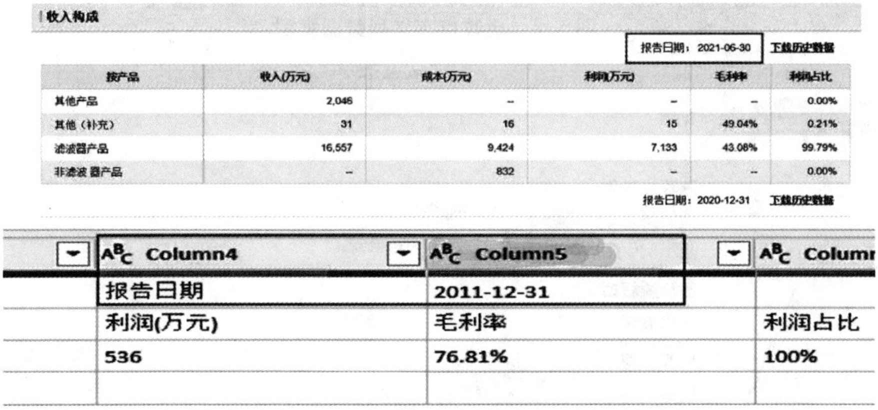

图 7-6　分析时间位置

图 7-7 自定义列复制包含日期的数据列

图 7-8 更改自定义列数据类型

图 7-9 替换错误为空值

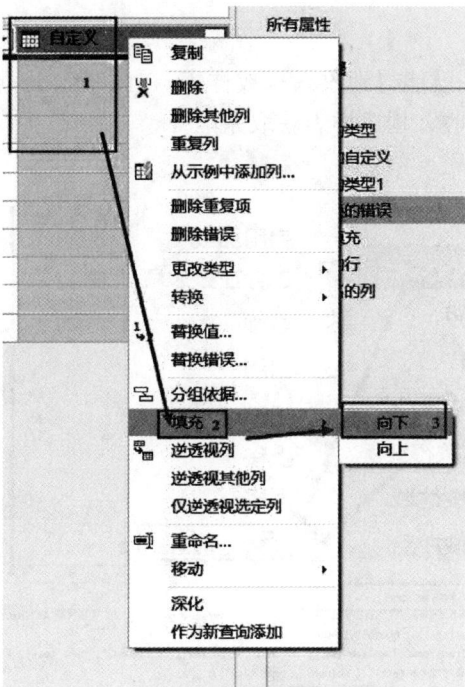

图 7-10 向下填充日期

筛选行

将一个或多个筛选条件应用于此表中的行。

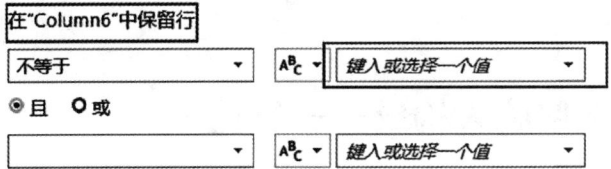

图 7-11 剔除表格空值

七、创建函数

在上述操作之后,我们就能得到收入构成样表,在此基础上,点击鼠标右键选择创建函数,如图 7-12 所示。至此收入构成样表获取完毕。

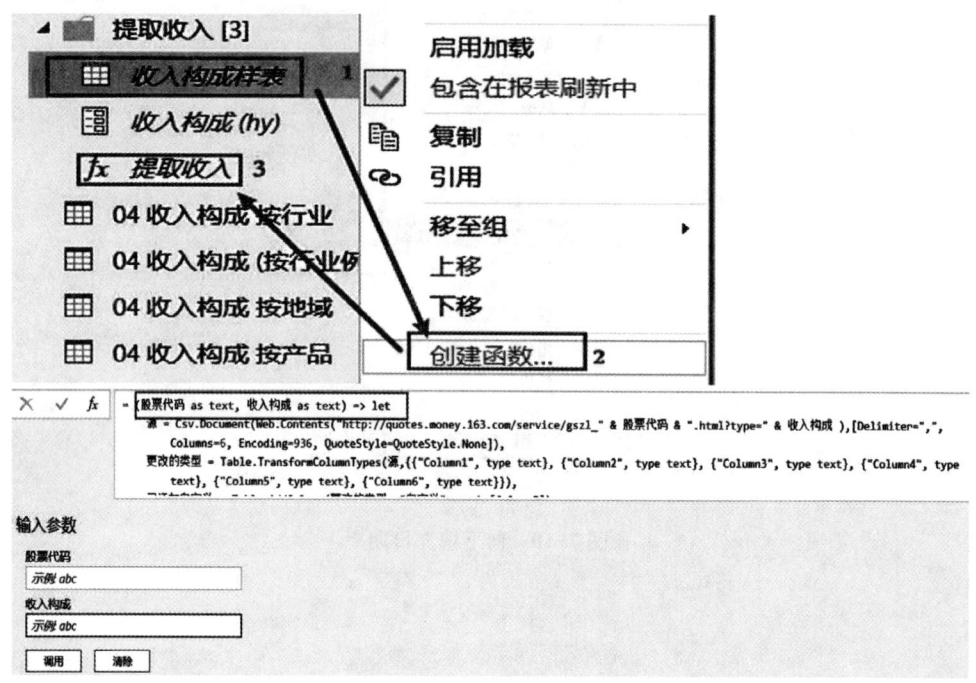

图 7-12 创建函数

第二节 抓取收入构成——行业

在收入构成样表的基础上,按行业、地域、产品获得收入构成总表的操作极为相似,本节以行业分类为例抓取按行业划分的收入构成数据。

一、引用公司简表

右键"公司简表",在菜单栏选择"引用",如图 7-13 所示,将获取的新表通过删除其他列剔除掉公司代码以外的数据,如图 7-14 所示,为自定义提取函数做准备。

第七章 抓取收入构成数据

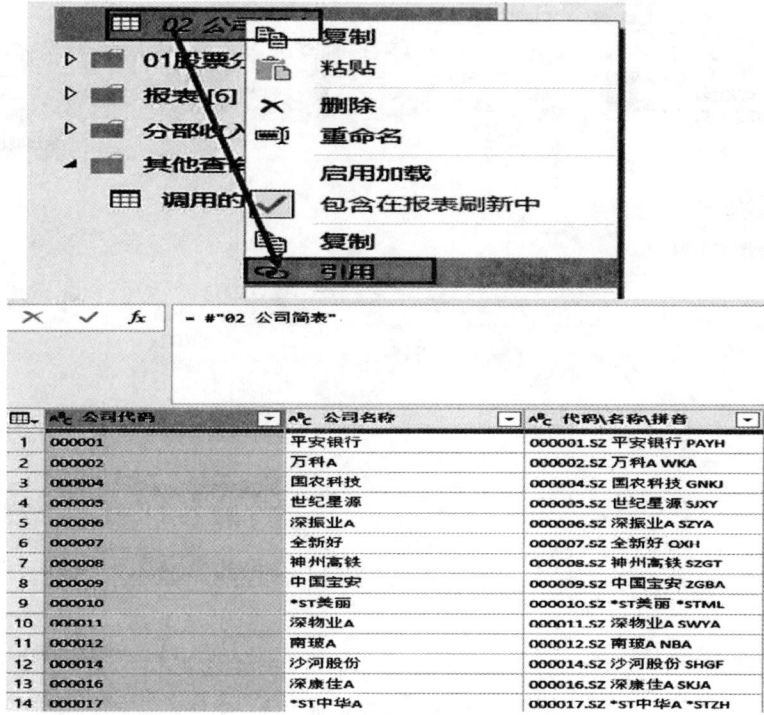

图 7-13 引用公司简表

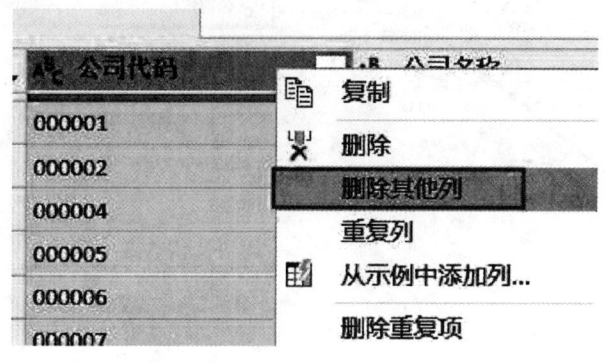

图 7-14 删除其他列

二、添加自定义列——行业

点击"添加列"选项卡中"自定义列"选项,在公式窗口输入="hy",为引用后的表格添加一列内容全部为"hy"(行业)的数据列,此操作是为了限定收入分类网址请求中的行业参数(图 7-15)。将该自定义列的列名修改为"收入分类"、数据类型更改为文本类型(图 7-16)。

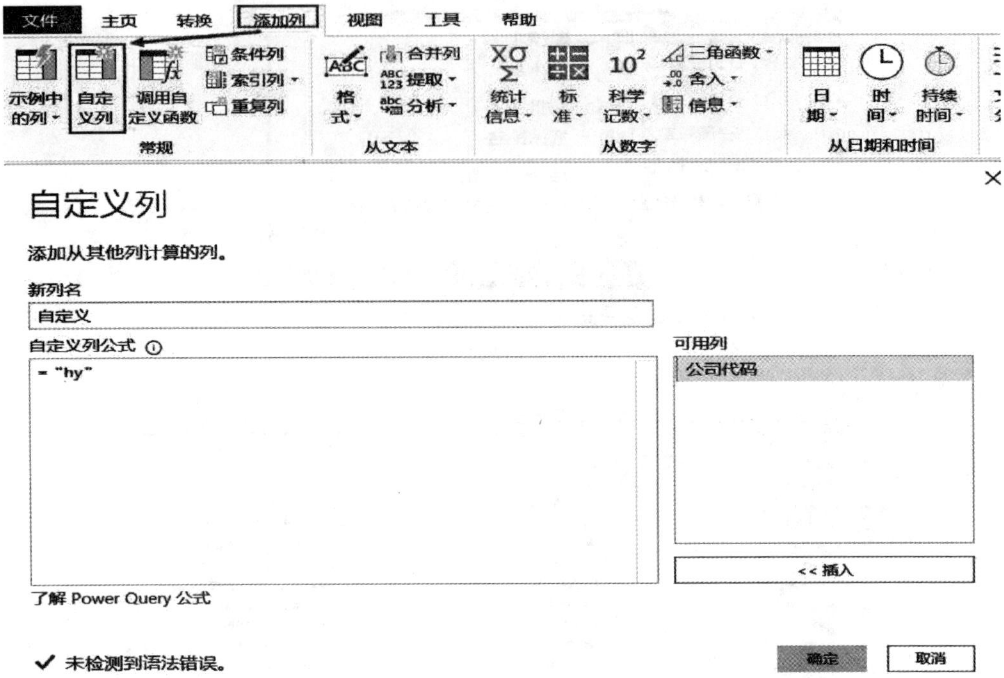

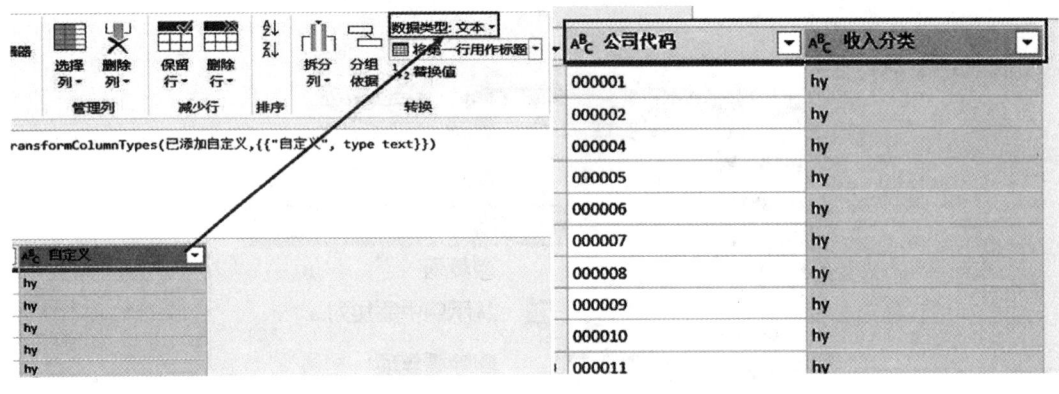

图 7-15 自定义列公式

图 7-16 更换数据类型

三、调用自定义函数

通过上述操作,现表格中已经有两列数据,其对应的是前期收入分类在样表中设定的参数。通过调用收入样表结尾创建自定义函数,将股票代码选定为公司代码,意味着以该代码为主体,将收入构成参数选择为收入分类意味着选定以行业("hy")收入分类样表为形式。点击确定即可通过展开数据获取收入分类中行业分类的所有公司的数据,如图7-17 所示。

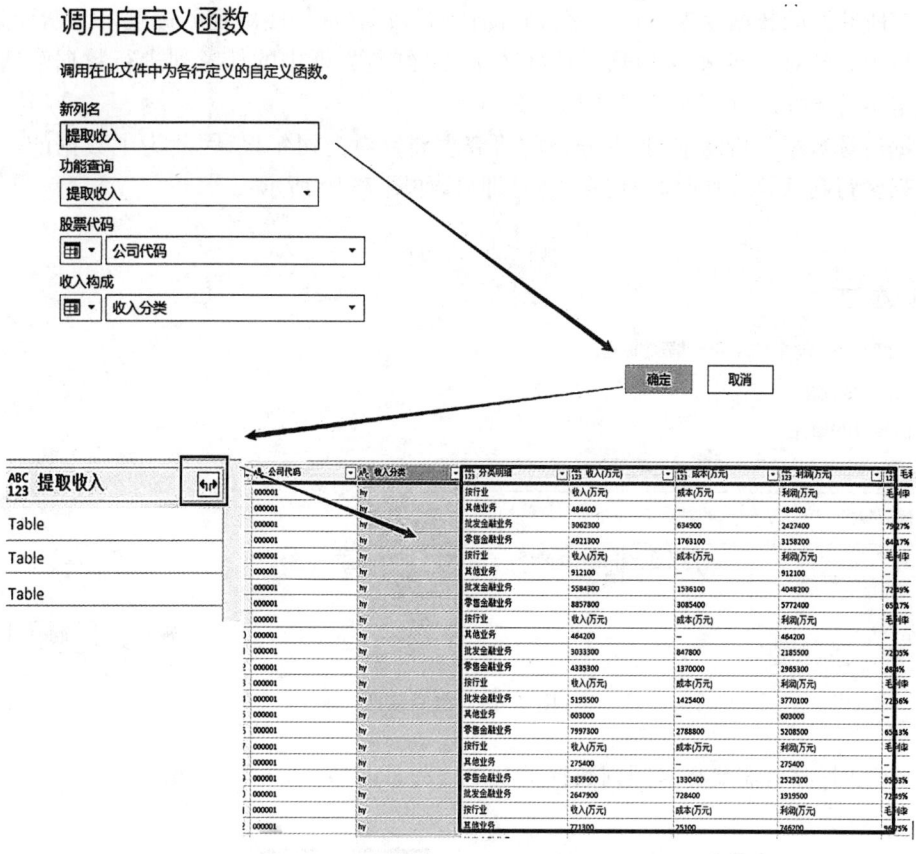

图 7-17 自定义函数

四、数据清洗

该部分的数据清洗工作非常繁杂和枯燥,结合后期分析的需要对数据进行全方位的整理清洗,具体步骤请按照图 7-18 至图 7-32 进行,操作先后顺序并非固定。

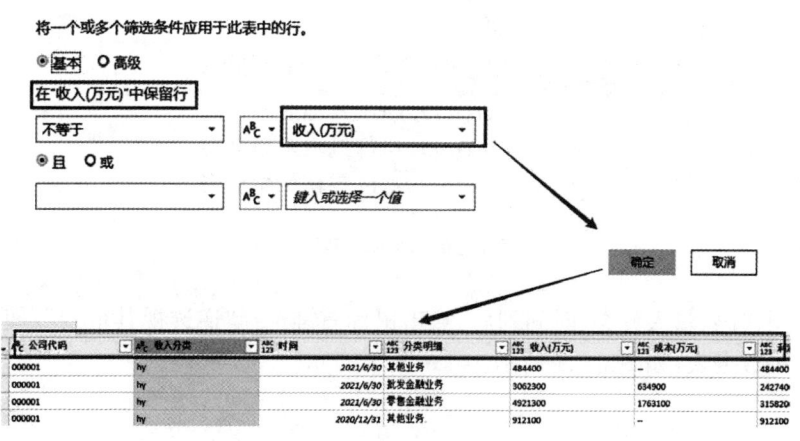

图 7-18 筛选行

观察所获取的数据发现,每一个公司都有噪音数据(重复性出现的标题)出现,而且集中在同一行中。针对该问题,可以通过选择图7-17红色方框中的任意列进行数据筛选,筛选条件设定不等于"收入(万元)",如图7-18所示。

根据后续数据分析需求,收入分类的研究主要针对公司年报,因此为了数据的一致性,对时间列经行筛选,将时间列保留在12月即可,如图7-19所示。

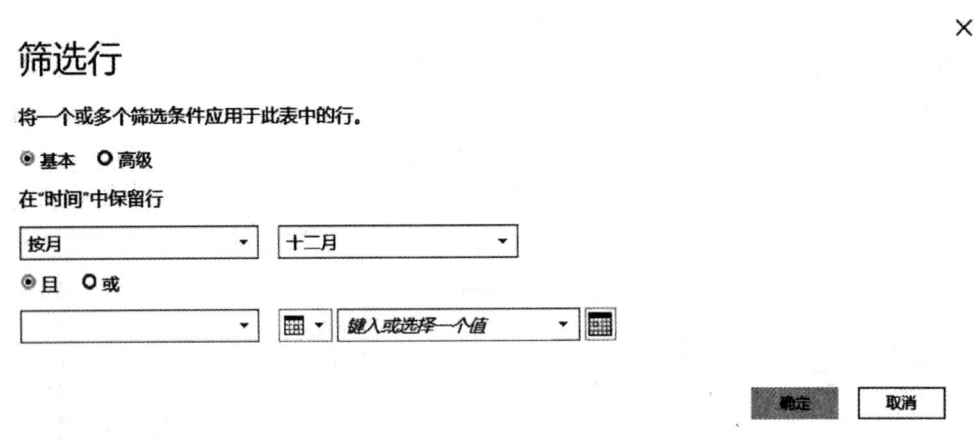

图7-19 时间筛选

筛选完时间后,需要将时间列数据类型更改为日期型,如图7-20所示。

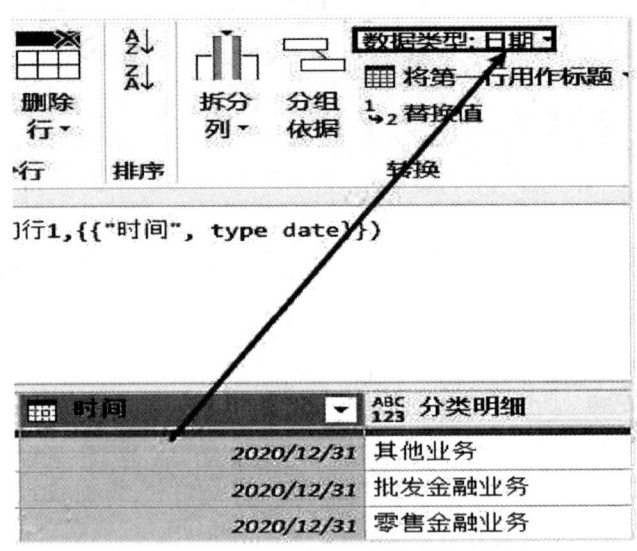

图7-20 数据类型更改

选定公司代码、收入分类、时间列后,点击鼠标右键选择"逆透视其他列",使得该数据表成为一个一维数据表,如图7-21所示。

图 7-21 逆透视收入列

逆透视过后的报表,因公司定义差别会产生一定的噪音数据,针对不同的噪音数据,可采取不同的方法将其统一。具体操作如图 7-22 至图 7-32 所示。

图 7-22 替换值

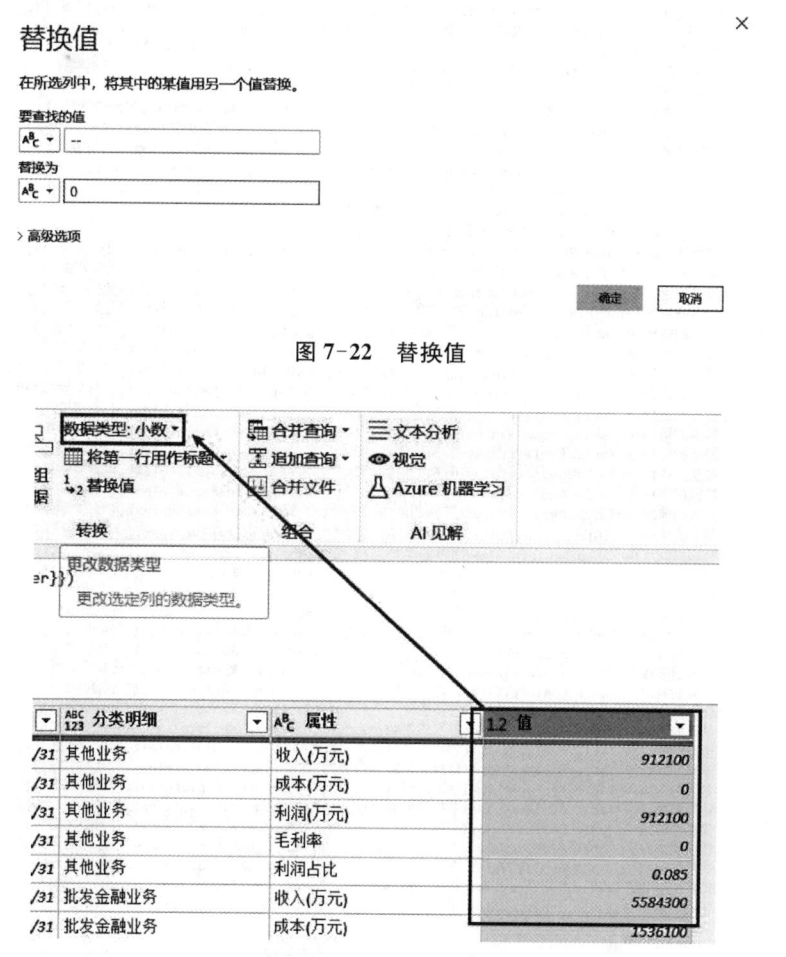

图 7-23 更改数据类型

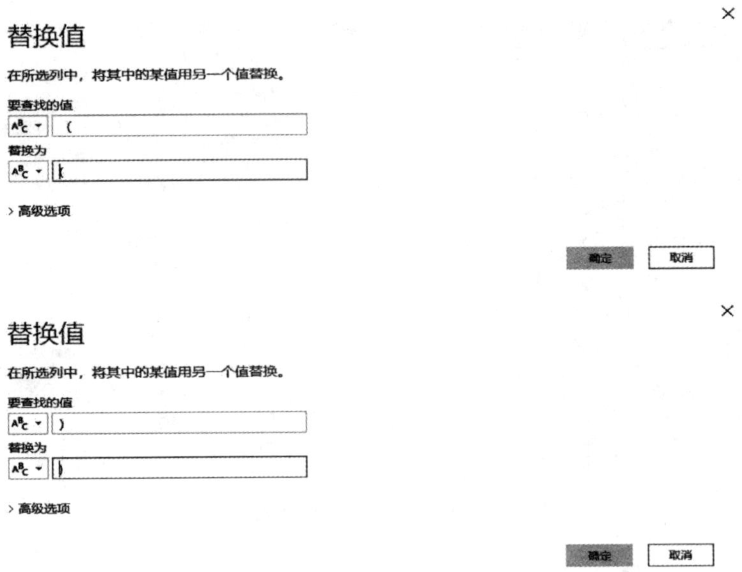

图 7-24 替换"( )"

```
替换的值 = Table.ReplaceValue(逆透视的其他列1,"-- ","0",Replacer.ReplaceText,{"值"}),
替换的值1 = Table.ReplaceValue(替换的值,"--","0",Replacer.ReplaceText,{"值"}),
更改的类型 = Table.TransformColumnTypes(替换的值1,{{"值", type number}}),
替换的值2 = Table.ReplaceValue(更改的类型,"（","(",Replacer.ReplaceText,{"分类明细"}),
替换的值3 = Table.ReplaceValue(替换的值2,"）",")",Replacer.ReplaceText,{"分类明细"}),
替换的值4 = Table.ReplaceValue(替换的值3,"：",":",Replacer.ReplaceText,{"分类明细"}),
筛选的行4 = Table.SelectRows(替换的值4, each not Text.Contains([分类明细], "其中:")),
替换的值5 = Table.ReplaceValue(筛选的行4,"其中:","",Replacer.ReplaceText,{"分类明细"}),
去除的文本 = Table.TransformColumns(替换的值5,{{"分类明细", Text.Trim, type text}}),
清除的文本 = Table.TransformColumns(去除的文本,{{"分类明细", Text.Clean, type text}}),
删除的错误 = Table.RemoveRowsWithErrors(清除的文本, {"值"}),
筛选的行2 = Table.SelectRows(删除的错误, each [时间] > #date(2009, 12, 31)),
替换的值6 = Table.ReplaceValue(筛选的行2,"(1)","",Replacer.ReplaceText,{"分类明细"}),
替换的值7 = Table.ReplaceValue(替换的值6,"(2)","",Replacer.ReplaceText,{"分类明细"}),
替换的值8 = Table.ReplaceValue(替换的值7,"(3)","",Replacer.ReplaceText,{"分类明细"}),
替换的值9 = Table.ReplaceValue(替换的值8,"(4)","",Replacer.ReplaceText,{"分类明细"}),
替换的值10 = Table.ReplaceValue(替换的值9,"(5)","",Replacer.ReplaceText,{"分类明细"}),
替换的值11 = Table.ReplaceValue(替换的值10,"(6)","",Replacer.ReplaceText,{"分类明细"}),
替换的值12 = Table.ReplaceValue(替换的值11,"(7)","",Replacer.ReplaceText,{"分类明细"}),
替换的值13 = Table.ReplaceValue(替换的值12,"(8)","",Replacer.ReplaceText,{"分类明细"}),
替换的值14 = Table.ReplaceValue(替换的值13,"(9)","",Replacer.ReplaceText,{"分类明细"}),
替换的值16 = Table.ReplaceValue(替换的值14,"1、","",Replacer.ReplaceText,{"分类明细"}),
替换的值17 = Table.ReplaceValue(替换的值16,"2、","",Replacer.ReplaceText,{"分类明细"}),
替换的值18 = Table.ReplaceValue(替换的值17,"3、","",Replacer.ReplaceText,{"分类明细"}),
替换的值19 = Table.ReplaceValue(替换的值18,"4、","",Replacer.ReplaceText,{"分类明细"}),
替换的值20 = Table.ReplaceValue(替换的值19,"5、","",Replacer.ReplaceText,{"分类明细"}),
替换的值21 = Table.ReplaceValue(替换的值20,"6、","",Replacer.ReplaceText,{"分类明细"}),
替换的值22 = Table.ReplaceValue(替换的值21,"7、","",Replacer.ReplaceText,{"分类明细"}),
替换的值23 = Table.ReplaceValue(替换的值22,"1.","",Replacer.ReplaceText,{"分类明细"}),
替换的值24 = Table.ReplaceValue(替换的值23,"2.","",Replacer.ReplaceText,{"分类明细"}),
替换的值25 = Table.ReplaceValue(替换的值24,"3.","",Replacer.ReplaceText,{"分类明细"}),
替换的值26 = Table.ReplaceValue(替换的值25,"4.","",Replacer.ReplaceText,{"分类明细"}),
替换的值27 = Table.ReplaceValue(替换的值26,"5.","",Replacer.ReplaceText,{"分类明细"}),
替换的值28 = Table.ReplaceValue(替换的值27,"6.","",Replacer.ReplaceText,{"分类明细"}),
替换的值29 = Table.ReplaceValue(替换的值28,"7.","",Replacer.ReplaceText,{"分类明细"}),
替换的值30 = Table.ReplaceValue(替换的值29,"8.","",Replacer.ReplaceText,{"分类明细"}),
替换的值31 = Table.ReplaceValue(替换的值30,"9.","",Replacer.ReplaceText,{"分类明细"}),
替换的值32 = Table.ReplaceValue(替换的值31,"(一)","",Replacer.ReplaceText,{"分类明细"}),
替换的值33 = Table.ReplaceValue(替换的值32,"(二)","",Replacer.ReplaceText,{"分类明细"}),
替换的值34 = Table.ReplaceValue(替换的值33,"(三)","",Replacer.ReplaceText,{"分类明细"}),
替换的值35 = Table.ReplaceValue(替换的值34,"(四)","",Replacer.ReplaceText,{"分类明细"}),
替换的值36 = Table.ReplaceValue(替换的值35,"(五)","",Replacer.ReplaceText,{"分类明细"}),
替换的值37 = Table.ReplaceValue(替换的值36,"(事业部)","",Replacer.ReplaceText,{"分类明细"}),
替换的值38 = Table.ReplaceValue(替换的值37,"和","及",Replacer.ReplaceText,{"分类明细"}),
替换的值39 = Table.ReplaceValue(替换的值38,"1)","",Replacer.ReplaceText,{"分类明细"}),
替换的值40 = Table.ReplaceValue(替换的值39," ","",Replacer.ReplaceText,{"分类明细"}),
```

图 7-25 被替换的值

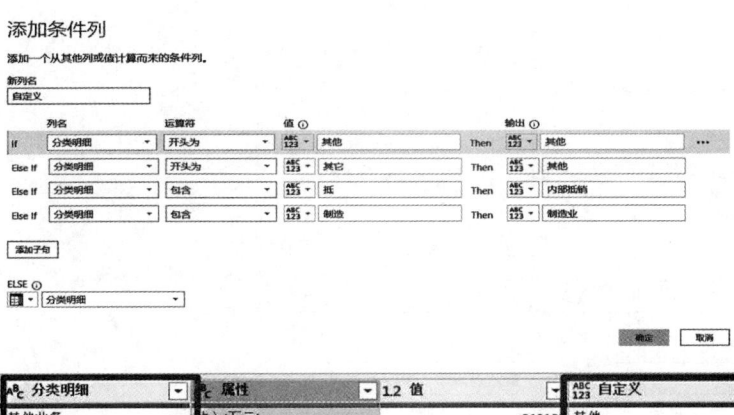

图 7-26 增加条件列

图 7-27 把"分类明细"删除

154 智能财务报表分析

筛选行

将一个或多个筛选条件应用于此表中的行。

⦿ 基本　○ 高级

在"值"中保留行

| 不等于 ▼ | 1.2 ▼ | 0 ▼ |

⦿ 且　○ 或

| ▼ | 1.2 ▼ | 键入或选择一个值 ▼ |

确定　取消

图 7-28　筛选行不等于 0

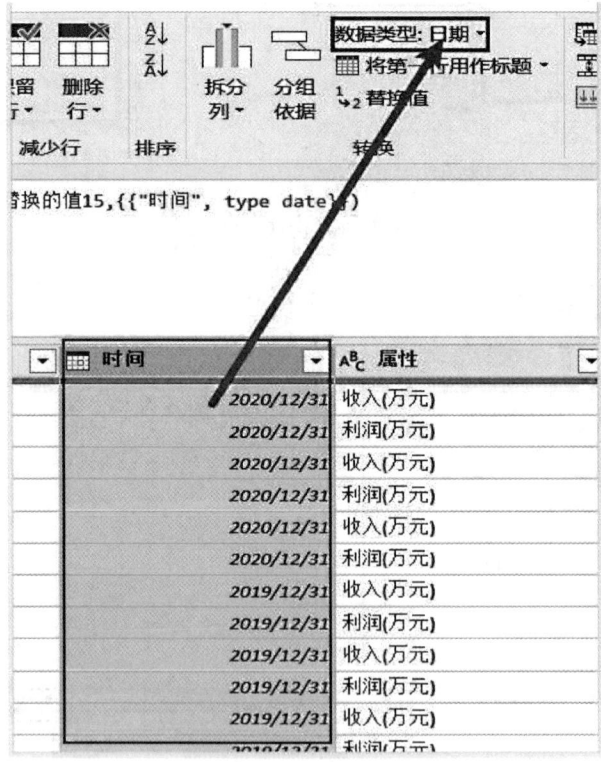

图 7-29　更改数据类型

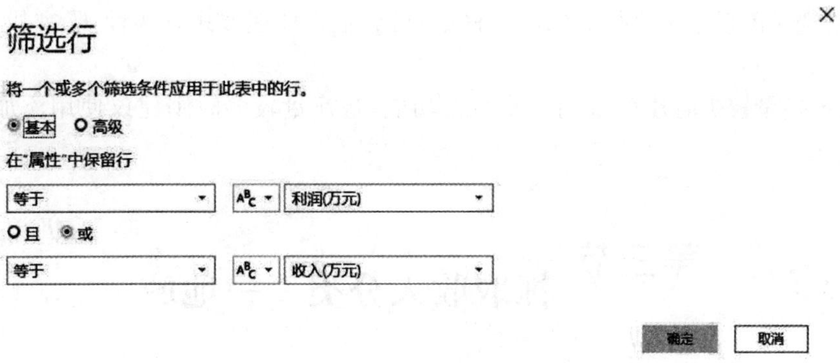

图 7-30　筛选行利润或收入

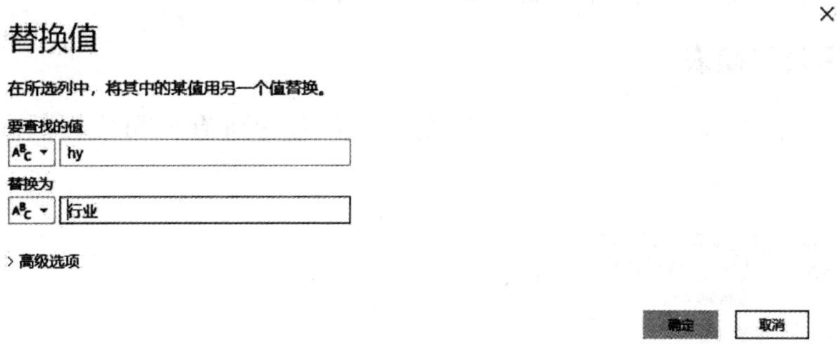

图 7-31　替换"hy"到"行业"

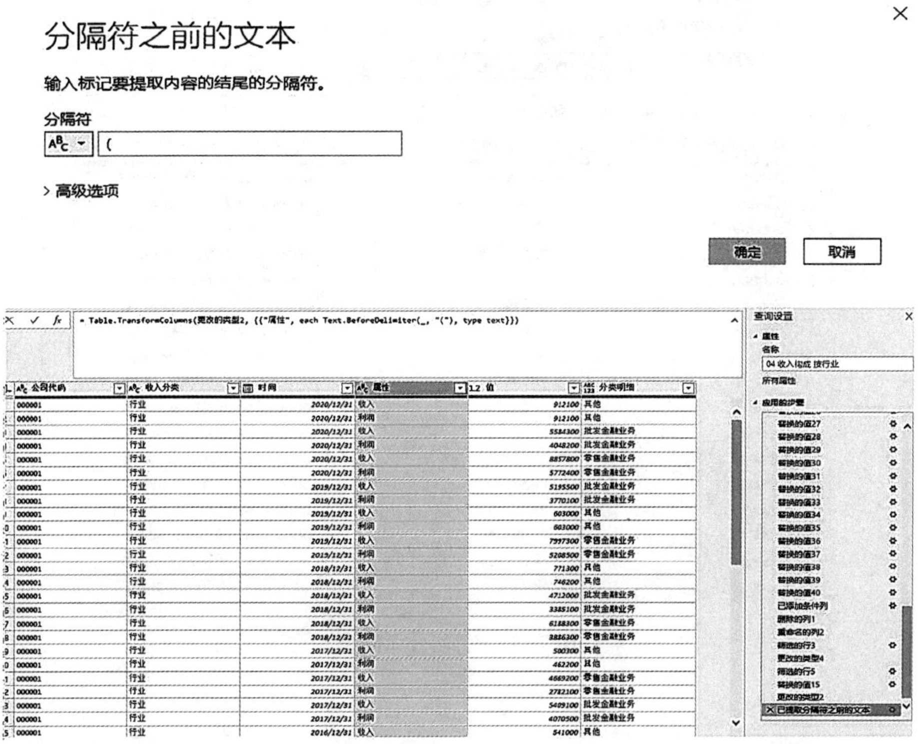

图 7-32　分隔符号

数据清洗时需根据报表行业的不同仔细对比，主要处理方式有两种：①查找替换；②添加条件列。

注意：替换量较少时建议采用查找替换功能，替换量较多时则建议使用添加条件列的方式。

第三节 抓取收入分类——地域

现在要进一步获取以地域为标准的收入分类表，其原因是上市公司的子公司及业务分布遍布全国各地，按地域分类有利于深入分析报表内容。

一、引用公司简表

鼠标右键点击公司简表，选择"引用"，复制一份包含所有公司代码的表，如图7-33所示。

图7-33 引用公司简表

二、删除其他列保留公司代码

选择"删除其他列",如图7-34所示。

图7-34 删除其他列保留公司代码

三、自定义列——地域

点击"添加列"选项卡中"自定义列"选项,在公式窗口输入="dy",为引用后的表格添加一列内容全部为"dy"(地域)的数据列,此操作是为了限定收入分类网址请求中的地域参数(图7-35)。将该自定义列数据类型更改为文本类型(图7-36),列名修改为"收入分类"(图7-37)。点击确定即可通过展开数据获取收入分类中地域分类的所有公司的数据,如图7-38所示。

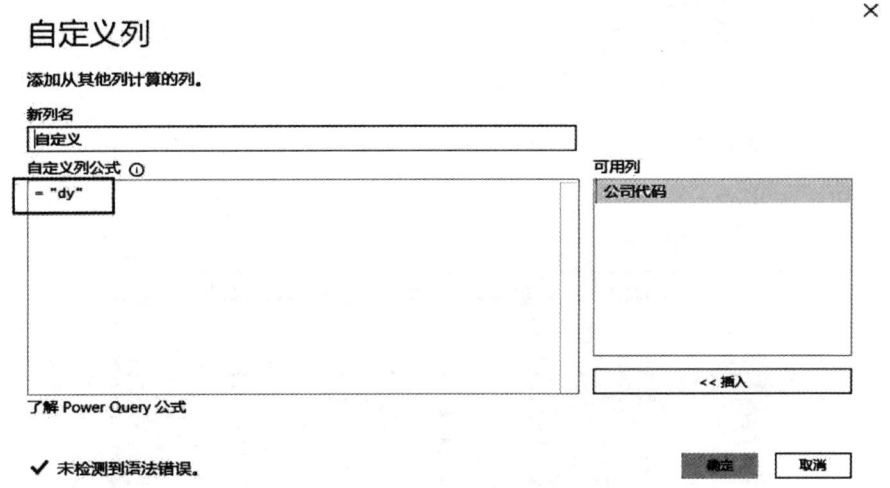

图7-35 创建自定义列

158 智能财务报表分析

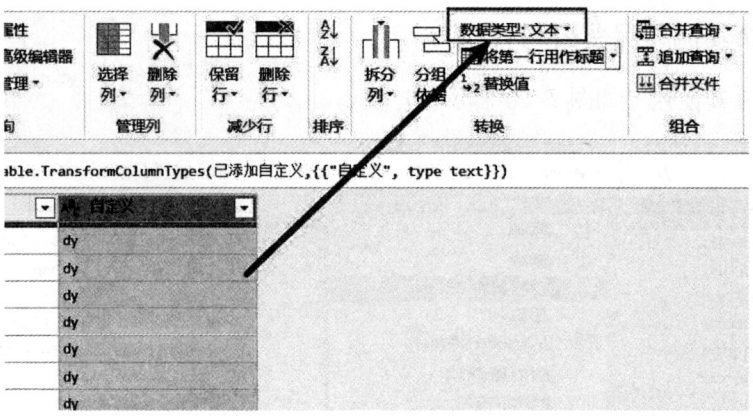

图 7-36 更改数据类型

图 7-37 更改自定义列为"收入分类"

图 7-38 调用自定义函数

四、数据清洗

地域分类表的数据清洗步骤按照图 7-39 至图 7-44 进行,操作先后顺序并非固定。其中图 7-44 中的 M 语言说明了多重需筛选替换的值,用户可结合该说明进行逐步操作,也可复制该部分 M 语言,逐一核查后保证数据清洗的准确性。

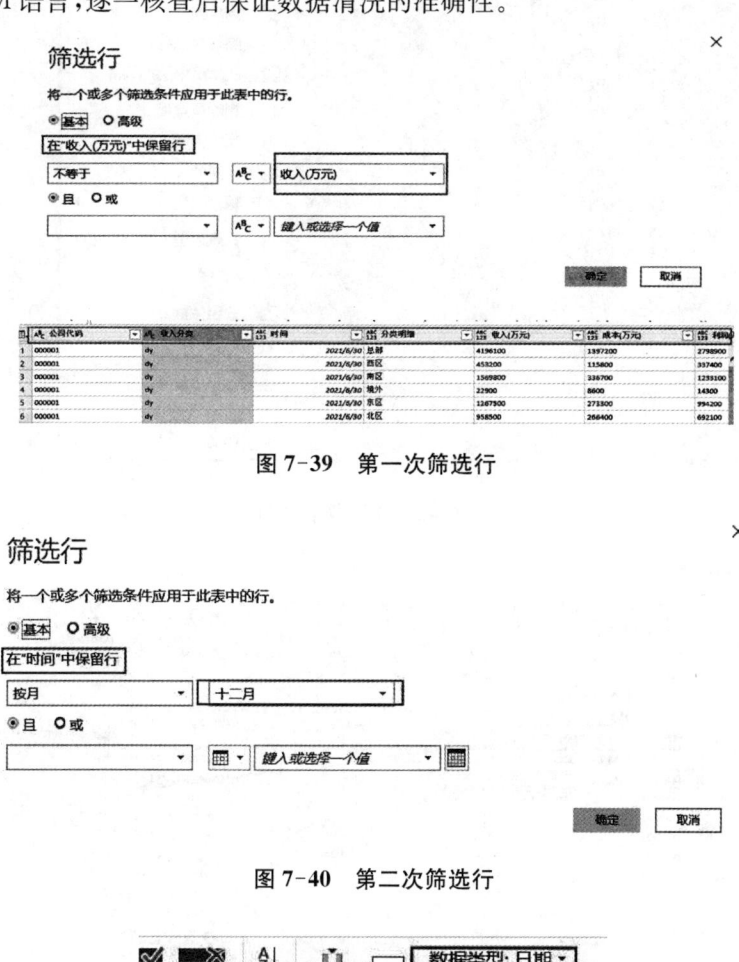

图 7-39 第一次筛选行

图 7-40 第二次筛选行

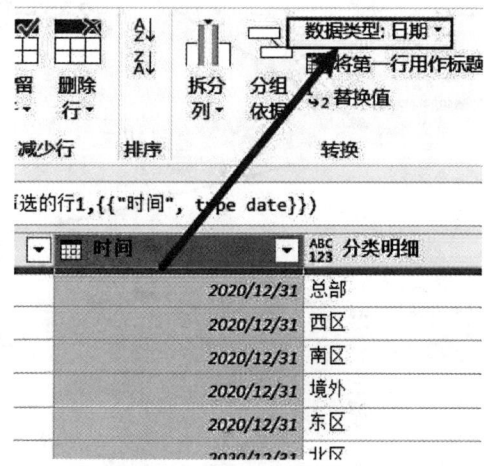

图 7-41 更改数据类型

选定公司代码、收入分类、时间及收入明细后，选择"逆透视其他列"，使得按地域分类的收入表转变为标准一维表。

图 7-42 逆透视收入列

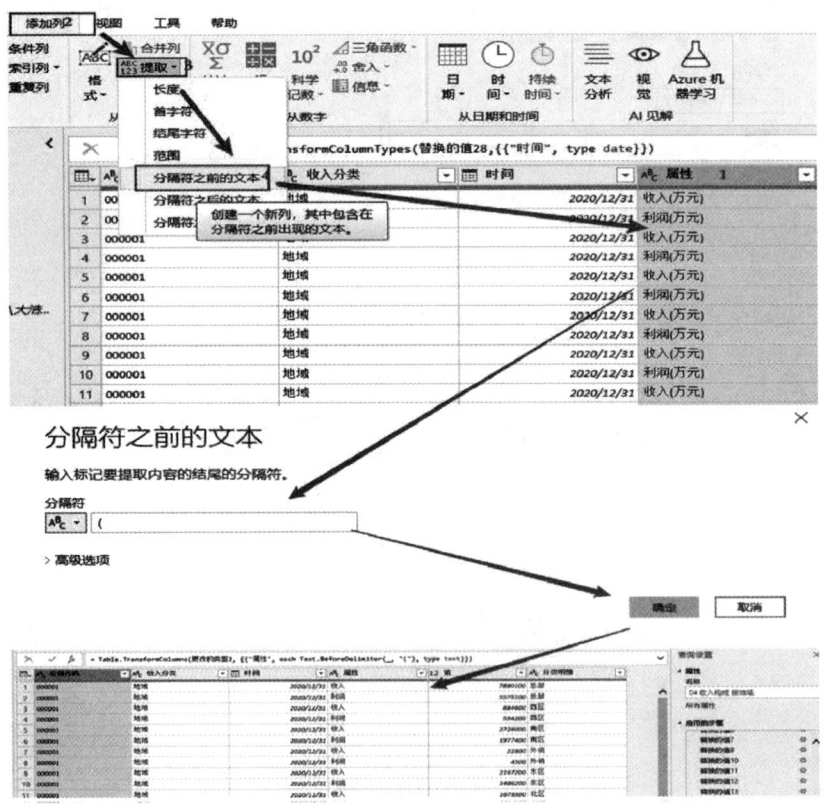

图 7-43 提取文本

逆透视过后的报表，包含了一些因公司定义差别所产生的噪音数据，针对不同的噪音数据，我们可以采取不同的方法将其统一。具体操作如图 7-44 所示。

```
替换的值 = Table.ReplaceValue(逆透视的其他列1,"-- ","0",Replacer.ReplaceText,{"值"}),
替换的值1 = Table.ReplaceValue(替换的值,"--","0",Replacer.ReplaceText,{"值"}),
更改的类型 = Table.TransformColumnTypes(替换的值1,{{"值", type number}}),
替换的值2 = Table.ReplaceValue(更改的类型,"（","(",Replacer.ReplaceText,{"分类明细"}),
替换的值3 = Table.ReplaceValue(替换的值2,"）",")",Replacer.ReplaceText,{"分类明细"}),
替换的值4 = Table.ReplaceValue(替换的值3,"：",":",Replacer.ReplaceText,{"分类明细"}),
筛选的行4 = Table.SelectRows(替换的值4, each not Text.Contains([分类明细], "其中:")),
替换的值5 = Table.ReplaceValue(筛选的行4,"其中:","",Replacer.ReplaceText,{"分类明细"}),
去除的文本 = Table.TransformColumns(替换的值5,{{"分类明细", Text.Trim, type text}}),
清除的文本 = Table.TransformColumns(去除的文本,{{"分类明细", Text.Clean, type text}}),
删除的错误 = Table.RemoveRowsWithErrors(清除的文本, {"值"}),
筛选的行2 = Table.SelectRows(删除的错误, each [时间] > #date(2009, 12, 31)),
已添加条件列 = Table.AddColumn(筛选的行2, "自定义", each if Text.StartsWith([分类明细], "其他") ther
删除的列1 = Table.RemoveColumns(已添加条件列,{"分类明细"}),
筛选的行3 = Table.SelectRows(删除的列1, each ([值] <> 0)),
更改的类型4 = Table.TransformColumnTypes(筛选的行3,{{"时间", type datetime}}),
已添加条件列1 = Table.AddColumn(更改的类型4, "分类明细", each if Text.Contains([自定义], "国外") the
筛选的行5 = Table.SelectRows(已添加条件列1, each ([属性] = "利润(万元)" or [属性] = "收入(万元)")),
删除的列2 = Table.RemoveColumns(筛选的行5,{"自定义"}),
替换的值6 = Table.ReplaceValue(删除的列2,"dy","地域",Replacer.ReplaceText,{"收入分类"}),
替换的值7 = Table.ReplaceValue(替换的值6,"(1)","",Replacer.ReplaceText,{"分类明细"}),
替换的值8 = Table.ReplaceValue(替换的值7,"1.","",Replacer.ReplaceText,{"分类明细"}),
替换的值10 = Table.ReplaceValue(替换的值8,"(2)","",Replacer.ReplaceText,{"分类明细"}),
替换的值11 = Table.ReplaceValue(替换的值10,"2.","",Replacer.ReplaceText,{"分类明细"}),
替换的值12 = Table.ReplaceValue(替换的值11,"(3)","",Replacer.ReplaceText,{"分类明细"}),
替换的值13 = Table.ReplaceValue(替换的值12,"(4)","",Replacer.ReplaceText,{"分类明细"}),
替换的值14 = Table.ReplaceValue(替换的值13,"(5)","",Replacer.ReplaceText,{"分类明细"}),
替换的值15 = Table.ReplaceValue(替换的值14,"(6)","",Replacer.ReplaceText,{"分类明细"}),
替换的值16 = Table.ReplaceValue(替换的值15,"(7)","",Replacer.ReplaceText,{"分类明细"}),
替换的值17 = Table.ReplaceValue(替换的值16,"(注8)","",Replacer.ReplaceText,{"分类明细"}),
替换的值18 = Table.ReplaceValue(替换的值17,"(注7)","",Replacer.ReplaceText,{"分类明细"}),
替换的值19 = Table.ReplaceValue(替换的值18,"(注6)","",Replacer.ReplaceText,{"分类明细"}),
替换的值20 = Table.ReplaceValue(替换的值19,"(注5)","",Replacer.ReplaceText,{"分类明细"}),
替换的值21 = Table.ReplaceValue(替换的值20,"(注4)","",Replacer.ReplaceText,{"分类明细"}),
替换的值22 = Table.ReplaceValue(替换的值21,"注2","",Replacer.ReplaceText,{"分类明细"}),
替换的值23 = Table.ReplaceValue(替换的值22,"注1","",Replacer.ReplaceText,{"分类明细"}),
替换的值24 = Table.ReplaceValue(替换的值23,"国内销售","内销",Replacer.ReplaceText,{"分类明细"}),
替换的值25 = Table.ReplaceValue(替换的值24,"内销-国内销售","内销",Replacer.ReplaceText,{"分类明细"}),
替换的值26 = Table.ReplaceValue(替换的值25,"内销 - 国内销售","内销",Replacer.ReplaceText,{"分类明细"}),
替换的值27 = Table.ReplaceValue(替换的值26,"国内市场","内销",Replacer.ReplaceText,{"分类明细"}),
替换的值28 = Table.ReplaceValue(替换的值27,"国内地区","内销",Replacer.ReplaceText,{"分类明细"}),
更改的类型2 = Table.TransformColumnTypes(替换的值28,{{"时间", type date}}),
```

图 7-44　被替换的值

第四节　抓取收入分类——产品

上市公司提供产品的多样性使得以产品维度进行收入分类相关数据的获取和分析具有必要性，具体获取与其他维度分类较为类似，步骤如下。

一、引用公司简表

获取包含所有公司代码的表，如图 7-45 所示。

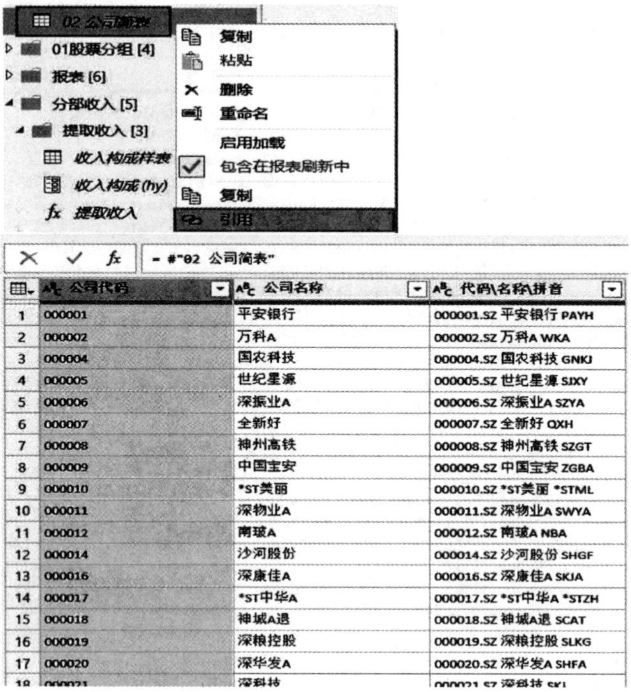

图 7-45　引用公司简表

二、删除其他列

点击公司代码列选择"删除其他列",如图 7-46 所示。

图 7-46　删除其他列

三、自定义列——产品

点击"添加列"选择卡中"自定义列"选项,在公式窗口输入＝"cp",为引用后的表格添加一列内容全部为"cp"(产品)的数据列,此操作是为了限定收入分类网址请求中的产品参数(图 7-47)。将该自定义列数据类型更改为文本类型(图 7-48),列名修改为"收入分类"(图 7-49)。点击确定即可通过展开数据获取收入分类中产品分类的所有公司的数据,如图 7-50 所示。

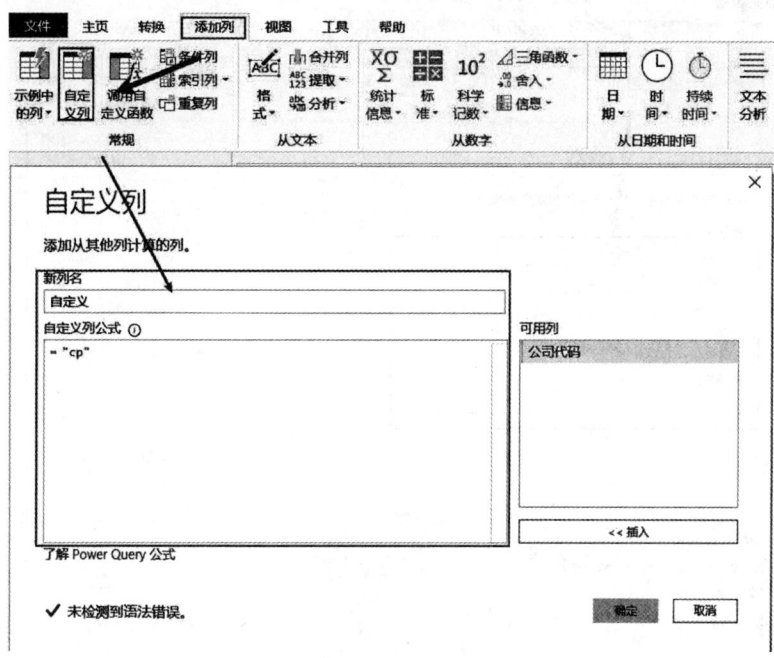

图 7-47　创建自定义列

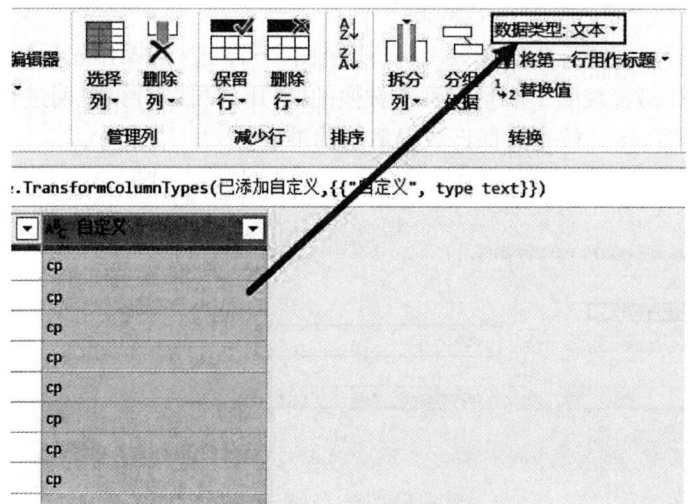

图 7-48　更改数据类型

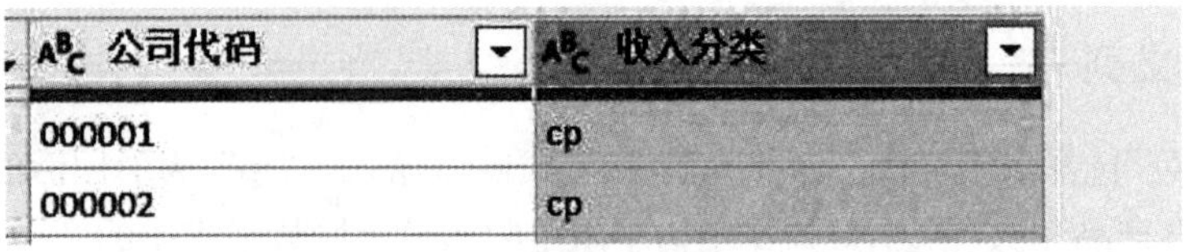

图 7-49　更改自定义列为"收入分类"

图 7-50　调用自定义函数

四、数据清洗

产品分类表的数据清洗步骤按照图 7-51 至图 7-56 进行,操作先后顺序并非固定。其中图 7-56 中的 M 语言说明了多重需筛选替换的值,用户可结合该说明进行逐步操作,也可复制该部分 M 语言,逐一核查后保证数据清洗的准确性。

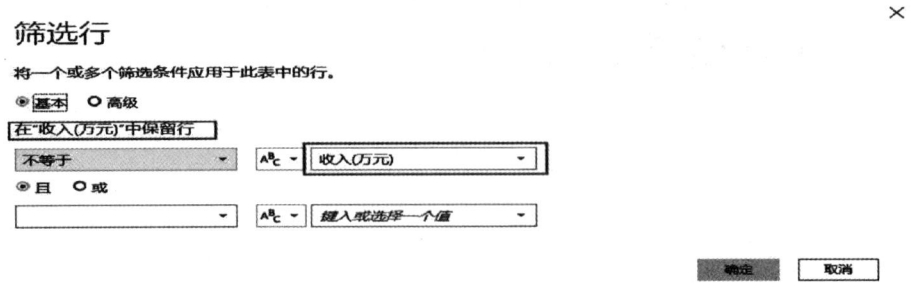

图 7-51　第一次筛选行

第七章 抓取收入构成数据

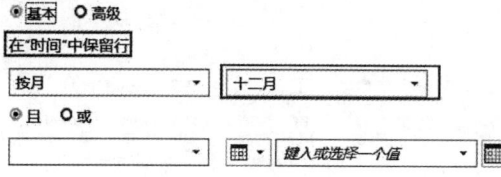

图 7-52 第二次筛选行

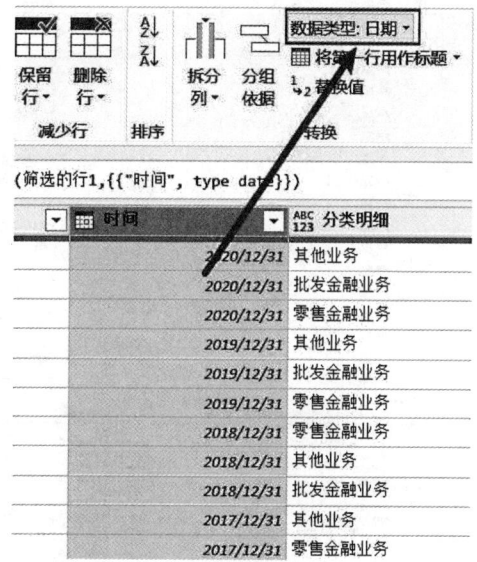

图 7-53 更改数据类型

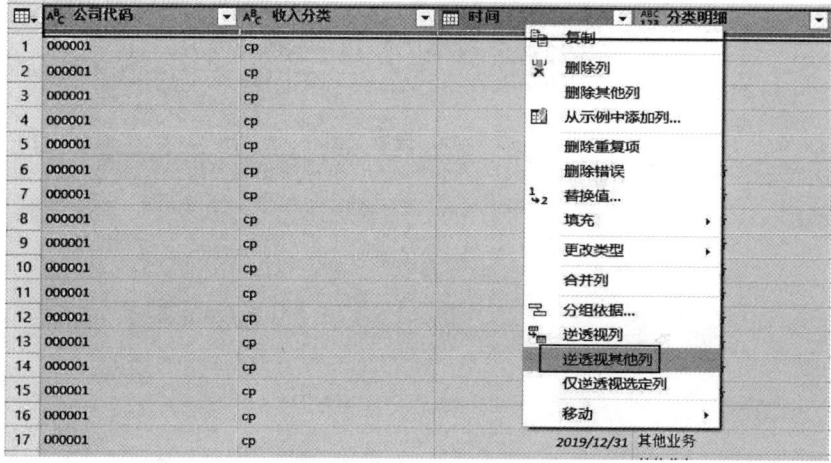

图 7-54 逆透视收入列

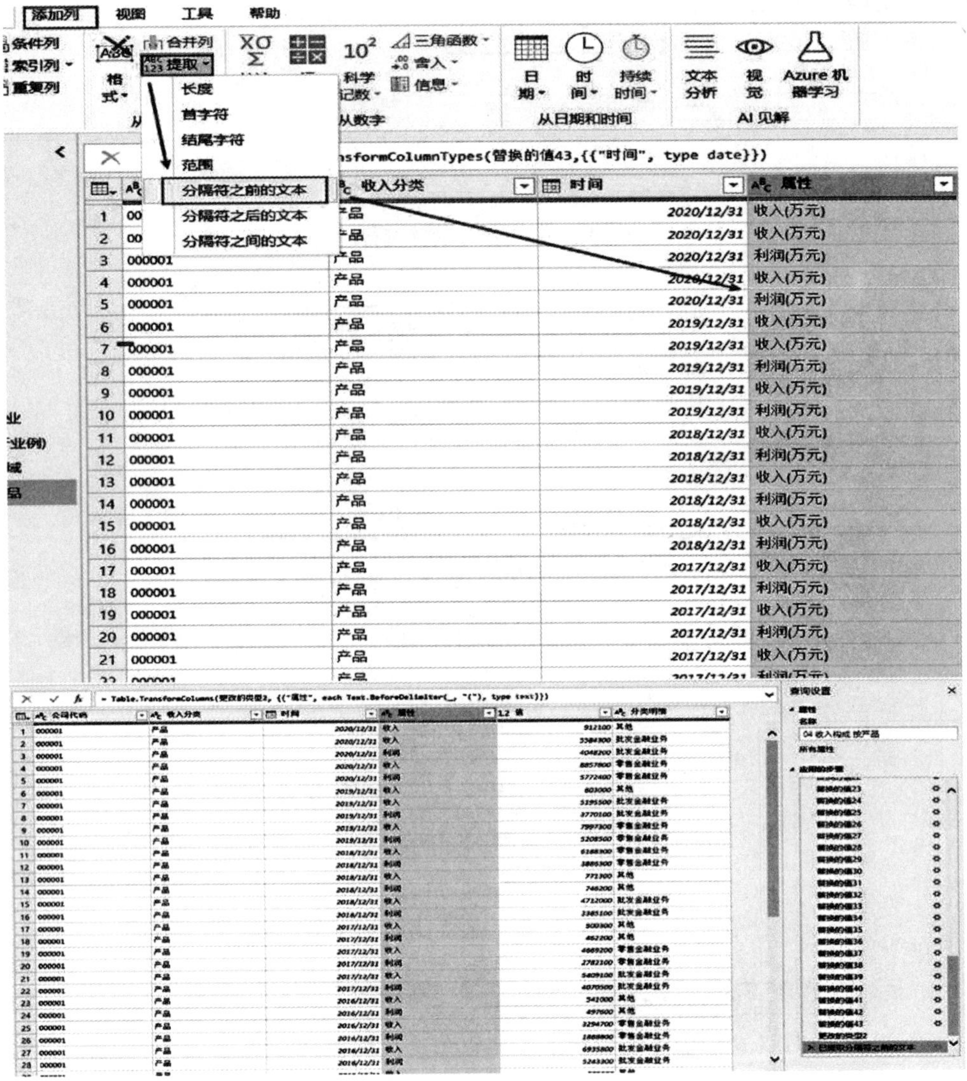

图 7-55 提取文本

```
替换的值 = Table.ReplaceValue(逆透视的其他列1,"-- ","0",Replacer.ReplaceText,{"值"}),
替换的值1 = Table.ReplaceValue(替换的值,"--","0",Replacer.ReplaceText,{"值"}),
更改的类型 = Table.TransformColumnTypes(替换的值1,{{"值", type number}}),
替换的值2 = Table.ReplaceValue(更改的类型,"（","(",Replacer.ReplaceText,{"分类明细"}),
替换的值3 = Table.ReplaceValue(替换的值2,"）",")",Replacer.ReplaceText,{"分类明细"}),
替换的值4 = Table.ReplaceValue(替换的值3,"：",":",Replacer.ReplaceText,{"分类明细"}),
筛选的行4 = Table.SelectRows(替换的值4, each not Text.Contains([分类明细],"其中:")),
替换的值5 = Table.ReplaceValue(筛选的行4,"其中:","",Replacer.ReplaceText,{"分类明细"}),
去除的文本 = Table.TransformColumns(替换的值5,{{"分类明细", Text.Trim, type text}}),
清除的文本 = Table.TransformColumns(去除的文本,{{"分类明细", Text.Clean, type text}}),
删除的错误 = Table.RemoveRowsWithErrors(清除的文本, {"值"}),
筛选的行2 = Table.SelectRows(删除的错误, each [时间] > #date(2009, 12, 31)),
已添加条件列 = Table.AddColumn(筛选的行2, "自定义", each if Text.StartsWith([分类明细], "其他") then "其他
删除的列1 = Table.RemoveColumns(已添加条件列,{"分类明细"}),
重命名的列2 = Table.RenameColumns(删除的列1,{{"自定义", "分类明细"}}),
筛选的行3 = Table.SelectRows(重命名的列2, each ([值] <> 0)),
更改的类型4 = Table.TransformColumnTypes(筛选的行3,{{"时间", type datetime}}),
筛选的行5 = Table.SelectRows(更改的类型4, each ([属性] = "利润(万元)" or [属性] = "收入(万元)")),
替换的值6 = Table.ReplaceValue(筛选的行5,"cp","产品",Replacer.ReplaceText,{"收入分类"}),
替换的值7 = Table.ReplaceValue(替换的值6,"(1)","",Replacer.ReplaceText,{"分类明细"}),
替换的值8 = Table.ReplaceValue(替换的值7,"1、","",Replacer.ReplaceText,{"分类明细"}),
替换的值9 = Table.ReplaceValue(替换的值8,"1.","",Replacer.ReplaceText,{"分类明细"}),
替换的值10 = Table.ReplaceValue(替换的值9,"(2)","",Replacer.ReplaceText,{"分类明细"}),
替换的值11 = Table.ReplaceValue(替换的值10,"2、","",Replacer.ReplaceText,{"分类明细"}),
替换的值12 = Table.ReplaceValue(替换的值11,"2.","",Replacer.ReplaceText,{"分类明细"}),
替换的值13 = Table.ReplaceValue(替换的值12,"(3)","",Replacer.ReplaceText,{"分类明细"}),
替换的值14 = Table.ReplaceValue(替换的值13,"3、","",Replacer.ReplaceText,{"分类明细"}),
替换的值15 = Table.ReplaceValue(替换的值14,"3.","",Replacer.ReplaceText,{"分类明细"}),
替换的值16 = Table.ReplaceValue(替换的值15,"(4)","",Replacer.ReplaceText,{"分类明细"}),
替换的值17 = Table.ReplaceValue(替换的值16,"4、","",Replacer.ReplaceText,{"分类明细"}),
替换的值18 = Table.ReplaceValue(替换的值17,"4.","",Replacer.ReplaceText,{"分类明细"}),
替换的值19 = Table.ReplaceValue(替换的值18,"(5)","",Replacer.ReplaceText,{"分类明细"}),
替换的值20 = Table.ReplaceValue(替换的值19,"5、","",Replacer.ReplaceText,{"分类明细"}),
替换的值21 = Table.ReplaceValue(替换的值20,"5.","",Replacer.ReplaceText,{"分类明细"}),
替换的值22 = Table.ReplaceValue(替换的值21,"(6)","",Replacer.ReplaceText,{"分类明细"}),
替换的值23 = Table.ReplaceValue(替换的值22,"6、","",Replacer.ReplaceText,{"分类明细"}),
替换的值24 = Table.ReplaceValue(替换的值23,"6.","",Replacer.ReplaceText,{"分类明细"}),
替换的值25 = Table.ReplaceValue(替换的值24,"(7)","",Replacer.ReplaceText,{"分类明细"}),
替换的值26 = Table.ReplaceValue(替换的值25,"7、","",Replacer.ReplaceText,{"分类明细"}),
替换的值27 = Table.ReplaceValue(替换的值26,"7.","",Replacer.ReplaceText,{"分类明细"}),
替换的值28 = Table.ReplaceValue(替换的值27,"(8)","",Replacer.ReplaceText,{"分类明细"}),
替换的值29 = Table.ReplaceValue(替换的值28,"8、","",Replacer.ReplaceText,{"分类明细"}),
替换的值30 = Table.ReplaceValue(替换的值29,"9、","",Replacer.ReplaceText,{"分类明细"}),
替换的值31 = Table.ReplaceValue(替换的值30,"10、","",Replacer.ReplaceText,{"分类明细"}),
替换的值32 = Table.ReplaceValue(替换的值31,"11、","",Replacer.ReplaceText,{"分类明细"}),
替换的值33 = Table.ReplaceValue(替换的值32,"12、","",Replacer.ReplaceText,{"分类明细"}),
替换的值34 = Table.ReplaceValue(替换的值33,"一、","",Replacer.ReplaceText,{"分类明细"}),
替换的值35 = Table.ReplaceValue(替换的值34,"(一)","",Replacer.ReplaceText,{"分类明细"}),
替换的值36 = Table.ReplaceValue(替换的值35,"二、","",Replacer.ReplaceText,{"分类明细"}),
替换的值37 = Table.ReplaceValue(替换的值36,"(二)","",Replacer.ReplaceText,{"分类明细"}),
替换的值38 = Table.ReplaceValue(替换的值37,"三、","",Replacer.ReplaceText,{"分类明细"}),
替换的值39 = Table.ReplaceValue(替换的值38,"(三)","",Replacer.ReplaceText,{"分类明细"}),
替换的值40 = Table.ReplaceValue(替换的值39,"四、","",Replacer.ReplaceText,{"分类明细"}),
替换的值40 = Table.ReplaceValue(替换的值40,"四、","",Replacer.ReplaceText,{"分类明细"}),
```

图 7-56 被替换的值

在完成本章第一节至第四节中收入分类按行业、地域、产品的数据获取之后，为达到一定的数据整洁度以及后期建模和数据分析的要求，通过合并文件或者合并查询功能，将其合并为收入构成表，表内包含公司代码、日期、收入分类、属性、分类明细及值等数据字段，如图 7-57 所示。

```
1 04 收入构成 = UNION('04 收入构成 按产品','04 收入构成 按地域','04 收入构成 按行业')
```

公司代码	日期	收入分类	属性	分类明细	值
002575	2020/12/31 0:00:00	产品	收入	其他	771
002575	2019/12/31 0:00:00	产品	收入	其他	2393
002575	2018/12/31 0:00:00	产品	收入	其他	210
002575	2017/12/31 0:00:00	产品	收入	其他	537
002575	2016/12/31 0:00:00	产品	收入	其他	331
002575	2015/12/31 0:00:00	产品	收入	其他	146
002575	2014/12/31 0:00:00	产品	收入	其他	117
002575	2013/12/31 0:00:00	产品	收入	其他	3
002575	2013/12/31 0:00:00	产品	收入	其他	1197
002575	2012/12/31 0:00:00	产品	收入	其他	666
605099	2020/12/31 0:00:00	产品	收入	其他	626
605099	2019/12/31 0:00:00	产品	收入	其他	7825
605099	2019/12/31 0:00:00	产品	收入	其他	555

图 7-57 合并收入分类

本章小结

本章主要介绍了如何对财务核心指标收入分类进行数据获取的操作步骤。该部分为财务报表的专项分析提供了重要的数据依据。读者在掌握了爬虫函数的基础上,要进一步进行专项数据的分析和理解,以便在工作中能够进行实践应用。

第八章
数据仓库和关系模型的创建

本章是数据准备阶段的最后一章,通过将 Power Query 中清洗好的数据导出来创建一个数据仓库,进而实现数据的永久保留和实时调用的效果。因爬虫参数均与网易数据库进行实时关联,每次打开 Power BI 都会对网站进行上亿次的访问,上市公司财务报表数据的实时变动就会给后期可视化的操作会带来巨大困扰。而数据仓库的建立可以大大减少后期可视化分析操作中数据调用的速度,为可视化的快捷展现提供便利。数据仓库与数据库的区别如表 8-1 所示。

表 8-1 数据库与数据仓库的区别

项目	数据库	数据仓库
数据来源	业务	多个数据库
时间维度	当前数据	时间轴全部信息
组织方式	面向业务组织	主题组织
建模方式	服从范式建模	合理冗余
设计目的	以存储管理为主	以组织计算为主

总而言之,合理运用数据仓库,可以降低资源消耗、减少刷新时间、提高运行效率。

第一节 合并建立数据仓库

接下来我们为报表创建一个简易的数据仓库。这里需要用到 Power BI 的外部插件——DaxStudio,该软件可以充分与 Power BI 链接,实现数据的快速处理。

注意:该插件需要在 Power BI 打开的前提下运行,否则无法自动寻找到项目。

插件下载地址:http://daxstudio.codeplex.com/。

该插件为绿色版本,不需要进行安装,直接将插件下载到桌面,双击进入该软件即可。进入登录界面,选择 PBI/SSDT MODEL 中对应的报表项目点击 Connect 进入 Power Query 数据获取文件,如图 8-1 所示。

图 8-1 DAXStudio 展示

连接成功后可以看到,该软件会自动链接到之前获取到的所有数据表单,如图 8-2 所示,需要将这些文件通过 DAX 语言,快速导出。

图 8-2 连接报表

在右侧代码框中输入固定 DAX 函数，具体需要用到的函数如图 8-3 所示。

```
利润表
EVALUATE
ALLEXCEPT('2 利润表','2 利润表'[值])

ALLEXCEPT 导出时可能会合并，从而导致行数不一致。

现金流量表（利润表相同）
EVALUATE
ALLEXCEPT('3 现金流量表','3 现金流量表'[值])

收入构成：
EVALUATE
'04 收入构成'
```

图 8-3　输入 DAX 函数

每个函数输入完成后，点击上方选项卡中的 Output 按钮，在该按钮下选择 File 选项，如图 8-4 所示。

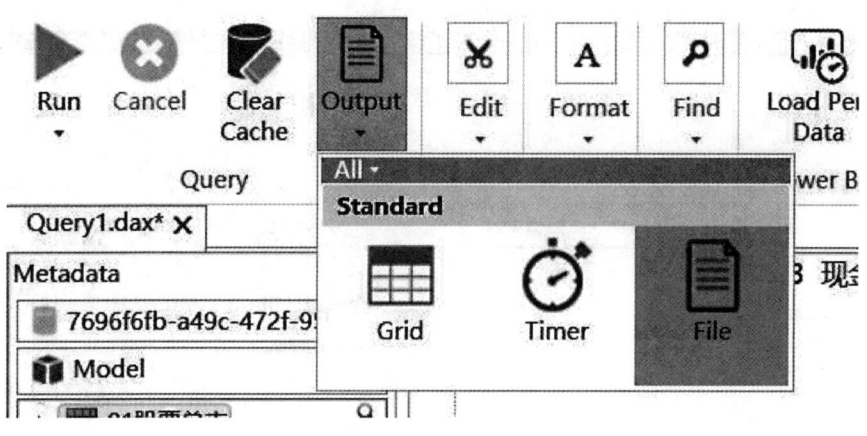

图 8-4　导出文件

以导出现金流量表为例，点击绿色 Run 按钮，即可进入文件保存界面，如图 8-5 所示。选择保存文件类型为"（＊.csv）"，如图 8-6 所示。之所以选择该文件类型，是因为该类型对于大量数据的保存所占内存较少，且不受 Excel 仅能存储 104 万行数据的限制。

点击"保存"后等待几秒，再进入该文件中即可看到现金流量表文件。

172 智能财务报表分析

图 8-5 运行函数

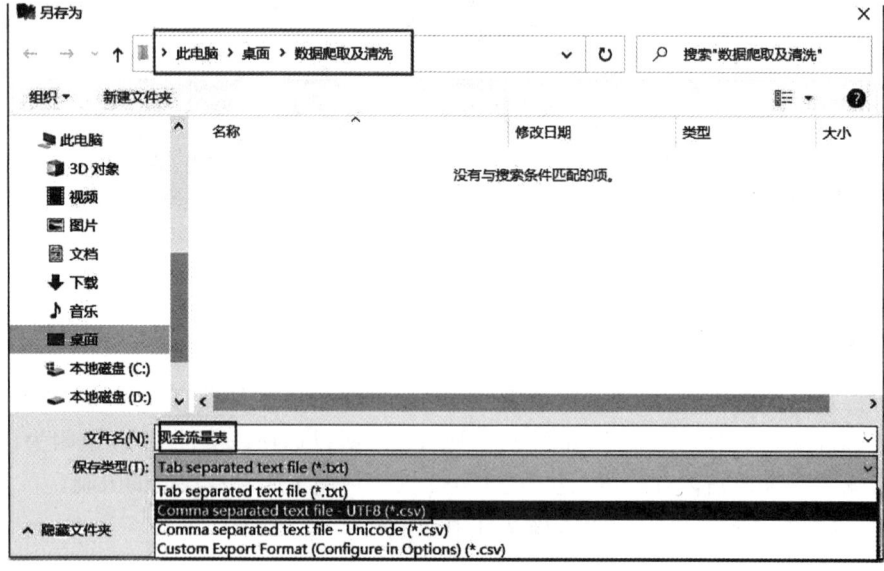

图 8-6 选择保存文件类型

后续依次按照该步骤即可快速在某个文件夹中实现数据仓库的创建,最终数据仓库的内容如图 8-7 所示。

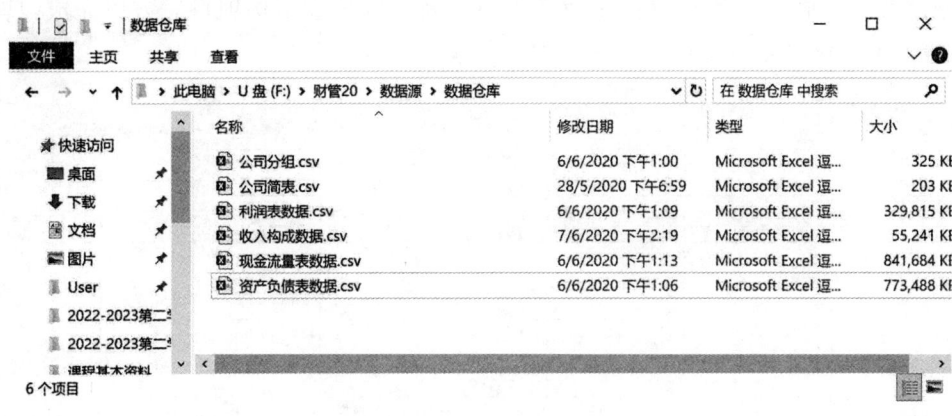

图 8-7　最终数据仓库

本书第四章至第七章通过爬虫参数所获得的上市公司的各类数据表均为事实表(事实表顾名思义就是事实数据。例如,产品销售数据、公司财务数据这些都是事实表。一个表中包含了众多数据,例如,一个销售数据表中,有客户名、产品名、销售人员、交货时间、产品销售额度等),存储了能够反映各企业经营状况的基础数据。要想从不同时间、层次、行业、地域等维度区分并且分析企业的实际情况,就要创建能够与事实表进行层次对照的维度表,以便后续可视化图形的测量轴能够有维度列信息可供选择。

第二节　辅助表的作用及创建

在财务报表分析工作中要结合规范财务报表样式,来创建能够辅助可视化模型建立的维度表(主要是作为参考表),如日期表(日期、财年、周数、月数)、人员信息表(人名、工号、身份证、入职时间、岗位、籍贯)、产品信息表(产品 ID、产品名字、产品所属产品线、产品的量产时间等)、客户信息表(客户 ID、客户名字、客户类型、客户所在省份、客户类别等)。这些表的一个特点是,有一些属性是位移的,如身份证、客户 ID、产品 ID。维度表的唯一性对于后面做关系映射至关重要,所以在建立日期维度表后,对于唯一性的字段,一定要使用 Excel 工具查询是否唯一,并做修改。

本书提供能够为分析所用的所有辅助表项目,具体请按前言邮箱发送申请下载课程资料包中的财务分析辅助表 Excel 文件进行实践应用。

本书案例创建了资产负债表辅助表、利润表辅助表、现金流量表辅助表三个基础维度表,以便保证事实表的属性项目能够与维度表的项目列建立一对多的数据关系。在此基础上,结合第三章报表重构的理论内容,还需创建能够将资产负债表和利润表进一步划分的重构表,将资产分为经营性资产(营运资产)、金融资产、长期股权投资。并在此基础上,进一步创建按照营收规模(小于 10 亿元、10 亿~50 亿元、50 亿~100 亿元、大于 100 亿元)分类的营收分类对照表、计算单位换算对照表、近两年和近三年变动数据指标变动状态的描述对照表。此外，还要为杜邦分析及企业经营能力分析创建财务指标计算对照表。

创建以上对照表时，需要全面了解案例意图及财务报表结构项目后方可完成，具体如图 8-8 至图 8-18 所示。

	A	E	F	G	H	I	J	K	L	M	N	O	P
1	项目	大类	大类顺序	类别	类别顺序	重构大类	重构大类顺	重构二级	重构二级顺	重构明细	重构明细顺	总表序号	总表名称
2	货币资金	资产	1	流动资产	1	金融资产	1	金融资产	1	金融资产	1	1	1货币资金
3	结算备付金	资产	1	流动资产	1	金融资产	1	金融资产	1	金融资产	1	2	2结算备付金
4	拆出资金	资产	1	流动资产	1	金融资产	1	金融资产	1	金融资产	1	3	3拆出资金
5	交易性金融资产	资产	1	流动资产	1	金融资产	1	金融资产	1	金融资产	1	4	4交易性金融资产
6	衍生金融资产	资产	1	流动资产	1	金融资产	1	金融资产	1	金融资产	1	5	5衍生金融资产
7	应收票据	资产	1	流动资产	1	经营资产	3	营运资本	3	营运资产	3	6	6应收票据
8	应收账款	资产	1	流动资产	1	经营资产	3	营运资本	3	营运资产	3	7	7应收账款
9	预付款项	资产	1	流动资产	1	经营资产	3	营运资本	3	营运资产	3	8	8预付款项
10	应收保费	资产	1	流动资产	1	经营资产	3	营运资本	3	营运资产	3	9	9应收保费
11	应收分保账款	资产	1	流动资产	1	经营资产	3	营运资本	3	营运资产	3	10	10应收分保账款
12	应收分保合同准备金	资产	1	流动资产	1	经营资产	3	营运资本	3	营运资产	3	11	11应收分保合同准备金
13	应收利息	资产	1	流动资产	1	金融资产	1	金融资产	1	金融资产	1	12	12应收利息
14	应收股利	资产	1	流动资产	1	金融资产	1	金融资产	1	金融资产	1	13	13应收股利
15	其他应收款	资产	1	流动资产	1	经营资产	3	营运资本	3	营运资产	3	14	14其他应收款
16	应收出口退税	资产	1	流动资产	1	经营资产	3	营运资本	3	营运资产	3	15	15应收出口退税
17	应收补贴款	资产	1	流动资产	1	经营资产	3	营运资本	3	营运资产	3	16	16应收补贴款
18	应收保证金	资产	1	流动资产	1	经营资产	3	营运资本	3	营运资产	3	17	17应收保证金
19	内部应收款	资产	1	流动资产	1	经营资产	3	营运资本	3	营运资产	3	18	18内部应收款
20	买入返售金融资产	资产	1	流动资产	1	金融资产	1	金融资产	1	金融资产	1	19	19买入返售金融资产
21	存货	资产	1	流动资产	1	经营资产	3	营运资本	3	营运资产	3	20	20存货
22	待摊费用	资产	1	流动资产	1	经营资产	3	营运资本	3	营运资产	3	21	21待摊费用
23	待处理流动资产损益	资产	1	流动资产	1	经营资产	3	营运资本	3	营运资产	3	22	22待处理流动资产损益
24	一年内到期的非流动资产	资产	1	流动资产	1	经营资产	3	营运资本	3	营运资产	3	23	23一年内到期的非流动
25	其他流动资产	资产	1	流动资产	1	经营资产	3	营运资本	3	营运资产	3	24	24其他流动资产
26	流动资产合计											25	25流动资产合计
27	发放贷款及垫款	资产	1	非流动资产	2	金融资产	1	金融资产	1	金融资产	1	26	26发放贷款及垫款
28	可供出售金融资产	资产	1	非流动资产	2	金融资产	1	金融资产	1	金融资产	1	27	27可供出售金融资产
29	持有至到期投资	资产	1	非流动资产	2	金融资产	1	金融资产	1	金融资产	1	28	28持有至到期投资
30	长期应收款	资产	1	非流动资产	2	经营资产	3	营运资本	3	营运资产	3	29	29长期应收款
31	长期股权投资	资产	1	非流动资产	2	长期股权投资	2	长期股权投资	2	长期股权投资	2	30	30长期股权投资
32	其他长期投资	资产	1	非流动资产	2	金融资产	1	金融资产	1	金融资产	1	31	31其他长期投资
33	投资性房地产	资产	1	非流动资产	2	金融资产	1	金融资产	1	金融资产	1	32	32投资性房地产

资产负债表-结构表 | 利润表-结构表 | 现金流量-结构表 | 报表汇总表 | 近两年变动 | 近三年变动 | 利润表重构汇总 | 营收分类 | 计算单位 | 财务指标 | 占比分母

图 8-8　资产负债表结构表

	A	B	C	D	E	F	G
1	项目	序号	项目名称	分类	方向	总表序号	总表名称
2	营业总收入	1	营业总收入			111	111营业总收入
3	营业收入	2	营业收入	营业收入	1	112	112营业收入
4	利息收入	3	利息收入	营业收入	1	113	113利息收入
5	已赚保费	4	已赚保费	营业收入	1	114	114已赚保费
6	手续费及佣金收入	5	手续费及佣金收入	营业收入	1	115	115手续费及佣金收入
7	房地产销售收入	6	房地产销售收入	营业收入	1	116	116房地产销售收入
8	其他业务收入	7	其他业务收入	营业收入	1	117	117其他业务收入
9	营业总成本	8	营业总成本			118	118营业总成本
10	营业成本	9	营业成本	营业成本	-1	119	119营业成本
11	利息支出	10	利息支出	营业成本	-1	120	120利息支出
12	手续费及佣金支出	11	手续费及佣金支出	营业成本	-1	121	121手续费及佣金支出
13	房地产销售成本	12	房地产销售成本	营业成本	-1	122	122房地产销售成本
14	研发费用	13	研发费用	费用	-1	123	123研发费用
15	退保金	14	退保金	营业成本	-1	124	124退保金
16	赔付支出净额	15	赔付支出净额	营业成本	-1	125	125赔付支出净额
17	提取保险合同准备金净额	16	提取保险合同准备金净额	营业成本	-1	126	126提取保险合同准备金净额
18	保单红利支出	17	保单红利支出	营业成本	-1	127	127保单红利支出
19	分保费用	18	分保费用	营业成本	-1	128	128分保费用
20	其他业务成本	19	其他业务成本	营业成本	-1	129	129其他业务成本
21	营业税金及附加	20	营业税金及附加	费用	-1	130	130营业税金及附加
22	销售费用	21	销售费用	费用	-1	131	131销售费用
23	管理费用	22	管理费用	费用	-1	132	132管理费用
24	财务费用	23	财务费用	费用	-1	133	133财务费用
25	资产减值损失	24	资产减值损失	费用	-1	134	134资产减值损失
26	公允价值变动收益	25	公允价值变动收益	费用	-1	135	135公允价值变动收益
27	投资收益	26	投资收益	其它收益	1	136	136投资收益
28	对联营企业和合营企业的投资收益	27	对联营企业和合营企业的投资收益			137	137对联营企业和合营企业的投资收益
29	汇兑收益	28	汇兑收益	其它收益	1	138	138汇兑收益
30	期货损益	29	期货损益	其它收益	1	139	139期货损益
31	托管收益	30	托管收益	其它收益	1	140	140托管收益
32	补贴收入	31	补贴收入	其它收益	1	141	141补贴收入
33	其他业务利润	32	其他业务利润	其它收益	1	142	142其他业务利润
34	营业利润	33	营业利润			143	143营业利润
35	营业外收入	34	营业外收入			144	144营业外收入
36	营业外支出	35	营业外支出			145	145营业外支出
37	非流动资产处置损失	36	非流动资产处置损失	费用	-1	146	146非流动资产处置损失
38	利润总额	37	利润总额			147	147利润总额
39	所得税费用	38	所得税费用			148	148所得税费用

资产负债表-结构表 | 利润表-结构表 | 现金流量-结构表 | 报表汇总表 | 近两年变动 | 近三年变动 | 利润表重构汇总 | 营收分类 | 计算单位 | 财务指标 | 占比分母

图 8-9　利润表结构表

序号	项目名称	大类	大类顺序	类别	类别顺序	流动方向	总表序号	总表名称
1	销售商品、提供劳务收到的现金	经营活动现金流	1	经营现金流入	1	流入	156	156销售商品、提供劳务收到的现金
2	客户存款和同业存放款项净增加额	经营活动现金流	1	经营现金流入	1	流入	157	157客户存款和同业存放款项净增加额
3	向中央银行借款净增加额	经营活动现金流	1	经营现金流入	1	流入	158	158向中央银行借款净增加额
4	向其他金融机构拆入资金净增加额	经营活动现金流	1	经营现金流入	1	流入	159	159向其他金融机构拆入资金净增加额
5	收到原保险合同保费取得的现金	经营活动现金流	1	经营现金流入	1	流入	160	160收到原保险合同保费取得的现金
6	收到再保险业务现金净额	经营活动现金流	1	经营现金流入	1	流入	161	161收到再保险业务现金净额
7	保户储金及投资款净增加额	经营活动现金流	1	经营现金流入	1	流入	162	162保户储金及投资款净增加额
8	处置交易性金融资产净增加额	经营活动现金流	1	经营现金流入	1	流入	163	163处置交易性金融资产净增加额
9	收取利息、手续费及佣金的现金	经营活动现金流	1	经营现金流入	1	流入	164	164收取利息、手续费及佣金的现金
10	拆入资金净增加额	经营活动现金流	1	经营现金流入	1	流入	165	165拆入资金净增加额
11	回购业务资金净增加额	经营活动现金流	1	经营现金流入	1	流入	166	166回购业务资金净增加额
12	收到的税费返还	经营活动现金流	1	经营现金流入	1	流入	167	167收到的税费返还
13	收到的其他与经营活动有关的现金	经营活动现金流	1	经营现金流入	1	流入	168	168收到的其他与经营活动有关的现金
14	经营活动现金流入小计						169	169经营活动现金流入小计
15	购买商品、接受劳务支付的现金	经营活动现金流	1	经营现金流出	2	流出	170	170购买商品、接受劳务支付的现金
16	客户贷款及垫款净增加额	经营活动现金流	1	经营现金流出	2	流出	171	171客户贷款及垫款净增加额
17	存放中央银行和同业款项净增加额	经营活动现金流	1	经营现金流出	2	流出	172	172存放中央银行和同业款项净增加额
18	支付原保险合同赔付款项的现金	经营活动现金流	1	经营现金流出	2	流出	173	173支付原保险合同赔付款项的现金
19	支付利息、手续费及佣金的现金	经营活动现金流	1	经营现金流出	2	流出	174	174支付利息、手续费及佣金的现金
20	支付保单红利的现金	经营活动现金流	1	经营现金流出	2	流出	175	175支付保单红利的现金
21	支付给职工以及为职工支付的现金	经营活动现金流	1	经营现金流出	2	流出	176	176支付给职工以及为职工支付的现金
22	支付的各项税费	经营活动现金流	1	经营现金流出	2	流出	177	177支付的各项税费
23	支付的其他与经营活动有关的现金	经营活动现金流	1	经营现金流出	2	流出	178	178支付的其他与经营活动有关的现金
24	经营活动现金流出小计						179	179经营活动现金流出小计
25	经营活动产生的现金流量净额						180	180经营活动产生的现金流量净额
26	收回投资所收到的现金	投资活动现金流	2	投资现金流入	3	流入	181	181收回投资所收到的现金
27	取得投资收益所收到的现金	投资活动现金流	2	投资现金流入	3	流入	182	182取得投资收益所收到的现金
28	处置固定资产、无形资产和其他长期资产所收回的现金净额	投资活动现金流	2	投资现金流入	3	流入	183	183处置固定资产、无形资产和其他长期资产所收回的现金净额
29	处置子公司及其他营业单位所收到的现金净额	投资活动现金流	2	投资现金流入	3	流入	184	184处置子公司及其他营业单位所收到的现金净额
30	收到的其他与投资活动有关的现金	投资活动现金流	2	投资现金流入	3	流入	185	185收到的其他与投资活动有关的现金
31	减少质押和定期存款所收到的现金	投资活动现金流	2	投资现金流入	3	流入	186	186减少质押和定期存款所收到的现金

图 8-10 现金流量表结构表

报表城	表	项目名称	序号	总表名称
1	资产类		52	52资产总计
2	负债类	短期借款	53	53短期借款
2	负债类	向中央银行借款	54	54向中央银行借款
2	负债类	吸收存款及同业存放	55	55吸收存款及同业存放
2	负债类	拆入资金	56	56拆入资金
2	负债类	交易性短期金融负债	57	57交易性短期金融负债
2	负债类	衍生短期金融负债	58	58衍生短期金融负债
2	负债类	应付票据	59	59应付票据
2	负债类	应付账款	60	60应付账款
2	负债类	预收账款	61	61预收账款
2	负债类	卖出回购金融资产款	62	62卖出回购金融资产款
2	负债类	应付手续费及佣金	63	63应付手续费及佣金
2	负债类	应付职工薪酬	64	64应付职工薪酬
2	负债类	应交税费	65	65应交税费
2	负债类	应付利息	66	66应付利息
2	负债类	应付股利	67	67应付股利
2	负债类	其他应交款	68	68其他应交款
2	负债类	应付保证金	69	69应付保证金
2	负债类	内部应付款	70	70内部应付款
2	负债类	其他应付款	71	71其他应付款
2	负债类	预提费用	72	72预提费用
2	负债类	预计流动负债	73	73预计流动负债
2	负债类	应付分保账款	74	74应付分保账款
2	负债类	保险合同准备金	75	75保险合同准备金
2	负债类	代理买卖证券款	76	76代理买卖证券款
2	负债类	代理承销证券款	77	77代理承销证券款
2	负债类	国际票证结算	78	78国际票证结算
2	负债类	国内票证结算	79	79国内票证结算
2	负债类	递延收益	80	80递延收益
2	负债类	应付短期债券	81	81应付短期债券
2	负债类	一年内到期的非流动负债	82	82一年内到期的非流动负债
2	负债类	其他流动负债	83	83其他流动负债
2	负债类		84	84流动负债合计
2	负债类	长期借款	85	85长期借款
2	负债类	应付债券	86	86应付债券
2	负债类	长期应付款	87	87长期应付款
2	负债类	专项应付款	88	88专项应付款
2	负债类	预计非流动负债	89	89预计非流动负债

图 8-11 报表汇总表

	A	B	C	D	E
1	序号	分类	分类序	利润表项目	一级科目
8	7	经营利润	1	研发费用	研发费用
9	8	经营利润	1	财务费用	财务费用
10	9	经营利润	1	公允价值变动收益（经营）	公允价值变动收益（经营）
11	10	经营利润	1	资产减值损失	资产减值损失
12	11	经营利润	1	资产处置收益	资产处置收益
13	12	经营利润	1	信用减值损失	信用减值损失
14	13	经营利润	1	其他收益	其他收益
15	14	经营利润	1	营业外收入	营业外收入
16	15	经营利润	1	营业外支出	营业外支出
17	16	经营利润	1	息税前经营利润	息税前经营利润
18	17	经营利润	1	经营利润所得税	经营利润所得税
19	18	经营利润	1	税后经营利润	税后经营利润
20	19	金融利润	2	财务费用中的利息收入	财务费用中的利息收入
21	20	金融利润	2	投资收益减去“来自联营和合营企 业的投资收益”	金融资产投资收益
22	21	金融利润	2	公允价值变动收益（金融）	公允价值变动收益（金融）
23	22	金融利润	2	税前金融利润	税前金融利润
24	23	金融利润	2	金融利润所得税	金融利润的所得税
25	24	金融利润	2	税后金融利润	税后金融利润
26	25	长期投资利润	3	对联营企业和合营企业的投资收益	对联营企业和合营企业的投资收益
27	26	利息支出	4	实际利息支出	利息支出
28	27	利息支出	4	税盾	税盾
29	28	利息支出	4	税后利息支出	税后利息支出
30	29	净利润	5	净利润	净利润

资产负债表-结构表 | 利润表-结构表 | 现金流量-结构表 | 报表汇总表 | 利润表重构汇总 | 近两年变动 | 近三年变动 | 营收分类 | 计算单位 | 财务指标 | 占比分母

图 8-12　利润表重构表

	A	B	C	D	E	F	G	H	I	J	K	L	M
1	类别序	分析内容	指标类别	内序	公式	指标名称	简单或累计	指标过滤	主要指标	主要指标序	顺序	分析指标	升或降
63	6	经营质量与风险	6、盈利质量分析	7	⑦	购建固定资产现金流出	0				62	6 购建固定资产现金流出	-1
64	6	经营质量与风险	6、盈利质量分析	8	⑧	偿还借款现金流出	0				63	6 偿还借款现金流出	-1
65	6	经营质量与风险	6、盈利质量分析	9	⑨	支付股付现金流出	0				64	6 支付股付现金流出	-1
66	7	经营质量与风险	7、偿债能力分析	1	①	长期资本(长期融资)	0				65	7 长期资本(长期融资)	1
67	7	经营质量与风险	7、偿债能力分析	2	②	长期资产	0				66	7 长期资产	1
68	7	经营质量与风险	7、偿债能力分析	3	③=①-②	长期资本余缺	0				67	7 长期资本余缺	1
69	7	经营质量与风险	7、偿债能力分析	4	④	营运资本	0				68	7 营运资本	1
70	7	经营质量与风险	7、偿债能力分析	5	⑤=③/④	易变现率	1	1			69	7 易变现率	1
71	7	经营质量与风险	7、偿债能力分析	6	⑥	流动比率	1	1			70	7 流动比率	1
72	7	经营质量与风险	7、偿债能力分析	7	⑦	资产负债率	1	1			71	7 资产负债率	-1
73	7	经营质量与风险	7、偿债能力分析	8	⑧	利息保障倍数	1	1			72	7 利息保障倍数	1
74	7	经营质量与风险	7、偿债能力分析	9	⑨	现金流量利息保障倍数	1	1			73	7 现金流量利息保障倍数	1
75	7	经营质量与风险	7、偿债能力分析	10	⑩	现金流量债务比	1	1			74	7 现金流量债务比	1
76	8	其它	发展能力	1		营业收入	0				75	8 营业收入	1
77	8	其它	发展能力	2		毛利	0				76	8 毛利	1
78	8	其它	发展能力	3		毛利率	1				77	8 毛利率	1
79	8	其它	发展能力	4		营业利润	0				78	8 营业利润	1
80	8	其它	发展能力	5		净利润	0				79	8 净利润	1
81	8	其它	发展能力	6		营收3年复合增长率	1	1			80	8 营收3年复合增长率	1
82	8	其它	发展能力	7	收入增长率 = 本期营业收入增加额/上期	收入增长率	1	1			81	8 收入增长率	1
83	8	其它	发展能力	8	营业利润增长率 = 本期营业利润增加额/	营业利润增长率	1	1			82	8 营业利润增长率	1
84	8	其它	发展能力	9	净利润增长率 = 本期净利润增加额/上期	净利润增长率	1	1			83	8 净利润增长率	1
85	8	其它	发展能力	10	资产增长率 = 本期资产增加额/资产期初	资产增长率	1	1			84	8 资产增长率	1
86	8	其它	发展能力	11	股东权益增长率 = 本期股东权益增加额/	股东权益增长率	1	1			85	8 股东权益增长率	1
87	9	其它	主要指标	1		营业收入			营业收入	1	86	9 营业收入	1
88	9	其它	主要指标	2		净利润			净利润	2	87	9 净利润	1
89	9	其它	主要指标	3	·	总资产			总资产	3	88	9 总资产	1
90	9	其它	主要指标	4		净资产			净资产	4	89	9 净资产	1
91	9	其它	主要指标	5		经营现金净流量			经营现金净流量	5	90	9 经营现金净流量	1

资产负债表-结构表 | 利润表-结构表 | 现金流量-结构表 | 报表汇总表 | 利润表重构汇总 | 财务指标 | 近两年变动 | 近三年变动 | 营收分类 | 计算单位 | 占比分母

图 8-13　财务指标表

报表序	报表	分母序	占比分母
1	资产类	1	资产总额
2	负债类	1	资产总额
3	权益类	1	资产总额
4	收入支出	2	营业总收入
5	现金流量	3	销售商品劳务收到的现金（默认）
5	现金流量	5	经营现金净流量
6	现金流量附表	4	净利润（默认）
6	现金流量附表	5	经营现金净流量

图 8-14　占比分母

序号	变动状态
1	同比上升
2	相对稳定
3	同比下降
4	资料不足

图 8-15　近两年变动

序号	变动状态
1	增速加快
2	增速放缓
3	先稳后增
4	凹型变化
5	先增后稳
6	稳定不变
7	先降后稳
8	凸型变化
9	先稳后降
10	降速放缓
11	降速加快
12	资料不足

图 8-16　近三年变动

序号	营收分类
1	小于10亿
2	10-50亿
3	50-100亿
4	100亿+

图 8-17　营收分类

序号	单位
1	亿元
2	百万
3	万元
4	元

图 8-18　计算单位

第三节 关系模型的创建

关系模型的创建能够使维度表和事实表之间通过一条对应的关系线实现数据表的横向扩展,从而使数据之间可以随意调用。建立模型主要是通过功能组件 Power Pivot 完成。建立模型需要确定哪些是事实表、哪些是维度表,以及表与表之间的关系等。在表与表之间的关系建立起来之后,如果业务逻辑比较复杂,通过鼠标进行简单的拖曳可能不能达到分析目的,这时就需要使用 DAX 函数编写度量值,从而将各业务指标表示出来。最终的报表分析关系模型如图 8-19 所示(因页面大小限制,印刷文字太小,此处以二维码形式列示图片)。

图 8-19　报表分析关系模型

具体的表与表之间关系对照,如图 8-20 至图 8-23 所示。

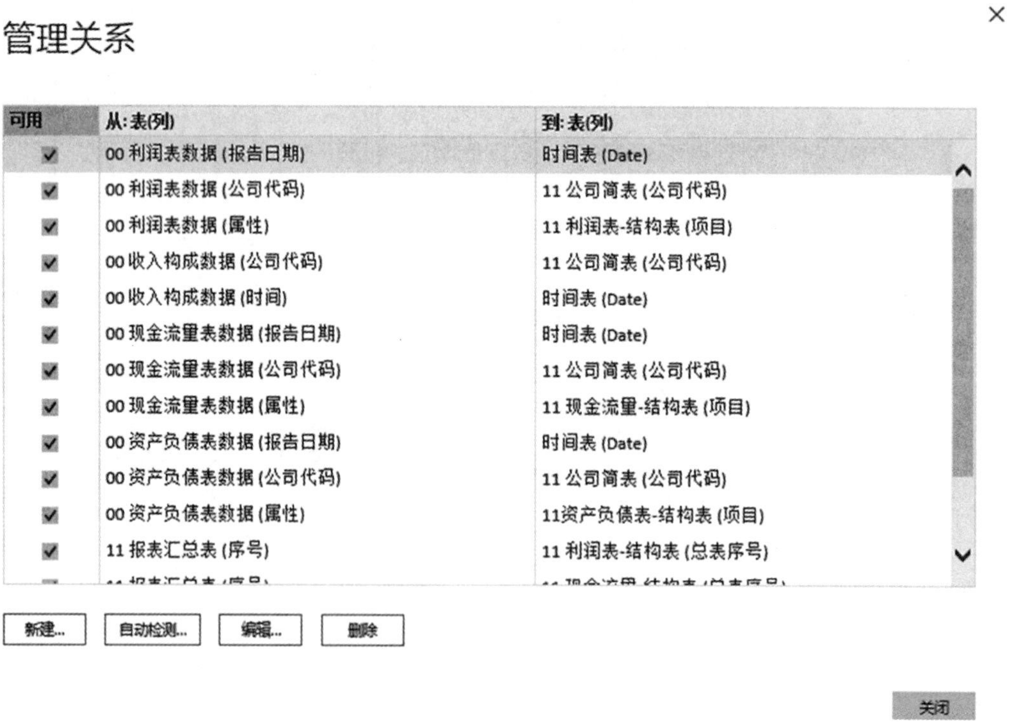

图 8-20　关系管理对照表(1)

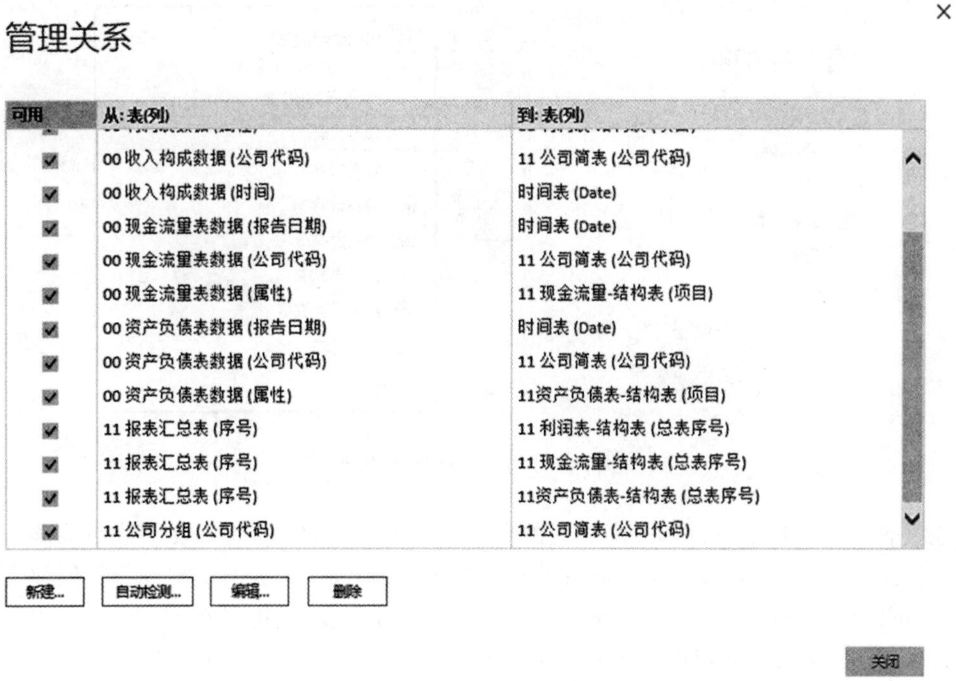

管理关系

可用	从: 表(列)	到: 表(列)
✓	00 收入构成数据 (公司代码)	11 公司简表 (公司代码)
✓	00 收入构成数据 (时间)	时间表 (Date)
✓	00 现金流量表数据 (报告日期)	时间表 (Date)
✓	00 现金流量表数据 (公司代码)	11 公司简表 (公司代码)
✓	00 现金流量表数据 (属性)	11 现金流量-结构表 (项目)
✓	00 资产负债表数据 (报告日期)	时间表 (Date)
✓	00 资产负债表数据 (公司代码)	11 公司简表 (公司代码)
✓	00 资产负债表数据 (属性)	11资产负债表-结构表 (项目)
✓	11 报表汇总表 (序号)	11 利润表-结构表 (总表序号)
✓	11 报表汇总表 (序号)	11 现金流量-结构表 (总表序号)
✓	11 报表汇总表 (序号)	11资产负债表-结构表 (总表序号)
✓	11 公司分组 (公司代码)	11 公司简表 (公司代码)

[新建...] [自动检测...] [编辑...] [删除]

[关闭]

图 8-21 关系管理对照表(2)

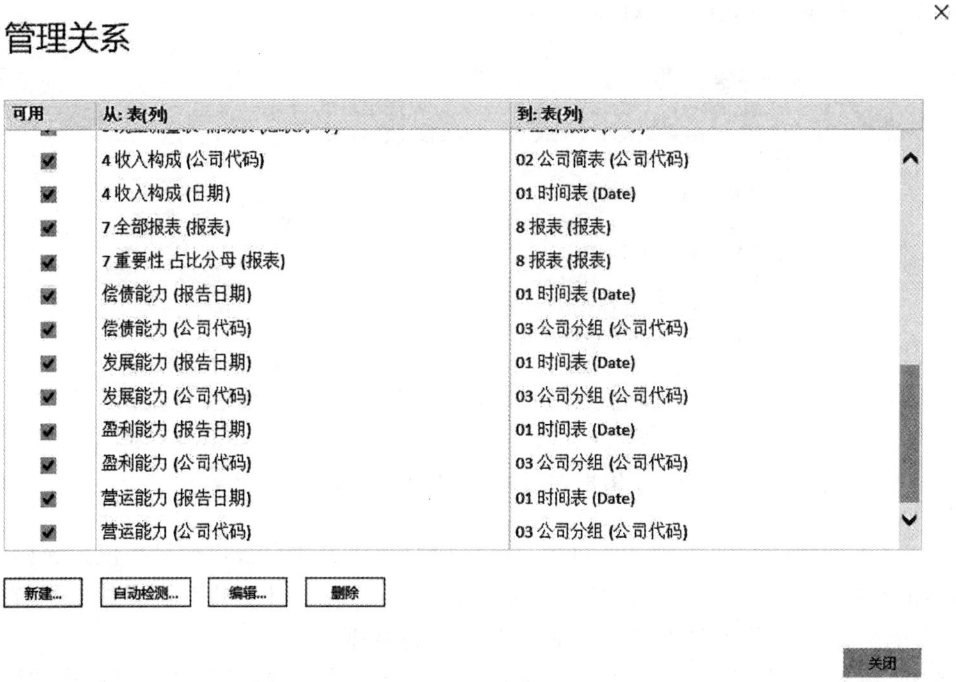

管理关系

可用	从: 表(列)	到: 表(列)
✓	4 收入构成 (公司代码)	02 公司简表 (公司代码)
✓	4 收入构成 (日期)	01 时间表 (Date)
✓	7 全部报表 (报表)	8 报表 (报表)
✓	7 重要性 占比分母 (报表)	8 报表 (报表)
✓	偿债能力 (报告日期)	01 时间表 (Date)
✓	偿债能力 (公司代码)	03 公司分组 (公司代码)
✓	发展能力 (报告日期)	01 时间表 (Date)
✓	发展能力 (公司代码)	03 公司分组 (公司代码)
✓	盈利能力 (报告日期)	01 时间表 (Date)
✓	盈利能力 (公司代码)	03 公司分组 (公司代码)
✓	营运能力 (报告日期)	01 时间表 (Date)
✓	营运能力 (公司代码)	03 公司分组 (公司代码)

[新建...] [自动检测...] [编辑...] [删除]

[关闭]

图 8-22 关系管理对照表(3)

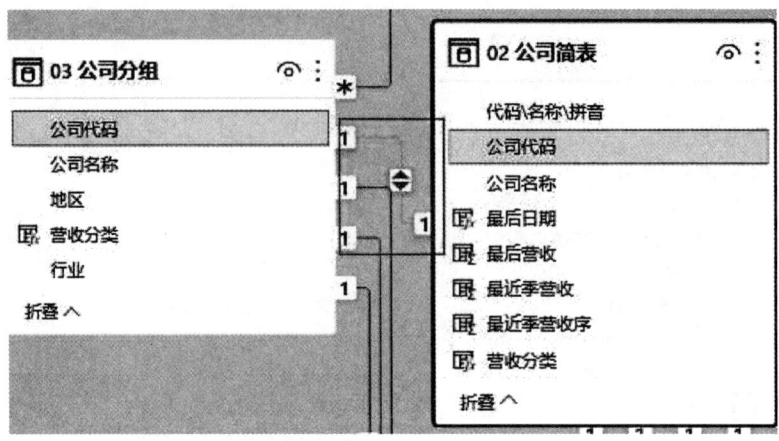

图 8-23 关系管理对照表(4)

在报表分析过程中对日期时间维度的分析是非常重要的,因此需要创建时间表。时间表是一种维度表,即时间维度表。其目的是通过时间控制筛选多张事实表。其创建方法多种多样,可以使用时间智能函数简化 DAX 公式创建时间表,也可以在 Excel 文件中创建好之后再导入 Power BI,还可以在 Power Query 中创建,甚至可以直接用 DAX 表达式创建。下面利用 DAX 表达式创建一张时间表。

（1）在功能区中单击"建模""新建表"按钮。
（2）在编辑栏中输入如图 8-24 所示的 DAX 公式。
（3）进入模型视图,建立一对多的关系。

```
1  01 时间表 =
2  VAR MinYear =    YEAR ( MIN ( '2 利润表'[报告日期] ) )
3  VAR MaxYear =    YEAR ( MAX ( '2 利润表'[报告日期] ) )
4  RETURN
5  ADDCOLUMNS (
6      CALENDAR ( date(MinYear,1,1),date(MaxYear,12,31)),
7      "年", YEAR ( [date] ),
8      "季", QUARTER( [Date] ),
9      "月", MONTH ( [date] ),
10     "季度",   "Q" & QUARTER( [date] ) ,
11     "年季度",  right(YEAR  ([date] ),2) & "Q" & QUARTER( [date] ) ,
12     "年月",  right(YEAR ( [date] ),2) *100+ MONTH ( [date] )
13  )
```

图 8-24 时间表的 DAX 公式

图 8-25 中 DAX 公式的作用是创建一张以抓取利润表的报告日期最小值为起始,最大值为终止的时间表,并将其按照自然年度的 1 月 1 日至 12 月 31 日作为主要数据列,在此基础上,分解出"年""季""月""季度""年季度""年月"等数据列。

至此,数据的获取整理、数据模型的建立已经全部完成,用户可使用自己抓取的数据及数据仓库进行后续的智能财务报表可视化分析环节,如数据抓取及整理有缺项,可采用随书提供的数据仓库进行后续章节的操作学习。

本章小结

本章主要介绍了数据爬取完成后,如何将数据导出并建立一个小的数据仓库,在数据仓库的基础上进行数据建模,为可视化分析奠定基础。导出数据建立数据仓库的目的是保证数据分析的稳定性,建立模型是为了可视化能顺利实施。读者在本部分将会理解数据仓库的含义和作用,这部分是读者数据分析学习的里程碑。

第三部分

创建交互式财务报表及综合分析

导入案例

　　财务报表分析属于财务管理的一项重要内容。财务管理的内容包括企业内部建立的管理制度,针对企业的资金、运动及各项经济活动的管理等。有效的财务管理可以为企业后期的经营提供数据参考。资产负债表是反映企业在某一特定日期财务状况的报表。通过对资产负债表的分析,分析人员可以对企业的资产负债情况进行分析和理解,了解企业在实际运营中存在的各种问题。利润表是反映企业在某一会计期间财务成果的报表,可提供企业在月度、季度或年度内净利润或亏损的形成情况,为企业的经营活动提供对应的参考数据。从现金流量表中可以分析出企业的现金收支情况,现金流量表通常是按周期进行记录的,这样可以确保获取的现金流量信息是有时效性的,从而分析现金流出和现金流入是否合理。因此,财务报表分析的重要性不言而喻。实际操作中,由于相关的数据资料上传时间存在差异,导致财务报表及相关财务指标分析在各个阶段的数据之间不能进行对比;财务报表分析采用过时的方法获取的数据信息因时效性较差,导致得到的结果也不够准确。

　　而 Power BI 的一键刷新功能,能够在接入数据接口的基础上,有效地调取数据,并对既有数据清洗步骤进行一键式的更新加载,无需多次重复数据清洗。此外,Power BI 设计的交互式的三大财务报表和众多指标分析以及杜邦分析等多张报表分析页面,能够极大程度地满足报表使用者的各项指标分析需求。无论是对数据的展现,还是在财务分析的便捷程度上,Power BI 的运用均能够满足当下时代财务数字化改革的需求。

　　用 Power BI 制作一个财务分析报告,用到的 Power BI 功能比较多,难度虽然不是很大,但一定要动手实操才能灵活运用,尽可能地使最终的报告接近于我们的设计初衷,洞察数据背后的业务变化和趋势。

第九章
交互式资产负债表分析

第一节 资产负债表分析的目的

资产负债表是总括地反映企业在某一特定日期财务状况的财务报表。它是根据"资产＝负债＋所有者权益"这一会计公式,按照一定的分类标准和顺序,将企业在一定日期的全部资产、负债和所有者权益项目进行适当的分类、汇总、排列顺序后编制而成的。

资产负债表可以反映企业资产、负债、所有者权益的全貌。它能够提供丰富的信息,具有以下作用:

(1) 资产负债表中的资产项目,反映了企业各种资源的数量、结构以及企业偿还债务的能力,有助于预计企业履行支付承诺的能力。

(2) 资产负债表中的负债、所有者权益项目,揭示了企业所承担的长短期债务的数量、偿还期限的长短,反映了企业的投资者对本企业资产所持有的权益,有助于会计信息使用者了解企业资金来源的构成,分析企业的资本结构,了解企业所面临的财务风险。

(3) 会计信息使用者通过对资产负债表的分析,可以了解企业的偿债实力、投资实力和支付实力。若把不同时期资产负债表中相同项目横向对比和不同时期相同项目纵向对比,还可以反映企业资金结构的变化情况及财务状况的发展趋向。

第二节 资产负债表的结构构成

一、传统资产负债表的结构

资产负债表一般由表首、正表和补充资料三部分内容构成。

(1) 表首部分包括报表名称、编制单位、报表日期、金额单位及币种等内容。

(2) 正表部分依据"资产＝负债＋所有者权益"这一会计平衡公式进行设计,全部项目分为资产、负债和所有者权益(股东权益)三大类。

资产负债表正表部分的结构通常有账户式和报告式两种。根据我国《企业会计准则》的规定，企业的资产负债表采用账户式结构。账户式资产负债表是将资产项目列在表的左方，负债及所有者权益项目列在表的右方，使资产负债表的左右双方平衡。账户式资产负债表的结构如表 9-1 所示。

表 9-1　资产负债表(账户式)

编制单位：　　　　　　　　　　　　年　　月　　日　　　　　　　　　　　　　单位：

资产	期末余额	上年年末余额	负债和所有者权益(或股东权益)	期末余额	上年年末余额
流动资产：			流动负债：		
货币资金			短期负债		
交易性金融资产			应付票据		
应收票据			应付账款		
应收账款			预收账款		
预付账款			应付职工薪酬		
其他应收款			应交税费		
存货			其他应付款		
其他流动资产			流动负债合计		
流动资产合计			非流动负债：		
非流动资产：			长期借款		
长期股权投资			应付债券		
固定资产			长期应付款		
在建工程			非流动负债合计		
无形资产			负债合计		
非流动资产合计			所有者权益：		
			股本		
			盈余公积		
			未分配利润		
			所有者权益合计		
资产合计			负债和所有者权益合计		

资产负债表中资产项目的分类与排列，是按照资产的流动性即变现能力及耗用周期进行的，即先是流动资产，再是非流动资产。资产负债表资产项目的排列依次是：货币资金、交易性金融资产、应收票据、应收账款、预付账款、其他应收款、存货、其他流动资产、长期股权投资、固定资产、在建工程、无形资产等。

在资产负债表中，以负债的偿还期长短为标准进行排列，并根据这一标准，对各负债项目在资产负债表中排列,流动负债排在前、非流动负债排在后。资产负债表负债项目的排列依次是:短期借款、应付票据、应付账款、预收账款、应付职工薪酬、应交税费、其他应付款、长期借款、应付债券、长期应付款等。

所有者权益是企业投资者对企业的所有权,也就是企业全部资产中由投资者提供并归属其所有的部分,包括实收资本、资本公积、盈余公积和未分配利润,并按这一顺序排列。

(3) 补充资料部分,是对资产负债表基本部分的补充说明,是为了提供企业和有关部门需要了解的有关指标的详细内容。一般以报表的附注形式呈现。

为了便于分析者比较不同时点资产负债表的数据,资产负债表还将各项目再分为"上年年末余额"和"期末余额"两栏分别填列。在实务中,一些项目排列还可能发生变化,但基本内容不会变。

二、资产负债表的重构

传统资产负债表的左边按照资产的流动性列式不同企业资产的具体构成,右边列式资产的来源。重构资产负债表按照对利润的贡献程度,将资产分为经营性资产和投资性资产,其中经营性资产指的是企业在生产经营过程中需要消耗的、或者产生的资产,一般包括存货、各类债权、固定资产、无形资产等。投资性资产一般包括交易性金融资产、债权投资、长期股权投资等。负债也可以根据属性分为金融性负债(短期借款、长期借款等)和经营性负债(各类债务、应交职工薪酬、应交税费等)。所有者权益按照形成来源分为股东投入和留存收益,其中股东投入包括股本和资本公积;留存收益包括盈余公积和未分配利润。负债和所有者权益合称广义的资本,即资产负债表右边可以重构为四类资本,分别是金融性负债资本、经营性负债资本、股东投入资本、留存收益资本,资产负债表的左边重构为经营性资产和投资性资产。具体的内容如表9-2所示。

表9-2 资产负债表

编制单位:　　　　　　　　　　　　　年　月　日　　　　　　　　　　　　　单位:

资产构成	期末余额	上年年末余额	资产来源	期末余额	上年年末余额
经营性资产:			金融性负债资本:		
货币资金			短期借款		
应收票据			长期借款		
应收账款			应付债券		
预付账款			长期应付款		
存货			经营性负债资本:		
固定资产			应付票据		
无形资产			应付账款		
投资性资产:			预收账款		
交易性金融资产			应付职工薪酬		

(续表)

资产构成	期末余额	上年年末余额	资产来源	期末余额	上年年末余额
债权			应交税费		
持有至到期投资			股东投入资本：		
长期股权投资			股本		
			盈余公积		
			留存收益资本：		
			未分配利润		
资产构成合计			资产来源合计		

第三节 资产负债表的核心指标

一、流动比率

流动比率是流动资产与流动负债的比率，它表明企业每1元流动负债有多少流动资产作为偿还保证，反映企业用可在短期内转变为现金的流动资产偿还到期流动负债的能力。其计算公式为：

$$流动比率 = \frac{流动资产}{流动负债} \times 100\%$$

公式中：

（1）流动资产是指企业可以在1年或超过1年的一个营业周期内变现或被耗用的资产。

（2）流动负债是指企业可以在1年或超过1年的一个营业周期内偿还的债务。

该指标分析如下：

（1）流动比率衡量企业流动资金的大小，充分考虑流动资产规模与流动负债规模之间的关系，判断企业短期债务到期前，可以转化为现金用于偿还流动负债的能力。

（2）该指标越高，表明企业流动资产流转得越快，偿还流动负债的能力越强。但需注意，该指标若过高，说明企业的资金利用效率比较低下，对企业的生产经营也不利，国际上公认标准比率为200%，我国表现较好企业的比率为150%左右。

（3）一般而言，如果行业生产周期较长，则企业的流动比率就应相对提高；如果行业生产周期较短，则企业的流动比率就应相对降低。在实际操作时，应将该指标与行业的平均水平进行比较分析。

二、速动比率

速动比率是企业速动资产与流动负债的比率。所谓速动资产，是指流动资产减去变现能力较差且不稳定的存货以后的余额。其计算公式为：

$$速动比率=\frac{速动资产}{流动负债}\times 100\%$$

公式中：

速动资产是流动资产扣除存货以后的数额，计算公式如下：

$$速动资产=流动资产-存货$$

该指标分析如下：

（1）速动比率是对流动比率的补充，是在分子中剔除了流动资产中变现能力较差且不稳定的存货后，计算的企业实际短期债务偿还能力，较为准确。

（2）该指标越高，表明企业偿还流动负债的能力越强。国际上公认标准比率为100%，此时表明企业既有好的债务偿还能力，又有合理的流动资产结构。

（3）由于行业间的关系，速动比率合理水平值的差异较大，在实际应用中，应结合行业特点分析判断。

三、现金比率

现金比率是企业现金类资产与流动负债的比率。现金类资产除了货币资金，还包括短期内可以变现、且变现金额确定的有价证券，主要是交易性金融资产。其计算公式为：

$$现金比率=\frac{货币资金+有价证券}{流动负债}\times 100\%$$

该指标分析如下：

（1）现金比率可以准确地反映企业的直接偿付能力，尤其对于应收账款和存货变现能力较差的企业，这一指标的计算分析尤为重要。

（2）该指标越高，表明企业可立即用于偿还债务的现金类资产越多，但如果这一指标过高又会影响企业的收益，一般认为这一比例在20%左右时，企业的直接支付能力不会有太大的问题。

四、资产负债率

资产负债率又称负债比率，是企业一定时期负债总额与资产总额的比率，它表明企业资产总额中债权人提供资金所占比重以及企业资产对债权人权益的保障程度。该指标是评价企业负债水平的综合指标。其计算公式为：

$$资产负债率=\frac{负债总额}{资产总额}\times 100\%$$

公式中：

（1）负债总额是指企业承担的各项短期负债与长期负债的总和。

（2）资产总额是指企业拥有的各项资产价值的总和。

该指标分析如下：

（1）资产负债率是衡量企业负债水平及风险程度的重要判断标准。该指标对企业投资人和企业债权人都十分重要，适度的资产负债率既能表明企业投资人、债权人的投资风险较小，又能表明企业经营安全、稳健、有效，具有较强的筹资能力。

（2）资产负债率是国际公认的衡量企业负债偿还能力和经营风险的重要指标，根据国内经济环境判断一般不高于50%，国际上一般公认水平为60%。

（3）根据我国当前企业生产经营实际以及所属行业的资产周转特征和长期债务偿还能力，不同行业中企业的资产负债率各不相同。

五、产权比率

产权比率也称资本负债率，是指企业负债总额与所有者权益总额的比率，是企业财务结构稳健与否的重要标志。它反映企业所有者权益对债权人权益的保障程度。其计算公式为：

$$产权比率 = \frac{负债总额}{所有者权益总额} \times 100\%$$

该指标分析如下：

一般情况下，产权比率越低，表明企业的长期偿债能力越强，对债权人权益的保障程度越高，承担的风险越小，但企业不能充分地发挥负债的财务杠杆效益。所以，企业在评价产权比率适度与否时，应从提高获利能力与增强偿债能力两个方面综合进行，即在保障偿还安全的前提下，应尽可能提高产权比率。

六、权益乘数

权益乘数又称股本乘数，是指资产总额相当于股东权益的倍数。其计算公式为：

$$权益乘数 = 1 + 产权比率 = \frac{资产总额}{所有者权益总额} \times 100\%$$

该指标分析如下：

权益乘数越大表明所有者投入企业的资本占全部资产的比重越小，企业负债的程度越高；反之，该比率越小，表明所有者投入企业的资本占全部资产的比重越大，企业的负债程度越低，债权人权益受保护的程度越高。

第四节 交互式资产负债表的设计与创建

本节以2011—2021年上市公司的数据为基础，在搭建辅助表的基础上进行交互式资产负债表可视化页面的制作。具体页面布局因分析需要可进行设计和改造。本节就规范资产负债表界面（图9-1）和重构后的资产负债表分析界面（图9-2）两种页面设计进行逐一展示。

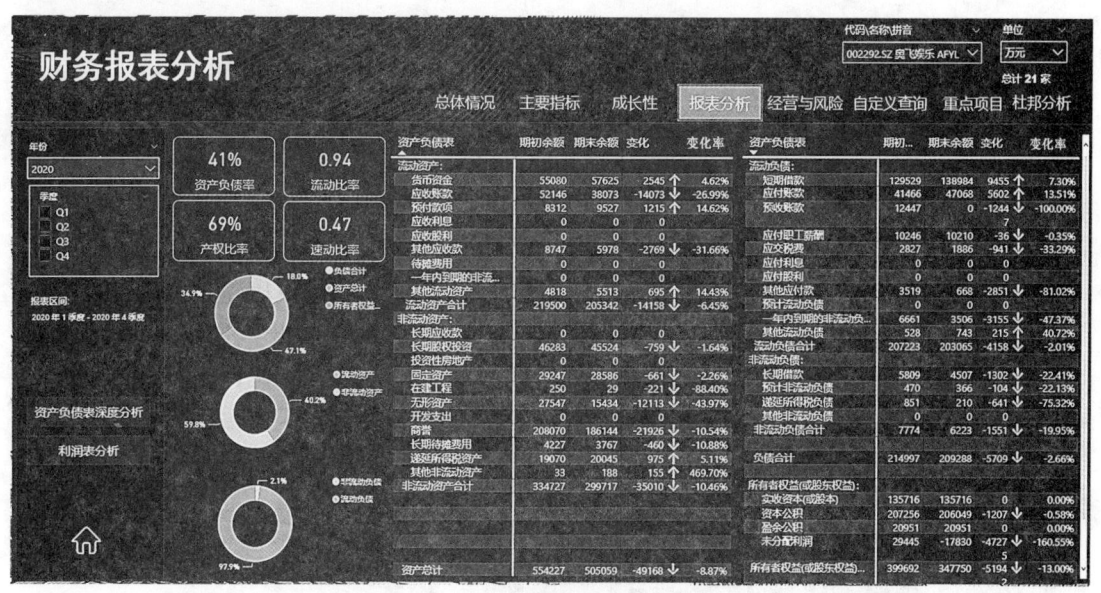

图 9-1 规范资产负债表界面

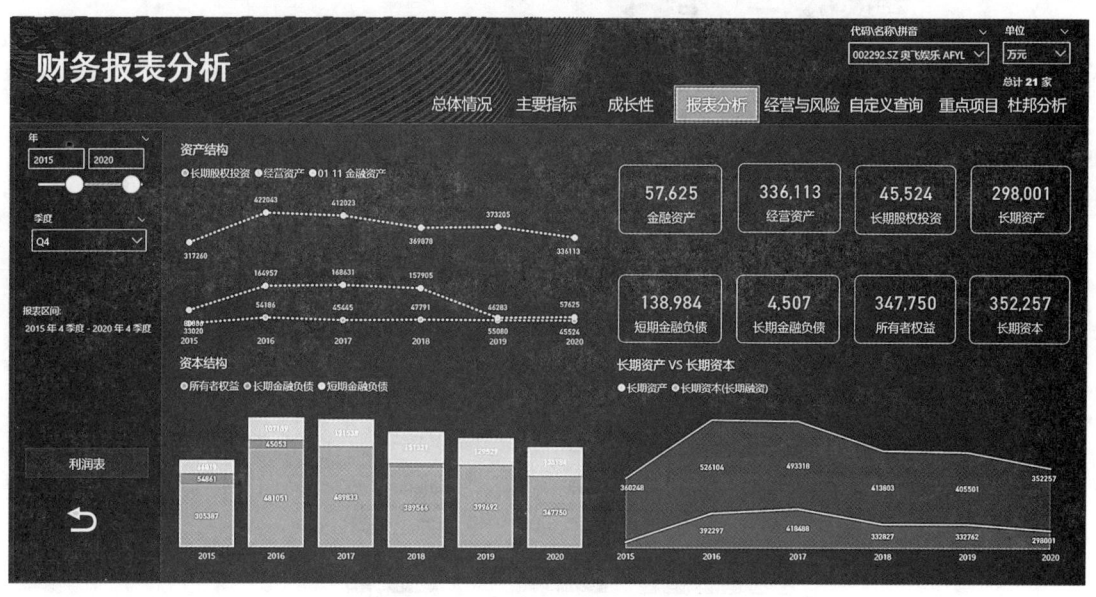

图 9-2 重构后的资产负债表分析界面

一、规范资产负债表页面设计

在超过 4 000 家上市公司的数据基础之上,规范的资产负债表分析离不开时间点、公司名称、数据单位等条件的选取,因此需要创建筛选器。资产负债表的主要项目(资产、负债、所有者权益)要展示其期初、期末的具体数值,也要展示按时间变化的方向和比重,还要展示不同分项目占总项目的比重,因此需要选择承载元素较多的矩阵。资产负债表核心指标要直观看到其比率,所以要选择显示几个核心指标的卡片图。此外,总项目及分项目所占比重可用圆环图或者饼图进行展示。

(一)设置筛选条件

上市公司资产负债表数据的呈现需要多重的筛选定位条件,下面结合数据内容创建"代码\名称\拼音""单位""年份""季度"四个切片器,供报表使用人选取不同条件下的资产负债表数据。

(1)插入视觉对象切片器,将"公司简表"中的"代码\名称\拼音"列拖拽至"字段"项目中,在默认效果基础上,打开格式设置界面,打开"切片器设置"的单项选择功能,能够避免资产负债表数据这一时点表因多项选择导致的无意义数据累加。进一步打开"切片器标头""边框""值"等选项,并对选项按照可视化的基本原则将其格式进行规范设置,具体如图 9-3 所示。

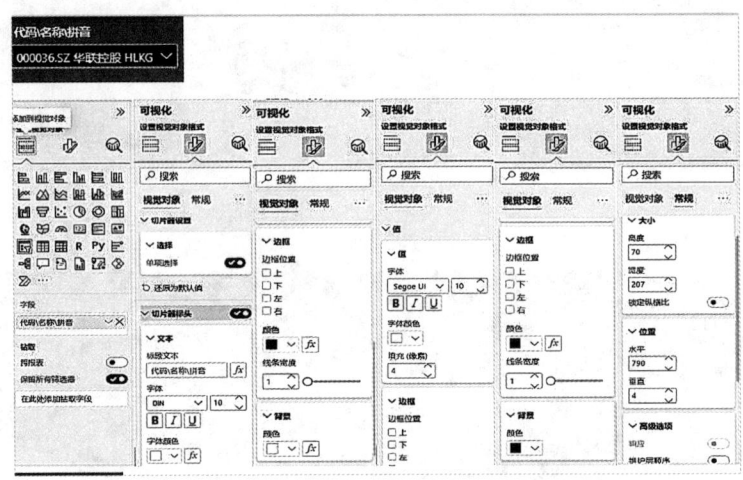

图 9-3 "代码\名称\拼音"切片器及格式设置

(2)按照上述步骤,再添加表"计算单位"中"单位"列的切片器,如图 9-4 所示。

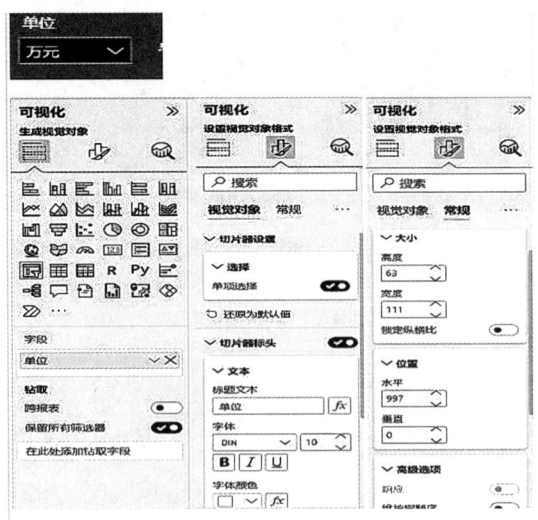

图 9-4 "单位"切片器及格式设置

（3）继续按照上述步骤，添加表"时间表"中"年"列的切片器。注意将年这一特殊的数据列也按照下拉形式选择，并特别打开单项选择条件，如图9-5所示。

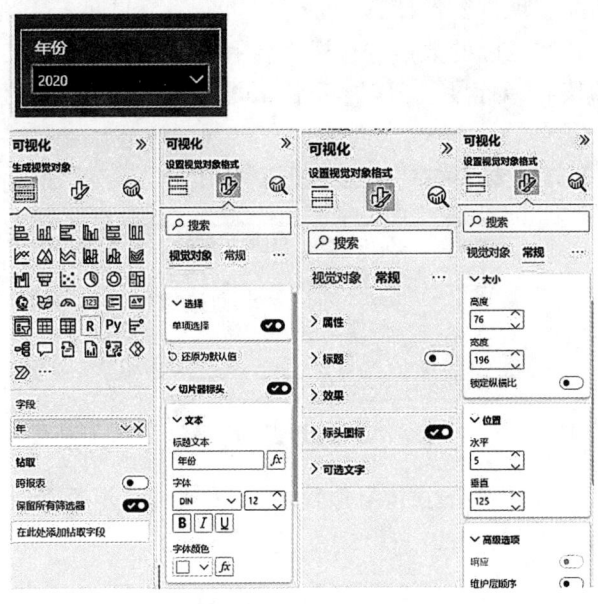

图9-5 "年"切片器及格式设置

（4）进一步添加表"时间表"中"季度"列的切片器。而季度作为数据选项较少的固定内容，且抓取数据较少出现季度维度的数据，所以要求其以列表形式显示并可多选，此处切片器的设计仅为可视化美观和后期分析维度的统一，具体设置如图9-6所示。

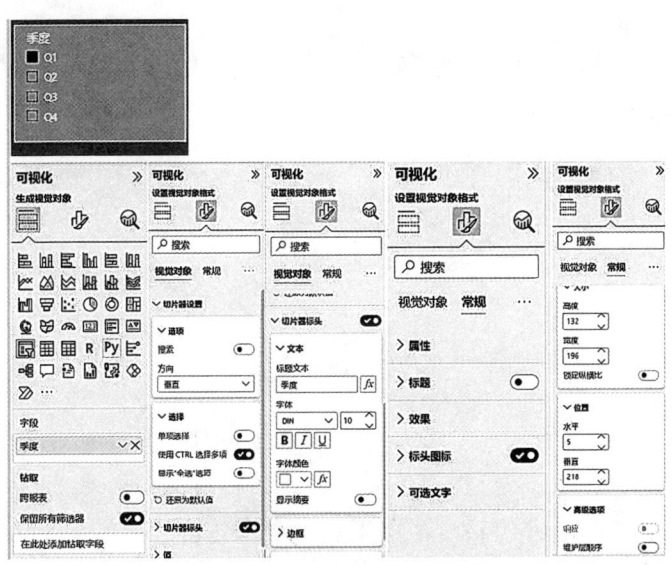

图9-6 "季度"切片器及设计

(二) 编写度量值

资产负债表的金额是时点数，除了基础数据小计的度量值，还要深入结合时间智能函数将各个细项按照辅助表项进行再计算，加之"期初余额"和"期末余额"的创建，才能将表格项目按照正确的形式和准确的数据进行规范显示。此外，为体现交互式报表的优势，创建资产负债表相关的核心指标度量值，通过卡片图进行显示，直观展示企业资产负债表情况。

（1）在功能区中单击"建模"菜单"新建度量值"按钮，如图 9-7 所示。

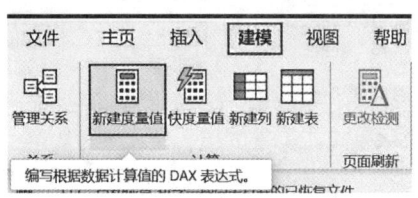

图 9-7 "新建度量值"按钮

（2）依次创建以下度量值（注意：度量值较多时，需要进行规范管理，管理操作见本书第五部分第十六章有关度量值管理的内容）：

```
00 00 计算单位 =
SWITCH(SELECTEDVALUE('11 计算单位'[单位]),
    "元",  0.0001,
    "百万", 100,
    "亿元", 10000,
    1
)


01 00 资产负债小计 = sum('00 资产负债表数据表'[值])/[00 00 计算单位]


01 01 期初余额 =
    var x = min('11 时间表'[Date]) - 1
    Return
    calculate([01 11 期末余额计算],'11 时间表'[Date] = x)


01 01 资产合计 = calculate(
    [01 00 资产负债小计],
    '00 资产负债表数据表'[属性] = "资产总计",
    filter(all('11 时间表'),'11 时间表'[Date] = max('00 现金流量表数据表'[报告日期])))


01 011 流动资产 = CALCULATE(
    [01 00 资产负债小计],
    '00 资产负债表数据表'[属性] = "流动资产合计",
    FILTER(all('11 时间表'),'11 时间表'[Date] = max('00 资产负债表数据表'[报告日期])))
```

```
01 011 期末余额 =
    var x = max('11 时间表'[Date])
    Return
    calculate([01 11 期末余额计算],'11 时间表'[Date]=x)

01 0111 速动资产 = CALCULATE(
    [01 00 资产负债小计],
    '11 资产负债表－结构表'[特殊标识]="速动资产",
    FILTER(all('11 时间表'),'11 时间表'[Date]=max('00 资产负债表数据表'[报告日期])))

01 012 非流动资产 = CALCULATE(
    [01 00 资产负债小计],
    '00 资产负债表数据表'[属性]="非流动资产合计",
    FILTER(all('11 时间表'),'11 时间表'[Date]=max('00 资产负债表数据表'[报告日期])))

01 02 负债合计 = calculate(
    [01 00 资产负债小计],
    '00 资产负债表数据表'[属性]="负债合计",
    filter(all('11 时间表'),'11 时间表'[Date]=max('00 现金流量表数据表'[报告日期])))

01 021 流动负债 = calculate(
    [01 00 资产负债小计],
    '00 资产负债表数据表'[属性]="流动负债合计",
    filter(all('11 时间表'),'11 时间表'[Date]=max('00 现金流量表数据表'[报告日期])))

01 022 非流动负债 = calculate(
    [01 00 资产负债小计],
    '00 资产负债表数据表'[属性]="非流动负债合计",
    filter(all('11 时间表'),'11 时间表'[Date]=max('00 现金流量表数据表'[报告日期])))

01 03 所有者权益 = calculate(
    [01 00 资产负债小计],
    '00 资产负债表数据表'[属性]="所有者权益(或股东权益)合计",
    filter(all('11 时间表'),'11 时间表'[Date]=max('00 现金流量表数据表'[报告日期])))

01 033 负债和所有者权益(或股东权益)总计 = [01 02 负债合计]+[01 03 所有者权益]

01 04 取数差异 = sumx(all('11 资产负债表－结构表'),[01 01 资产合计]-[01 02 负债合计]-[01 03 所有者权益])

01 04 资产负债表校验 =
SWITCH(
```

```
    SELECTEDVALUE('11 资产负债表-结构表'[大类]),
    "资产",      [01 01 资产合计],
    "负债",      [01 02 负债合计],
    "所有者权益",  [01 03 所有者权益],
    "取数差异",   [01 04 取数差异],
    [01 01 资产合计])


01 07 应付账款 =
CALCULATE(
    [01 00 资产负债小计],
    '00 资产负债表数据表'[属性]="应付账款",
    FILTER(all('11 时间表'),'11 时间表'[Date]=max('00 资产负债表数据表'[报告日期])))


01 09 资产负债表中该公司的最近日期 =
var a = FILTER(ALL('00 资产负债表数据表'),
            AND(not ISBLANK('00 资产负债表数据表'[值]),
                '00 资产负债表数据表'[公司代码]=VALUES('00 公司简表'[公司代码])
                )
            )
return
MAXX(a,'00 资产负债表数据表'[报告日期])


01 09 资产负债表中该公司的最早日期 =
var a = FILTER(ALL('00 资产负债表数据表'),
            AND(not ISBLANK('00 资产负债表数据表'[值]),
                '00 资产负债表数据表'[公司代码]=VALUES('00 公司简表'[公司代码])
                )
            )
return
MinX(a,'00 资产负债表数据表'[报告日期])


01 10 存货 = calculate(
    [01 00 资产负债小计],
    '00 资产负债表数据表'[属性]="存货",
    filter(all('11 时间表'),'11 时间表'[Date]=max('00 现金流量表数据表'[报告日期])))


01 10 固定资产 = calculate(
    [01 00 资产负债小计],
    '11 资产负债表-结构表'[项目名称]="非流动负债合计",
    filter(all('11 时间表'),'11 时间表'[Date]=max('00 资产负债表数据表'[报告日期])))
  + calculate(
    [01 00 资产负债小计],
```

```
    '11 资产负债表-结构表'[项目名称]="固定资产清理",
    filter(all('11 时间表'),'11 时间表'[Date]=max('00 资产负债表数据表'[报告日期])))
```

```
01 10 平均存货 =
VAR a = [01 10 存货]
VAR b = CALCULATE([01 10 存货],
FILTER(all('11 时间表'),year('11 时间表'[Date])=year(max('11 时间表'[Date]))-
1&&MONTH('11 时间表'[Date])=12))
var c = [01 09 资产负债表中该公司的最早日期]
var d = CALCULATE( [01 10 存货],FILTER(all('11 时间表'),'11 时间表'[Date]=[01 09 资产负债表中该公司的最早日期] ))
VAR e = if((year(max('11 时间表'[Date]))-1) *100+12>=year(c)*100+month(c),b,d)
RETURN
if(ISBLANK(a),BLANK(),(a+e)/2)
```

```
01 10 应收账款 = calculate(
    [01 00 资产负债小计],
    '11 资产负债表-结构表'[项目名称]="应收账款",
    filter(all('11 时间表'),'11 时间表'[Date]=max('00 资产负债表数据表'[报告日期])))
```

```
01 11 期末余额计算 =
var x = selectedvalue('11 资产负债表-结构表'[项目])
Return
switch(true,
x="流动资产合计",[01 011 流动资产],
x="非流动资产合计",[01 012 非流动资产],
x="资产总计",[01 01 资产合计],
x="流动负债合计",[01 021 流动负债],
x="非流动负债合计",[01 022 非流动负债],
x="负债合计",[01 02 负债合计],
x="所有者权益(或股东权益)合计",[01 03 所有者权益],
x="负债和所有者权益(或股东权益)总计",[01 033 负债和所有者权益(或股东权益)总计],
calculate([01 00 资产负债小计],'00 资产负债表数据表'[属性]=x))
```

```
01 12 货币资金 = calculate([01 00 资产负债小计],'11 资产负债表-结构表'[项目名称]="货币资金")
```

```
01 13 流动比率 = divide('00 度量值'[01 011 流动资产],'00 度量值'[01 021 流动负债])
```

```
01 14 现金比率 = divide([01 12 货币资金],'00 度量值'[01 021 流动负债])
```

```
01 15 变化 = [01 011 期末余额]-[01 01 期初余额]
```

01 15 变化% = divide([01 15 变化],[01 01 期初余额])

01 16 资产负债率 = divide([01 02 负债合计],[01 01 资产合计])

01 17 流动比率 = divide([01 011 流动资产],[01 021 流动负债])

01 18 产权比率 = divide([01 02 负债合计],[01 03 所有者权益])

01 19 速动比率 = divide([01 0111 速动资产],[01 021 流动负债])

(三)设置矩阵

矩阵设置的样式多种多样,可按维度表规范放置在一个矩阵中,也可将其分成两个矩阵,分别显示资产负债表左右两列内容,本书选择后者。

(1)在可视化图表中选择插入"矩阵",矩阵的行放入"顺序"和"资产负债表",值放入"期初余额""期末余额""变化""变化%"字段,如图 9-8 所示。在筛选器中将大类筛选为"资产",如图 9-8 所示。

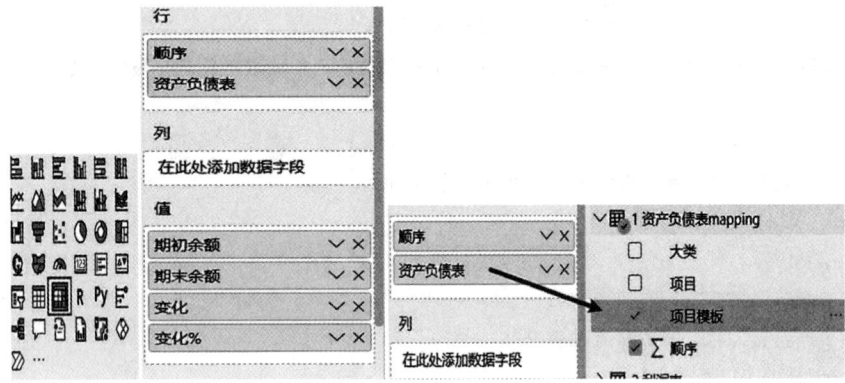

图 9-8 左侧矩阵表

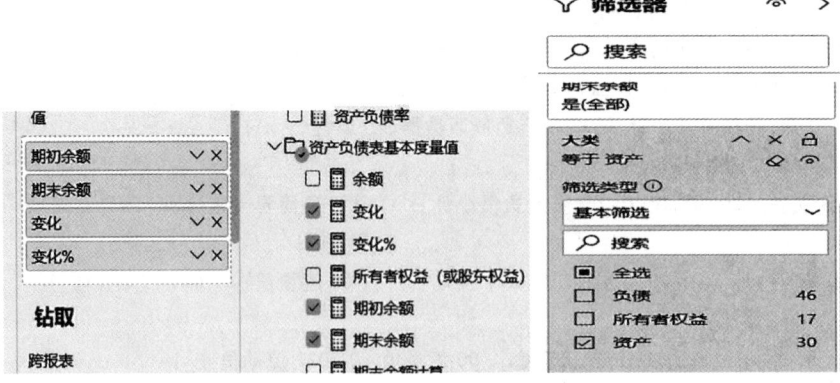

图 9-9 将大类筛选为资产部分

（2）条件格式设置为“变化”，将图标选项打开，进行高级控件设置，格式模式规则按照资产、负债、所有者权益的标准进行判断设置，如资产为值、数字大于 0 则为绿色上升箭头，如值为数字且小于 0 则为红色下降箭头，如图 9-10 所示。这样资产负债表左侧资产部分就设置完成了。负债和所有者权益部分操作与之一致，仅筛选项和条件格式的操作相反。最终矩阵如图 9-11 所示。

图 9-10　资产条件格式设置

资产负债表	期初余额	期末余额	变化	变化率
流动资产：				
货币资金	55080	57625	2545 ↑	4.62%
应收账款	52146	38073	-14073 ↓	-26.99%
预付款项	8312	9527	1215 ↑	14.62%
应收利息	0	0	0	
应收股利	0	0	0	
其他应收款	8747	5978	-2769 ↓	-31.66%
待摊费用	0	0	0	
一年内到期的非流…	0	0	0	
其他流动资产	4818	5513	695 ↑	14.43%
流动资产合计	219500	205342	-14158 ↓	-6.45%
非流动资产：				
长期应收款	0	0	0	
长期股权投资	46283	45524	-759 ↓	-1.64%
投资性房地产	0	0	0	
固定资产	29247	28586	-661 ↓	-2.26%
在建工程	250	29	-221 ↓	-88.40%
无形资产	27547	15434	-12113 ↓	-43.97%
开发支出	0	0	0	
商誉	208070	186144	-21926 ↓	-10.54%
长期待摊费用	4227	3767	-460 ↓	-10.88%
递延所得税资产	19070	20045	975 ↑	5.11%
其他非流动资产	33	188	155 ↑	469.70%
非流动资产合计	334727	299717	-35010 ↓	-10.46%
资产总计	554227	505059	-49168 ↓	-8.87%

资产负债表	期初…	期末余额	变化	变化率
流动负债：				
短期借款	129529	138984	9455 ↑	7.30%
应付账款	41466	47068	5602 ↑	13.51%
预收账款	12447	0	-1244 7 ↓	-100.00%
应付职工薪酬	10246	10210	-36 ↓	-0.35%
应交税费	2827	1886	-941 ↓	-33.29%
应付利息	0	0	0	
应付股利	0	0	0	
其他应付款	3519	668	-2851 ↓	-81.02%
预计流动负债	0	0	0	
一年内到期的非流动负…	6661	3506	-3155 ↓	-47.37%
其他流动负债	528	743	215 ↑	40.72%
流动负债合计	207223	203065	-4158 ↓	-2.01%
非流动负债：				
长期借款	5809	4507	-1302 ↓	-22.41%
预计非流动负债	470	366	-104 ↓	-22.13%
递延所得税负债	851	210	-641 ↓	-75.32%
其他非流动负债	0	0	0	
非流动负债合计	7774	6223	-1551 ↓	-19.95%
负债合计	214997	209288	-5709 ↓	-2.66%
所有者权益(或股东权益)：				
实收资本(或股本)	135716	135716	0	0.00%
资本公积	207256	206049	-1207 ↓	-0.58%
盈余公积	20951	20951	0	0.00%
未分配利润	29445	-17830	-4727 5 ↓	-160.55%
所有者权益(或股东权益)…	399692	347750	-5194 2 ↓	-13.00%

图 9-11　资产负债表矩阵图

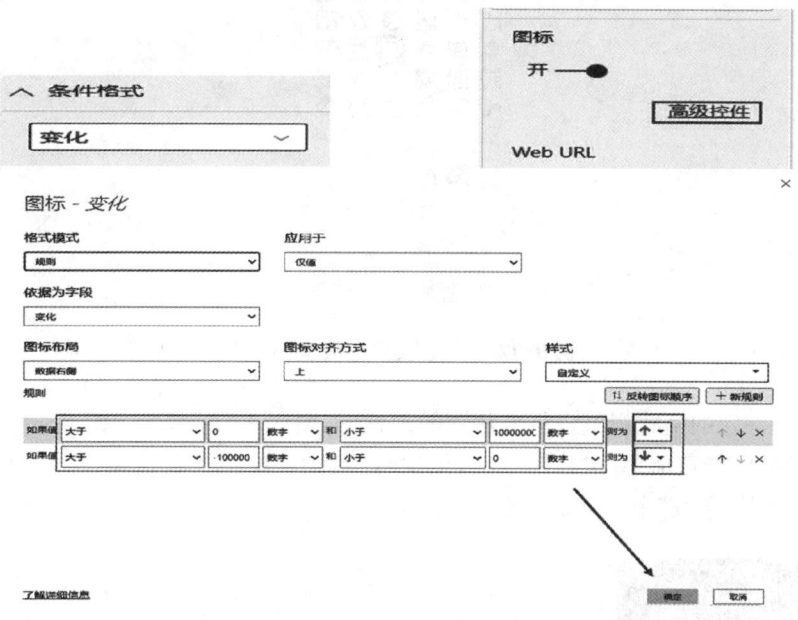

(四)插入卡片图

(1)插入"卡片图"视觉对象,将字段设置为"资产负债率",如图9-12所示。

图9-12 设置"资产负债率"卡片图

(2)按照一定的格式规范进行卡片图的设置,如图9-13所示。

(3)复制"资产负债率"卡片图三次,依次将"流动比率""产权比率""速动比率"度量值拖入对应卡片图"字段"中。

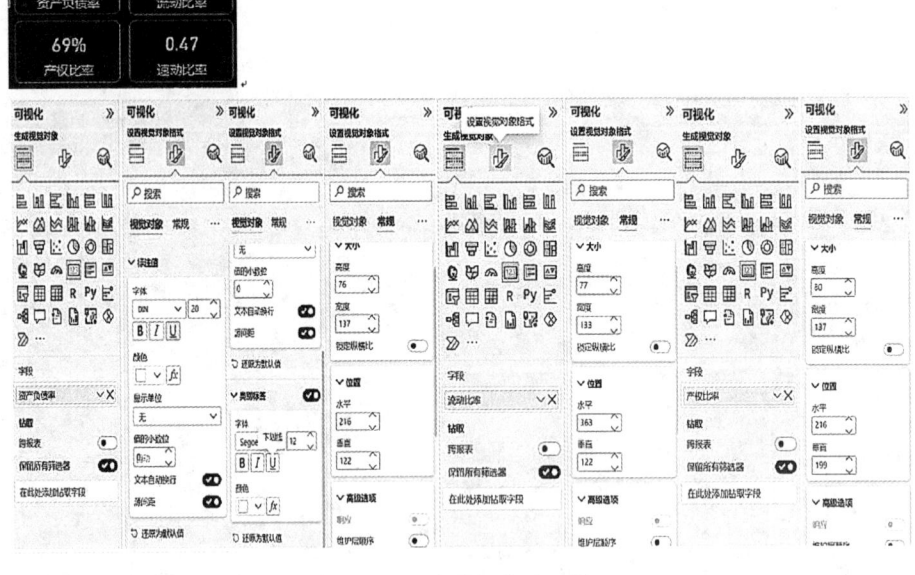

图9-13 卡片图格式设置

(五)插入圆环图

(1)插入"圆环图"视觉对象,将"值"字段放入资产合计、负债合计和所有者权益,在视觉对象的"格式"属性面板中修改格式。具体步骤如图9-14所示。

(2) 依次完成资产和负债部分圆环图,步骤如图 9-15 所示。

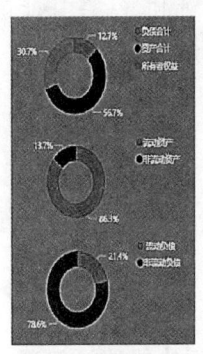

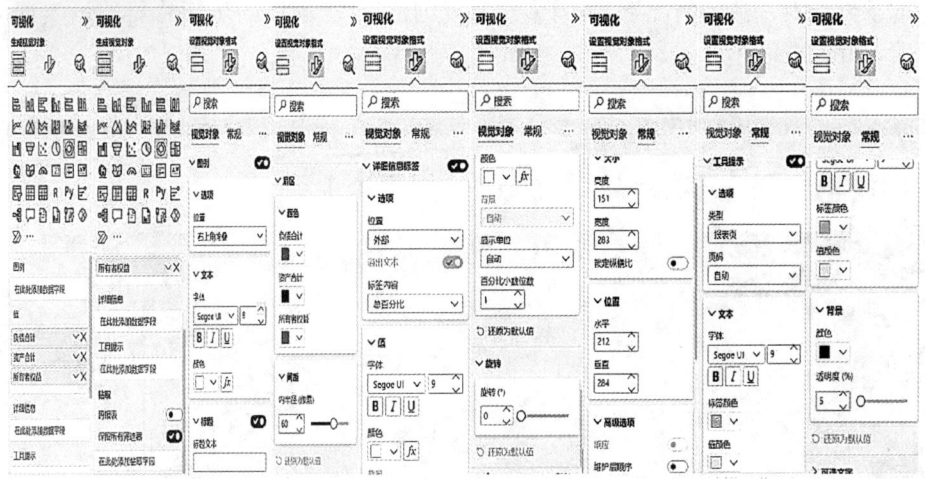

图 9-14 圆环图及格式设置

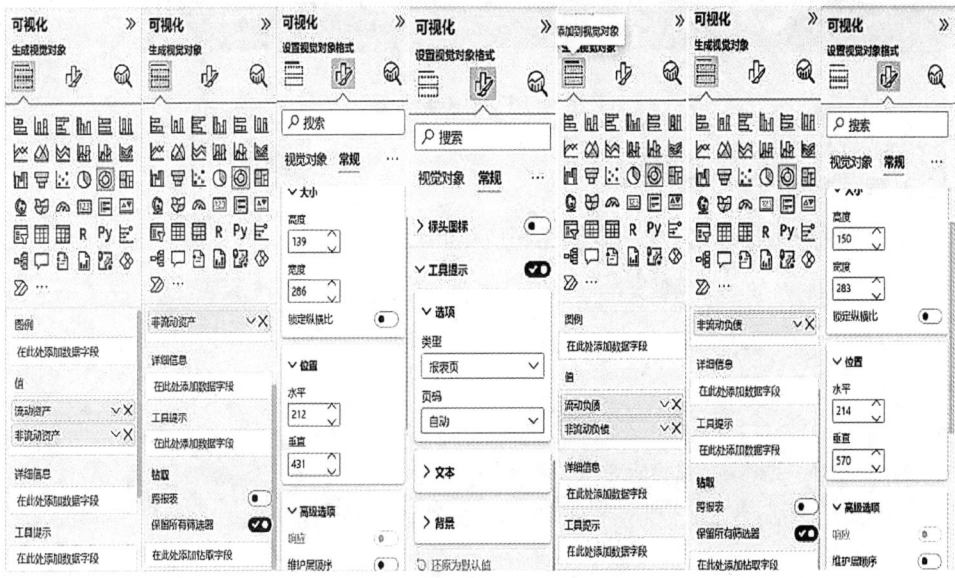

图 9-15 资产和负债部分圆环图

至此,资产负债表页面就制作完成了,其样式规范但不统一。本部分的制作同样适用于单家企业的多年资产负债规范分析。本部分重点学习了矩阵的操作,同时结合其他可视化图形的设计,发现交互式报表的设计核心在于深入理解理论知识中的表结构后与 DAX 函数的深度结合。因此,跨学科的学习对于数据时代的财务分析显得至关重要。

二、重构后资产负债表页面设计

要想结合本书第三章的理论内容,深入分析所爬取企业的经营情况数据,需要继续分解度量指标,创建重构后的资产负债表分析(图 9-2)。

(一)设置筛选条件

筛选条件相对一致的情况下,不需多次重复创建,仅需通过同步切片器即可实现多页共享切片器,如图 9-16 所示。

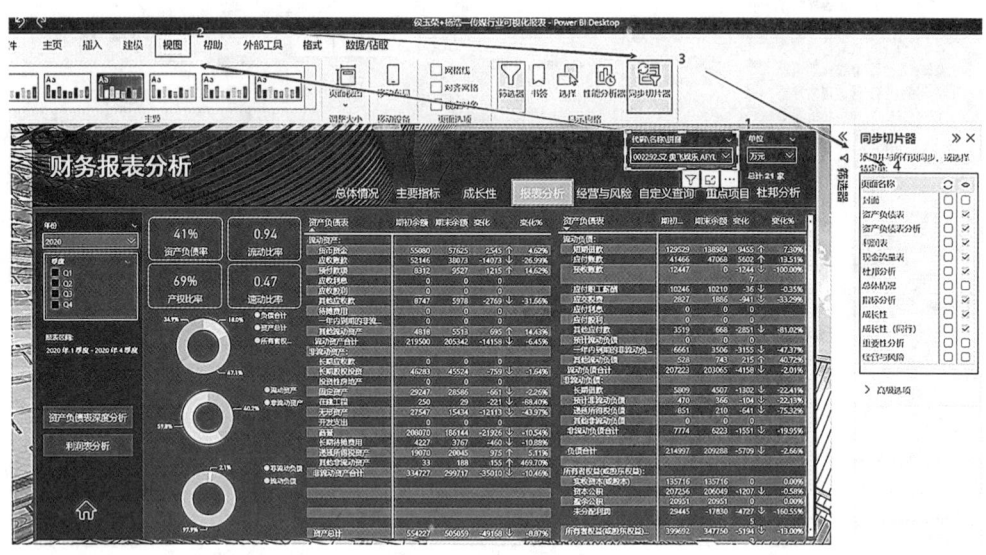

图 9-16　同步切片器

(二)编写度量值

按照第三章的重构理论,进一步创建相应项目度量值如下:

01 10 重构资产总额 =［01 11 金融资产］+［01 12 长期股权投资］+［01 13 经营资产］

01 11 金融资产 =
CALCULATE(
　　[01 00 资产负债小计],
　　'11 资产负债表－结构表'[重构明细] = "金融资产",
　　FILTER(all('11 时间表'),'11 时间表'[Date] = max('00 资产负债表数据表'[报告日期])))

01 110 平均金融资产 =
VAR a =［01 11 金融资产］

```
VAR b = CALCULATE([01 11 金融资产],
                FILTER(all('11 时间表'),year('11 时间表'[Date]) = year(max('11 时间表'[Date])) -
1 && MONTH('11 时间表'[Date]) = 12))
var c = [01 09 资产负债表中该公司的最早日期]
var d = CALCULATE ( [01 11 金融资产], FILTER(all('11 时间表'),'11 时间表'[Date] = [01 09 资产负债表
中该公司的最早日期]))

VAR e = if((year(max('11 时间表'[Date])) - 1) * 100 + 12 >= year(c) * 100 + month(c),
          b, d)
RETURN
if(ISBLANK(a),BLANK(),(a + e)/2)


01 12 长期股权投资 =
CALCULATE(
    [01 00 资产负债小计],
    '11 资产负债表 - 结构表'[重构明细] = "长期股权投资",
    FILTER(all('11 时间表'),'11 时间表'[Date] = max('00 资产负债表数据表'[报告日期])))


01 13 经营资产 = [01 131 营运资本] + [01 132 长期经营资产]


01 131 营运资本 = [01 1311 营运资产] - [01 1312 营运负债]


01 1311 营运资产 =
CALCULATE(
    [01 00 资产负债小计],
    '11 资产负债表 - 结构表'[重构明细] = "营运资产",
    FILTER(all('11 时间表'),'11 时间表'[Date] = max('00 资产负债表数据表'[报告日期])))


01 1312 营运负债 =
CALCULATE(
    [01 00 资产负债小计],
    '11 资产负债表 - 结构表'[重构明细] = "营运负债",
    FILTER(all('11 时间表'),'11 时间表'[Date] = max('00 资产负债表数据表'[报告日期])))


01 132 长期经营资产 = [01 1321 长期经营资产] - [01 1322 长期经营负债]


01 1321 长期经营资产 =
CALCULATE(
    [01 00 资产负债小计],
    '11 资产负债表 - 结构表'[重构明细] = "长期经营资产",
    FILTER(all('11 时间表'),'11 时间表'[Date] = max('00 资产负债表数据表'[报告日期])))


01 1322 长期经营负债 =
CALCULATE(
```

```
    [01 00 资产负债小计],
    '11 资产负债表-结构表'[重构明细]="长期经营负债",
    FILTER(all('11 时间表'),'11 时间表'[Date]=max('00 资产负债表数据表'[报告日期])))

01 20 重构资本总额 = [01 211 短期金融负债]+[01 212 长期金融负债]+[01 22 所有者权益]

01 21 金融负债 = [01 211 短期金融负债]+[01 212 长期金融负债]

01 211 短期金融负债 =
CALCULATE(
    [01 00 资产负债小计],
    '11 资产负债表-结构表'[重构明细]="短期金融负债",
    FILTER(all('11 时间表'),'11 时间表'[Date]=max('00 资产负债表数据表'[报告日期])))

01 212 长期金融负债 =
CALCULATE(
    [01 00 资产负债小计],
    '11 资产负债表-结构表'[重构明细]="长期金融负债",
    FILTER(all('11 时间表'),'11 时间表'[Date]=max('00 资产负债表数据表'[报告日期])))

01 22 所有者权益 =
CALCULATE(
    [01 00 资产负债小计],
    '11 资产负债表-结构表'[重构明细]="所有者权益",
    '11 资产负债表-结构表'[普通方向]=1,
    FILTER(all('11 时间表'),'11 时间表'[Date]=max('00 资产负债表数据表'[报告日期])))
-CALCULATE(
    [01 00 资产负债小计],
    '11 资产负债表-结构表'[重构明细]="所有者权益",
    '11 资产负债表-结构表'[普通方向]=-1,
    FILTER(all('11 时间表'),'11 时间表'[Date]=max('00 资产负债表数据表'[报告日期])))

01 23 取数差异 = sumx(all('11 资产负债表-结构表'),[01 10 重构资产总额]-[01 20 重构资本总额])

01 30 资产负债重构 =
SWITCH(
    SELECTEDVALUE('11 资产负债表-结构表'[重构大类]),
    "金融资产",     [01 11 金融资产],
    "长期股权投资",[01 12 长期股权投资],
    "经营资产",     [01 13 经营资产],
    "资本总额",     [01 20 重构资本总额],
    "取数差异",     [01 23 取数差异],
    [01 20 重构资本总额])
```

01 41 长期资产 = [01 12 长期股权投资]+[01 132 长期经营资产]

01 42 长期资本(长期融资) = [01 212 长期金融负债]+[01 22 所有者权益]

01 51 资本净额 =
var a = [01 11 金融资产]
var b = [01 21 金融负债]
return
if(a<b,[01 20 重构资本总额]-a,[01 22 所有者权益])
//金融资产类似现金,变现强,所以资本净额中可以剔除,与资产净额对应. 对资本结构分析时用

01 52 资产净额 =
var a = [01 11 金融资产]
var b = [01 21 金融负债]
var c = [01 12 长期股权投资]+[01 13 经营资产]
return
if(a<b,c,c+a-b)

（三）插入卡片图

（1）插入"卡片图"视觉对象,将重构后的主要指标(金融资产、经营资产、长期股权投资、长期资产、短期金融负债、所有者权益、长期资本)进行显示。

（2）按照图 9-17 的格式规范对前三张卡片图进行设置。

（3）继续依次复制卡片图,完成其余指标的卡片图设计,如图 9-18 所示。

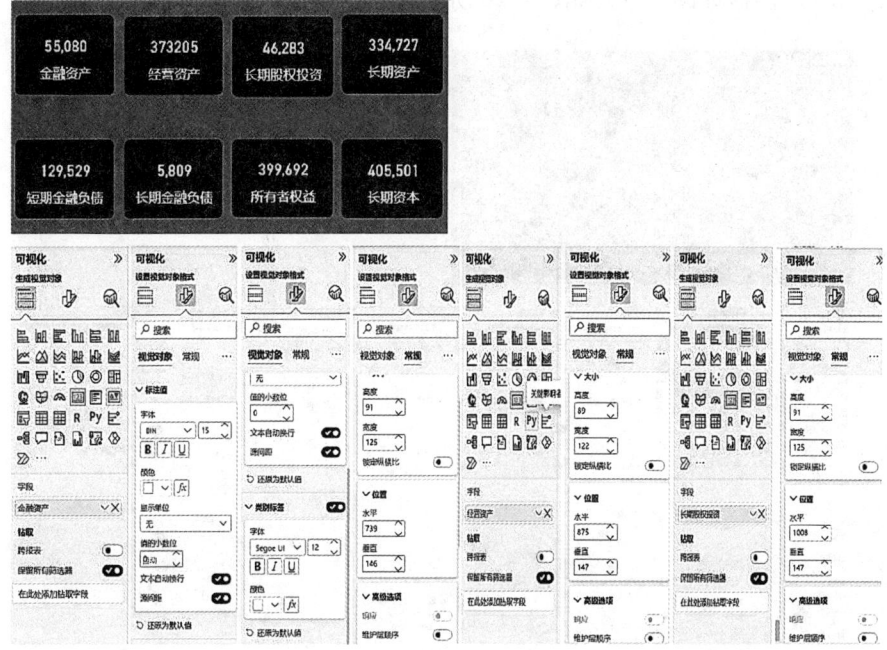

图 9-17 "金融资产""经营资产""长期股权投资"卡片图设置

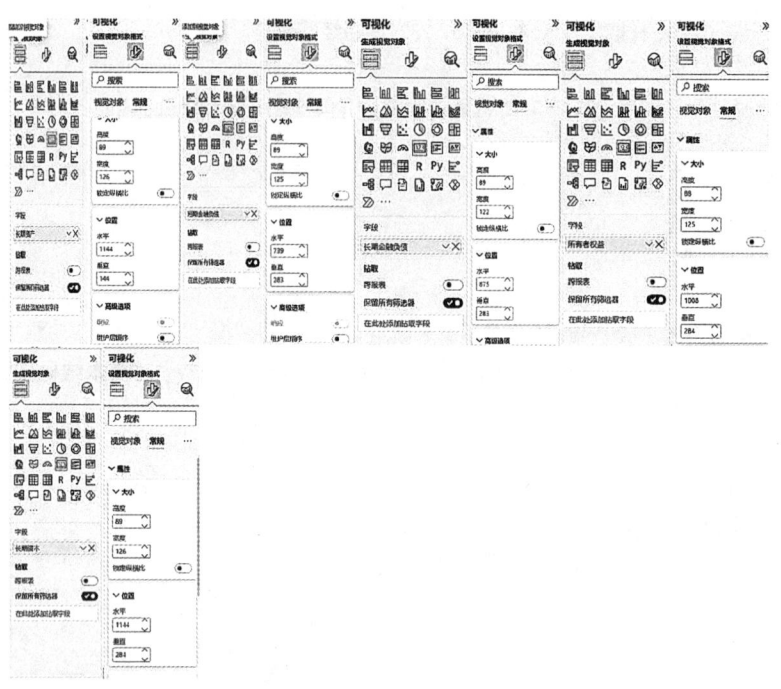

图 9-18 其他卡片图设置

(四) 插入折线图

(1) 插入"折线图"视觉对象,其目的是展示资产结构近 5 年变化情况。

(2) 将 X 轴放置"年""年季度",Y 轴放置"长期股权投资""经营资产""金融资产",并规范进行折线图的设置,如图 9-19 和图 9-20 所示。

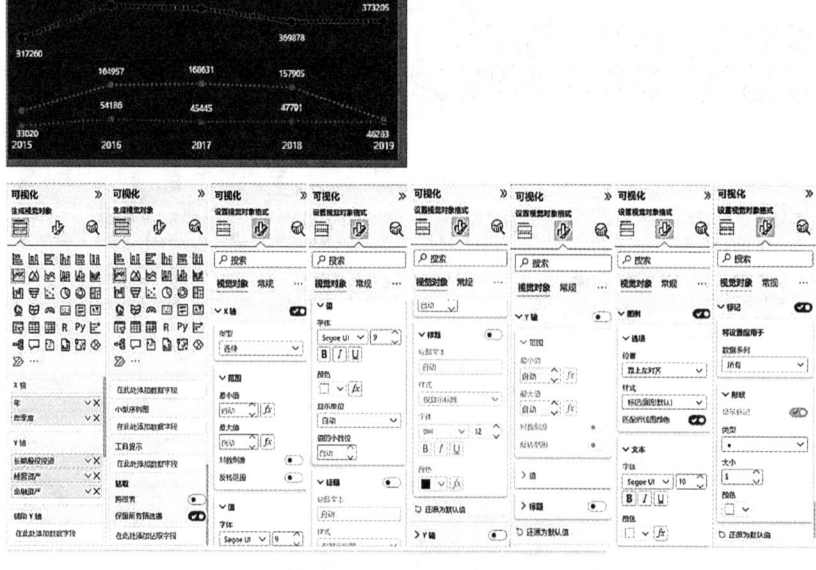

图 9-19 折线图的创建

第九章 交互式资产负债表分析 207

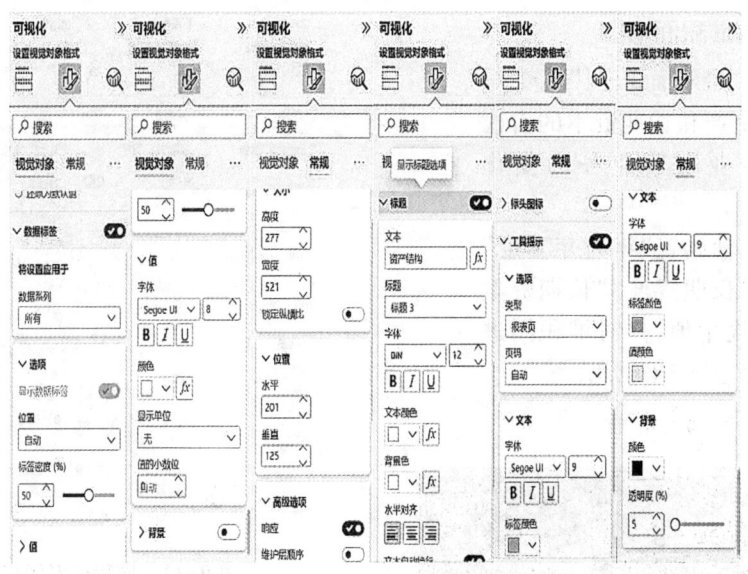

图 9-20　折线图的设置

(五) 插入堆积柱形图

(1) 插入"堆积柱形图"视觉对象,其目的是看到按时间变化的资本结构占比情况。

(2) 将 X 轴放置"年""年季度"列,Y 轴放置"所有者权益""长期金融负债""短期金融负债"度量值,并对堆积图进行格式设置,如图 9-21 和图 9-22 所示。

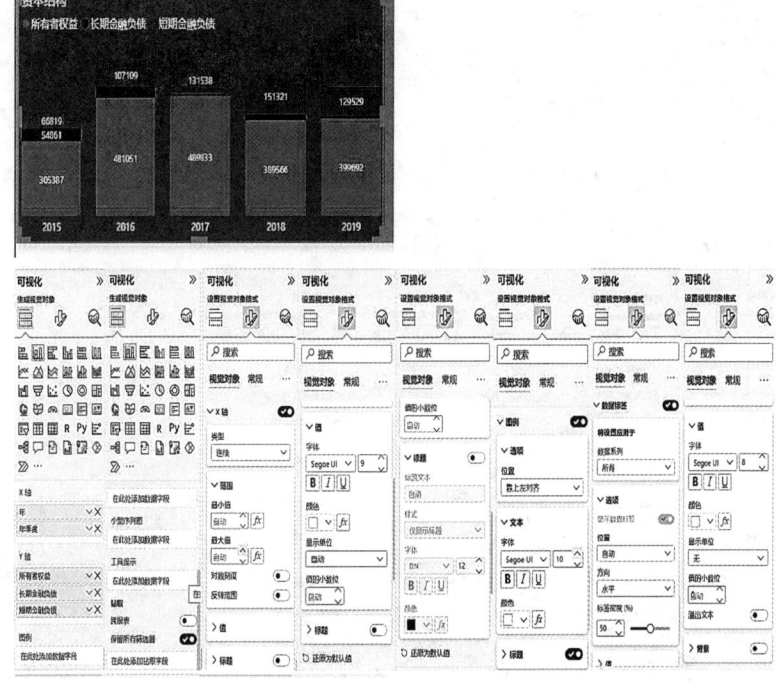

图 9-21　堆积柱形图的创建

（六）插入堆积面积图

（1）插入"堆积面积图"视觉对象，观察长期资产和长期资本的占比变化，分析企业主营业务的变化趋势。

（2）将 X 轴放置"年""年季度"列，Y 轴放置"长期资产""长期资本（长期融资）"度量值，并对堆积图进行格式设置，如图 9-23 所示。

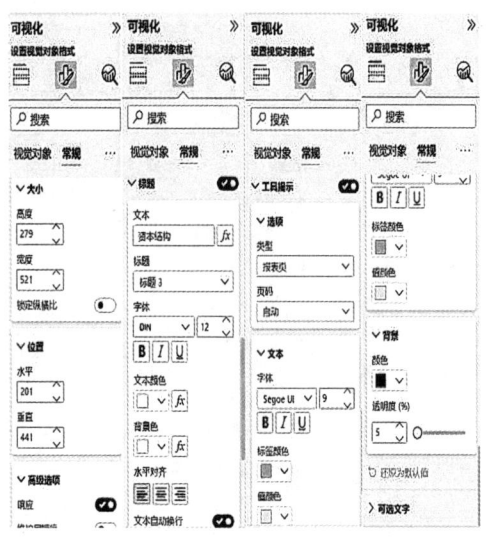

图 9-22　堆积柱形图格式设置

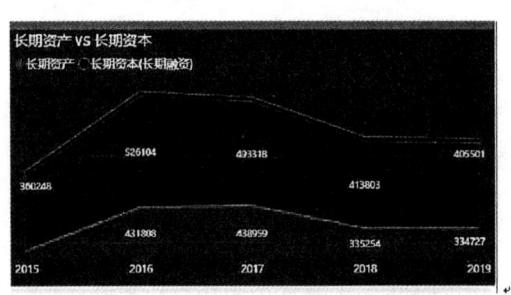

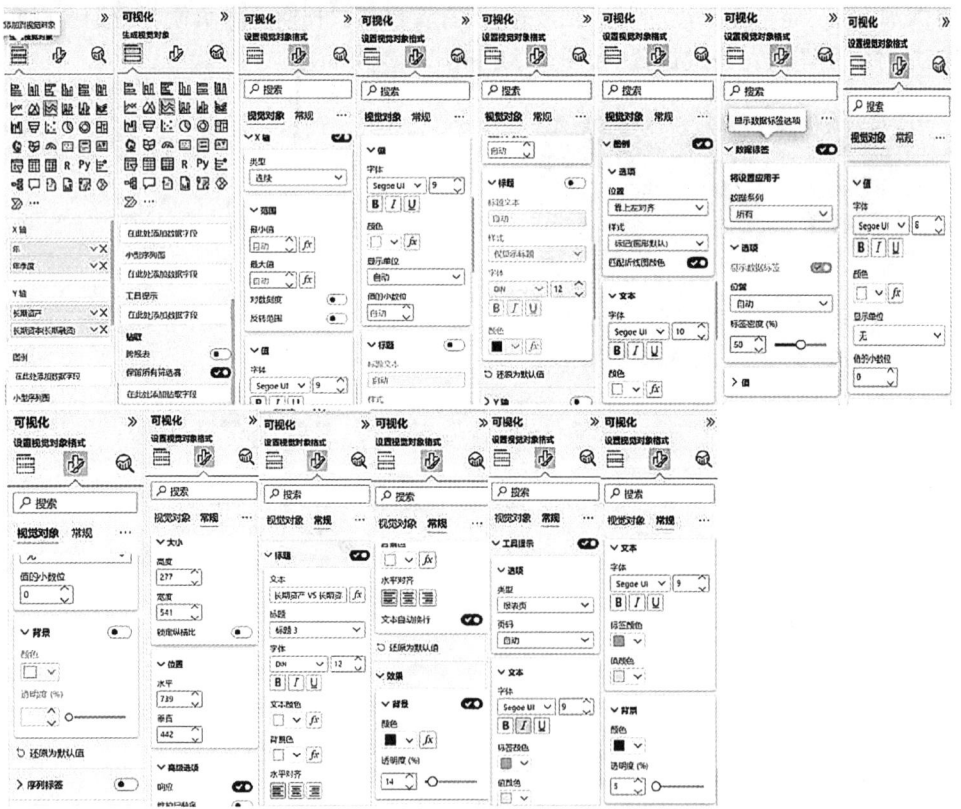

图 9-23　堆积图的创建及格式设置

本章小结

本章主要介绍了如何系统性分析三大财务报表之一的资产负债表。本章在明确了分析目的之后,从资产负债表的结构构成及相关核心指标的分析入手,通过选取重要的财务数据内容,开展可视化设计和问题导向的针对性分析,分析的同时可使读者了解我国资本市场企业财务报表信息形成的披露制度环境,综合应用前面所学到的数据处理技术。

第十章
交互式利润表分析

第一节 利润表分析的目的

利润表也称损益表,是能总括地反映企业在一定时期经营成果(利润或亏损)的财务报表。利润表能从经营情况和财务成果两方面综合反映企业一定期间的收入实现情况、费用耗费情况,一定期间实现利润(或发生亏损)的总量、构成、影响利润形成的各项因素等状况。由于它所提供的各项指标是企业一定时期经济活动的过程和结果,因此,它所提供的资料又被称为动态资料。

分析者通过利润表可以了解企业盈利水平,判断企业经营成果;考核企业经营业绩,分析企业获利能力;预测企业未来经营与盈利趋势;为编制未来利润预算、做出未来经营决策提供依据。同时,将利润表中的信息与资产负债表中的信息相结合,还可以提供进行财务分析的基本资料。具体来说,利润表提供的收入、费用信息主要作用有以下方面:

(1) 有助于评价企业的经营成果。利润表是企业一定期间收入实现、费用耗用等情况的综合反映。利润表可以全面反映企业一定会计期间的收入实现情况;同时还可以反映企业生产经营活动的成果,即净利润的实现情况,据以判断资本保值、增值情况。

(2) 有助于股东考核与评价管理层的工作业绩。基于财产所有权与财产经营权的相互分离,如何有效地考核经营管理者是现代企业管理的一个重要课题。利润指标的综合性,使得企业在生产、经营、理财、投资等各项活动中的管理效率和效益等都能够得到集中的反映。因此,利润表可以为股东在企业经营活动效率、管理手段优劣、控制制度严密性等方面考核与评价管理层提供依据。

(3) 有助于预测企业未来现金流量。利润是企业现金流入的主要来源,通过利润表可以预测企业未来的收益,从而预测企业未来的现金流量。投资者可据以预测未来股利及股票市价,信贷者可预测利息收入和偿债能力,从而做出决策。

(4) 有助于分析和预测企业未来期间的经营与盈利趋势。利润表不仅列示了企业营业利润、利润总额和净利润构成情况,还反映了上年度和本年度全年累计实际发生的数据资料。会计信息使用者可以通过对不同年度相同指标的比较,分析企业盈利水平的变动,预测企业经营成果的发展趋势以及未来的收益能力。

第二节 利润表的结构构成

一、传统利润表的结构

利润表由表首、正表和附注三部分内容构成。

(1) 表首部分由报表名称、编制单位、报表日期和金额单位组成。

(2) 正表部分的内容包括主营业务收入、主营业务成本、营业利润、利润总额、净利润等项目内容。

(3) 附注部分为正表中未能列示的非常项目。

利润表的结构通常有单步式和多步式两种,我国企业规定采用多步式结构。多步式是指按照企业净利润的构成因素和不同的构成内容,根据净利润计算层次排列的利润计算表。

多步式利润表将不同性质的收入和费用类别进行对比,从而可以得出一些中间性的利润数据,便于使用者理解企业经营成果的不同来源。其计算步骤和内容如下:

营业利润＝营业收入－营业成本－税金及附加－销售费用－管理费用－财务费用－研发费用－资产减值损失－信用减值损失＋其他收益＋投资收益＋公允价值变动收益＋资产处置收益

利润总额＝营业利润＋营业外收入－营业外支出

净利润＝利润总额－所得税费用

多步式利润表将企业收入与费用项目加以归类,设置若干个中间性利润指标,分别反映利润总额的计算过程。它可以为报表的使用者提供判断企业营业性收支与非营业性收支对利润影响程度的资料,也便于分析构成损益各因素增减变动状况,有助于预测企业盈利趋势。

多步式利润表的结构如表 10-1 所示。

表 10-1 利润表

编制单位：　　　　　　　　　　年　月　　　　　　　　　　　　　单位：

项　目	行次	本期金额	上期金额
一、营业收入	1		
减:营业成本	2		
税金及附加	3		
销售费用	4		
管理费用	5		
财务费用	6		
研发费用	7		

(续表)

项目	行次	本期金额	上期金额
资产减值损失(损失以"—"号填列)	8		
信用减值损失(损失以"—"号填列)	9		
加:其他收益	10		
投资收益(损失以"—"号填列)	10		
公允价值变动收益(损失以"—"号填列)	12		
资产处置收益(损失以"—"号填列)	13		
二、营业利润(亏损以"—"号填列)	14		
加:营业外收入	15		
减:营业外支出	16		
三、利润总额(亏损总额以"—"号填列)	17		
减:所得税费用	18		
四、净利润(净亏损以"—"号填列)	19		
五、其他综合收益的税后净额	20		
六、综合收益总额	21		

二、利润表的重构

传统利润表中企业的各种经营业务所产生的收入和成本均在营业收入和营业成本中统一列示,企业主营业务与其他业务经常动态地交织在一起,很难划分,不便于报表分析者对经营活动进行深入的分析。此外,利润表"营业收入"中的"营业"概念与"营业利润"中的"营业"概念范畴不一致,"营业收入"是指企业从事销售商品、提供劳务等日常经营业务过程中所形成的经济利益的总流入。而"营业利润"中的"营业"范围更广,既包括对产品或者劳务的经营,也包括资产减值损失等与管理和决策有关的项目对利润的影响,还包括通常不认为是日常经营活动的对外投资活动所产生的投资收益和公允价值变动收益,以及反映政府补贴的其他收益、资产处置收益等。这样便导致利润表中的"营业利润"与"营业收入"在口径上存在较大的不可比性。

基于此,对于利润表的重构如表10-2所示。

表 10-2 利润表

编制单位: 年 月 单位:

项目	行次	本期金额	上期金额
主营业务收入	1		
减:主营业务成本	2		
税金及附加	3		

(续表)

项目	行次	本期金额	上期金额
销售费用	4		
管理费用	5		
财务费用	6		
研发费用	7		
一、主营业务利润	8		
其他业务收入	9		
减：其他业务成本	10		
二、其他业务利润	11		
三、营业利润	12		
四、投资收益（损失以"－"号填列）	13		
其他收益	14		
公允价值变动收益（损失以"－"号填列）	15		
资产处置收益（损失以"－"号填列）	16		
资产减值损失（损失以"－"号填列）	17		
信用减值损失（损失以"－"号填列）	18		
五、其他收益	19		
加：营业外收入	20		
减：营业外支出	21		
六、利得或亏损	22		
七、利润总额（亏损总额以"－"号填列）	23		
减：所得税费用	24		
八、净利润（净亏损以"－"号填列）	25		

第三节 利润表的核心指标

一、反映盈利能力的指标

（一）毛利率

毛利率是指企业一定时期的毛利与营业收入的比率。这个比率用来计量管理者根据产

品成本进行产品定价的能力,也就是企业的产品还有多大的降价空间,是用来评价盈利能力的重要指标。其计算公式为:

$$毛利率=\frac{毛利}{营业收入}\times 100\%$$

公式中:
毛利等于营业收入减去营业成本。
该指标分析如下:
(1) 一般情况下,该指标越大越好,反映企业产品的市场竞争力越强。
(2) 毛利率大小通常取决于以下因素:产品的市场竞争激烈化程度、企业的营销目的、企业开发产品投入的研发成本的大小、企业的品牌效应、企业投入的成本的大小、企业的销售政策及生命周期等因素。

(二) 营业利润率

营业利润率是指企业一定时期营业利润同营业收入额的比率。它表明企业每单位营业收入能带来多少营业利润,反映了企业主营业务的获利能力,是评价企业经营效益的主要指标。其计算公式为:

$$营业利润率=\frac{营业利润}{营业收入}\times 100\%$$

公式中:
营业利润是指企业正常生产经营业务所带来的为扣除利息和所得税之前的利润,但在实务中通常扣除利息,即直接用利润表上的"营业利润"数据。
该指标分析如下:
(1) 从分子分母的指标口径来看,该指标仅涉及企业的经营活动,不涉及营业外收支活动,有利于说明企业增产增收活动的盈利水平。
(2) 该指标体现了企业经营活动最基本的获利能力,没有足够大的营业利润率就无法形成企业的最终利润,为此,结合企业的营业收入和营业成本分析,能够充分反映出企业成本控制、费用管理、产品营销、经营策略等方面的不足和成绩。
(3) 该指标越高,越能说明企业产品或商品定价科学,产品附加值高,营销策略得当,主营业务市场竞争力强,发展潜力大,获利水平高。
在实务中,根据分析的目的与需求,该指标可以进一步演化为分子采用营业毛利润、营业净利润数据,对应的指标分别为销售毛利率和营业净利率。

(三) 销售净利率

销售净利率是净利润与同期营业收入的比率。其计算公式为:

$$销售净利率=\frac{净利润}{营业收入}\times 100\%$$

公式中:
净利润直接用利润表上的"净利润"数据。
该指标分析如下:

(1) 销售净利率是用来衡量企业营业收入给企业带来利润的能力,如果比率较低,则表明企业经营管理者未能创造出足够多的营业收入或者没有成功地控制成本,可以用来衡量企业整体的经营管理水平。

(2) 销售净利率可以与企业以前期间的同期比率进行比较,找出企业成本控制的变化情况,可以进一步了解企业的经营策略,还可以用来和企业所在行业的平均值或者相似企业的该比率进行比较,可以了解企业所在行业的情况和企业在该行业的地位。

(四)成本费用利润率

成本费用利润率是指企业一定时期利润总额同企业成本费用总额的比率。成本费用利润率表示企业为获取利润而付出的代价,从企业支出方面补充评价企业的收益能力。其计算公式为:

$$成本费用利润率=\frac{利润总额}{成本费用总额}\times100\%$$

公式中:

成本费用总额是指企业营业成本、税金及附加和期间费用之和。

该指标分析如下:

(1) 成本费用利润率是从企业内部管理等方面,对资本收益状况的进一步修正,该指标通过企业收益与支出直接比较,客观评价企业的获利能力。

(2) 该指标从耗费角度补充评价企业收益状况,有利于促进企业加强内部管理,节约支出,提高经营效益。

(3) 该指标越高,表明企业为取得收益所付出的代价越小,企业成本费用控制得越好,企业的获利能力越强。

(五)总资产报酬率

总资产报酬率是指企业一定时期内获得的利润总额同平均资产总额的比率。总资产报酬率表示企业包括净资产和负债在内的全部资产的总体获利能力,是评价企业资产运营效益的重要指标。其计算公式为:

$$总资产报酬率=\frac{利润总额}{平均资产总额}\times100\%$$

公式中:

(1) 利润总额是指企业实现的全部利润,包括企业当年营业利润、投资收益、补贴收入、营业外收支净额和所得税等项目的内容,如为亏损,以"一"号表示。

(2) 平均资产总额是指企业资产总额年初数与年末数的平均值,计算公式如下:

$$平均资产总额=\frac{资产总额年初数+资产总额年末数}{2}$$

该指标分析如下:

(1) 总资产报酬率表示企业全部资产获取利益的水平,全面反映了企业的获利能力和投入产出状况。通过对该指标的深入分析,可以增强各方面对企业资产经营的关注,促进企业提高单位资产的收益水平。

(2) 一般情况下，企业可以据此指标与市场资本利率进行比较，如果该指标大于市场利率，则表明企业可以充分利用财务杠杆，进行负债经营，获取尽可能多的收益。

(3) 该指标越高，表明企业投入产出的水平越好，企业的资产运营越有效。

(六) 净资产收益率

净资产收益率是指企业一定时期内的净利润同平均净资产的比率。净资产收益率充分体现了投资者投入企业的自有资本获取净收益的能力，突出反映了投资与报酬的关系，是评价企业资本经营效益的核心指标。其计算公式为：

$$净资产收益率 = \frac{净利润}{平均净资产} \times 100\%$$

公式中：

(1) 净利润是指企业的税后利润，即利润总额扣除应交所得税后的净额，是未做任何分配的数额，受各种政策等其他人为因素影响较少，能够比较客观、综合地反映企业的经济效益，准确体现投资者投入资本的能力。

(2) 平均净资产是企业年初所有者权益同年末所有者权益的平均数。净资产包括实收资本、资本公积、盈余公积和未分配利润，计算公式如下：

$$平均净资产 = \frac{所有者权益年初数 + 所有者权益年末数}{2}$$

该指标分析如下：

(1) 净资产收益率是评价企业自有资本及其积累获取报酬水平的最具综合性与代表性的指标，又称权益净利率，反映企业资本运营的综合效益。该指标通用性强，适用范围广，不受行业局限。在我国上市公司业绩综合排序中，该指标居于首位。

(2) 通过对该指标的综合对比分析，可以看出企业获利能力在同行业中所处的地位以及与同类企业的差异水平。

(3) 一般认为，企业的净资产收益率越高，企业自有资本获取收益的能力越强，运营效益越好，对企业投资人、债权人的保证程度越高。

二、反映偿债能力的指标

本书选择的代表性的反映偿债能力的指标是已获利息倍数。已获利息倍数是指企业一定时期息税前利润与利息支出的比值，反映获利能力对债务偿付的保障程度。其计算公式为：

$$已获利息倍数 = \frac{息税前利润}{利息支出}$$

公式中：

(1) 息税前利润是指企业当年实现的利润总额与利息支出的合计数，计算公式如下：

$$息税前利润 = 利润总额 + 利息支出$$

(2) 利息支出是指企业在生产经营过程中实际支出的借款利息、债券利息等。

该指标分析如下：

（1）已获利息倍数反映了当期企业经营收益是所需支付的债务利息的多少倍,从偿债资金来源角度考察企业债务利息的偿还能力。如果已获利息倍数适当,表明企业偿付债务利息的风险小。

（2）因企业所处的行业不同,已获利息倍数有不同的标准。一般情况下,该指标如大于1,则表明企业负债经营能够赚取比资本成本更高的利润,但这仅表明企业能维持经营,还远远不够;如小于1,则表明企业无力赚取大于资本成本的利润,企业债务风险很大。

（3）该指标越高,表明企业的债务偿还越有保证;反之,则表明企业没有足够的资金来源偿还债务利息,企业偿债能力低下。

三、反映营运能力的指标

反映企业营运能力的指标主要是资产周转率指标。资产周转率是指一定时期资产平均数占用额与周转额的比率,是用资产的占有量与运用资产所完成工作量之间的关系来表示运营效率的指标;资产周转期表明资产周转一次所需的天数。它们的计算公式为:

$$资产周转率(次数)=\frac{资产周转额}{资产平均余额}$$

$$资产周转期(天数)=\frac{计算期天数}{资产周转率}$$

评价企业营运能力的指标主要有总资产周转率、流动资产周转率、存货周转率、应收账款周转率、固定资产周转率等。

（一）总资产周转率

总资产周转率是指企业一定时期营业收入净额同平均资产总额的比值。总资产周转率是综合评价企业全部资产经营质量和利用效率的重要指标。其计算公式为:

$$总资产周转率(次数)=\frac{营业收入}{平均总资产}$$

公式中:

（1）营业收入净额是指企业当期销售产品、商品、提供劳务等主要经营活动取得的收入减去销售折扣与折让后的数额。

（2）平均总资产是指企业资产总额年初数与年末数的平均值,计算公式如下:

$$平均资产总额=\frac{资产总额年初数+资产总额年末数}{2}$$

该指标分析如下:

（1）总资产周转率通过当年已实现的销售净值与全部资产比较,反映出企业一定时期的实际产出质量及对每单位资产实现的价值补偿。

（2）通过该指标的对比分析,不但能够反映出企业本年度及以前年度总资产的运营效率及其变化,而且能够发现企业与同类企业在资产利用上存在的差距,促进企业挖掘潜力、积极创收、提高产品占有率、提高资产利用效率。

（3）一般情况下,该指标数值越高,周转速度越快,销售能力越强,资产利用效率越高。

(二) 流动资产周转率

流动资产周转率是指企业一定时期销售(营业)收入净额同平均流动资产总额的比值。流动资产周转率是综合评价企业流动资产周转速度的重要指标。其计算公式为:

$$流动资产周转率(次数)=\frac{营业收入}{平均流动资产总额}$$

公式中:

平均流动资产总额是指企业流动资产总额年初数与年末数的平均值,计算公式如下:

$$平均流动资产总额=\frac{流动资产年初数+流动资产年末数}{2}$$

该指标分析如下:

(1) 流动资产周转率通过当年已实现的销售净值与企业资产中最具活力的流动资产相比较,既能反映出企业一定时期的流动资产的周转速度和使用效率,又能进一步体现每单位流动资产实现的价值补偿的高与低,以及补偿速度的快与慢。

(2) 要实现该指标的良性变动,应以销售(营业)收入增幅高于流动资产增幅做保证。在企业内部,通过对该指标的分析对比,一方面可以促进企业加强内部管理,充分有效地利用其流动资产,如降低成本、调动暂时闲置的货币资金用于短期投资创造收益等;另一方面也可以促进企业采取措施扩大销售,提高流动资产的综合使用效率。

(3) 一般情况下,该指标数值越高,表明流动资产周转速度越快,资产利用效率越高。在较快的周转速度下,流动资产会相对节约,其意义相当于流动资产投入的扩大,在某种程度上增强了企业的盈利能力;而周转速度慢,则需补充流动资金参加周转,形成资金浪费,降低企业盈利能力。

(三) 存货周转率

存货周转率是指企业一定时期销售成本与平均存货的比值。存货周转率是对流动资产周转率的补充说明。其计算公式为:

$$存货周转率(次数)=\frac{销售成本}{平均存货}$$

公式中:

(1) 营业成本是指企业当期销售产品、商品、提供劳务等经济业务的实际成本。

(2) 存货是指企业在生产经营过程中为销售或用于储备的材料。平均存货是存货年初数与年末数的平均值,计算公式如下:

$$平均存货=\frac{存货年初数+存货年末数}{2}$$

该指标分析如下:

(1) 存货周转率是评价企业从取得存货、投入生产到销售收回(包括现金销售和赊销)等各环节管理状况的综合性指标,用于反映存货的周转速度,即存货的流动性及存货资金占用量的合理与否。

(2) 存货周转率在反映存货周转速度、存货占用水平的同时,也从一定程度上反映了企业的销售实现的快慢。所以,一般情况下,该指标数值越高,表示企业资产由于销售顺畅而具有较高的流动性,存货转换为现金或应收账款的速度越快,存货占用水平越低。

(3) 运用该指标时,还应综合考虑进货批量、生产销售的季节性变动以及存货结构等因素。

(四) 应收账款周转率

应收账款周转率是指企业一定时期营业收入净额同平均应收账款余额的比值。应收账款周转率也是对流动资产周转率的补充说明。其计算公式为:

$$应收账款周转率(次数)=\frac{营业收入}{平均应收账款余额}$$

公式中:

应收账款是指企业因赊销产品、材料、物资和提供劳务而应向购买方收取的各种款项。平均应收账款余额是应收账款年初数与年末数的平均值,计算公式如下:

$$平均应收账款余额=\frac{应收账款年初数+应收账款年末数}{2}$$

该指标分析如下:

(1) 应收账款周转率反映了企业应收账款的流动速度,即企业本年度内应收账款转为现金的平均次数。

(2) 应收账款在流动资产中占较大份额,及时收回应收账款,能够减少营运资金在应收账款上的呆滞占用,从而提高企业的资金利用效率。

(3) 由于季节性经营、大量采用分期收款或现金方式结算等都可能使本指标结果失实,所以应结合企业前后期间、行业平均水平进行综合评价。

(五) 固定资产周转率

固定资产周转率是指企业一定时期营业收入净额同平均固定资产余额的比值,能反映固定资产的运用状况,衡量固定资产的利用效率。其计算公式为:

$$固定资产周转率(次数)=\frac{营业收入}{平均固定资产余额}$$

公式中:

固定资产余额有采用原值和净值两种观点,究竟采用什么数据,取决于分析的目的和需要。平均固定资产余额为年初数与年末数的平均值,计算公式如下:

$$平均固定资产余额=\frac{固定资产年初数+固定资产年末数}{2}$$

该指标分析如下:

(1) 固定资产采用原值便于企业在不同时期或不同企业之间做比较;采用净值计算则容易受固定资产折旧年限和方法等影响,可比性较差。

(2) 固定资产一般采用历史成本计量,因此在固定资产、销售情况都未发生变化的情况下,也可能由于通货膨胀等因素导致营业收入虚增,从而使固定资产周转率提高,但固定资产实际使用效率并未增加。

第四节 交互式利润表设计与创建

本节开始制作利润表可视化界面。利润表是反映企业在一定会计期间的经营成果的财务报表,又被称为动态报表,作为与资产负债表关联度极高的报表,本书第三章已经详细讲解了利润表重构的方法和逻辑。因此本节将进一步对基础的交互式利润表设计与创建、重构后的利润表设计与创建以及重构后的同行业利润表比较的设计与创建进行说明。

一、规范利润表页面设计

规范交互式利润表如图 10-1 所示,在进行可视化分析时,我们既可以将规范利润表以可视化的样式予以呈现,也可将企业日常经营数据通过维度表和度量值的建立,实现交互式利润表的呈现和展示。

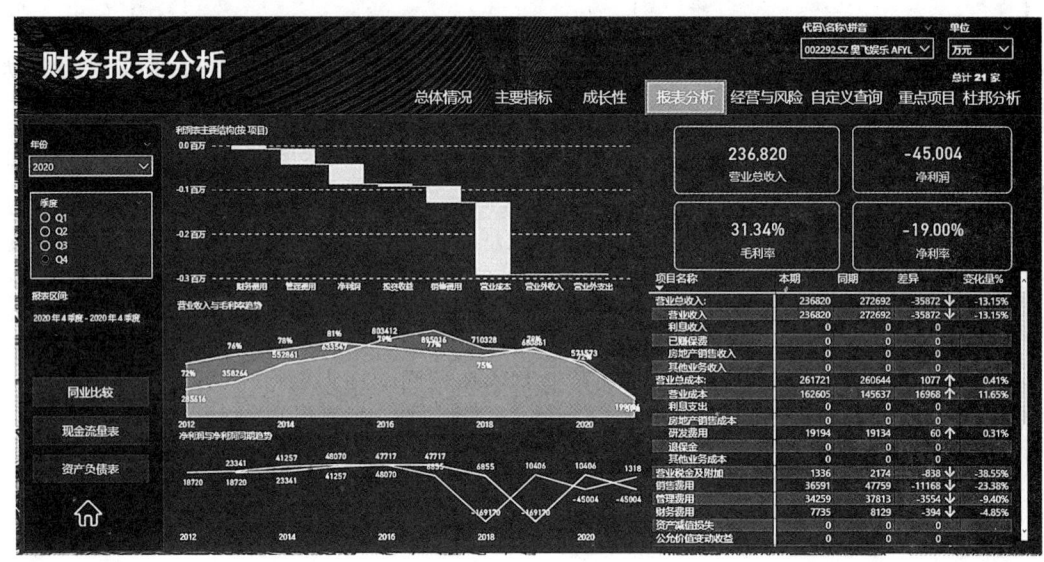

图 10-1 规范交互式利润表

(一)设置筛选条件

和第九章第四节中资产负债表分析页面中的切片器一样,利润表也需要创建"年""季度""代码\名称\拼音""单位"切片器,为了节省步骤,可以直接复制资产负债表页面的切片器,也可按照第九章第四节中的同步性能功能进行切片器的同步。但是需要注意的是,直接复制切片器会弹出"同步视觉对象"确认对话框,如果单击"同步"按钮,就意味着复制的切片器的筛选条件与资产负债表页面中保持一致。查看利润表和资产负债表分析并不一定要求筛选条件相同,因此需要单击"不同步"按钮,或者在性能同步器中进行特别勾选设置。

（二）编写度量值

不同于资产负债表，利润表的金额是时段数据，累加是有实际意义的。对于利润表，处理关注当月数据时，一般还会关注累计数据。此外，利润表的收入类项目与成本费用类项目方向相反，在编写度量值时要分类处理，将成本类项目用负数表示有利于瀑布图和矩阵等视觉对象的展现。因此，利润表度量值的编写与资产负债表度量值的编写略有不同，具体如下：

03 00 利润表小计 = sum('00 利润表数据表'[金额])/[00 00 计算单位]

03 01 营业总收入 =
CALCULATE([03 00 利润表小计],'11 利润表重构汇总'[一级科目]="营业收入")

03 03 营业成本 = CALCULATE([03 00 利润表小计],'11 利润表-结构表'[分类]="营业成本")

03 03 主营收入 = SWITCH(
SELECTEDVALUE('00 公司分组'[行业]),
"综合",CALCULATE([03 00 利润表小计],'11 利润表-结构表'[项目名称]="营业总收入"),
"金融业",CALCULATE([03 00 利润表小计],'11 利润表-结构表'[项目名称]="营业总收入"),
CALCULATE([03 00 利润表小计],'11 利润表-结构表'[项目名称]="营业收入"))

03 031 利息收入 = CALCULATE([03 00 利润表小计],'11 利润表-结构表'[项目]="利息收入")

03 031 利息支出 = CALCULATE([03 00 利润表小计],'11 利润表-结构表'[项目]="利息支出")

03 031 毛利 = [03 01 营业总收入]-[03 03 营业成本]

03 032 长期股权投资利润 = CALCULATE([03 00 利润表小计],'11 利润表-结构表'[项目名称]="对联营企业合营企业的投资收益")

03 033 税前金融利润 =
CALCULATE([03 00 利润表小计],'11 利润表-结构表'[项目名称]="投资收益")
-CALCULATE([03 00 利润表小计],'11 利润表-结构表'[项目名称]="对联营企业和合营企业的投资收益")
+[03 031 利息收入]   //利息收入

03 034 息税前经营利润 = [03 07 利润总额]-[03 033 税前金融利润]-[03 032 长期股权投资利润]+[03 031 利息支出]

03 04 财务费用 = CALCULATE([03 00 利润表小计],'11 利润表-结构表'[项目名称]="财务费用")

03 04 管理费用 = CALCULATE([03 00 利润表小计],'11 利润表-结构表'[项目名称]="管理费用")

03 04 销售费用 = CALCULATE([03 00 利润表小计],'11 利润表-结构表'[项目名称]="销售费用")

03 04 研发费用 = CALCULATE([03 00 利润表小计],'11 利润表-结构表'[项目名称]="研发费用")

03 04 营业税金及附加 = CALCULATE([03 00 利润表小计],'11 利润表-结构表'[项目名称]="营业税金及附加")

03 05 营业利润 =
[03 031 毛利]
- CALCULATE([03 00 利润表小计],'11 利润表-结构表'[项目名称]="费用")
+ CALCULATE([03 00 利润表小计],'11 利润表-结构表'[项目名称]="其它收益")

03 06 营业外收入 = CALCULATE([03 00 利润表小计],'11 利润表-结构表'[项目名称]="营业外收入")

03 06 营业外支出 = CALCULATE([03 00 利润表小计],'11 利润表-结构表'[项目名称]="营业外支出")

03 07 利润总额 = [03 05 营业利润]+[03 06 营业外收入]-[03 06 营业外支出]

03 07 税盾 = [03 031 利息支出]*[03 07 有效所得税率]

03 07 有效所得税率 = DIVIDE([03 08 所得税],[03 07 利润总额]-[03 032 长期股权投资利润])

03 08 税后利息支出 = [03 031 利息支出]-[03 07 税盾]

03 08 所得税 = CALCULATE([03 00 利润表小计],'11 利润表-结构表'[项目名称]="所得税费用")

03 09 净利润 = [03 07 利润总额]-[03 08 所得税]

03 09 净利润同期 = CALCULATE([03 09 净利润],DATEADD('11 时间表'[Date],-1,YEAR))

03 10 变化量 = [03 00 利润表小计]-[03 14 同期]

03 11 变化量% = DIVIDE([03 10 变化量],[03 14 同期])

03 12 净利率 = divide([03 09 净利润],[03 01 营业总收入])

03 12 税后金融利润 = [02 033 税前金融利润]*(1-[03 07 有效所得税率])

03 13 毛利率 = DIVIDE([03 031 毛利],[03 01 营业总收入])

03 13 税后经营利润 = [03 034 息税前经营利润]*(1-[03 07 有效所得税率])

03 14 同期 = CALCULATE([03 00 利润表小计],DATEADD('11 时间表'[Date],-1,YEAR))

03 15 利润表瀑布图 =

```
var x = SELECTEDVALUE('11 利润表 - 结构表'[项目])
return
SWITCH(TRUE(),
x = "营业收入",[03 01 营业总收入],
x = "营业成本",-[03 03 营业成本],
x = "销售费用",-[03 04 销售费用],
x = "管理费用",-[03 04 管理费用],
x = "财务费用",-[03 04 财务费用],
x = "营业外支出",-[03 06 营业外支出],
x = "营业外收入",[03 06 营业外收入],
x = "净利润",[03 09 净利润]
)
```

（三）设置矩阵

（1）插入一个"矩阵"视觉对象,行放入"序号"和"项目名称"字段,值放入"本期""同期""差异"和"变化量%",如图 10-2 所示。

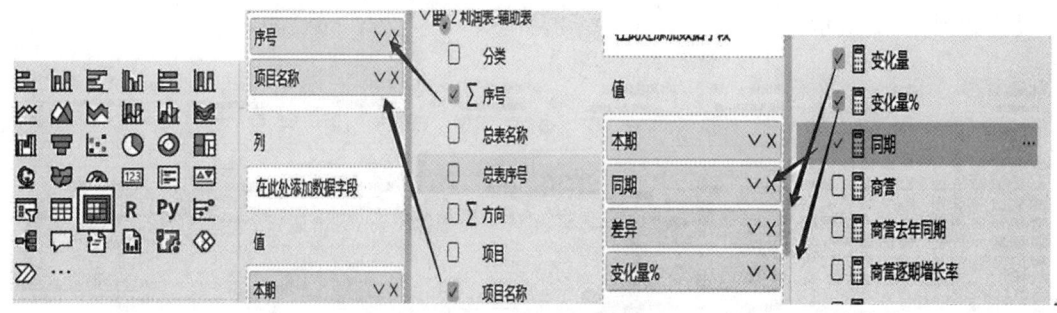

图 10-2　矩阵的元素设置

（2）回顾第九章第四节的内容,结合利润表的数据方向,对利润表矩阵的格式进行修改设置,最终矩阵如图 10-3 所示。

项目名称	本期	同期	差异	变化量%
营业总收入:	236820	272692	-35872 ↓	-13.15%
营业收入	236820	272692	-35872 ↓	-13.15%
利息收入	0	0	0	
已赚保费	0	0	0	
房地产销售收入	0	0	0	
其他业务收入	0	0	0	
营业总成本:	261721	260644	1077 ↑	0.41%
营业成本	162605	145637	16968 ↑	11.65%
利息支出	0	0	0	
房地产销售成本	0	0	0	
研发费用	19194	19134	60 ↑	0.31%
退保金	0	0	0	
其他业务成本	0	0	0	
营业税金及附加	1336	2174	-838 ↓	-38.55%
销售费用	36591	47759	-11168 ↓	-23.38%
管理费用	34259	37813	-3554 ↓	-9.40%
财务费用	7735	8129	-394 ↓	-4.85%
资产减值损失	0	0	0	
公允价值变动收益	0	0	0	

图 10-3　利润表矩阵

(四)新建利润表主要结构瀑布图

(1) 在可视化对象中选择插入"瀑布图",可视化元素及结果如图 10-4 所示。

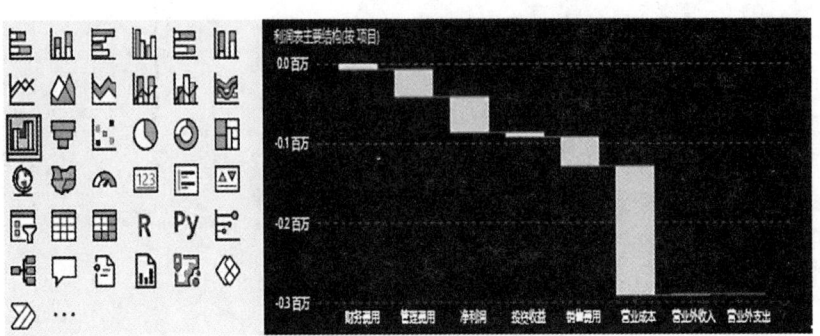

图 10-4　瀑布图对象及结果

(2) 修改瀑布图格式,类别放入利润表"项目"字段,Y 轴放入"2-9 利润表瀑布图"度量值,如图 10-5 所示。将"利润表瀑布图"更名为"利润表主要结构",完成瀑布图的制作。具体设置如图 10-5 所示。

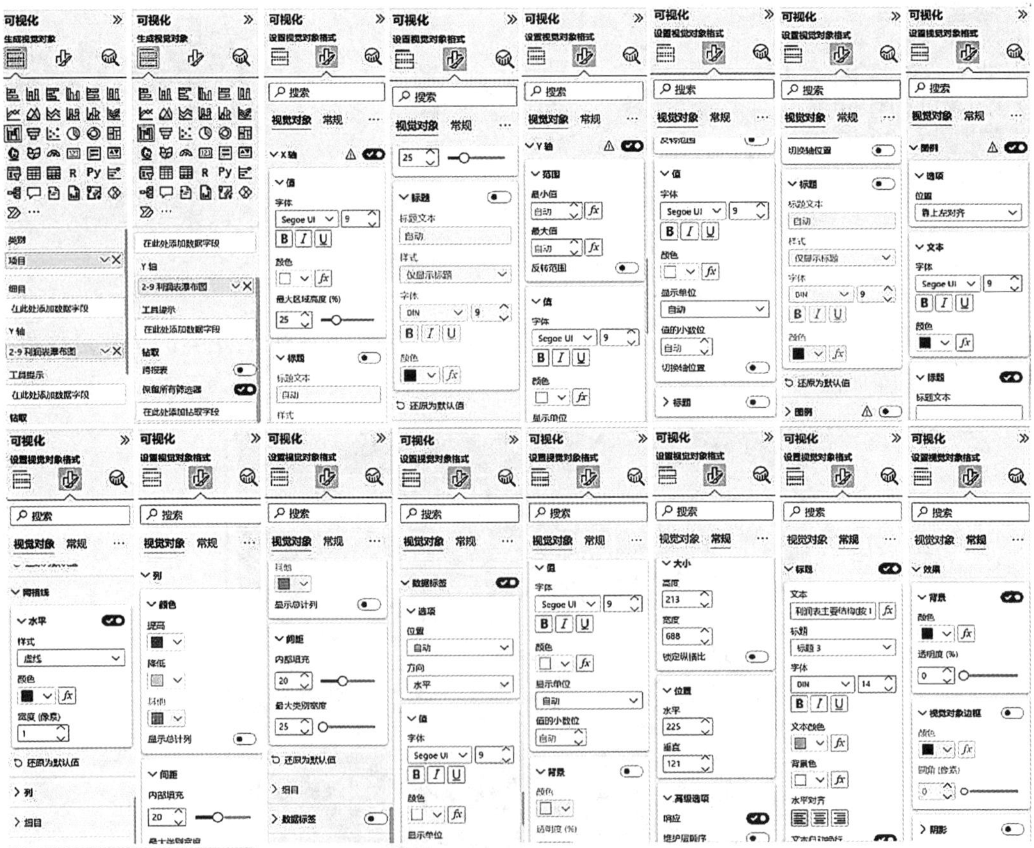

图 10-5　利润表的格式设置

(五)新建营业收入及毛利率趋势分区图

(1)插入可视化对象中的"分区图"视觉对象并完成营业收入及毛利率趋势分区图,如图 10-6 所示。

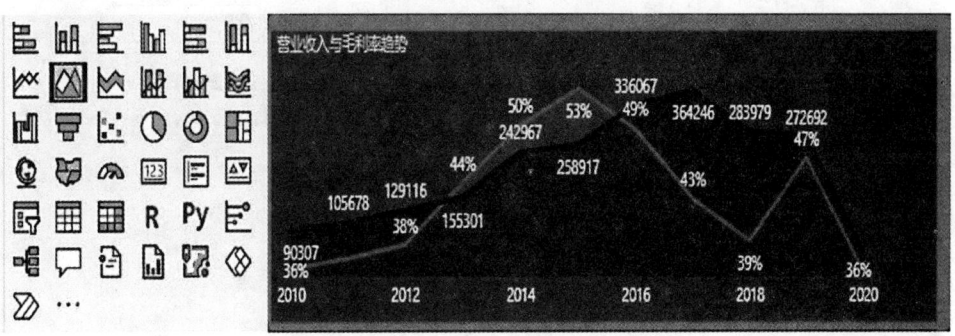

图 10-6 分区图视觉对象及结果

(2)在 X 轴放入"年""年季度"字段,在 Y 轴放入"盈利能力""毛利率"度量值,在辅助 Y 轴放入"2-1 营业总收入"度量值,并结合主题要求设置对应格式如图 10-7 和图 10-8 所示。

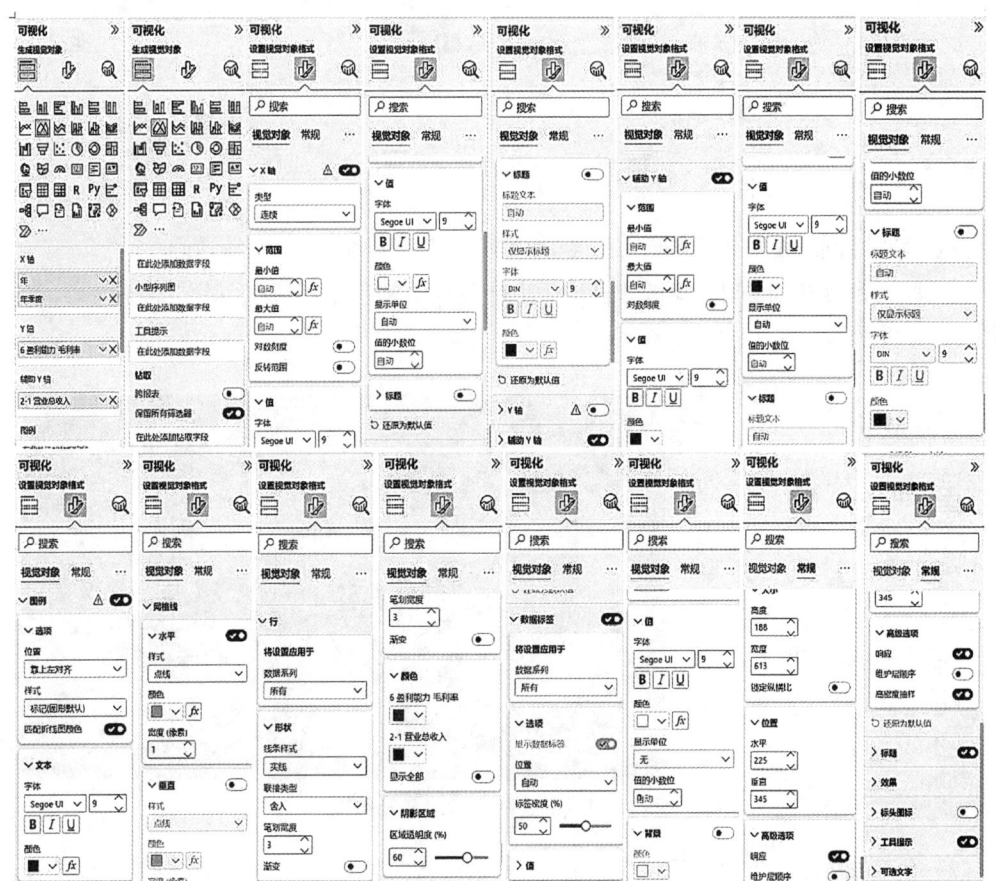

图 10-7 分区图格式设置(1)

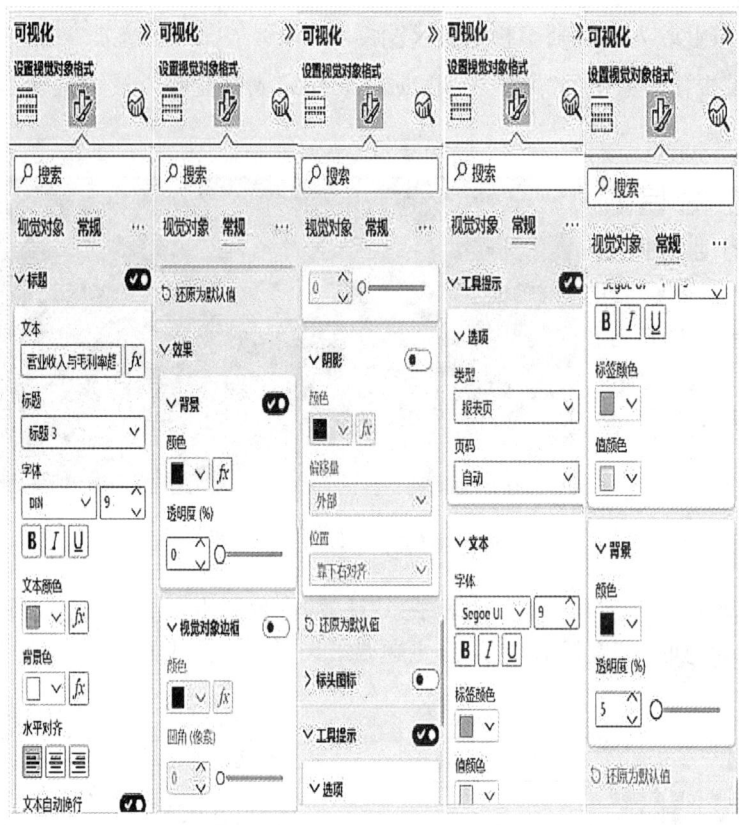

图 10-8 分区图格式设置(2)

(六) 新建净利润与净利润同期趋势折线图

(1) 插入可视化对象中的"折线图"视觉对象并完成净利润与净利润同期趋势折线图,如图 10-9 所示。

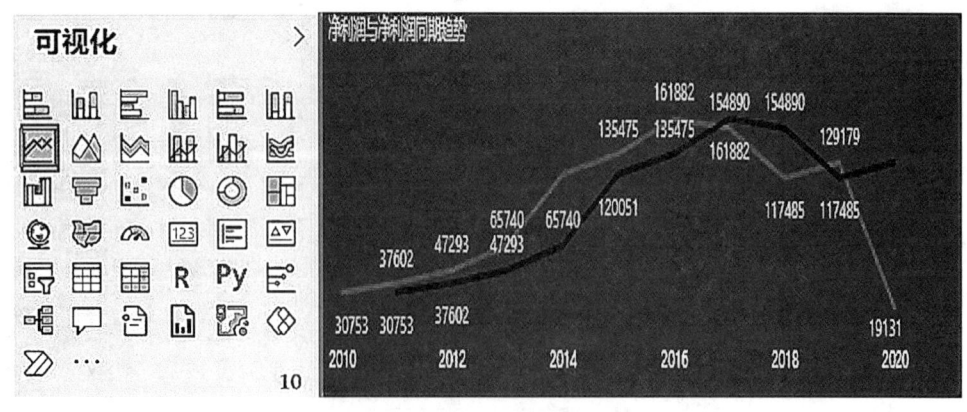

图 10-9 折线图视觉对象及结果

(2) 在 X 轴放入"年""年季度"字段,在 Y 轴放入"106 卡片用净利润"度量值,在辅助 Y 轴放入"106 卡片用净利润同期"度量值,并结合主题要求设置对应格式,如图 10-10 所示。

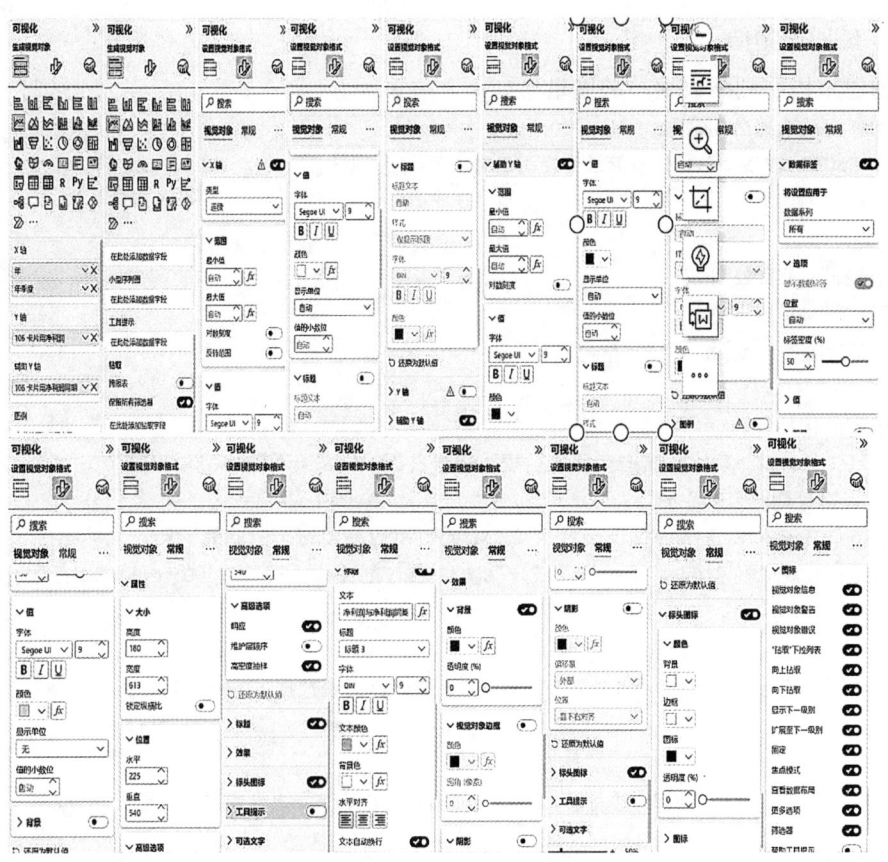

图 10-10　折线图格式设置

二、重构后利润表页面设计

要想结合本书第三章的理论内容,深入分析所爬取企业的盈利情况,需要继续分解度量指标,创建重构后的利润表,如图 10-11 所示。该页面筛选条件与利润表一致,通过性能同步器即可实现筛选条件的设置,但是该页面的度量值指标需要重新创建。

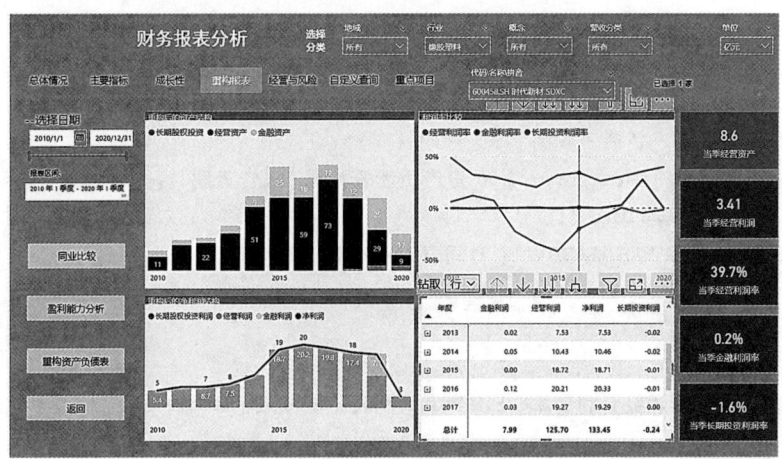

图 10-11　重构后的利润表页面设计

（一）编写度量值

为创建重构后利润表编写的度量值如下。

03 16 重构利润已选择公司数量 =
var a = COUNTROWS(VALUES('11 公司简表'[公司名称]))
return
SWITCH(true,
a>1, "请选择"&"1 家公司",
a = 1, "已选择"&a&"家",
"所选公司与分类不一致")

03 17 报表期间(时间段) =
var a = year(LASTDATE(all('00 资产负债表数据'[报告日期])))&"年"&QUARTER(LASTDATE(all('00 资产负债表数据'[报告日期])))&"季度"
var a1 = year(FIRSTDATE('时间表'[Date]))&"年"&QUARTER(FIRSTDATE('时间表'[Date]))&"季度"
var a2 = year(LASTDATE('时间表'[Date])) &"年"&QUARTER(LASTDATE('时间表'[Date]))&"季度"
var b = a1
&" - "
&if(LASTDATE('时间表'[Date])>= LASTDATE(all('00 资产负债表数据'[报告日期])),
            a,
            if(
                LASTDATE('时间表'[Date])in all('00 资产负债表数据'[报告日期]),
                a2,
                YEAR(DATEADD(LASTDATE('时间表'[Date]), - 3,MONTH))&"年 "&QUARTER
(DATEADD(LASTDATE('时间表'[Date]), - 3,MONTH))&"季度"))
return b

03 18 经营资产 = [01 131 营运资本] + [01 1321 长期经营资产]

03 19 重构利润卡片用最新经营利润 = [02 03 经营资产] * [02 05 重构利润卡片用最新经营利润率]

03 20 重构利润卡片用最新经营利润率 =
var a =
if(LASTDATE('时间表'[Date])>= LASTDATE(all('00 资产负债表数据'[报告日期])),
    LASTDATE(all('00 资产负债表数据'[报告日期])),
    if(LASTDATE('时间表'[Date])in all('00 资产负债表数据'[报告日期]),
        LASTDATE('时间表'[Date]),
        ENDOFQUARTER(DATEADD(LASTDATE('时间表'[Date]), - 3,MONTH))
)
)
return
CALCULATE([02 09 重构利润经营利润率],FILTER('时间表','时间表'[Date] = a))

03 21 重构利润卡片用最新金融利润率 =

```
var x = 1
var a =
if(LASTDATE('时间表'[Date])>=LASTDATE(all('00 资产负债表数据'[报告日期])),
    LASTDATE(all('00 资产负债表数据'[报告日期])),
    if(LASTDATE('时间表'[Date])in all('00 资产负债表数据'[报告日期]),
        LASTDATE('时间表'[Date]),
        ENDOFQUARTER(DATEADD(LASTDATE('时间表'[Date]),-3,MONTH))
    )
)
return
CALCULATE([03 08 重构利润金融利润率],FILTER('时间表','时间表'[Date]=a))
```

03 22 重构利润卡片用最新长期投资利润率 =
```
var a =
if(LASTDATE('时间表'[Date])>=LASTDATE(all('00 资产负债表数据'[报告日期])),
    LASTDATE(all('00 资产负债表数据'[报告日期])),
    if(LASTDATE('时间表'[Date])in all('00 资产负债表数据'[报告日期]),
        LASTDATE('时间表'[Date]),
        ENDOFQUARTER(DATEADD(LASTDATE('时间表'[Date]),-3,MONTH))
    )
)
return
CALCULATE([03 10 重构利润长期投资利润率],FILTER('时间表','时间表'[Date]=a))
```

03 23 重构利润金融利润率 = DIVIDE([03 12 税后金融利润],[01 11 金融资产])

03 24 重构利润经营利润率 = DIVIDE([03 13 税后经营利润],[01 13 经营资产])

03 25 重构利润长期投资利润率 = DIVIDE([03 11 长期股权投资利润],[01 12 长期股权投资])

03 26 长期股权投资利润 = CALCULATE([03 00 利润表小计],'11 利润表-结构表'[项目名称]="对联营企业和合营企业的投资收益")

03 27 税后金融利润 = [03 20 税前金融利润]*(1-[03 26 有效所得税率])

03 28 税后经营利润 = [03 19 息税前经营利润]*(1-[03 26 有效所得税率])

03 29 重构利润计算表 =
```
SWITCH(SELECTEDVALUE('11 利润表重构汇总'[一级科目]),
"财务费用中的利息收入",[03 23 利息收入],
"金融资产投资收益",[03 28 投资收益 金融],
"公允价值变动收益(金融)",[03 21 公允价值变动收益金融],
"税前金融利润",[03 20 税前金融利润],
"金融利润的所得税",[03 20 税前金融利润]-[03 12 税后金融利润],
```

"税后金融利润",[03 12 税后金融利润],
"对联营企业和合营企业的投资收益",[03 11 长期股权投资利润],
"营业总收入",[03 01 营业总收入],
"营业成本",[03 03 营业成本],
"毛利",[03 031 毛利],
"税金及附加",[03 02 营业税金及附加],
"销售费用",[03 02 销售费用],
"管理费用",[03 02 管理费用],
"研发费用",[03 02 研发费用],
"财务费用",[03 02 财务费用]-([03 22 利息支出]-[03 23 利息收入]),
"资产减值损失",[03 18 资产减值损失],
"公允价值变动收益(经营)",[03 24 公允价值变动收益经营],
"资产处置收益",[03 17 资产处置收益],
"其他收益",[03 16 其它收益],
"营业外收入",[03 06 营业外收入],
"营业外支出",[03 06 营业外支出],
"息税前经营利润",[03 19 息税前经营利润],
"经营利润所得税",[03 19 息税前经营利润]-[03 13 税后经营利润],
"税后经营利润",[03 13 税后经营利润],
"利息支出",[03 22 利息支出],
"税盾",[03 25 税盾],
"税后利息支出",[03 27 税后利息支出],
SWITCH(SELECTEDVALUE('11 利润表重构汇总'[分类]),
"经营利润",[03 13 税后经营利润],
"金融利润",[03 12 税后金融利润],
"长期投资利润",[03 11 长期股权投资利润],
"利息支出",[03 27 税后利息支出],
[03 13 税后经营利润]+[03 12 税后金融利润]+[03 11 长期股权投资利润]-[03 27 税后利息支出]))

03 30 利润表拆分小计 = sum('2 利润表科目拆分'[值])/[00 00 计算单位]

03 31 其它收益 = CALCULATE([02 00 利润表小计],'11 利润表-结构表'[分类]="其它收益")-CALCULATE([02 00 利润表小计],'11 利润表-结构表'[项目名称]="投资收益")

03 32 资产处置收益 = CALCULATE([03 00 利润表小计],'11 利润表-结构表'[项目名称]="资产处置收益")

03 33 资产减值损失 = CALCULATE([03 00 利润表小计],'11 利润表-结构表'[项目名称]="资产减值损失")

03 34 息税前经营利润 = [03 07 利润总额]-[03 20 税前金融利润]-[03 11 长期股权投资利润]+[03 22 利息支出]

03 35 税前金融利润 =
CALCULATE([03 00 利润表小计],'11 利润表-结构表'[项目名称]="投资收益")
-CALCULATE([03 00 利润表小计],'11 利润表-结构表'[项目名称]="对联营企业和合营企业的投资收益")

+[03 23 利息收入]

+[03 21 公允价值变动收益金融]

03 36 公允价值变动收益金融 = CALCULATE([03 15 利润表拆分小计],'2 利润表科目拆分'[项目] = "公允价值变动收益")

03 37 利息支出 = CALCULATE([03 15 利润表拆分小计],'2 利润表科目拆分'[备注] = "利息支出")

03 38 利息收入 = CALCULATE([03 15 利润表拆分小计],'2 利润表科目拆分'[备注] = "利息收入")

03 39 公允价值变动收益经营 =
CALCULATE([02 00 利润表小计],''11 利润表－结构表'[项目名称] = "公允价值变动收益")
－[02 21 公允价值变动收益金融]

03 40 税盾 = [03 22 利息支出]*[03 26 有效所得税率]

02 26 有效所得税率 = DIVIDE([02 08 所得税],[02 07 利润总额]－[02 11 长期股权投资利润])

02 27 税后利息支出 = [02 22 利息支出]－[02 25 税盾]

02 28 投资收益 金融 =
CALCULATE([02 00 利润表小计],'11 利润表－结构表'[项目名称] = "投资收益")
－CALCULATE([02 00 利润表小计],'11 利润表－结构表'[项目名称] = "对联营企业和合营企业的投资收益")

（二）新建重要指标卡片图

（1）插入一个"卡片图"视觉对象，分别创建"当季经营资产""当季经营利润""当季经营利润率""当季金融利润率""当季长期投资利润率"等卡片图，并排显示。

（2）结合界面设置的样式需求，以"当季经营资产"为例进行格式设置，如图 10-12 所

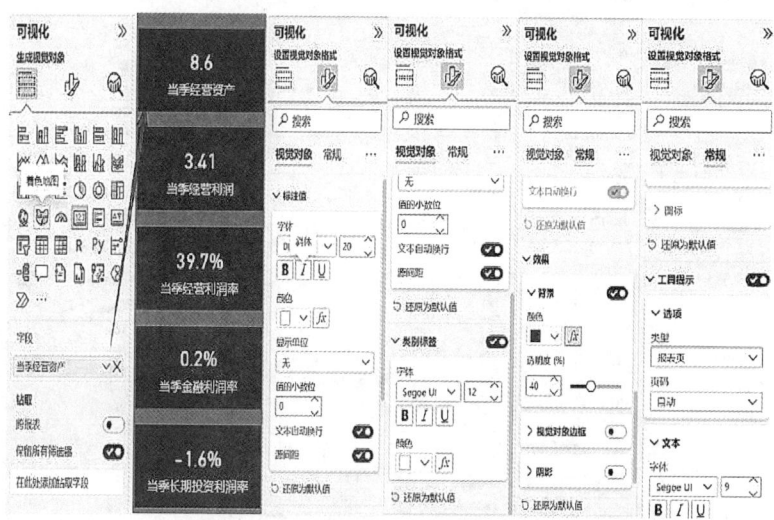

图 10-12 "当季经营资产"卡片图及格式设置

示,其他卡片图设置与其保持一致。

（三）新建重构后的资产结构堆积柱形图

（1）插入一个"堆积柱形图"视觉对象,创建重构后的资产结构柱形图,如图10-13所示。

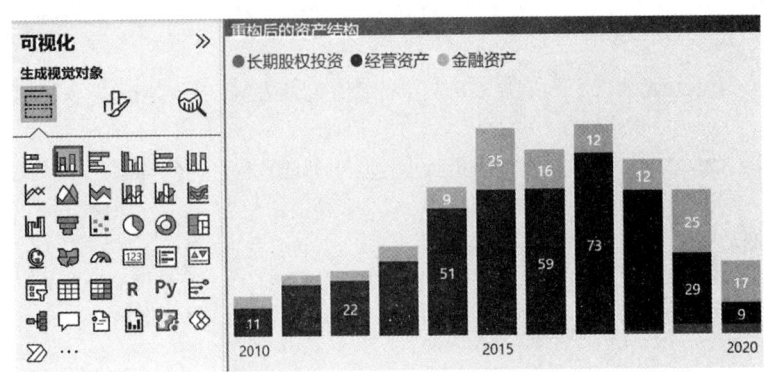

图 10-13　堆积柱形图及其结果

（2）将"年层次结构-年""年季度"放入X轴,"404长期股权投资""405经营资产""402金融资产"度量值放入Y轴,并按照图10-14进行该图形格式设置。

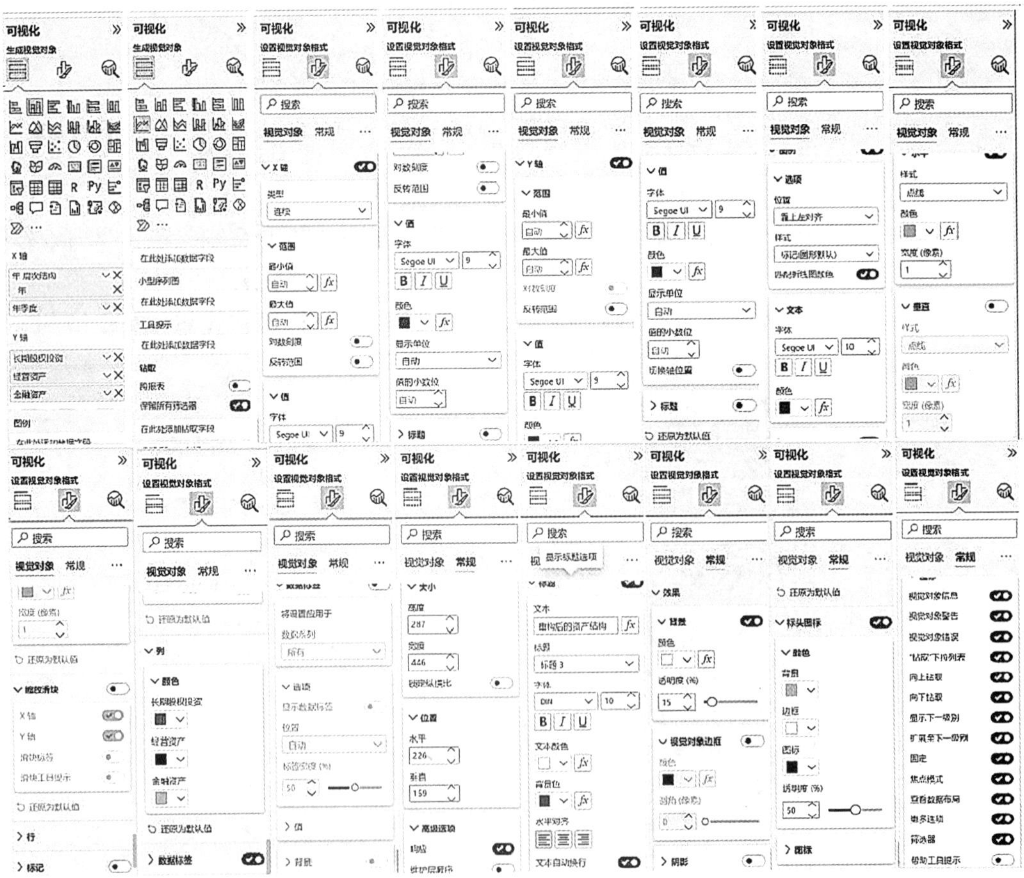

图 10-14　重构后的资产结构格式设置

第十章　交互式利润表分析　233

（四）新建重构后利润率比较折线图

（1）插入一个"折线图"视觉对象，创建三种利润的利润率比较折线图，如图 10-15 所示。

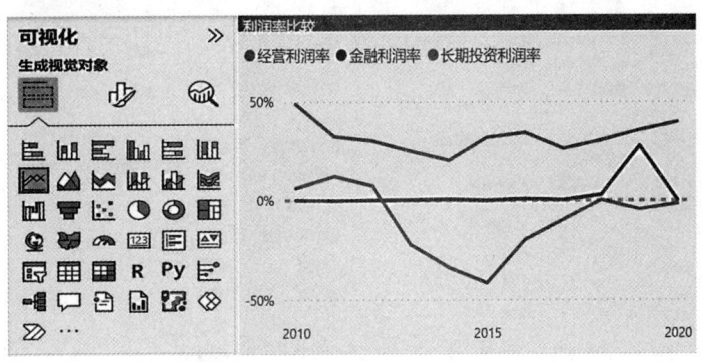

图 10-15　折线图及其结果

（2）将"年层次结构－年""年季度"放入 X 轴，"经营利润率""金融利润率""长期投资利润率"依次放入 Y 轴，并按照图 10-16 和图 10-17 对其进行格式设置。

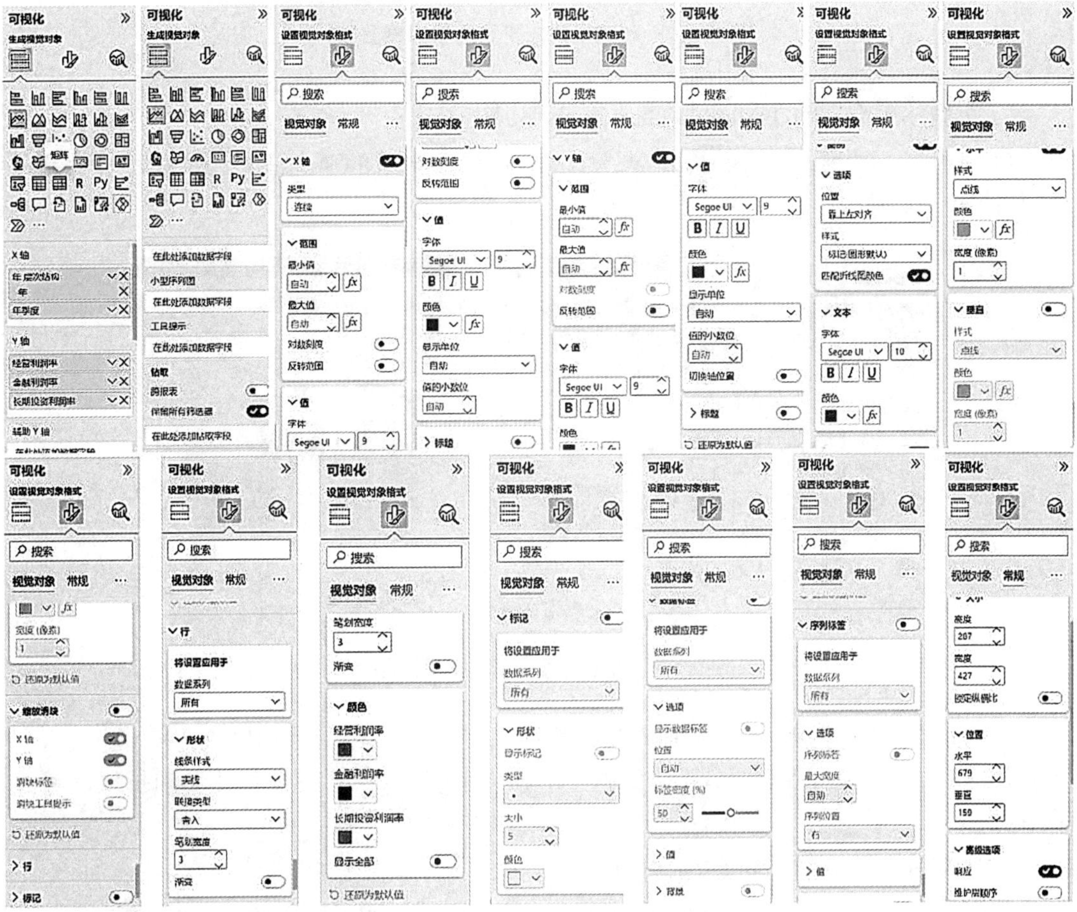

图 10-16　利润率比较折线图格式设置(1)

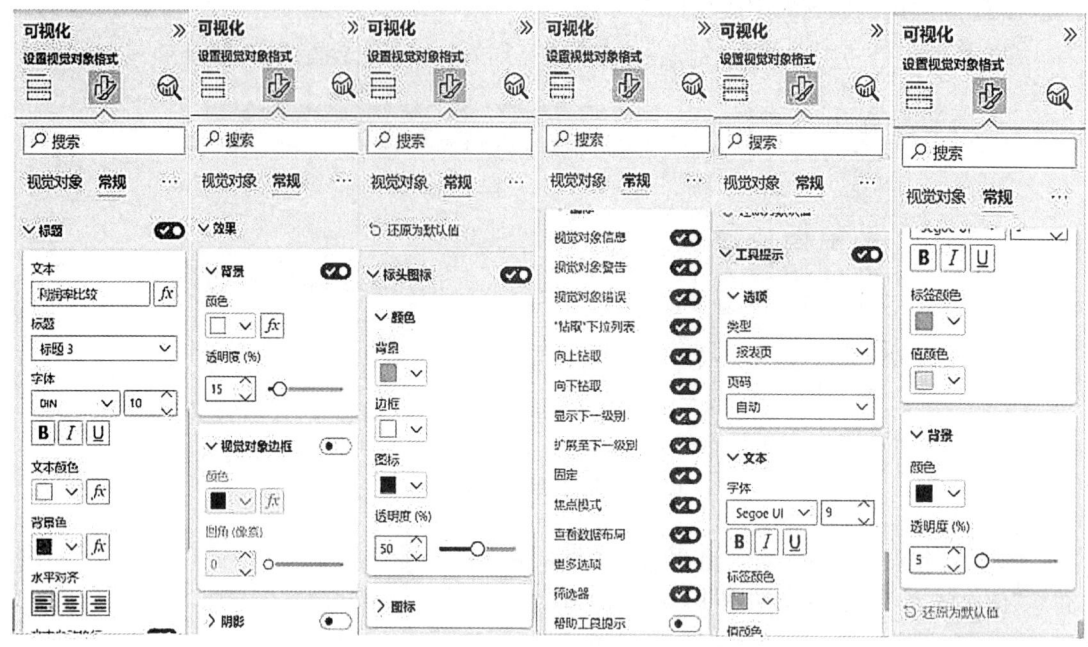

图 10-17　利润率比较折线图格式设置(2)

（五）新建重构后的净利润结构堆积柱形和折线图

（1）插入一个"堆积柱形和折线"视觉对象，创建重构后的净利润结构堆积柱形和折线图，如图 10-18 所示。

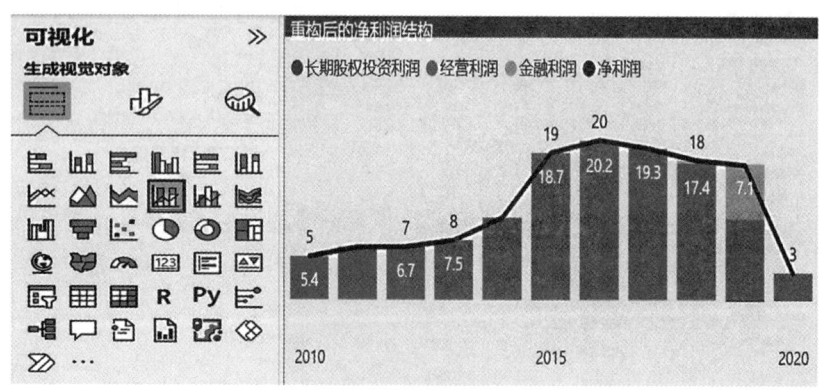

图 10-18　堆积柱形及折线图及其结果

（2）将"年""年季度"放入 X 轴，"长期股权投资利润""经营利润""金融利润"放入列 Y 轴，"净利润"放入行 Y 轴中，并按照图 10-19 和图 10-20 进行堆积柱形和折线图格式设置。

（六）新建重构后的利润项目明细表

（1）插入一个"矩阵"视觉对象，创建重构后的利润项目明细表，如图 10-21 所示。

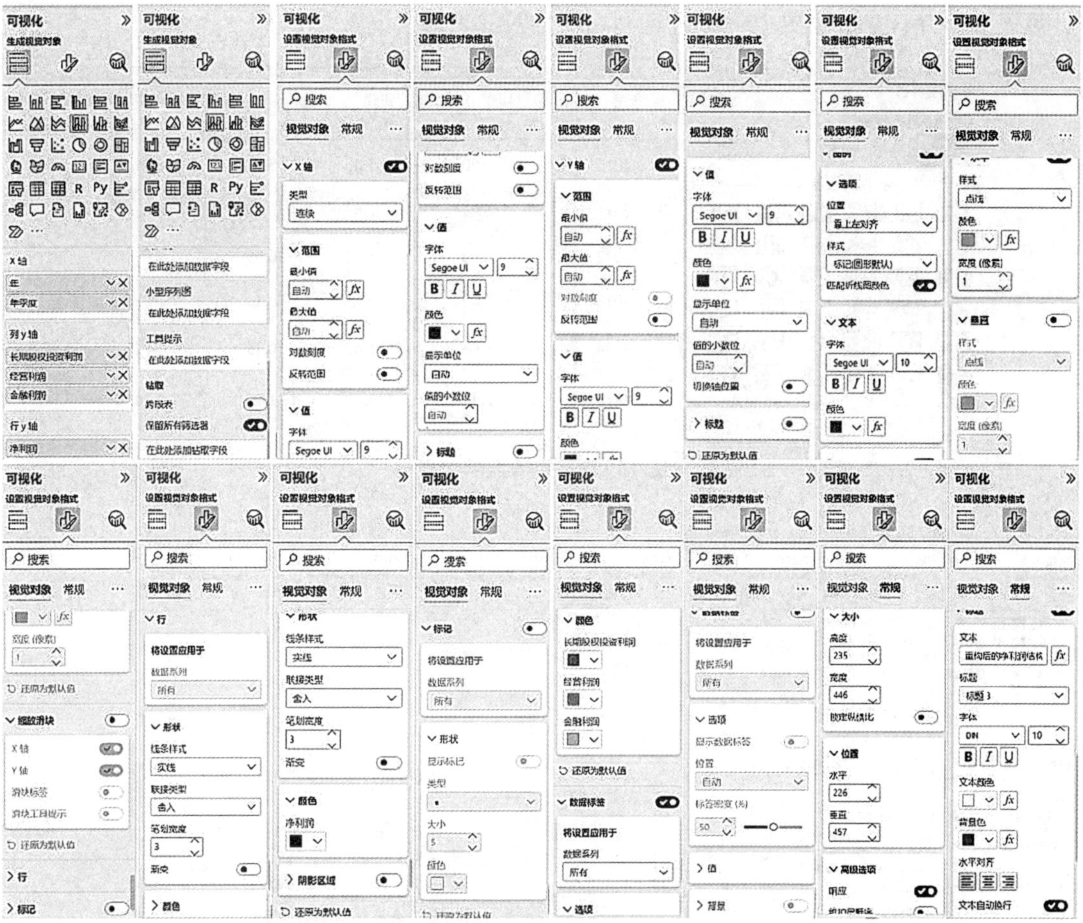

第十章 交互式利润表分析 235

图 10-19 重构后的净利润结构设置(1)

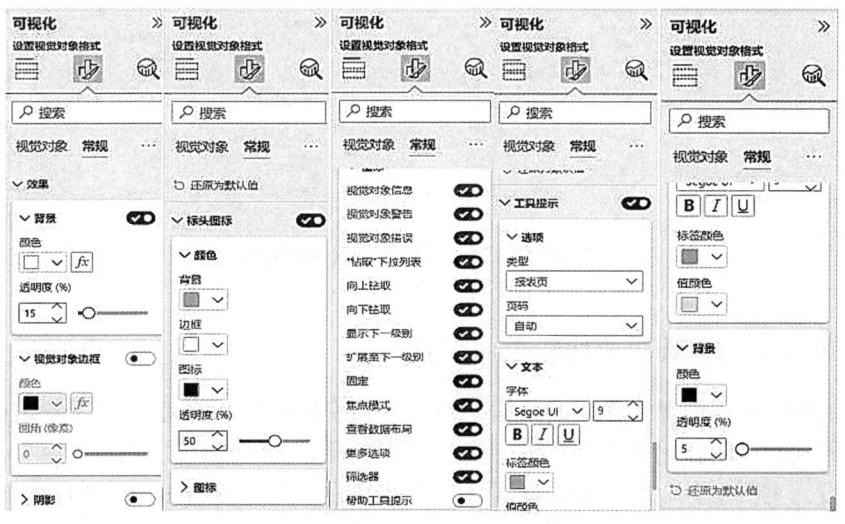

图 10-20 重构后的净利润结构设置(2)

(2) 将"年""季度"放入行,"分类层级结构-分类""利润表项目"放入列,"518 重构利润计算表"放入值,并按照图 10-22 进行利润项目明细表格式设置。

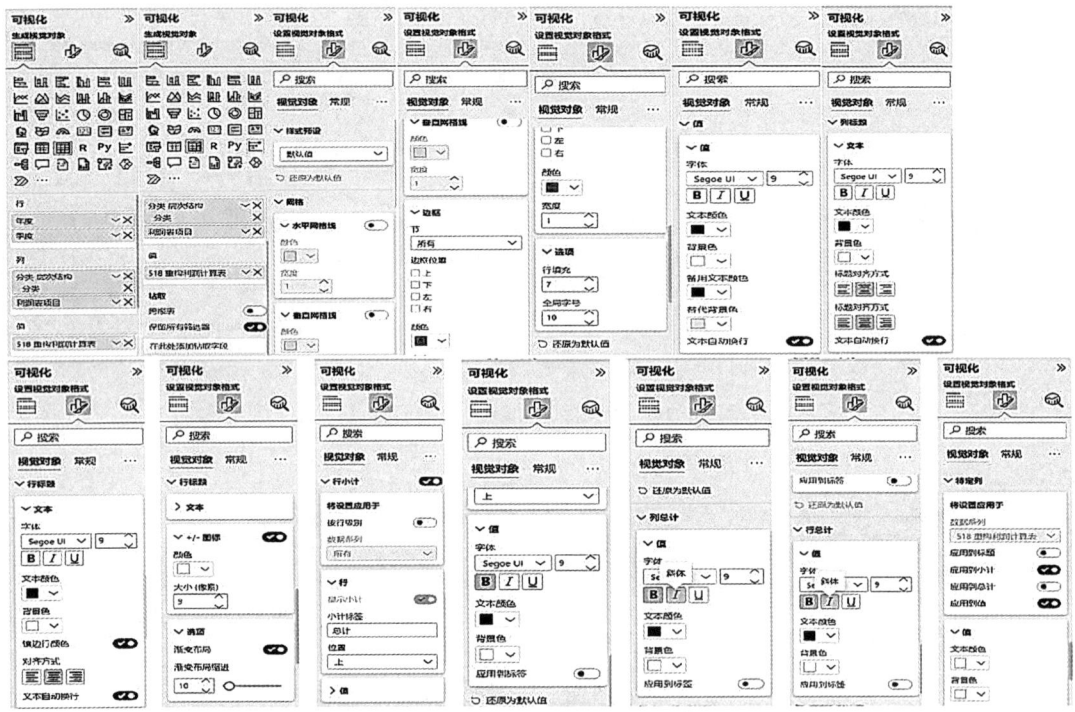

图 10-21　矩阵及其结果

图 10-22　利润项目明细表格式设置

三、重构后利润表同业比较页面设计

企业的利润获得情况以及利润结构的对比分析有助于分析企业主营业务结构,因此创建重构后的利润表同业比较页面对于行业的水平分析有较为重要的作用,如图 10-23 所示,该页面的设计意图是企业可自行选择同行竞争对手进行比较,如不选择,则自动比较当前所选分类中最近年度营收前 N 名的公司。该页面的筛选器与前述内容一致。

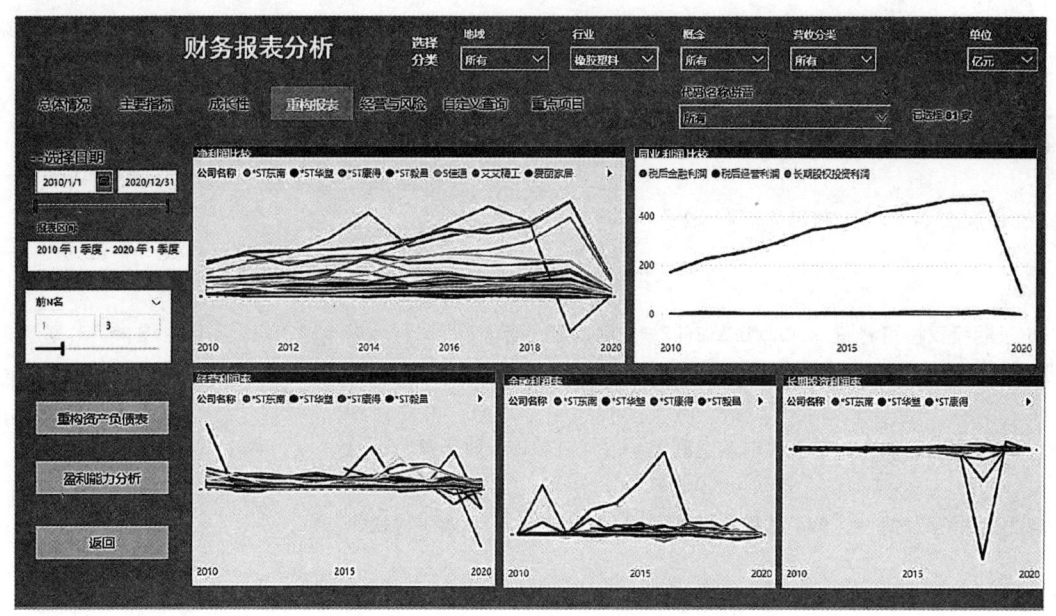

图 10-23　交互式利润表同业比较页面

（一）编写度量值

为设计重构后利润表同业比较页面编写的度量值如下。

905 已选公司数量(多) =
var a = COUNTROWS(VALUES('0 公司简表'[公司名称]))
var b = if(a>=1,
            "已选择 " & a & " 家",
            "所选公司与分类不一致")
return b

910 报表期间(时间段) =
var a = year(LASTDATE(all('1 资产负债表'[报告日期])))&" 年 " & QUARTER(LASTDATE(all('1 资产负债表'[报告日期])))&" 季度"
var a1 = year(FIRSTDATE('01 时间表'[Date])) & " 年 " & QUARTER(FIRSTDATE('01 时间表'[Date])) & " 季度"
var a2 = year(LASTDATE('01 时间表'[Date])) & " 年 " & QUARTER(LASTDATE('01 时间表'[Date])) & " 季度"

var b = a1
& " - "
& if(LASTDATE('01 时间表'[Date])>=LASTDATE(all('1 资产负债表'[报告日期])),
           a,
           if(
              LASTDATE('01 时间表'[Date]) in all('1 资产负债表'[报告日期]),
                a2,

YEAR(DATEADD(LASTDATE('01 时间表'[Date]),-3,MONTH))&" 年 "& QUARTER
(DATEADD(LASTDATE('01 时间表'[Date]),-3,MONTH))&" 季度"))

return b

2-9 净利润 = [2-7 利润总额]-[2-8 所得税]

506 长期股权投资利润 = CALCULATE([2-1 利润表小计],'2-1 利润表-辅助表'[项目名称]="对联营企业和合营企业的投资收益")

511 税后金融利润 = [507 税前金融利润]*(1-[510 有效所得税率])

512 税后经营利润 = [508 息税前经营利润]*(1-[510 有效所得税率])

524 重构利润经营利润率 = DIVIDE([512 税后经营利润],[405 经营资产])

523 重构利润金融利润率 = DIVIDE([511 税后金融利润],[402 金融资产])

529 重构利润长期投资利润率 = DIVIDE([506 长期股权投资利润],[404 长期股权投资])

(二)新建同业利润比较折线图

(1)插入一个"折线图"视觉对象,创建同业利润比较折线图,如图 10-24 所示。

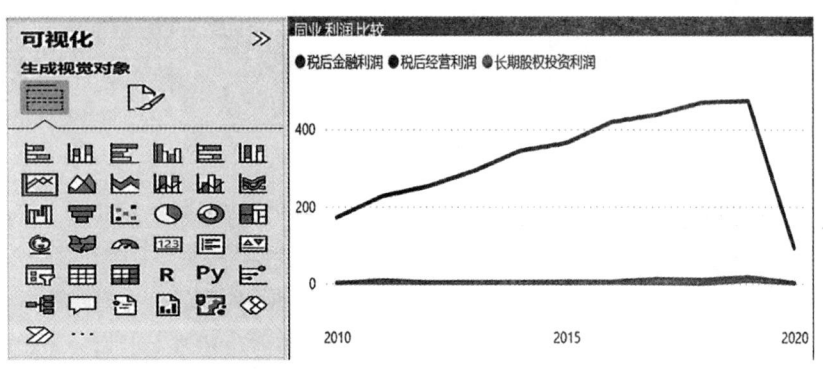

图 10-24 同业比较折线图

(2)将"年""年季度"放入 X 轴,"税后金融利润""税后经营利润""长期股权投资利润"放入 Y 轴,并按图 10-25 进行同业利润比较折线图的格式设置。

(三)新建同业净利润、经营利润率、金融利润率、长期投资利润率比较折线图

(1)因净利润、经营利润率、金融利润率、长期投资利润率比较折线图的操作步骤极为一致,因此可以创建其中一个,通过复制后改变 Y 轴的度量值,即可实现四个折线图的创建,如图 10-26 所示。

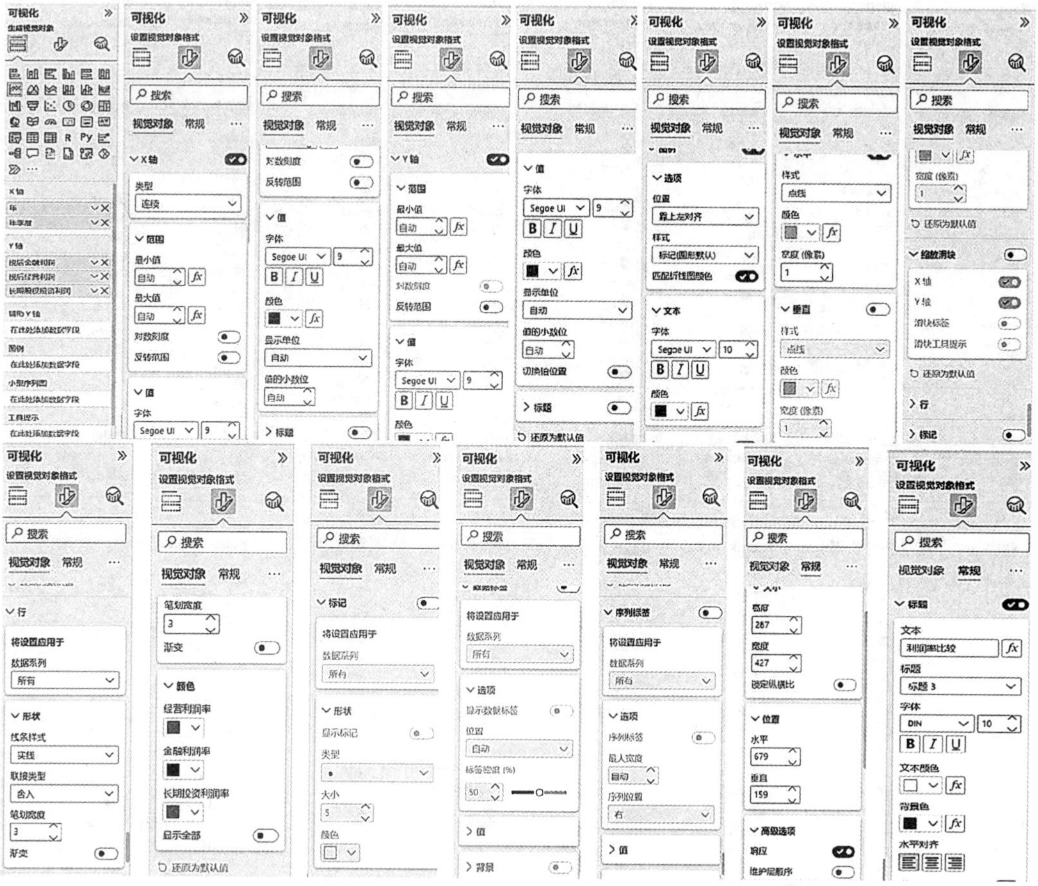

图 10-25 同业利润比较折线图格式设置

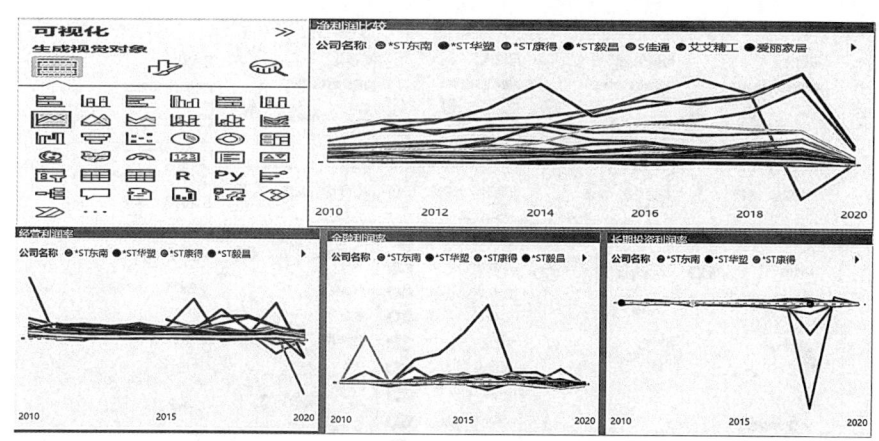

图 10-26 同业利润指标对比折线图

(2) 将"年""年季度"放入 X 轴,"公司名称"放入图例, Y 轴的度量值按照对比的元素——对应放入"净利润""经营利润率""金融利润率""长期投资利润率"并按图 10-27 和图 10-28 进行同业比较折线图的格式设置。

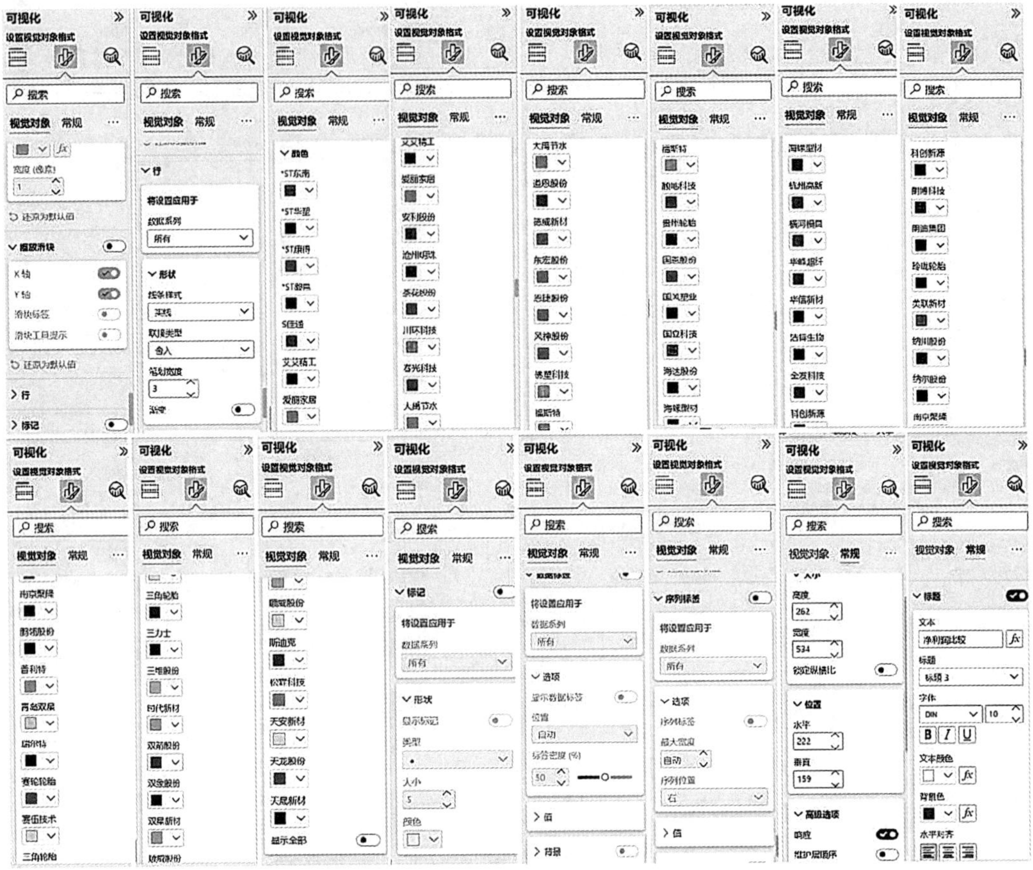

图 10-27　同业利润指标对比折线图格式设置(1)

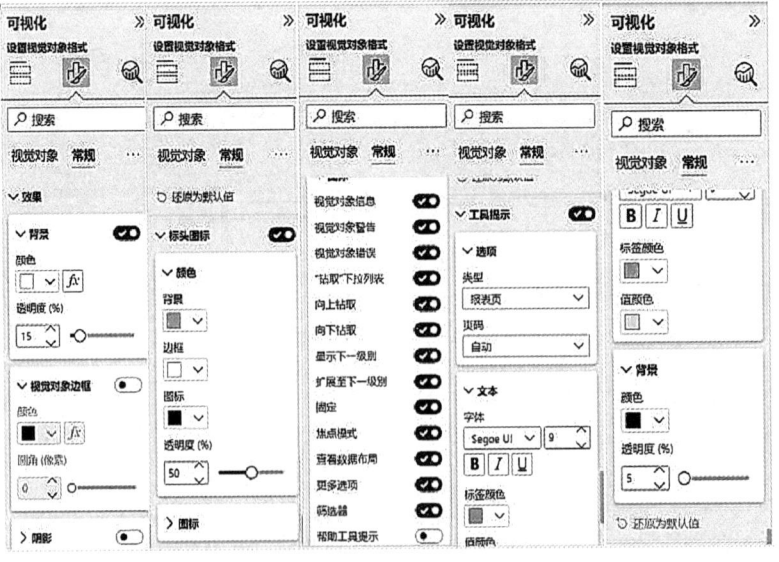

图 10-28　同业利润指标对比折线图格式设置(2)

(四)新建前 N 名企业选项切片器

(1)同业利润比较时,除了日期、行业、单位等固有筛选器,还需单独设置前 N 家企业的筛选器。

(2)选择可视化对象"切片器",将"前 N 名"度量值放入字段中,并按照图 10-29 进行格式设置。

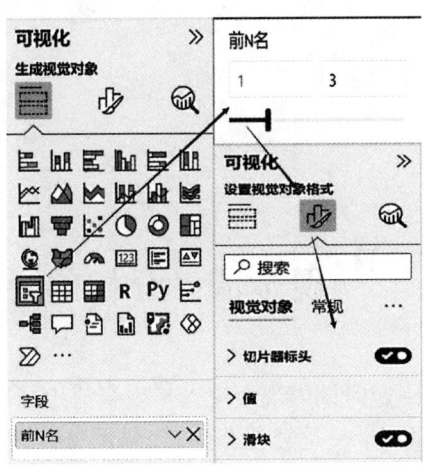

图 10-29 前 N 名切片器设置

本章小结

本章主要重点介绍三大财务报表之一的利润表的分析要点,根据与第九章资产负债表一动一静两大财务报表的区别对比,结合利润表有关盈利的分析目的,从利润表结构和利润核心指标入手,设计相关可视化分析的呈现方式。本章进一步加强财务报表阅读方法的训练,从而合理认识企业披露的财务报表信息的作用和信息含量。

第十一章
交互式现金流量表分析

第一节 现金流量分析的目的

现金流量表是反映企业一定时期内现金流入与现金流出情况的财务报表。

企业的财务目标主要有两个：一是经营获利；二是保持偿债能力。与之相关的信息，是企业内部经营管理者以及与企业相关各方十分关注的重要内容。此外，人们还非常重视企业现金流动的情况，因为企业债务的清偿、股利的分配、日常经营支出以及以后的发展，均取决于能否及时、足额地获取现金并使之合理使用。

现金流量表的作用体现在以下方面：

（1）现金流量表有助于分析企业现金流量的变动及其原因。现金流量表把现金流量划分为经营活动产生的现金流量、投资活动产生的现金流量和筹资活动产生的现金流量三部分，并按照现金流入和现金流出分别反映，以此揭示企业现金流入和现金流出的原因，使会计信息使用者通过阅读现金流量表，能够了解企业现金流入、现金流出的构成，分析企业现金流量变动的原因。

（2）现金流量表有助于评价企业的支付能力、偿债能力和资金周转能力。现金流量表是以现金收支为基础编制的。通过现金流量表，投资者可以了解企业当前是否能及时支付股利，债权人可以判断企业当前的偿债能力，管理机构可以掌握企业资金周转能力的情况。

（3）现金流量表有助于评价企业净利润的质量。现金流量表可以将利润表中的净利润与以收付实现制为基础提供的现金流量进行比较，能够反映企业净利润与现金结余之间的差异及其原因，评价净利润产生现金的能力，揭示企业净利润的质量。

（4）现金流量表有助于分析企业的投资和筹资活动。现金流量表可以反映投资活动引起的现金流入、流出的数量、结构，以及筹资活动带来的负债、资本数量以及比例的变化，从而有助于会计信息使用者正确分析、评价企业的财务状况。

（5）现金流量表有助于预测企业未来获取现金的能力。现金流量表分类反映了企业一定时期经营活动、投资活动和筹资活动的现金流入和现金流出的情况，具体说明了企业现金来源渠道和运用方向。过去的现金流量总是与未来的现金流量相关，是未来现金流量的预示，所以通过现金流量表可以分析企业未来获取现金的能力。

第二节 现金流量表的结构构成

现金流量表由表头、基本内容和补充资料三部分组成。

一、表头

现金流量表表头包括报表名称、编制单位、编制日期和货币种类、金额单位等内容。

二、基本内容

现金流量表基本内容部分是现金流量表的核心，按照经济活动的性质分为经营活动产生的现金流量、投资活动产生的现金流量和筹资活动产生的现金流量三部分。每一类现金流量，分别按现金流入和现金流出总额反映。现金流量表具体结构如表11-1所示。

（一）经营活动产生的现金流量

经营活动是指企业投资活动和筹资活动以外的所有交易和事项，包括销售商品或提供劳务、经营性租赁、购买货物、接受劳务、制造产品、广告宣传、推销产品、缴纳税款等。

经营活动产生的现金流入项目主要有：销售商品、提供劳务收到的现金；收到的税费返还；收到其他与经营活动有关的现金。

经营活动产生的现金流出项目主要有：购买商品、接受劳务支付的现金；支付给职工以及为职工支付的现金；支付的各项税费；支付其他与经营活动有关的现金。

利用经营活动形成的现金流量，可以判断在不动用企业外部筹资的情况下，企业通过经营活动产生的现金流量是否足以偿还贷款、维持企业的生产经营、支付股利以及对外投资。此外，利用本期经营活动所形成的现金流量，还可以预测未来同类现金流量的变化趋势。

（二）投资活动产生的现金流量

投资活动是指企业长期资产的购建和不包括在现金等价物范围内的投资及其处置活动。

长期资产是指固定资产、无形资产、在建工程、其他的持有期限在1年或一个营业周期以上的资产。这里所讲的投资活动，既包括实物资产投资，也包括金融资产投资。另外，之所以将"包括在现金等价物范围内的投资"排除在外，是因为对于工商企业而言已经将包括在现金等价物范围内的投资视同为现金。

投资活动产生的现金流量代表着企业未来获得收益和现金流量而转出资源的程度，以及以前资源转出带来的现金流入的信息。

（三）筹资活动产生的现金流量

筹资活动是指导致企业资本及债务规模和构成发生变化的活动，包括吸收投资、发行股票、分配利润等。

这里所说的资本，既包括实收资本（股本），也包括资本溢价（股本溢价）；这里所说的债务，是指对外举债，包括向银行借款、发行债券等。通常情况下，应付账款、应付票据等属于经营活动，不属于筹资活动。

计算筹资活动形成的现金流量,可以分析企业筹资能力,帮助企业资本提供者预计从企业未来现金流量中索偿其产权的信息。

三、补充资料

补充资料披露了一些在主体报表未能提供的重要信息或者未能充分说明的信息,主要包括将净利润调节为经营活动现金流量、不涉及现金收支的重大投资和筹资活动、现金及现金等价物净变动情况等方面的信息。

表 11-1　现金流量表

编制单位：　　　　　　　　　　　年度　　　　　　　　　　　　　单位：

项　目	本期金额	上期金额
一、经营活动产生的现金流量：		
销售商品、提供劳务收到的现金		
收到的税费返还		
收到其他与经营活动有关的现金		
经营活动现金流入小计		
购买商品、接受劳务支付的现金		
支付给职工以及为职工支付的现金		
支付的各项税费		
支付其他与经营活动有关的现金		
经营活动现金流出小计		
经营活动产生的现金流量净额		
二、投资活动产生的现金流量：		
收回投资收到的现金		
取得投资收益收到的现金		
处置固定资产、无形资产和其他长期资产收回的现金净额		
处置子公司及其他营业单位收到的现金净额		
收到其他与投资活动有关的现金		
投资活动现金流入小计		
购建固定资产、无形资产和其他长期资产支付的现金		
投资支付的现金		
取得子公司及其他营业单位支付的现金净额		
支付其他与投资活动有关的现金		
投资活动现金流出小计		
投资活动产生的现金流量净额		

(续表)

项目	本期金额	上期金额
三、筹资活动产生的现金流量:		
吸收投资收到的现金		
取得借款收到的现金		
收到其他与筹资活动有关的现金		
筹资活动现金流入小计		
偿还债务支付的现金		
分配股利、利润或偿付利息支付的现金		
支付其他与筹资活动有关的现金		
筹资活动现金流出小计		
筹资活动产生的现金流量净额		
四、汇率变动对现金及现金等价物的影响		
五、现金及现金等价物净增加额		
加:期初现金及现金等价物余额		
六、期末现金及现金等价物余额		

第三节　现金流量表的核心指标

一、现金流动负债比率

现金流动负债比率是企业一定时期的经营现金净流量同流动负债的比率,它可以从现金流量角度来反映企业当期偿付短期负债的能力。其中,经营现金净流量是指一定时期内,企业经营活动所产生的现金及现金等价物流入与流出的差额。现金流动负债比率的计算公式为:

$$现金流动负债比率=\frac{经营现金净流量}{期末流动负债}$$

该指标分析如下:

(1) 经营现金净流量的大小反映企业在一定会计期间生产经营活动产生现金的能力。经营现金净流量是偿还企业到期基本资金的来源,用现金流动负债比率反映企业偿债能力更加谨慎。

(2) 现金流动负债比率越大,表明企业经营活动产生的现金净流量越多,越能保证企业按期偿还到期债务;但不是越大越好,该指标过大则表明企业流动资金利用不充分,盈利能力不强。一般认为该指标等于或大于1时,表明企业有充足的偿债能力。

二、现金债务总额比率

现金债务总额比率是指企业生产经营现金净流量与期初、期末负债平均余额的比率。其计算公式为：

$$现金债务总额比率 = \frac{经营现金净流量}{负债平均余额}$$

企业真正用于偿还债务的是现金，通过现金净流量能较好地反映企业的偿债能力，该指标越高，说明企业偿还债务的能力越强。

三、现金利息保证倍数

现金利息保证倍数是指企业生产经营现金净流量与利息费用的比率。其计算公式为：

$$现金利息保证倍数 = \frac{经营现金净流量}{利息费用}$$

当企业息税前利润与经营现金净流量基本一致时，这两个指标结果比较相似，但相差较大时，现金利息保证倍数比已获利息倍数更能反映企业的偿债能力。

四、现金到期债务比率

现金到期债务比率是指经营现金净流量与本期到期债务的比率，用来衡量企业本期到期的债务所用经营活动所产生的现金来支付的程度。其计算公式为：

$$现金到期债务比率 = \frac{经营活动现金净流量}{本期到期的债务}$$

从上述计算可以看出，当现金到期债务比率大于等于 1 时，表示企业有足够的能力以经营活动产生的现金来偿还当期到期的短期债务；反之，则表明企业经营活动产生的现金不足以偿还当期到期的短期债务，表明企业的偿债能力较低。

第四节 交互式现金流量表设计与创建

本节将制作可视化现金流量表，现金流量表是反映一段时期内（如月度、季度或年度）企业经营活动、投资活动和筹资活动对其现金及现金等价物所产生影响的财务报表。它详细描述了由企业的经营活动、投资活动与筹资活动所产生的现金流。且重构的利润表和资产负债表对其不产生具体影响，因此本节结合了之前爬取的上市公司现金流量表数据创建交互式现金流量表，使其在一张页面上，能够直观观测到经营活动、投资活动、筹资活动的具体净现金值、按时间变化的分区图、结构变化瀑布图和现金流量明细表，如图 11-1 所示。

因筛选器均与利润表和资产负债表相对一致，仅需性能同步器进行共享，不需再次设计创建。而现金流量表作为时期数据，大部分项目可以简单累加，因此为其创建度量值并进行页面的创建步骤如下。

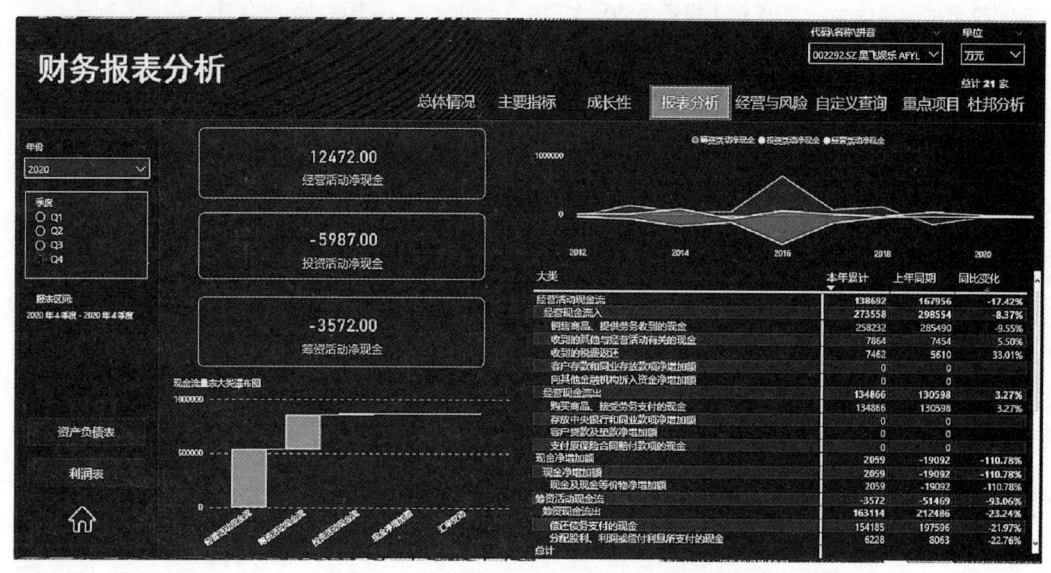

图 11-1 交互式现金流量表分析页面

一、编写度量值

现金流量表同时具备利润表和资产负债表的特点,具体度量值编写如下:

04 00 现金流量小计 = sum('00 现金流量表数据表'[金额])/[00 00 计算单位]

04 021 经营活动现金流入 = calculate([04 00 现金流量小计],'11 现金流量-结构表'[类别]="经营现金流入")

04 022 经营活动现金流出 = calculate([04 00 现金流量小计],'11 现金流量-结构表'[类别]="经营现金流出")

04 023 投资活动现金流入 = calculate([04 00 现金流量小计],'11 现金流量-结构表'[类别]="投资现金流入")

04 024 投资活动现金流出 = calculate([04 00 现金流量小计],'11 现金流量-结构表'[类别]="投资现金流出")

04 025 筹资活动现金流入 = calculate([04 00 现金流量小计],'11 现金流量-结构表'[类别]="筹资现金流入")

04 026 筹资活动现金流出 = calculate([04 00 现金流量小计],'11 现金流量-结构表'[类别]="筹资现金流出")

04 031 经营活动净现金 = [04 021 经营活动现金流入]-[04 022 经营活动现金流出]

04 032 投资活动净现金 = [04 023 投资活动现金流入] - [04 024 投资活动现金流出]

04 033 筹资活动净现金 = [04 025 筹资活动现金流入] - [04 026 筹资活动现金流出]

04 034 汇率变动 =
CALCULATE([04 00 现金流量小计],'11 现金流量-结构表'[类别]="汇率变动")

04 035 现金净增加额 =
//CALCULATE([03 031 经营活动净现金]+[03 032 投资活动净现金]+[03 033 筹资活动净现金]+[03 034 汇率变动],all('3 现金流量表-辅助表'))
sumx(all('11 现金流量-结构表'),[04 031 经营活动净现金]+[04 032 投资活动净现金]+[04 033 筹资活动净现金]+[04 034 汇率变动])
/*
不建议如下,与利润表营业利润相同原因。
calculate([03 00 现金流量小计],'3 现金流量表-辅助表'[类别]="现金净增加额")
*/

//报表上显示需注意,错误
//[03 031 经营活动净现金]+[03 032 投资活动净现金]+[03 033 筹资活动净现金]+[03 034 汇率变动]

04 036 期初现金 =
CALCULATE(
    calculate([04 00 现金流量小计],'11 现金流量-结构表'[类别]="期初现金"),
    FILTER(
        all('11 时间表'[Date]),
        '11 时间表'[Date]=MIN('00 现金流量表数据表'[报告日期])
)
)

04 037 期末现金 =
CALCULATE(
    calculate([04 00 现金流量小计],'11 现金流量-结构表'[类别]="期末现金"),
    FILTER(
        all('11 时间表'[Date]),
        '11 时间表'[Date]=Max('00 现金流量表数据表'[报告日期])
)
)

04 06 现金流量表用瀑布图 =
SWITCH(SELECTEDVALUE('11 现金流量-结构表'[类别]),
    "经营现金流入",[04 021 经营活动现金流入],
    "经营现金流出",[04 022 经营活动现金流出],
    "投资现金流入",[04 023 投资活动现金流入],

```
    "投资现金流出",[04 024 投资活动现金流出],
    "筹资现金流入",[04 025 筹资活动现金流入],
    "筹资现金流出",[04 026 筹资活动现金流出],
    SWITCH(SELECTEDVALUE('11 现金流量-结构表'[大类]),
        "经营活动现金流",[04 021 经营活动现金流入]-[04 022 经营活动现金流出],
        "投资活动现金流",[04 023 投资活动现金流入]-[04 024 投资活动现金流出],
        "筹资活动现金流",[04 025 筹资活动现金流入]-[04 026 筹资活动现金流出],
        "汇率变动",      [04 034 汇率变动],
        "现金净增加额",  [04 035 现金净增加额],
        "期初现金",      [04 036 期初现金],
        "期末现金",      [04 037 期末现金]
    ))
```

04 066 去年同期计算(现) = CALCULATE([04 06 现金流量表用瀑布图],SAMEPERIODLASTYEAR('11 时间表'[Date]))

04 067 现金流量变化同比 = DIVIDE(([04 06 现金流量表用瀑布图]-[04 066 去年同期计算(现)]),[04 066 去年同期计算(现)])

04 09 投资支出 = CALCULATE([04 00 现金流量小计],'11 现金流量-结构表'[项目名称]="购建固定资产、无形资产和其他长期资产所支付的现金")

04 09 销售商品、提供劳务收到的现金 = calculate([04 00 现金流量小计],'11 现金流量-结构表'[项目名称]="销售商品、提供劳务收到的现金")

二、设置矩阵格式

（1）插入一个"矩阵"视觉对象，创建现金流量表项目矩阵，如图 11-2 所示。

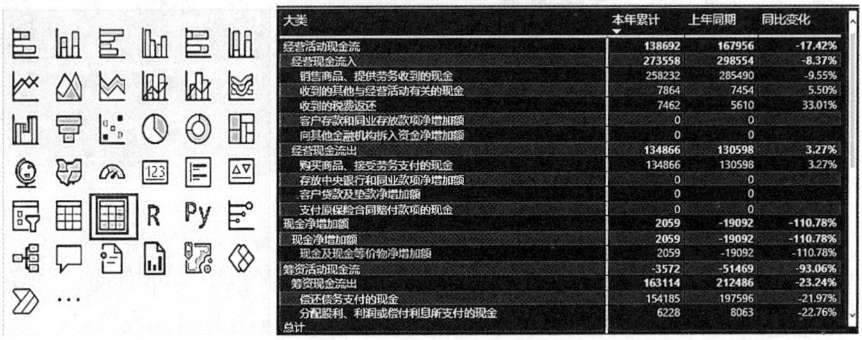

图 11-2　现金流量表矩阵

（2）将现金流量表辅助表中"大类 层次结构"中"大类""类别""项目名称"字段保留放入行中，"本年累计""上年同期""同比变化"度量值放入值中，并按图 11-3 进行现金流量表项目矩阵的格式设置。

图 11-3 现金流量表矩阵格式设置

三、设置现金流量大类分区图

（1）插入一个"分区图"视觉对象，创建现金流量大类分区，如图 11-4 所示。

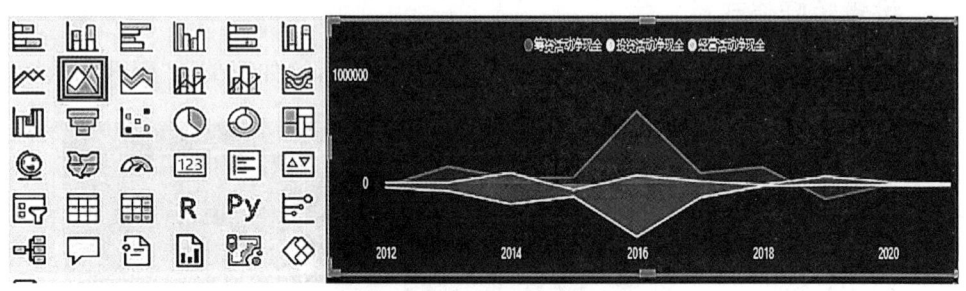

图 11-4 现金流量大类分区图

（2）将日期表中"年"字段放入 X 轴，"筹资活动净现金""投资活动净现金""经营活动净现金"度量值放入 Y 轴，并按图 11-5 进行现金流量大类分区图的格式设置。

四、设置现金流量表大类瀑布图

（1）插入一个"瀑布图"视觉对象，创建现金流量表大类瀑布图，如图 11-6 所示。

（2）将现金流量表辅助表中"大类"字段放入类别，"现金流量小计"度量值放入 Y 轴，并按图 11-7 进行现金流量表大类瀑布图的格式设置。

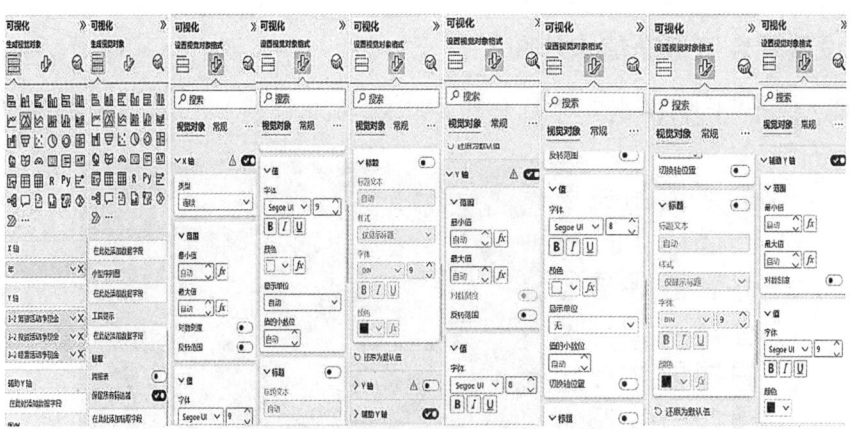

图 11-5 现金流量大类分区图格式设置

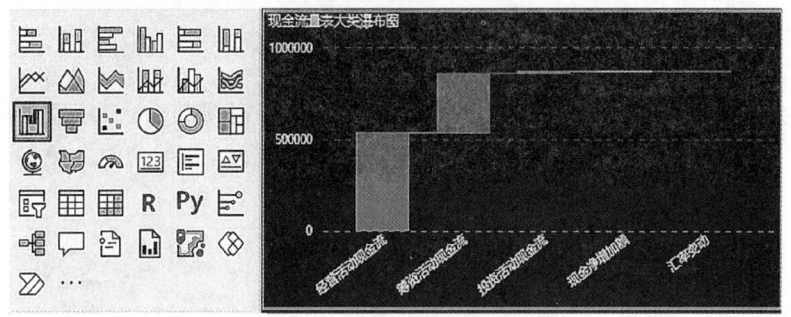

图 11-6 现金流量表大类瀑布图

图 11-7 现金流量表大类瀑布图格式设置

五、设置现金流量净值卡片图

（1）插入一个"卡片图"视觉对象，创建 3 张现金流量净值卡片图，如图 11-8 所示。

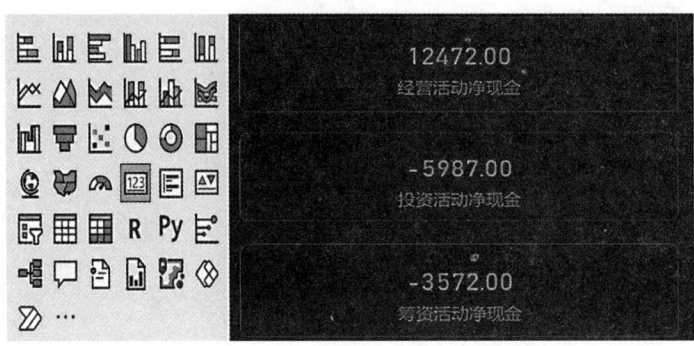

图 11-8　现金流量净值卡片图

（2）依次将"经营活动净现金""投资活动净现金""筹资活动净现金"度量值放入字段，并按图 11-9 进行其中一个现金流量表大类卡片图的格式设置，剩余两个复制该卡片图，更换字段。

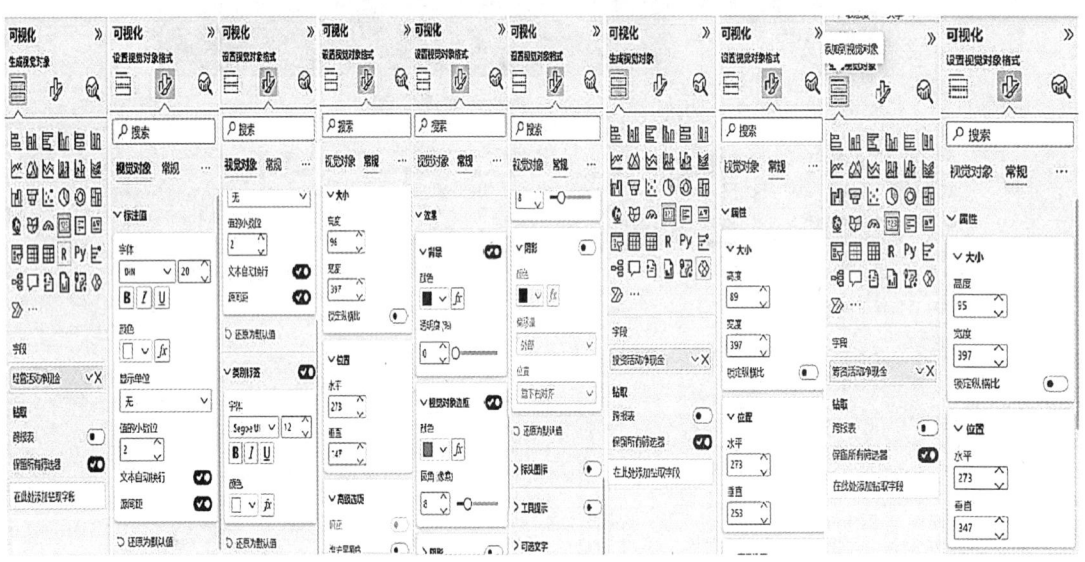

图 11-9　现金流量净值卡片图格式设置

本章小结

本章继续介绍三大财务报表中现金流量表的分析要点，结合现金流量表中关于企业经营、筹资、投资三大业务模块的业务特点，从现金流量表与资产负债表两者之间造成企业资产负债表指标变化的非现金流影响因素分析，定位企业需重点关注的业务事项。

第十二章
交互式综合分析评价

第一节 综合分析与业绩评价的目的和内容

一、综合分析与业绩评价的目的

财务分析从盈利能力、营运能力和偿债能力角度对企业的筹资活动、投资活动和经营活动状况进行了深入、细致的分析,以判断企业的财务状况和经营业绩,这对于企业投资者、债权人、经营者、政府及其他与企业利益相关者了解企业的财务状况和经营成效来说是十分有益的。但前述财务分析通常是从某一特定角度,就企业某一方面的经营活动做这种分析不足以全面评价企业的总体财务状况和财务成效,很难对企业总体财务状况和经营业绩的关联性得出综合结论。为弥补财务分析的这一不足,有必要在财务能力单项分析的基础上,将有关指标按其内在联系结合起来进行综合分析。

业绩评价是指在综合分析的基础上,运用业绩评价方法对企业财务状况和经营成果所做的综合结论。业绩评价以财务分析为前提,财务分析以业绩评价为结论,财务分析离开业绩评价就没有太大的意义了。前述财务分析都曾在分析的基础上做出了相应的评价,但那只是就单项财务能力所做的分析及评价,其结论具有片面性,只有在综合分析的基础上进行业绩评价才能从整体上相互联系地全面评价企业的财务状况及经营成果。

综合分析与业绩评价的目的有以下几点:

(1) 通过综合分析评价明确企业财务活动与经营活动的相互关系,找出制约企业发展的"瓶颈"。

(2) 通过综合分析评价企业财务状况及经营业绩,明确企业的经营水平、位置及发展方向。

(3) 通过综合分析评价,为企业利益相关者进行投资决策提供参考。

(4) 通过综合分析评价,为完善企业财务管理和经营管理提供依据。

二、综合分析与业绩评价的内容

根据上述综合分析与业绩评价的意义和目的,综合分析与业绩评价至少应包括以下两方面内容：

（1）财务目标与财务环节相互关联综合分析评价。企业财务目标是资本增值最大化，资本增值的核心在于资本收益能力的提高，而资本收益能力受企业各方面、各环节财务状况的影响。本部分分析正是要以净资产收益率为核心，通过对净资产收益率的分解，找出企业经营各环节对其影响的程度，从而综合评价企业各环节及各方面的经营业绩。杜邦分析体系是进行这一分析的最基本方法。

（2）企业经营业绩综合分析评价。虽然财务目标与财务环节的联系分析可以解决单项指标分析或单方面分析给评价带来的困难，但由于没能采用某种计量手段给相互关联指标以综合评价，因此，往往难以准确得出公司经营业绩改善与否的定量结论。企业经营业绩综合分析评价正是从解决这一问题出发，利用业绩评价的不同方法对企业经营业绩进行量化分析，最后得出企业经营业绩评价的唯一结论。

第二节 杜邦分析体系及综合评价的目的与内容

一、杜邦分析体系及综合评价的目的

企业中较为常见的财务综合分析方法为杜邦分析法，本书将以杜邦分析模型为例对综合分析与业绩评价进行重点讲解。

杜邦分析以净资产收益率为核心的财务指标，通过财务指标的内在联系，系统、综合地分析企业的盈利水平，具有很鲜明的层次结构，是典型的利用财务指标之间的关系对企业财务进行综合分析的方法。杜邦分析就是利用几种主要的财务比率之间的关系来综合地分析企业的财务状况，这种分析方法最早由美国杜邦公司使用，故名杜邦分析法。杜邦分析法是一种用来评价公司盈利能力和股东权益回报水平，从财务角度评价企业绩效的经典方法。其基本思想是将企业净资产收益率逐级分解为多项财务比率乘积，这样有助于深入分析比较企业经营业绩。

杜邦分析模型最显著的特点是将若干个用以评价企业经营效率和财务状况的比率按其内在联系有机地结合起来，形成一个完整的指标体系，并最终通过权益收益率来综合反映。采用杜邦分析模型，可使财务比率分析的层次更清晰、条理更突出，为报表分析者全面仔细地了解企业的经营和盈利状况提供了方便。

二、杜邦分析法中的指标关系

杜邦分析法有助于企业管理层更加清晰地看到权益资本收益率的决定因素，以及营业净利率与总资产周转率、权益乘数之间的相互关联关系，给管理层提供了一张明晰的考察公司资产管理效率和是否最大化股东投资回报的路线图。杜邦分析体系分解图如图12-1所示。

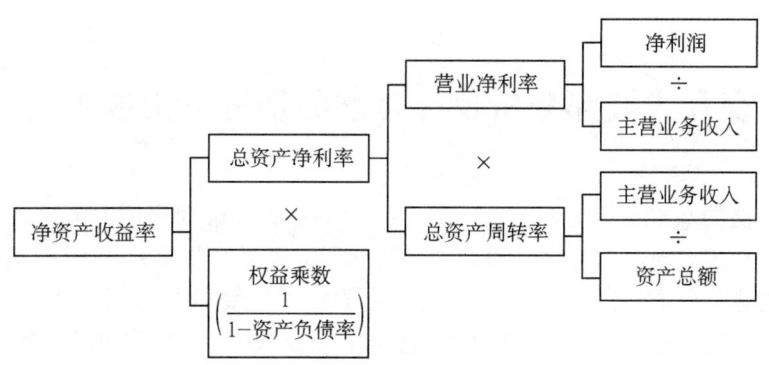

图 12-1　杜邦分析体系分解图

杜邦分析体系中,应重点关注的有以下几个方面:

(1) 净资产收益率是一个综合性最强的财务分析指标,是杜邦分析体系的核心。

(2) 总资产净利率是影响净资产收益率的最重要的指标,具有很强的综合性,而总资产净利率又取决于营业净利率和总资产周转率的高低。总资产周转率是反映总资产的周转速度。对资产周转率的分析,需要对影响资产周转的各因素进行分析,以判断影响企业资产周转的主要问题在哪里。营业净利率反映销售收入的收益水平。扩大销售收入,降低成本费用是提高企业营业利润率的根本途径,而扩大销售,同时也是提高总资产周转率的必要条件和途径。

(3) 权益乘数表示企业的负债程度,反映了企业利用财务杠杆进行经营活动的程度。资产负债率高,权益乘数就大,这说明企业负债程度高,企业会有较多的杠杆利益,但风险也高;反之,资产负债率低,权益乘数就小,这说明企业负债程度低,企业会有较少的杠杆利益,但相应所承担的风险也低。

杜邦分析法中的几种主要的财务指标关系为:

$$净资产收益率(ROE)＝总资产净利率×权益乘数$$

$$总资产净利率＝净利率×总资产周转率$$

三、杜邦分析法的局限性

从企业绩效评价的角度来看,杜邦分析法只包括财务方面的信息,不能全面反映企业的实力,有很大的局限性,在实际运用中需要加以注意,必须结合企业的其他信息加以分析,主要表现在以下三方面:

(1) 对短期财务结果过分重视,有可能助长企业管理层的短期行为,忽略企业长期的价值创造。

(2) 财务指标反映的是企业过去的经营业绩,衡量工业时代的企业能够满足要求。但在目前的信息时代,顾客、供应商、雇员、技术创新等因素对企业经营业绩的影响越来越大,而杜邦分析法在这些方面是无能为力的。

(3) 在目前的市场环境中,企业的无形资产对提高企业长期竞争力至关重要,杜邦分析法却不能解决无形资产的估值问题。

第三节 交互式杜邦分析及综合财务指标分析报表设计与创建

杜邦分析法的基本思想是将企业净资产收益率逐级分解为多项财务比率乘积,这样有助于深入分析比较企业经营业绩。而杜邦分析的指标又可按照盈利能力、营运能力、偿债能力及发展能力进行归类。因此在设计报表分析页面时,会将杜邦分析与综合财务指标分析放在同一页面进行交互式图表的设计与创建,如图 12-2 所示。一般来说,企业在分析财务指标时,除了与自己的过去纵向比较,还需要与行业同类企业进行横向比较。而本书通过爬虫获取了较为全面的数据,结合 Power BI 的交互式分析功能,正好可以一劳永逸地解决多频次数据清洗和对比分析的需求。本页面设计筛选器与其他页面同理,但需要编写财务指标相关度量值。

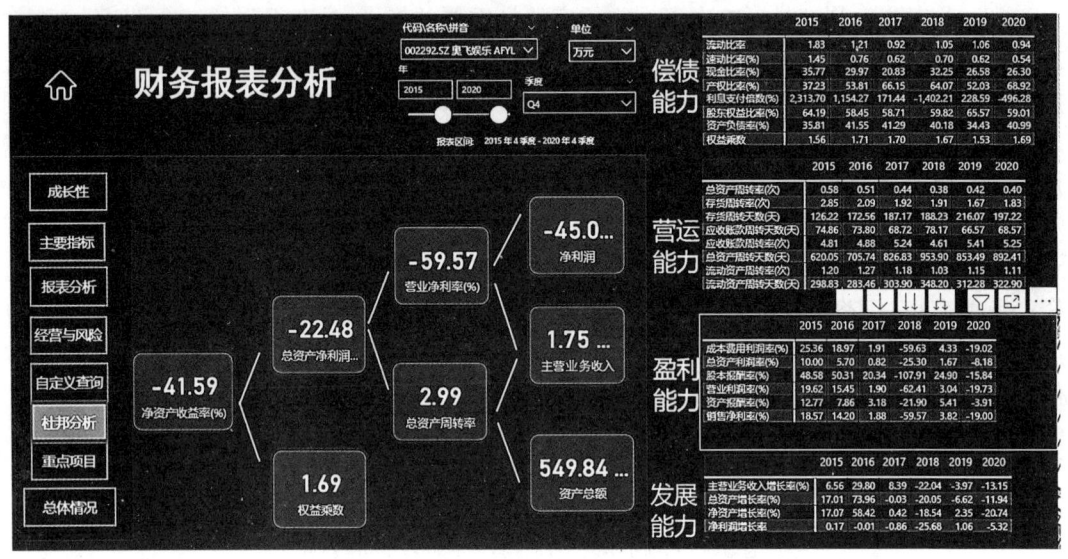

图 12-2 杜邦分析及综合财务指标页面

一、编写度量值

本页面所用度量值跟前面页面有重合,可通过管理度量值重复使用,此外建立杜邦分析体系和财务指标体系相关的度量值即可。具体编写如下:

净资产收益率 = DIVIDE([2-9 净利润],[1-3 所有者权益])

总资产收益率 = DIVIDE([2-9 净利润],[1-1 资产合计])

6 偿债能力 权益乘数 = divide([1-1 资产合计],[1-3 所有者权益])

净利润率 = DIVIDE([2-9 净利润],[2-1 营业总收入])

6 营运能力 总资产周转率 = DIVIDE([2-1 营业总收入],[1-1 资产合计])

2-9 净利润 = [2-7 利润总额]-[2-8 所得税]

2-1 营业总收入 =
CALCULATE([2-1 利润表小计],'2-1 利润表-辅助表'[分类]="营业收入")

1-1 资产合计 = [1-1 流动资产]+[1-1 非流动资产]

速动比率 = DIVIDE(([1-1 流动资产]-[现金及现金等价物净增加额]),[1-2 流动负债])

现金比率 = DIVIDE(
CALCULATE([余额],'1 资产负债表'[属性]="货币资金"),
[1-2 流动负债])

6 偿债能力 产权比率 = divide([1-2 负债合计],[1-3 所有者权益])

6 偿债能力 流动比率 = DIVIDE([1-1 流动资产],[1-2 流动负债])

6 偿债能力 权益乘数 = divide([1-1 资产合计],[1-3 所有者权益])

6 偿债能力 现金流量债务比 = DIVIDE([3-2 经营活动净现金],[1-2 负债合计])

6 偿债能力 资产负债率 = DIVIDE([1-2 负债合计],[1-1 资产合计])

6 营运能力 存货周转率 = divide([2-3 营业成本],[1-5 存货])

6 营运能力 存货周转天数 = DIVIDE(COUNTROWS('01 时间表'),[6 营运能力存货周转率])

6 营运能力 固定资产周转率 = divide([2-1 营业总收入],[1-6 固定资产])

6 营运能力 流动资产周转率 = DIVIDE([2-1 营业总收入],[1-1 流动资产])

6 营运能力 应付账款周转率 = DIVIDE([2-3 营业成本],[1-7 应付账款])
6 营运能力 应付账款周转天数 = DIVIDE(COUNTROWS('01 时间表'),[6 营运能力应付账款周转率])

6 营运能力 应收账款周转率 = DIVIDE([2-1 营业总收入],[1-8 应收账款])

6 营运能力 应收账款周转天数 = DIVIDE(COUNTROWS('01 时间表'),[6 营运能力应收账款周转率])

6 营运能力 总资产周转率 = DIVIDE([2-1 营业总收入],[1-1 资产合计])

6 盈利能力 成本费用利润率 = DIVIDE([2-7 利润总额],[2-3 营业成本]+[2-4 管理费用]+[2-4 研

发费用]+[2-4 销售费用]+[2-4 财务费用])

6 盈利能力 毛利率 = DIVIDE([2-3 毛利],[2-1 营业总收入])

6 盈利能力 权益净利率 ROE = divide([2-9 净利润],[1-3 所有者权益])

6 盈利能力 销售净利率 = divide([2-9 净利润],[2-1 营业总收入])

6 盈利能力 营业利润率 = DIVIDE([2-5 营业利润],[2-1 营业总收入])
6 盈利能力 资产回报率 ROA = divide([2-9 净利润],[1-1 资产合计])
6 盈利能力 总资产报酬率 = DIVIDE([5 利息支出]+[2-7 利润总额],[1-1 资产合计])

6 发展能力 营业收入增长率 =
vara = [2-1 营业总收入]
varb = calculate([2-1 营业总收入],DATEADD('01 时间表'[Date],-1,YEAR))
Return
if(b>=0,divide(a-b,b),(1-DIVIDE(a,b)))

6 发展能力 股东权益增长率 =
vara = [1-3 所有者权益]
varb = calculate([1-3 所有者权益],DATEADD('01 时间表'[Date],-1,YEAR))
Return
if(b>=0,divide(a-b,b),(1-DIVIDE(a,b)))

6 发展能力 净利润增长率 =
vara = [2-9 净利润]
varb = calculate([2-9 净利润],DATEADD('01 时间表'[Date],-1,YEAR))
varc = if(b>=0,divide(a-b,b),(1-DIVIDE(a,b)))
Return c

6 发展能力 营业利润增长率 =
vara = [2-5 营业利润]
varb = calculate([2-5 营业利润],DATEADD('01 时间表'[Date],-1,YEAR))
Return
if(b>=0,divide(a-b,b),(1-DIVIDE(a,b)))

6 发展能力 营业收入 3 年复合增长率 =
vara = [2-1 营业总收入]
varb = CALCULATE([2-1 营业总收入],DATEADD('01 时间表'[Date],-3,YEAR))
return
if(
or(ISBLANK(b),ISBLANK(a)),

```
BLANK(),
POWER(DIVIDE(a,b),1/3)-1)
```

6 发展能力 资产增长率 =
vara = [1-1 资产合计]
varb = calculate([1-1 资产合计],DATEADD('01 时间表'[Date],-1,YEAR))
varc = if(b>=0,divide(a-b,b),(1-DIVIDE(a,b)))
Returnc

二、创建偿债能力、盈利能力、营运能力、发展能力分析矩阵

（1）插入一个"矩阵"视觉对象，分别创建偿债能力、盈利能力、营运能力和发展能力矩阵，如图12-3所示。

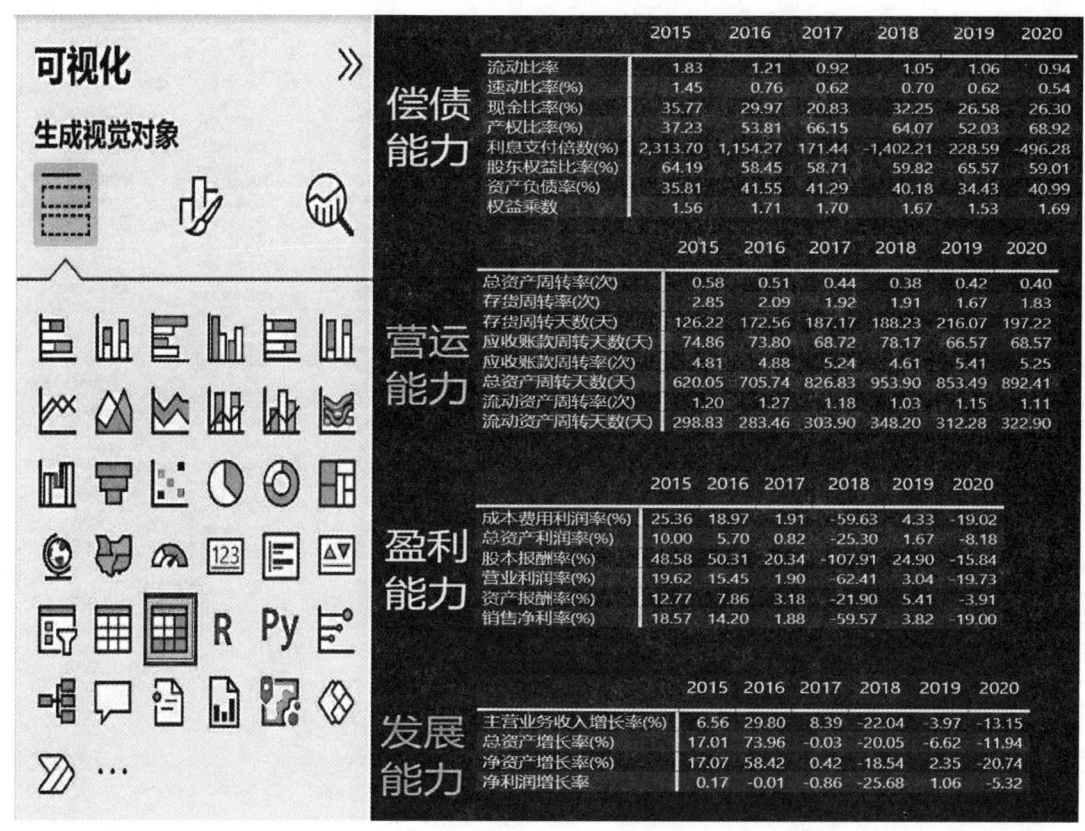

图12-3 财务分析指标矩阵创建及结果

（2）由于几个能力指标的矩阵格式设置一模一样，现以偿债能力为例进行设置，如图12-4所示，"列"字段放入"年"列，"值"字段放入"偿债能力的相关指标""流动比率""流动比率%""现金比率%""产权比率%""利息支付倍数%""股东权益比率%""资产负债率%"等指标的度量值。

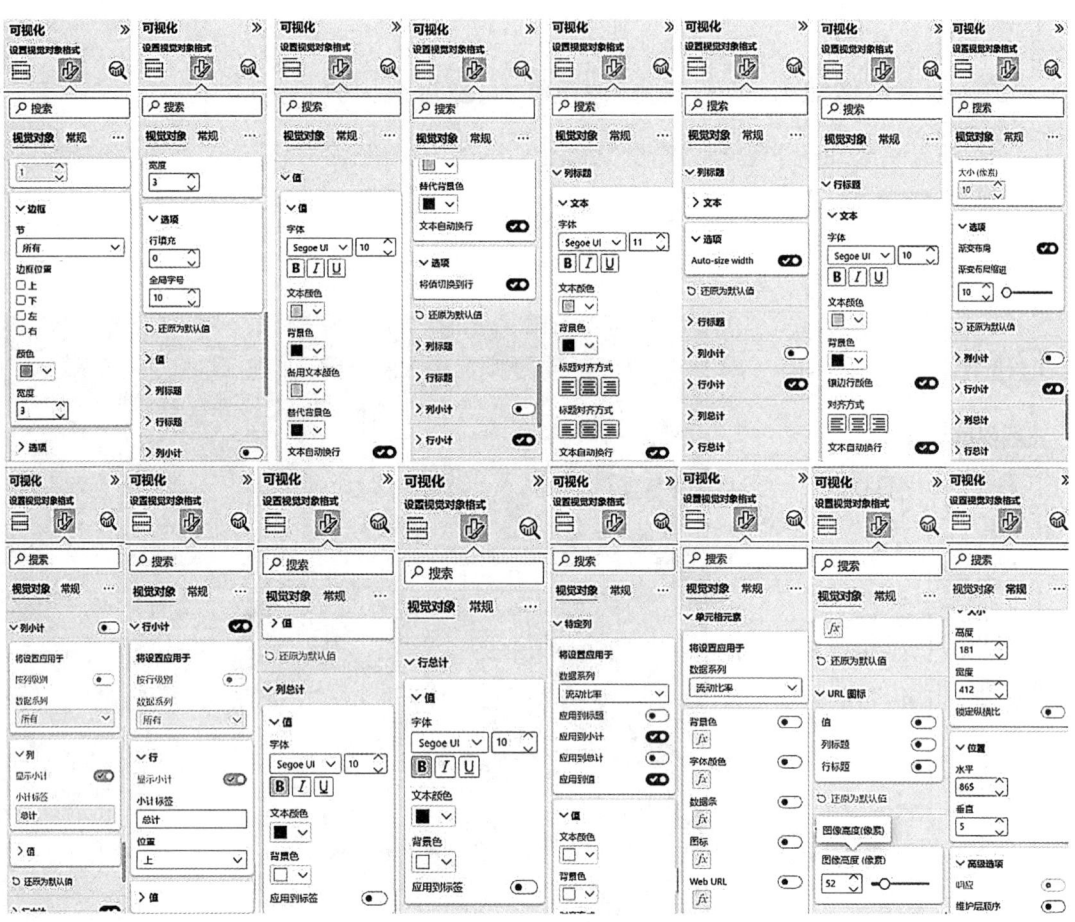

图12-4 偿债能力矩阵格式设置

(3) 调整矩阵格式,依照图 12-5 完成营运能力、盈利能力和发展能力分析矩阵。

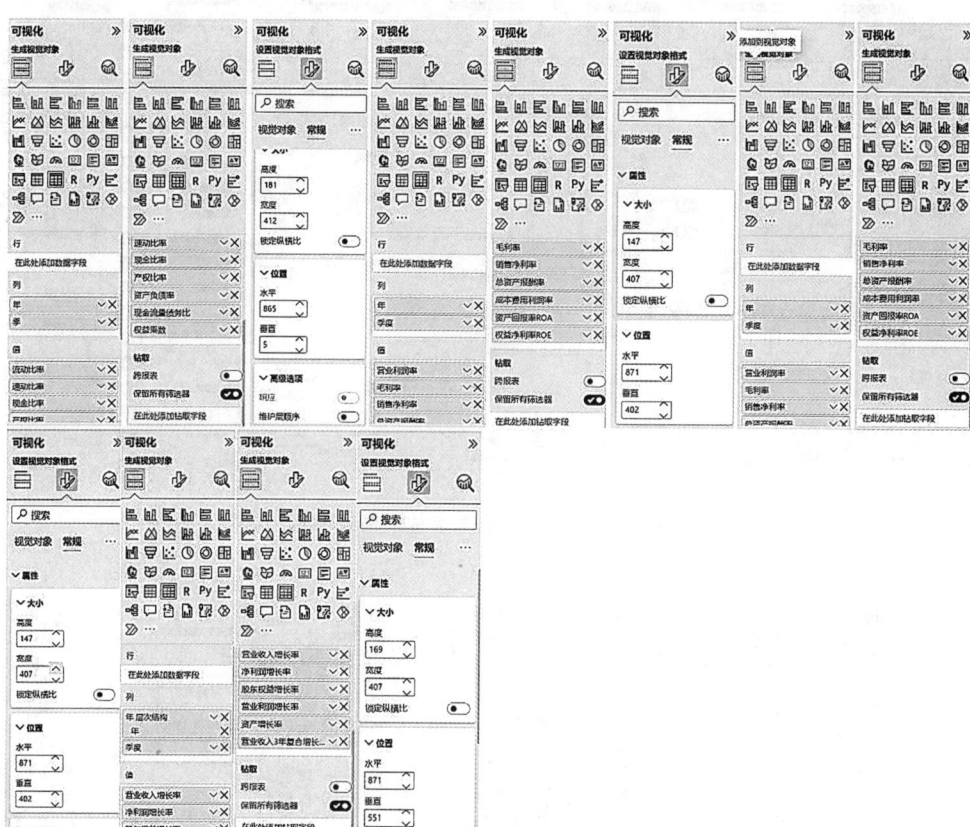

图 12-5　其他矩阵元素设置

三、创建杜邦分析图

杜邦分析结构作为严谨的分解树结构,可以通过撰写分解树相关度量值进行设置,也可以用卡片图结合直线形状进行分解结构的排列。本书选用后者,在杜邦分析中,单击"插入",选择"形状"为直线,按需求放置线段的旋转角度。按照杜邦分析结构放入对应的卡片图,并在字段放入相应指标;各指标插入完成后使用形状中的直线将各部分串联起来,完成杜邦分析体系的创建,如图 12-6 至图 12-8 所示。

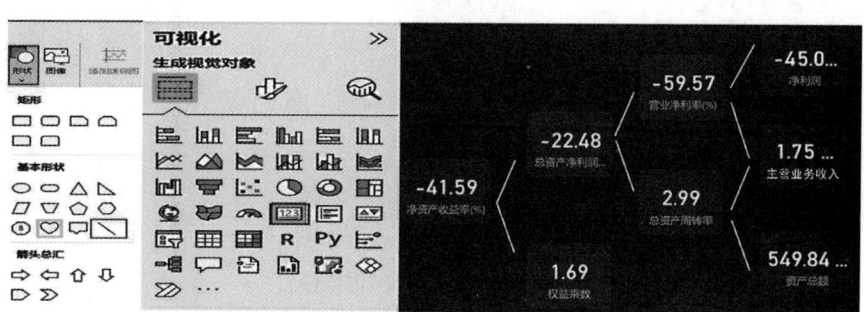

图 12-6　直线及卡片图制作的杜邦分析体系

262 智能财务报表分析

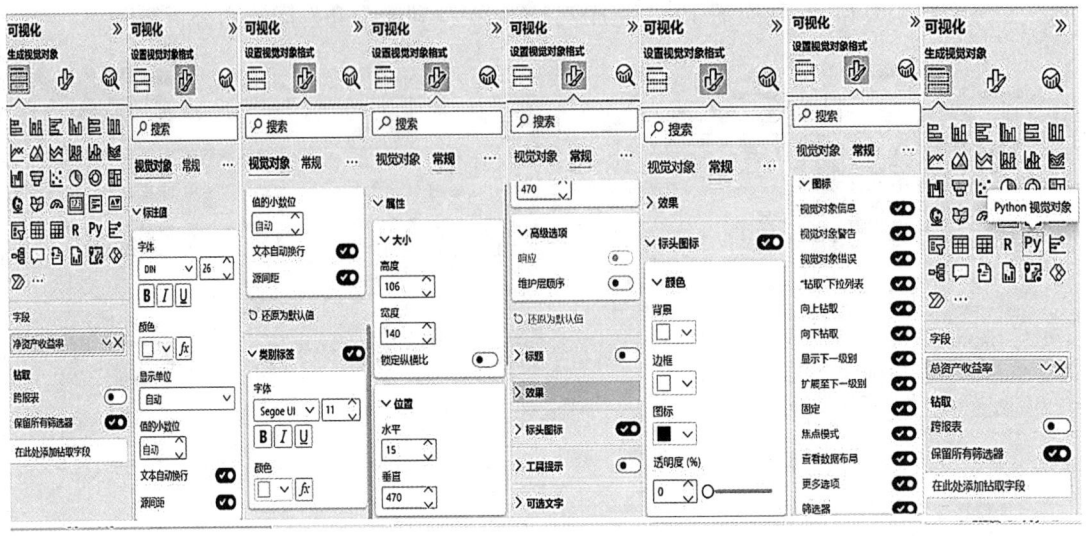

图 12-7 净资产收益率卡片图格式设置

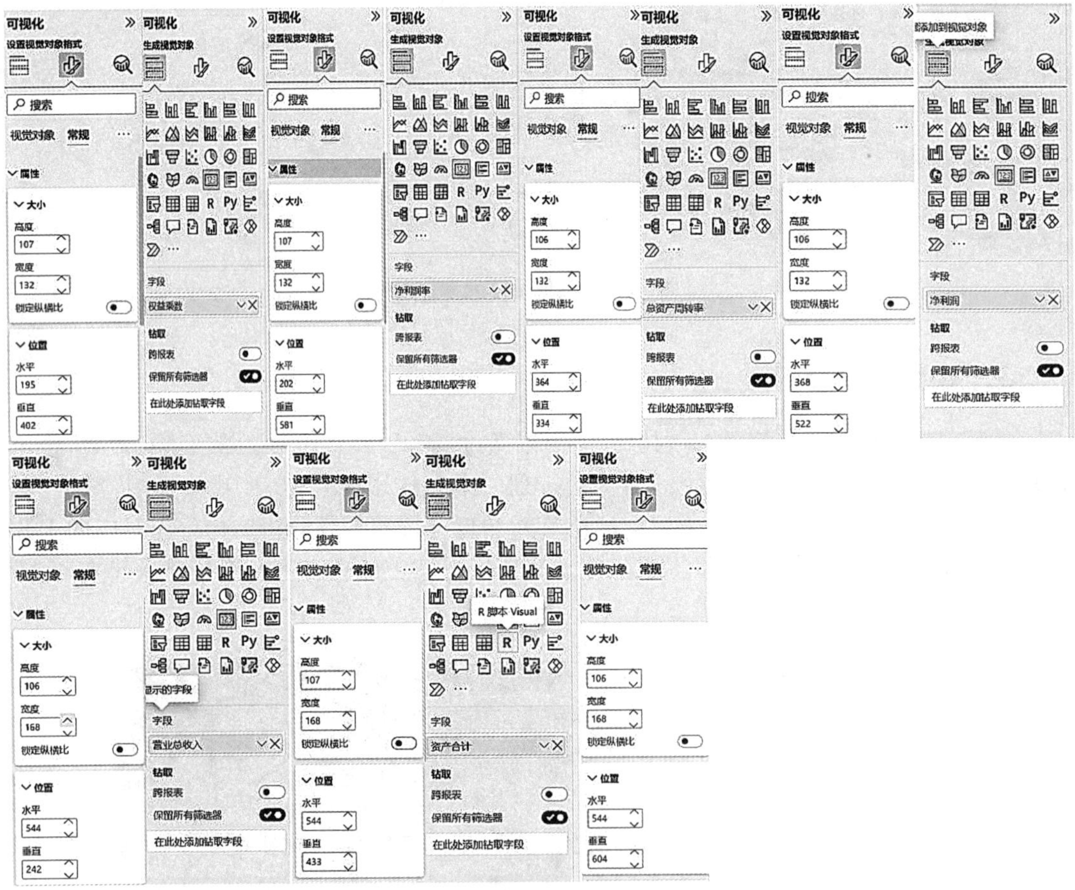

图 12-8 其他卡片图指标设置

本章小结

本章结合第九至第十一章内容，选用杜邦分析体系作为财报综合分析的工具，对企业三大财务报表中所披露的财务状况指标进行因素分析，通过对销售净利率、资产周转率、权益乘数三个指标间的增减变化分析，确定指标间相互影响关系，并对重要的影响要素进行甄别。本章作为综合分析工具的应用章节，训练读者具备系统评价企业财务状况和经营绩效的能力。

第四部分

创建财务可视化报告及综合分析评价

导入案例

财务分析在企业财务管理中起着非常重要的作用。财务分析是评价企业经营业绩及财务状况的重要依据。通过企业财务状况分析，分析人员可了解企业偿债能力、营运能力、盈利能力、发展能力，有利于管理者及其相关人员客观评价经营者的经营业绩和财务状况。一方面，随着国内市场经济体制的进一步完善，企业的财务制度管理也趋于制度化、规范化。在市场经济的大背景下，企业的生产经营活动面临多重考验，财务分析对于企业的经营管理来说，显得尤为重要。因此，做好企业财务分析，可以为企业提供有价值的决策信息，使企业长久保持竞争优势。

另一方面，信息技术的广泛应用为企业管理的方式带来了巨大的变化。财务从原来手工处理到完全的计算机处理，如何帮助企业管理层在最短的时间内面对海量的数据做出最为快速和科学合理的反应和处理，以提高企业决策水平，从而获得新的竞争优势，将显得尤为迫切和重要。而商业智能技术的科学合理应用将会帮助企业管理层真正实现数据分析和处理的智能化决策机制，为企业的智能化财务管理提供强有力的支持。

Power BI 为近年来功能最强大的数据处理软件之一，可以对本来杂乱的财务数据进行维度上的分类、对比、分析与展现，充分提高数据的利用率；也可以根据数据对财务风险进行预估，辅助决策者进行决策，合理规避风险；还可以更直观地展现数据，通过趋势图、统计图、表格的联动，让使用者更直观地了解财务数据的价值。

使用 Power BI 进行的财务分析，使管理者的信息依据资料质量有了大幅度的提升，体现在：第一，拓展财务报告披露的信息。第二，提高财务报告时效性，缩短了财务报告周期。第三，加强了会计信息披露监管机制。第四，借助技术进一步完善健全了财务指标体系，Power BI 可针对不同行业建立不同指标体系，针对此类指标体系采用与之相适应的分析方法，从而解决目前分析方法简单的弊端，显著提高分析效果。

第十三章
企业战略分析

第一节 战略分析的内涵与基础

一、战略分析的内涵

在明确财务分析目的、搜集整理财务分析信息的基础上，企业战略分析就是财务分析的新起点。企业战略分析的实质在于通过对企业所在行业或企业拟进入行业的分析，明确企业自身地位及应采取的竞争战略，以权衡收益与风险，了解与掌握企业的发展潜力，特别是在企业价值创造或盈利方面的潜力。因此，企业战略分析通常包括行业分析和企业竞争策略分析。其中，行业分析的目的在于分析行业的盈利水平与盈利潜力，因为不同行业的盈利能力和潜力大小是不同的。企业战略分析有着会计分析和财务效率分析的导向，通过企业战略分析，分析人员能深入了解企业的经济状况和经济环境，从而能进行客观、正确的会计分析与财务分析。

二、战略分析的基础

企业进行战略分析，一要明确企业战略制定的程序；二要明确企业战略制定与分析的宏观经济环境。这些是进行企业战略分析的基础。

企业的战略制定，既要通过对外部环境的分析明辨机会与威胁，又要通过企业内部活动分析明确优势与劣势，辨别核心竞争力。只有将外部机会与内部优势结合起来，才能制定正确的企业战略。

应当指出，企业战略的制定还应考虑企业类型。对于企业集团，其战略制定通常应当包括两个或更多的层次，如企业集团整体战略、各事业部或子公司的单位战略。集团整体战略与各单位战略在制定与分析时要考虑的因素是有所不同的。集团整体战略制定中更重视对行业的分析和经营多样性的分析；单位战略的制定则更重视对竞争策略等方面的分析。

企业战略的制定过程，既是企业战略目标的确定过程，也是明确企业战略目标影响因素的过程。企业战略的制定，既为财务分析指明了方向，同时也是财务分析在战略制定过程的应用。

第二节 行业总体情况分析

行业分析为企业财务分析指明方向,即通过对企业所在行业的分析,明确企业在所处行业的竞争程度与拥有的地位,有利于分析者进行正确的决策。行业分析主要包括行业竞争程度分析和市场议价能力分析两个方面。

一、行业竞争程度分析

各行业中的竞争程度和盈利能力水平主要受三个因素影响:一是现有企业间的竞争程度;二是新加入企业的竞争威胁;三是替代产品或服务的威胁。

(一)现有企业间的竞争程度分析

现有企业间的竞争程度影响着行业的盈利水平,通常竞争程度越高,价格越接近于边际成本,盈利水平也越低。行业现有企业间的竞争程度分析主要应从影响企业间竞争的因素入手,通常包括以下内容:

(1)行业增长速度分析。行业增长速度越快,现有企业间不必为相互争夺市场份额而展开价格战;反之,如果行业增长较慢或停滞不前,则竞争势必加剧。

(2)行业集中程度分析。如果行业市场份额主要集中在少数企业,即集中程度高,则竞争度较低;反之,则竞争度较高。

(3)差异程度与替代成本分析。行业间企业要避免正面价格竞争,关键在于其产品或服务的差异程度,差异程度越大,竞争程度越低。当然,差异程度与替代成本相关,当替代成本较低时,企业间仍可进行价格竞争。

(4)规模经济性分析。具有规模经济性的行业,其固定成本与变动成本之比往往较高,此时企业为争夺市场份额进行的价格竞争较激烈。

(5)退出成本分析。当行业生产能力大于市场需求,而行业退出成本又较高时,势必会引起激烈的价格竞争,以充分使用生产能力;如果退出成本较低,则竞争将减弱。

(二)新加入企业的竞争威胁分析

当行业平均利润率超过社会平均利润率,即行业取得超额利润时,行业必然面临新企业加入的威胁。影响新企业加入的因素有许多,其主要因素有:

(1)规模经济性因素。规模经济性程度越高,新企业进入难度越大。因为要进入该行业,企业必须进行大规模投资。否则,如果投资规模小而达不到规模经济性,企业很难取得竞争优势,因此增加了新企业进入的困难。

(2)先进入优势因素。新进入企业与行业现有企业在竞争上总是处于相对不利的地位。因为先进入企业为防止新企业进入,在制定行业标准或规则方面总是偏向于现有企业;同时现有企业通常具有成本优势,这也增加了新进入的难度。

(3)销售网与关系网因素。新进入企业要生存与发展,必然要打入现有企业的销售网与关系网。因此,现有企业销售网与关系网的规模与程度将影响着新企业进入的难易程度。

（4）法律障碍因素。许多行业对新进入企业在法律上有所限制，如许可证、专利权等。因此，法律限制程度就直接影响着新企业进入的难易程度。

（三）替代产品或服务的威胁分析

替代产品与替代服务对行业竞争程度有重要影响。当行业存在许多替代产品或替代服务时，其竞争程度加剧；反之，替代产品或服务少，则竞争性较小。消费者在选择替代产品或服务时，通常考虑产品或服务的效用和价格两个因素。如果替代效用相同或相似，价格竞争就会激烈。

二、市场议价能力分析

虽然行业竞争能力是行业盈利能力的决定因素，但行业实际盈利水平的高低，还取决于本行业企业分别与供应商和消费者（客户）的议价能力。

（一）企业与供应商的议价能力分析

影响企业与供应商议价能力的因素主要包括以下几种：

（1）供应商的数量对议价能力的影响。企业的供应商越少，可供选择的产品或服务也越少，供应商方面的议价能力就越强；反之，则企业的议价能力越强。

（2）供应商的重要程度对议价能力的影响。供应商对企业的重要程度取决于其供应产品对企业产品的影响程度。如果供应商的产品是企业产品的核心部件，而替代产品较少，则供应商的议价能力增强；反之，企业具有更好的议价能力。

（3）单个供应商的供应量的影响。单个供应商对企业的供应量越大，往往对企业的影响与制约程度越大，其议价能力也越强。

（二）企业与客户的议价能力分析

影响企业与客户议价能力的因素有很多，如替代成本、产品差异、成本与质量的重要性、客户数量等。将这些因素归纳起来主要体现在以下两个方面：

（1）价格敏感程度的影响。价格敏感程度取决于产品差别程度及替代成本水平。产品差别越小，替代成本越低，价格敏感度越强，客户的议价能力越强。另外，客户对价格的敏感程度还取决于企业产品对客户的成本构成影响程度。如果企业产品在客户成本中占较大比重，客户将对其价格十分敏感；反之，则敏感程度下降。

（2）相对议价能力的影响。价格敏感程度虽然会对价格产生影响，但实际价格还取决于客户相对议价能力。影响其议价能力的因素有：企业（供应商）与客户的供需平衡状况，单个客户的购买量，可供选择的替代产品数量，客户选择替代产品的成本水平，客户的逆向合并威胁等。

第三节 企业竞争策略分析

企业进行竞争的策略有许多种，其中最重要的有两种，即低成本竞争策略和产品差异策略。

一、低成本竞争策略分析

低成本竞争策略是指企业能以较低的成本提供与竞争对手相同的产品或服务。这时企业可以较低的价格与竞争对手争夺市场份额。低成本竞争策略通常是取得竞争优势最明显的方式。企业要使其成本低于同行业其他企业成本,即取得低成本竞争优势,需要在降低成本方面下工夫,可以从以下方面进行提升:

(1) 优化企业规模,降低产品成本。
(2) 改善资源利用率,降低产品成本。
(3) 运用价值工程,降低产品成本。
(4) 提高与供应商的议价能力,降低采购成本。
(5) 强化管理控制,降低各项费用。

当企业所处行业替代产品威胁较小、新企业进入威胁较大时,企业往往愿意选择低成本竞争策略。

二、产品差异策略分析

产品差异策略是指企业通过其产品或服务的独特性与其他企业竞争,以争取在相同价格或较高价格的基础上占领更大市场份额,取得竞争优势与超额利润。产品或服务差异包括较高的产品或服务质量,较多的产品或服务类别,良好的销售或售后服务,独特的品牌形象。

企业选择产品差异策略,必须做好以下工作:

(1) 明确企业的产品或服务差异将满足哪一部分消费者的需求。
(2) 使企业的产品或服务差异(特色)与消费者的要求完全一致。
(3) 企业提供的差异产品或服务,其成本应低于消费者愿意接受的价格。

而要做好这些工作,企业要在研究与开发、工程技术和市场容量等方面进行投资,同时要鼓励创造与革新。

传统的竞争策略分析认为,低成本竞争策略和产品差异策略是相互排斥的,处于两种策略中间的企业是危险的。实际上,成功的企业在选择某一竞争策略时,不应完全忽视另一种竞争策略,即追求产品差异,不能忽视成本;追求低成本竞争策略,不能完全忽视产品或服务差异。

企业采取不同的竞争策略,其财务状况和财务成果的反映是不同的,对财务状况和财务成果的评价标准也是不同的。因此,企业竞争策略分析与财务报表会计分析、财务效率分析是紧密相关的。

第四节 可视化行业总体情况分析页面设计与创建

结合之前提到的企业战略分析相关理论,我们集合了上市公司所在行业同类竞争者的财务数据,就上市公司所处行业的总体情况进行对比分析,从而便于进行战略分析和竞争策略选择。我们重点选取同行业上市公司近三年的经营现金净流量、净利润、净资产、营业收入、总资产五项重点财务指标进行对比呈现。

鉴于本书所爬取的案例数据范围较广，为了更深层次结合质量分析的理论内容对企业的财务状况进行分析，我们特别创建了一个能够反映上市公司总体情况的交互式分析页面如图 13-1 所示。在该页面中，分析者可以自主选择分类指标来了解所有公司所选指标近三年完成情况分布。页面顶部设计了重要指标 KPI 图，一目了然能了解所有上市公司或者选定范围的公司的总体情况，页面中间通过上半部分总体占比情况和下半部分明细表相结合，明确不同切片器选项下企业的总体发展情况。鉴于筛选器设置的一致性，此处不再进行筛选器设置的描述。

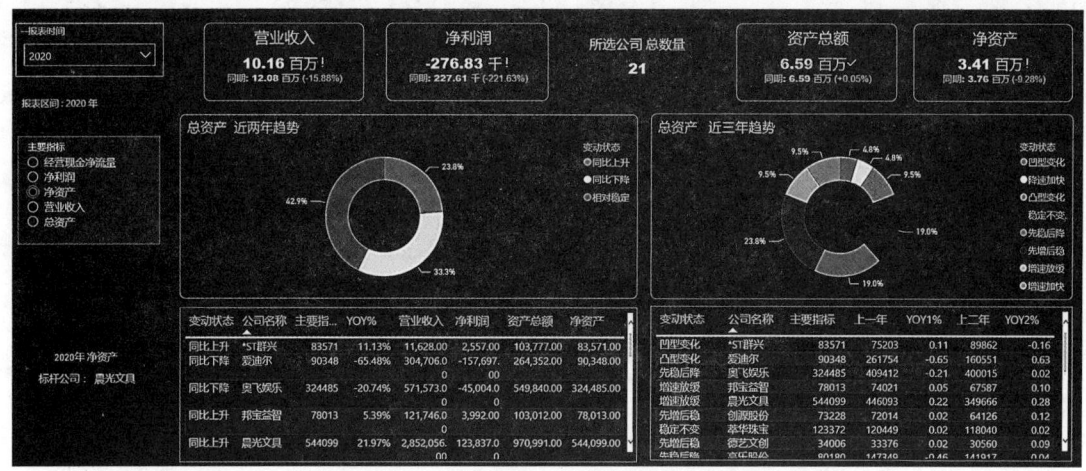

图 13-1 上市公司交互式总体情况页面

一、编写度量值

按照分析需求，编写能够反映整体情况的度量值，具体如下：

```
911 总体情况 标杆公司名称 =
var a = if(ISFILTERED('01 时间表'[年季度]),
max('01 时间表'[年季度])&" ",
max('01 时间表'[年])&"年 ")
& VALUES('5 财务指标'[指标名称]) & UNICHAR(10)
& " " & UNICHAR(10)
& " 标杆公司 ："
& if(MAX('1 资产负债表'[报告日期]) = BLANK(),
"无该期间数据",
TOPN(1,VALUES('0 公司简表'[公司名称]),[101 主要指标])
)
return a

106 卡片用营收 =
if(
ISFILTERED('6 近两年变动'[变动状态]),
[107 近两年变动所选公司(营收)],
if(
```

```
ISFILTERED('6 近三年变动'[变动状态]),
[107 近三年变动对应公司(营收)],
[2-1 营业总收入]
)
)

106 卡片用营收同期 =
if(
ISFILTERED('6 近两年变动'[变动状态]),
[107 近两年变动所选公司(营收)同期],
if(
ISFILTERED('6 近三年变动'[变动状态]),
[107 近三年变动对应公司(营收)同期],
[107 营收同期]
)
)

106 卡片用净利润 =
if(
ISFILTERED('6 近两年变动'[变动状态]),
[107 近两年变动所选公司(净利润)],
if(
ISFILTERED('6 近三年变动'[变动状态]),
[107 近三年变动对应公司(净利润)],
[2-9 净利润]
)
)

106 卡片用净利润同期 =
if(
ISFILTERED('6 近两年变动'[变动状态]),
[107 近两年变动所选公司(净利润)同期],
if(
ISFILTERED('6 近三年变动'[变动状态]),
[107 近三年变动对应公司(净利润)同期],
[107 净利润同期]
)
)

107 公司数量 = COUNTROWS(VALUES('0 公司简表'[代码\名称\拼音]))
106 卡片用资产总额 =
if(
ISFILTERED('6 近两年变动'[变动状态]),
[107 近两年变动所选公司(资产总额)],
```

```
if(
ISFILTERED('6 近三年变动'[变动状态]),
[107 近三年变动对应公司(资产总额)],
[1-1 资产合计]
)
)
```

106 卡片用资产总额同期 =
```
if(
ISFILTERED('6 近两年变动'[变动状态]),
[107 近两年变动所选公司(资产总额)同期],
if(
ISFILTERED('6 近三年变动'[变动状态]),
[107 近三年变动对应公司(资产总额)同期],
[107 资产总额同期]
)
)
```

106 卡片用净利润 =
```
if(
ISFILTERED('6 近两年变动'[变动状态]),
[107 近两年变动所选公司(净利润)],
if(
ISFILTERED('6 近三年变动'[变动状态]),
[107 近三年变动对应公司(净利润)],
[2-9 净利润]
)
)
```

106 卡片用净利润同期 =
```
if(
ISFILTERED('6 近两年变动'[变动状态]),
[107 近两年变动所选公司(净利润)同期],
if(
ISFILTERED('6 近三年变动'[变动状态]),
[107 近三年变动对应公司(净利润)同期],
[107 净利润同期]
)
)
```

103 近两年变动 圆环图 =
```
var a = VALUES('0 公司简表'[公司名称])
var b1 = ADDCOLUMNS(a,
"0",[101 主要指标],
```

"-1",CALCULATE([101 主要指标],DATEADD('01 时间表'[Date],-1,YEAR)))
var b = ADDCOLUMNS(b1,
"1", if(not ISBLANK([0]) && not ISBLANK([-1]),
if([-1]=0,
if([0]>0,1,if([0]=0,0,-1)),
if([-1]>0, divide([0]-[-1],[-1]), (1-DIVIDE([0],[-1]))))))
var d = SELECTEDVALUE('9 平稳参数'[9 平稳参数], 0.05)
var e = SWITCH(SELECTEDVALUE('6 近两年变动'[变动状态]),
"资料不足", COUNTROWS(FILTER(b,ISBLANK([1]))),
"同比上升", COUNTROWS(FILTER(b,[1]> d)),
"同比下降", COUNTROWS(FILTER(b,[1]< -d)),
"相对稳定", COUNTROWS(FILTER(b,abs([1])<= d && not ISBLANK([1])/*[1]<>BLANK()*/)))
return e

1-1 资产合计 = [1-1 流动资产]+[1-1 非流动资产]

1-3 所有者权益 =
CALCULATE(
[1 资产负债小计],
'1-1 资产负债表-辅助表'[类别]="所有者权益",
'1-1 资产负债表-辅助表'[普通方向]=1,
FILTER(all('01 时间表'),'01 时间表'[Date]=max('1 资产负债表'[报告日期])))
-CALCULATE(
[1 资产负债小计],
'1-1 资产负债表-辅助表'[类别]="所有者权益",
'1-1 资产负债表-辅助表'[普通方向]=-1,
FILTER(all('01 时间表'),'01 时间表'[Date]=max('1 资产负债表'[报告日期])))

101 主要指标 =
SWITCH(SELECTEDVALUE('5 财务指标'[主要指标]),
"营业收入",[2-1 营业总收入],
"净利润",[2-9 净利润],
"总资产",[1-1 资产合计],
"净资产",[1-3 所有者权益],
"经营现金净流量",[3-2 经营活动净现金]
)

102 主要指标同期增幅 =
var c1 = [101 主要指标]
var c2 = CALCULATE([101 主要指标],DATEADD('01 时间表'[Date],-1,YEAR))
var c = if(not ISBLANK(c1) && not ISBLANK(c2),
if(c2=0,
if(c1>0, 1, if(c1=0, 0, -1)),
if(c2>0, divide(c1-c2, c2), 1-DIVIDE(c1, c2))))

```
return c
```

2-1 营业总收入 =
CALCULATE([2-1 利润表小计],'2-1 利润表-辅助表'[分类]="营业收入")

2-9 净利润 = [2-7 利润总额]-[2-8 所得税]

3-2 经营活动净现金 = [3-1 经营活动现金流入]-[3-1 经营活动现金流出]

104 近三年变动 圆环图 =
var a = VALUES('0 公司简表'[公司名称])
var b1= ADDCOLUMNS(a,
"0", [101 主要指标],
"-1", CALCULATE([101 主要指标],DATEADD('01 时间表'[Date],-1,YEAR)),
"-2", CALCULATE([101 主要指标],DATEADD('01 时间表'[Date],-2,YEAR)))
var b= ADDCOLUMNS(b1,
"1", if(not ISBLANK([0]) && not ISBLANK([-1]),
if([-1]=0,
if([0]>0,1,if([0]=0,0,-1)),
if([-1]>0, divide([0]-[-1],[-1]), (1-DIVIDE([0],[-1]))))),
"2", if(not ISBLANK([-1]) && not ISBLANK([-2]),
if([-2]=0,
if([-1]>0,1,if([-1]=0,0,-1)),
if([-2]>0, divide([-1]-[-2],[-2]), (1-DIVIDE([-1],[-2]))))))
var d = SELECTEDVALUE('9 平稳参数'[9 平稳参数], 0.05)
var e = SWITCH(SELECTEDVALUE('6 近三年变动'[变动状态]),
"资料不足", COUNTROWS(FILTER(b, ISBLANK([2]) || ISBLANK([1]))),
"先增后稳", COUNTROWS(FILTER(b, [2]>d && abs([1])<=d && not ISBLANK([1]))),
"增速放缓", COUNTROWS(FILTER(b, [2]>d && [1]>d && [1]<=[2])),
"增速加快", COUNTROWS(FILTER(b, [2]>d && [1]>d && [1]>[2])),
"凸型变化", COUNTROWS(FILTER(b, [2]>d && [1]<-d)),
"先降后稳", COUNTROWS(FILTER(b, [2]<-d && abs([1])<=d && not ISBLANK([1]))),
"降速放缓", COUNTROWS(FILTER(b, [2]<-d && [1]<-d && [1]>=[2])),
"降速加快", COUNTROWS(FILTER(b, [2]<-d && [1]<-d && [1]<[2])),
"凹型变化", COUNTROWS(FILTER(b, [2]<-d && [1]>d)),
"先稳后增", COUNTROWS(FILTER(b, abs([2])<=d && not ISBLANK([2]) && [1]>d)),
"先稳后降", COUNTROWS(FILTER(b, abs([2])<=d && not ISBLANK([2]) && [1]<-d)),
"稳定不变", COUNTROWS(FILTER(b, abs([2])<=d && not ISBLANK([2]) && abs([1])<=d && not ISBLANK([1]))))
return e

101 主要指标 =
SWITCH(SELECTEDVALUE('5 财务指标'[主要指标]),

"营业收入",[2-1 营业总收入],
"净利润",[2-9 净利润],
"总资产",[1-1 资产合计],
"净资产",[1-3 所有者权益],
"经营现金净流量",[3-2 经营活动净现金]
)

105 上二年差异率 =
var c1 = CALCULATE([101 主要指标],DATEADD('01 时间表'[Date],-1,YEAR))
var c2 = CALCULATE([101 主要指标],DATEADD('01 时间表'[Date],-2,YEAR))
var c = if(not ISBLANK(c1) && not ISBLANK(c2),
if(c2=0,
if(c1>0,1,if(c1=0,0,-1)),
if(c2>0, divide(c1-c2, c2), 1-DIVIDE(c1, c2))))
return c

105 上二年数 = CALCULATE([101 主要指标],DATEADD('01 时间表'[Date],-2,YEAR))

105 上一年差异率 =
var c1 = [101 主要指标]
var c2 = CALCULATE([101 主要指标],DATEADD('01 时间表'[Date],-1,YEAR))
var c = if(not ISBLANK(c1) && not ISBLANK(c2),
if(c2=0,
if(c1>0,1,if(c1=0,0,-1)),
if(c2>0, divide(c1-c2, c2), 1-DIVIDE(c1, c2))))
return c

105 上一年数 = CALCULATE([101 主要指标],DATEADD('01 时间表'[Date],-1,YEAR))

二、创建主要指标选项切片器

(1)插入一个"切片器"视觉对象,创建能够对总体情况进行切换的指标切片器,如图 13-2 所示。

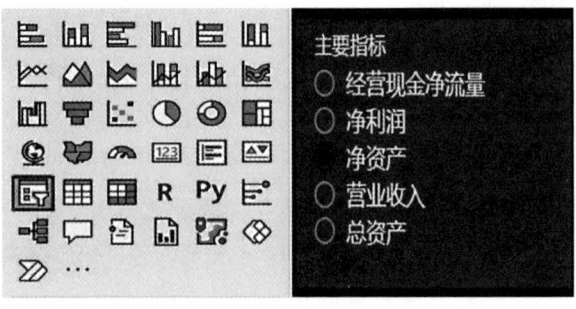

图 13-2 主要指标切片器

(2)将"主要指标"度量值放入字段中,并按图 13-3 进行主要指标切片器的格式设置。

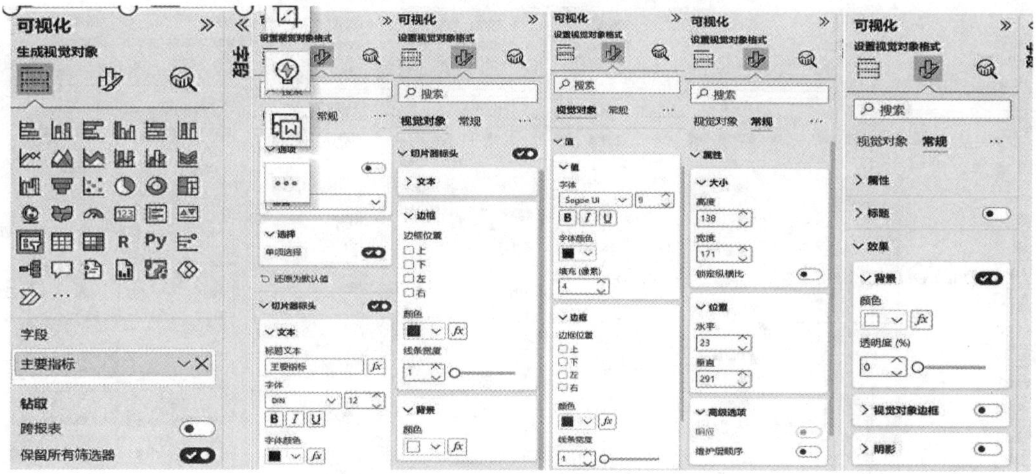

图 13-3 主要指标切片器格式设置

三、创建营业收入、净利润、资产总额、净资产 KPI 图

(1)插入一个"KPI"视觉对象,创建能够对上市公司重要指标 KPI 图,并且结合卡片图对所选公司数量做简单显示,如图 13-4 所示。

图 13-4 核心指标的 KPI 图及结果

(2)以营业收入为例,"卡片用营收"度量值放入值中,"年"字段放入走向轴,"卡片用营收同期"度量值放入目标,其他 KPI 指标的度量值选取参照图 13-5 中内容。按照图 13-6 进行其中一项的格式设置,并复制设置好的项目,改变选取值即可完成所有 KPI 设置。

图 13-5 主要 KPI 指标图度量值选择

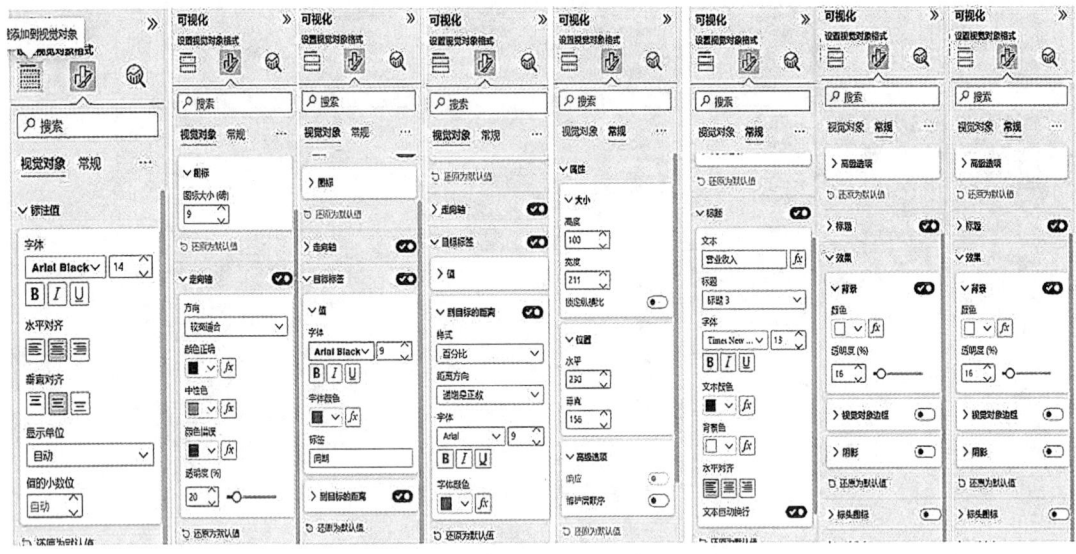

图 13-6 营业收入 KPI 图格式设置

（3）所选公司总数量以卡片图的形式，呈现筛选结果，对于评价指标有较为重要的作用，其设置如图 13-7 所示。

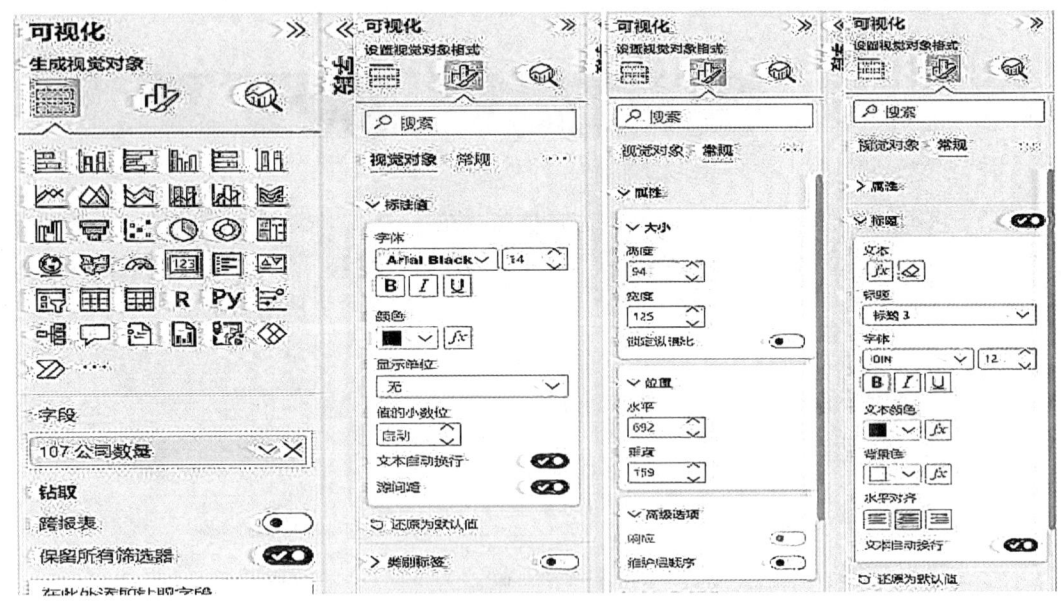

图 13-7 所选公司数量卡片图格式设置

四、创建总资产近两年和近三年变动趋势圆环图

(1) 插入一个"圆环图"视觉对象,创建能够对上市公司近两年和近三年变化趋势进行分类的圆环图,如图 13-8 所示。

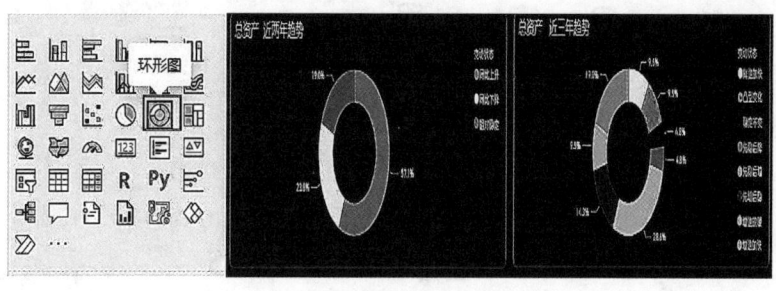

图 13-8　近两年和近三年趋势变化分类圆环图

(2) 参照图 13-9,在图例中放入"变动状态"度量值,分别将"近两年趋势圆环图"和"近三年趋势圆环图"放入值中,完成两个圆环图的主要元素,并按照图 13-10 进行圆环图的格式设置。

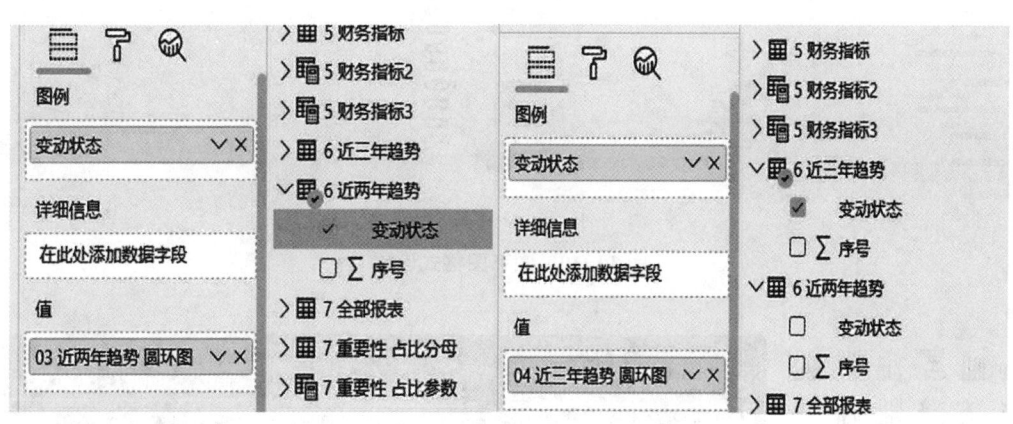

图 13-9　总资产近两年和近三年趋势变化分类圆环图元素设置

五、创建总资产近两年和近三年变动趋势明细表

(1) 插入一个"表"视觉对象,创建能够对上市公司近两年和近三年变化趋势明细表,如图 13-11 所示。

(2) 按照图 13-12 所示,将值分别放入"变动状态""公司名称""主要指标"等字段和度量值,创建两个明细表并进行表格的格式设置。

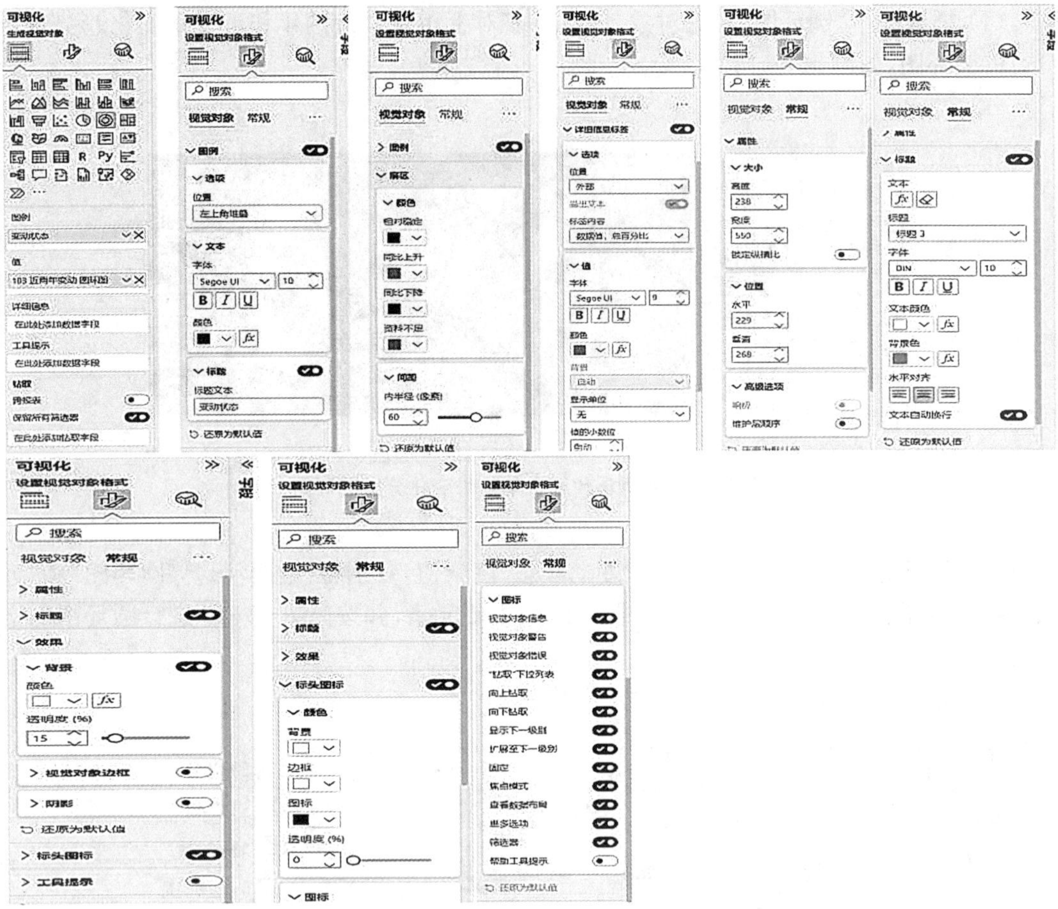

图 13-10　圆环图格式设置

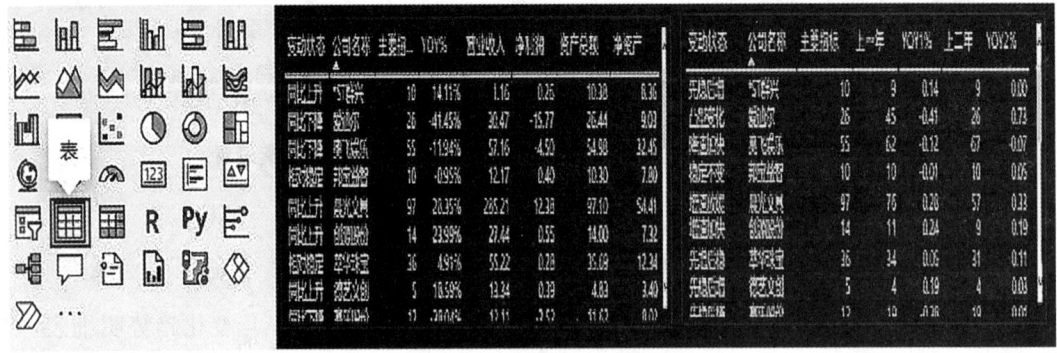

图 13-11　近两年和近三年趋势变化明细表

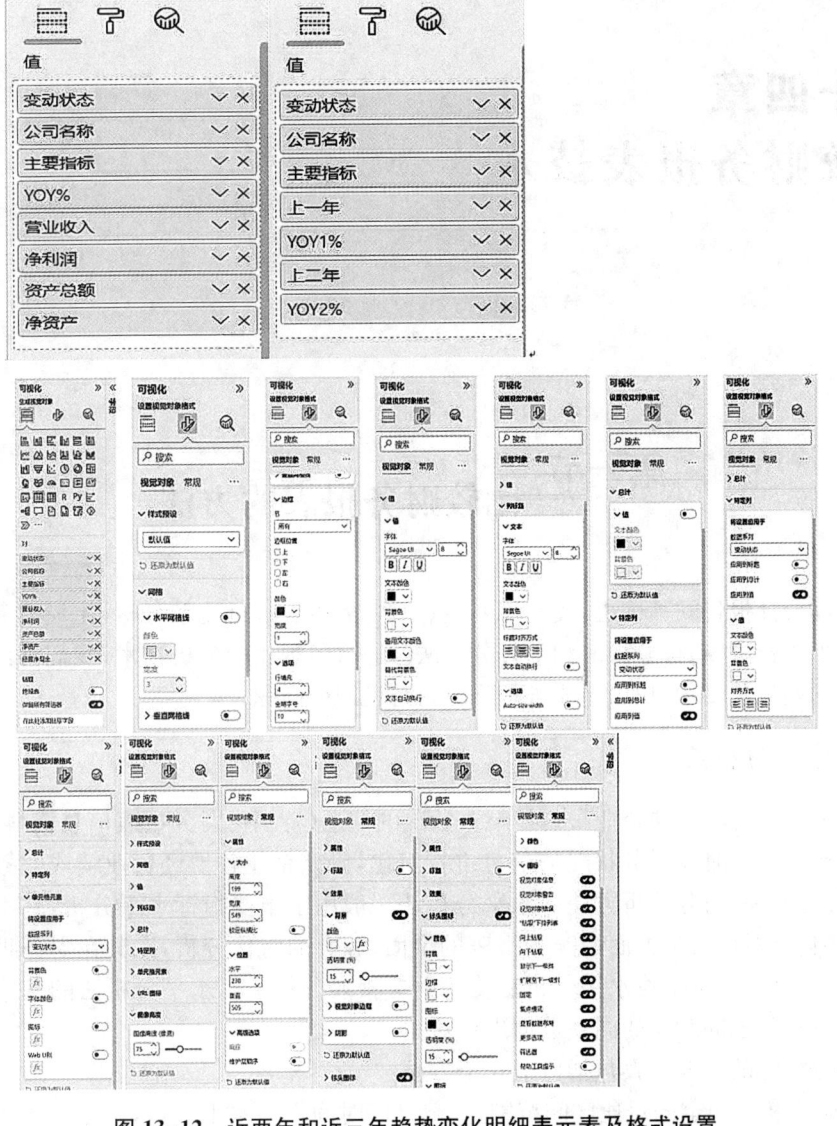

图 13-12　近两年和近三年趋势变化明细表元素及格式设置

本章小结

本章开始对企业战略财务内容进行分析，初步介绍了战略分析的内涵与作用，并从企业所处的行业总体情况入手，进行对比分析。一方面根据企业的优势确定竞争策略，并就优劣势进行可视化的呈现；另一方面通过找出存在的不足，对后续战略的调整给出合理建议。本章需要读者关注和客观理解企业经营管理中的现实问题，塑造财会从业者的使命感和社会责任感。

第十四章
比较财务报表技术

第一节 比较财务报表的方法

在阅读会计报告的基础上,我们需要重点对财务报表进行比较分析,比较财务报表的方法包括水平分析法、趋势分析法和垂直分析法。通过各种比较分析技术,我们可以揭示财务会计信息的差异及变化,找出需要进一步分析与说明的问题。

一、水平分析法

水平分析法是将反映企业报告期财务状况的信息(特别指财务报表信息资料)与反映企业前期或历史某一时期财务状况的信息进行对比,研究企业各项经营业绩或财务状况的发展变动情况的一种财务分析方法。水平分析法一般用于主要指标水平分析,它不仅是单指标对比,还包括对反映某方面情况的报表的全面、综合的对比分析,尤其在财务报表分析中应用较多。因此,通常也将水平分析法称为财务报表分析法。水平分析法的基本要点是将财务报表资料中不同时期的同项数据进行对比。

水平分析法的一般步骤包括以下几个方面:

(1) 确定相对固定的对比区间范围,一般是以时间作为水平节点,确定5年或更长时间作为分析期。

(2) 基于可比性的前提,确认要在不同水平节点之间进行对比的项目,一般为不同时期的同项财务指标。

(3) 将分析期内不同时期的同项数据进行对比,研究各项目的数值增减变动情况,可以只研究一个对象,也可选定多个有关或相对独立的对象进行分析。

应当指出,水平分析法通过将企业报告期的财务报表资料与前期对比,能揭示各方面存在的问题,为全面深入分析企业财务状况奠定了基础,因此可以说,水平分析法是会计分析的基本方法。另外,水平分析法可用于一些可比性较高的同类企业之间的对比分析,以找出企业间存在的差距。但是,水平分析法在不同企业的应用中,一定要注意其可比性问题;即使在同一企业中的应用,对于存在差异的评价也应考虑其对比基础。另外,在水平分析中,应将两种对比方式结合运用,仅用变动量或仅用变动率都可能得出片面的甚至是错误的结论。

二、趋势分析法

趋势分析法是根据企业连续几年或几个时期的分析资料，运用指数或完成率的计算，确定分析期各有关项目的变动情况和趋势的一种财务分析方法。趋势分析法一般用于成长性分析和同业趋势分析，既可用于对财务报表的整体分析，即研究一定时期报表各项目的变动趋势，也可对某些主要指标的发展趋势进行分析。趋势分析法的一般步骤包括以下几个方面：

（1）计算趋势比率或指数。通常，指数的计算有两种方法：一是定基指数；二是环比指数。定基指数就是指各个时期的指数都是以某一固定时期为基期来计算的；环比指数则是指各个时期的指数都是以前一期为基期来计算的。趋势分析法通常采用定基指数。

（2）根据指数计算结果，评价与判断企业各项指标的变动趋势及其合理性。

（3）预测未来的发展趋势。根据企业以前各期的变动情况，研究其变动趋势或规律，从而可预测出企业未来发展变动情况。

三、垂直分析法

垂直分析法与水平分析法不同，它的基本点不是将企业报告期的分析数据直接与基期进行对比求出增减变动量和增减变动率，而是通过计算报表中各项目占总体的比重或结构，反映报表中的项目与总体关系情况及其变动情况。垂直分析法一般用于重要性分析。财务报表经过垂直分析法处理后，通常又会被称为同度量报表，或总体结构报表、共同比报表等，如同度量资产负债表、同度量利润表、同度量成本表等，都是应用垂直分析法得到的。垂直分析法的一般步骤包括以下几个方面：

（1）确定报表中各项目占总额的比重或百分比。

（2）通过各项目的比重，分析各项目在企业经营中的重要性。一般项目比重越大说明其重要程度越高，对总体的影响越大。

（3）将分析期各项目的比重与前期同项目比重进行对比，研究各项目的比重变动情况；也可将本企业报告期项目比重与同类企业的可比项目比重进行对比，研究本企业与同类企业的不同，以及成绩和存在的问题。

第二节　比较财务报表的可视化分析

一、可视化主要指标水平分析

基于第十三章关于同行业上市公司的总体情况对比，我们运用水平分析法进一步创建主要指标的分析页面，详细关注拟选定对象公司重点指标的历年趋势及同比变动情况。

结合图14-1来看，可通过增设切片器选择按单一公司查询，也可选择多家公司查看汇总,如未选或全选,则为全部分类公司。除了"选择日期"来确定报表区间,"主要指标"切片器的设计可任意选择一个或多个指标同时比较。而表格数据的设置会显示全部指标历年数及同比变动情况,方便对具体数据进行清晰掌握。顶部筛选器以及日期筛选器的设计与其他页面保持一致,不做过多陈述。

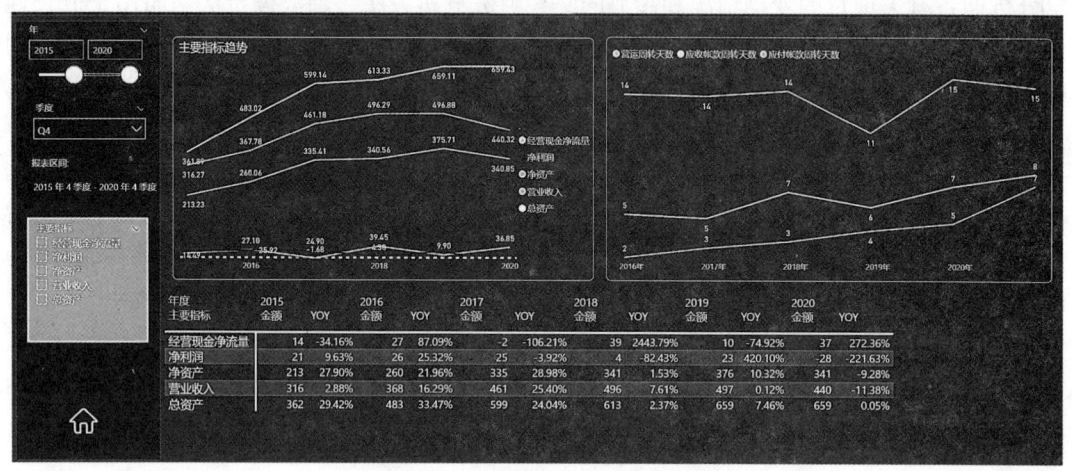

图 14-1　上市公司交互式主要指标页面

(一) 编写度量值

为可视化主要指标水平分析编写的度量值如下。

```
101 主要指标 =
SWITCH(SELECTEDVALUE('5 财务指标'[主要指标]),
"营业收入",[2-1 营业总收入],
"净利润",[2-9 净利润],
"总资产",[1-1 资产合计],
"净资产",[1-3 所有者权益],
"经营现金净流量",[3-2 经营活动净现金]
)

203 主要指标 同类标杆 =
var a = COUNTROWS('0 公司简表')>=1
var b = if(a,
CALCULATE(MAXX(VALUES('0 公司简表'[公司名称]),[101 主要指标]),
all('0 公司简表'[代码\名称\拼音]),all('0 公司简表'[最近季营收序]))
)
var c = CALCULATE(MAXX(values('0 公司简表'[公司名称]),[101 主要指标]),
all('0 公司简表'[代码\名称\拼音]),all('0 公司简表'[最近季营收序]))
return b

102 主要指标同期增幅 =
```

```
var c1 = [101 主要指标]
var c2 = CALCULATE([101 主要指标],DATEADD('01 时间表'[Date],-1,YEAR))
var c = if(not ISBLANK(c1) && not ISBLANK(c2),
if(c2 = 0 ,
if(c1>0, 1, if(c1 = 0, 0, -1)),
if(c2>0, divide(c1 - c2, c2), 1 - DIVIDE( c1, c2 ))))
return c
```

(二) 创建主要指标切片器

(1) 插入一个"切片器"视觉对象,创建能够对指标切片器,如图 14-2 所示。

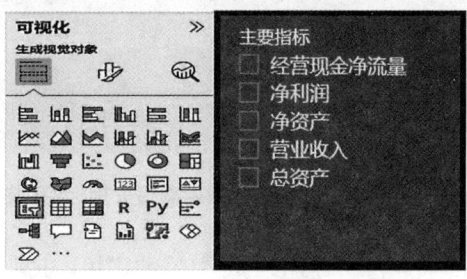

图 14-2 主要指标切片器

(2) 将"主要指标"度量值放入字段中,并按图 14-3 进行主要指标切片器的格式设置。

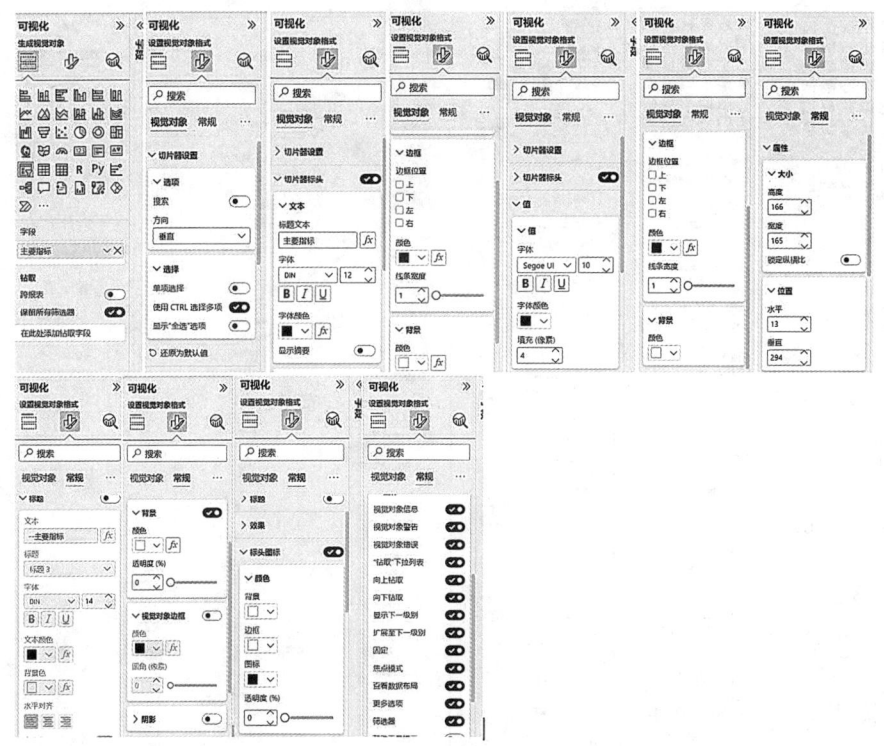

图 14-3 主要指标切片器格式设置

（三）创建主要指标趋势和营运周期相关指标趋势图

（1）插入一个"折线图"视觉对象，创建能够反映主要指标趋势和营运周期相关指标变化的趋势图，如图14-4所示。

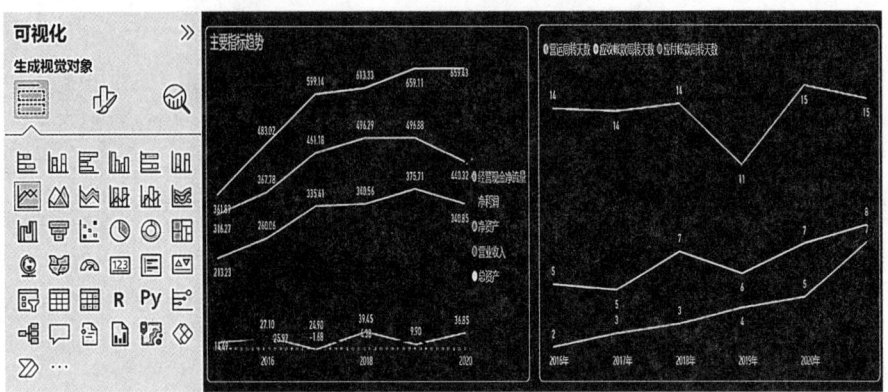

图14-4　主要指标趋势及营运周期相关指标变化趋势图

（2）主要指标趋势图中，将"年""年季度"放入X轴，"101主要指标"度量值放入Y轴，"5财务指标"[主要指标]作为图例，并按图14-5和图14-6进行主要指标趋势图的格式设置。

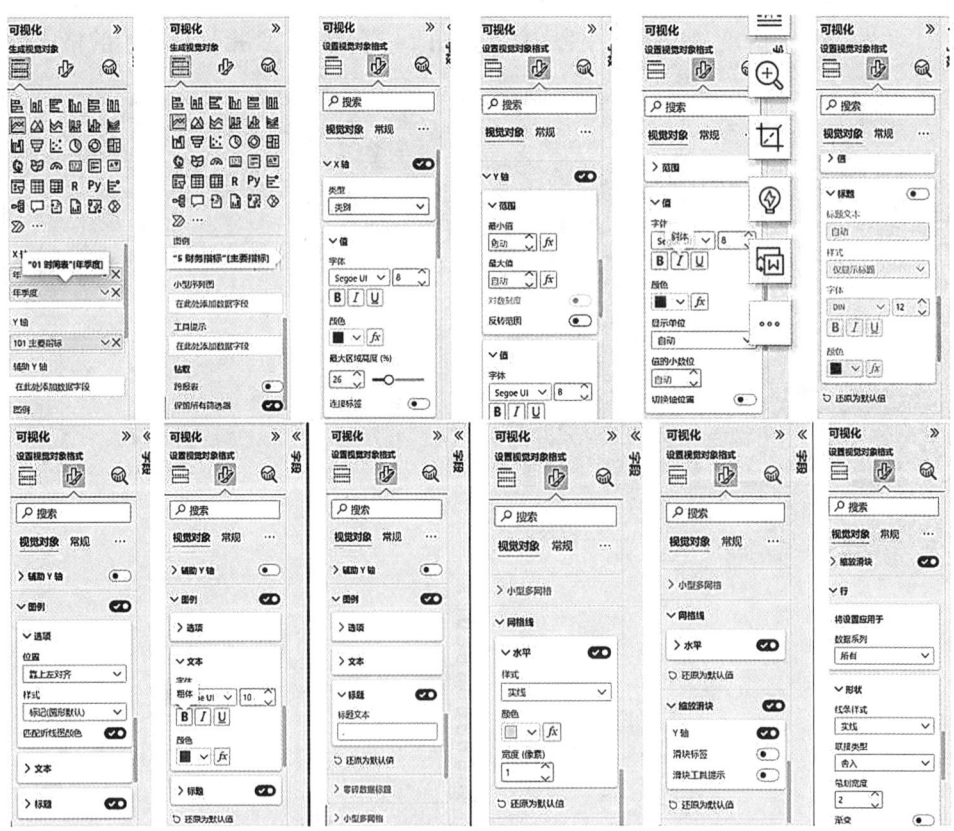

图14-5　主要指标趋势图格式设置(1)

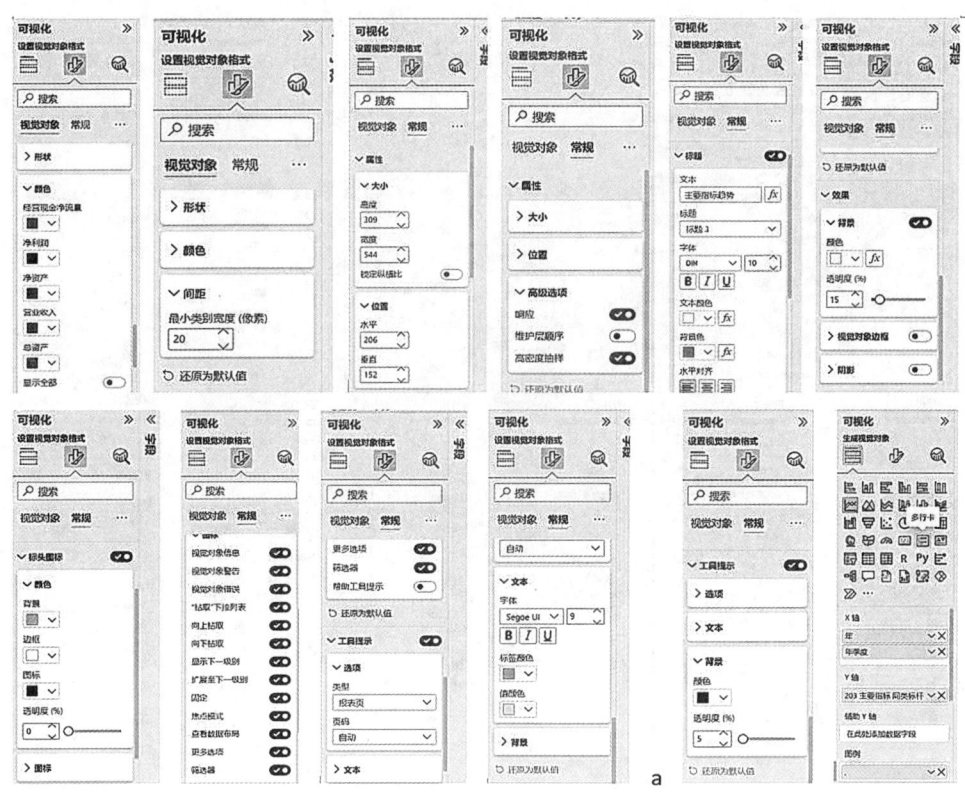

图 14-6　主要指标趋势图格式设置(2)

(3) 营运周期相关指标趋势图,复制上一步折线图,将"年月"替换入 X 轴,"营运周转天数""应收账款周转天数""应付账款周转天数"度量值替换入 Y 轴即可。

(四) 创建主要指标历年数据信息表

(1) 插入一个"矩阵"视觉对象,创建能够反映主要指标的具体数据明细表,如图 14-7 所示。

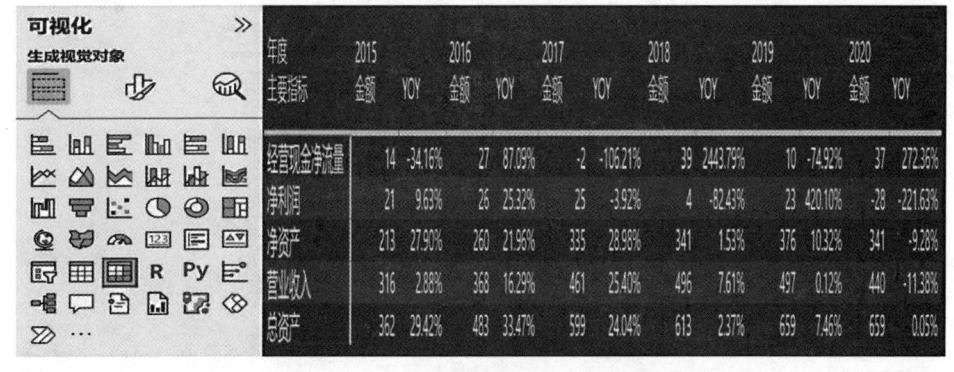

图 14-7　主要指标具体数据明细表

(2) 在数据信息表中,以"主要指标"为行、"逆序年""逆序季"为列、"金额""YOY"为值,并按图 14-8 和图 14-9 进行主要指标明细表的格式设置。

288 智能财务报表分析

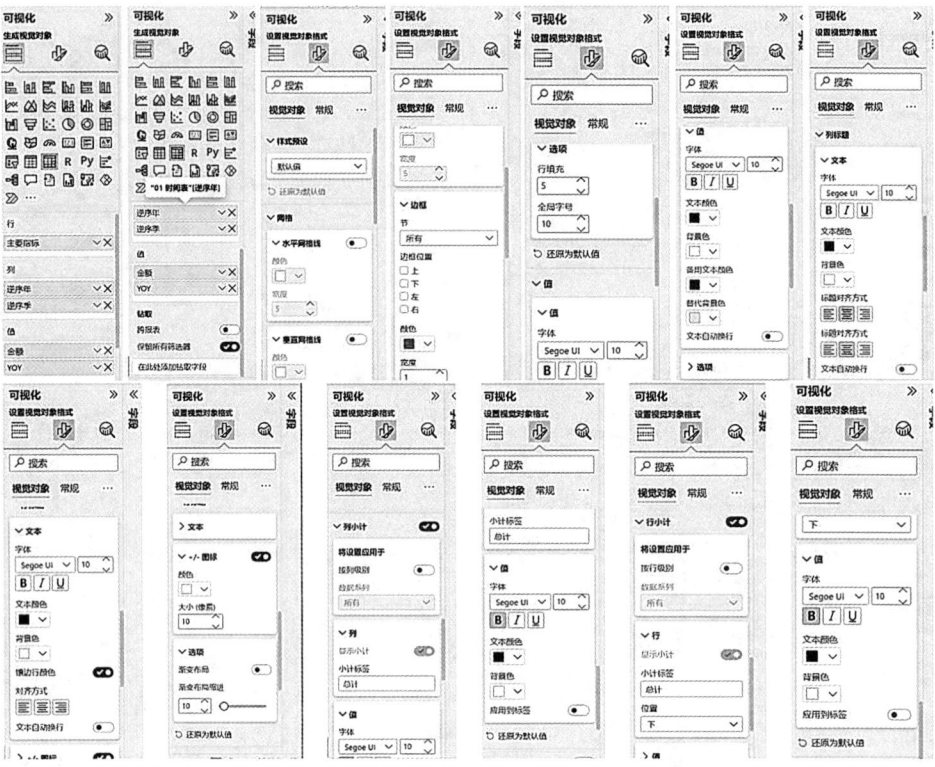

图 14-8　主要指标数据表格式设置(1)

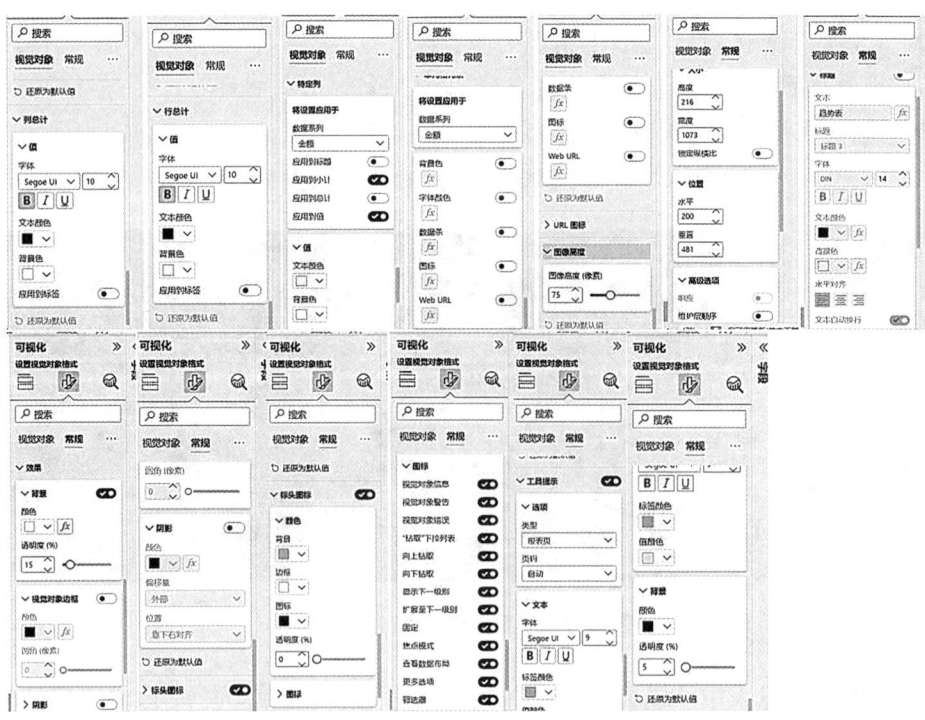

图 14-9　主要指标数据表格式设置(2)

二、可视化成长性及同业趋势分析

结合前期上市公司行业分析及主要指标水平分析,我们将选取以"企业生产经营"为代表性的一个专题进行深入讲解。其中涉及收入、利润、毛利率等相关财务指标,均已在前期利润表章节(第十章)有所介绍。

在企业持续经营过程中,生产经营条件及其利用程度能否逐年有所进步,关系着企业的发展前景。从成长性分析中可以大体上判断出企业的经营方针是进取还是保守。进取和保守是相对的,在企业发展中,某一阶段可能发展较快,某一阶段可能较慢。这要结合当时的社会经营环境和企业内部诸因素进行全面的考察,不宜简单地认为发展快就好或发展慢就不好。为便于分析,我们创建成长性分析页面,如图 14-10 所示。一般以一家选定公司为依据分析其历史成长状态(切片器也可同时选择多家,可查询该分类汇总的成长性指标信息),选定基础上结合公司战略分析营收等指标趋势(上方左侧"发展趋势分析")、收入毛利结构(上方右侧"按行业、地域、产品"),下方两表,表头可选择不同指标,同时与行业内该指标的标杆企业和均值进行比较。通过成长性分析,可以迅速了解公司成长性指标趋势,以及在行业内所处位置。

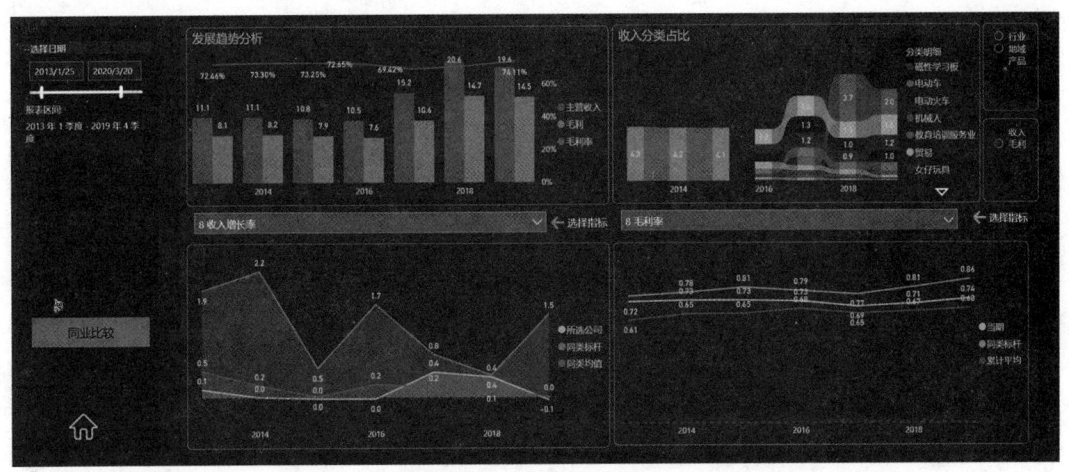

图 14-10 成长性分析页面

如果需要进一步查询与同类公司之间的比较,可通过按钮链接进入"成长性同业比较"页面了解更多情况,如图 14-11 所示。在该页面下,分析者可自行选择分类中的公司进行比较,如未选择,则自动比较所选分类中最近年度销售前 N 名的公司。自行选择公司数量不限,建议不超出 4 家。"分类收入占比"了解各公司不同分类内部收入占比、毛利占比、毛利率情况。特别关注三种不同分类下收入毛利,随着时间变化的波动差异情况,进一步了解同类企业的经营战略的差异。

以上元素的设计可以结合读者的理论基础进行随机调整。筛选器与其他页面保持一致,不再单独描述。

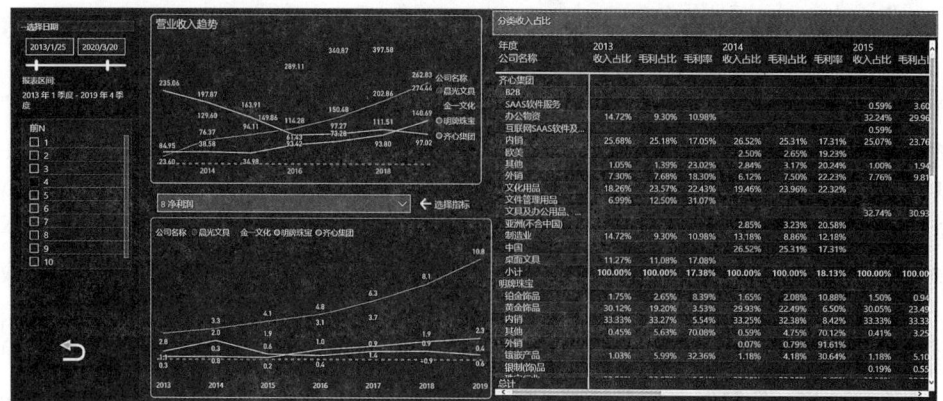

图 14-11 成长性同业分析页面

（一）编写度量值

1. 与成长性相关的度量值

与成长性分析相关的度量值编写如下。

2-2 主营收入 = SWITCH(
SELECTEDVALUE('0 公司分组'[行业]),
"综合",CALCULATE([2-1 利润表小计],'2-1 利润表-辅助表'[项目名称]="营业总收入"),
"金融业",CALCULATE([2-1 利润表小计],'2-1 利润表-辅助表'[项目名称]="营业总收入"),
CALCULATE([2-1 利润表小计],'2-1 利润表-辅助表'[项目名称]="营业收入"))

2-3 毛利 = [2-1 营业总收入]-[2-3 营业成本]

6 盈利能力 毛利率 = DIVIDE([2-3 毛利],[2-1 营业总收入])

301 分类小计 = SUM('4 收入构成'[值])/[计算单位]

302 分类毛利率 = DIVIDE([302 分类毛利],[302 分类收入])

303 分类占比 =
SWITCH(SELECTEDVALUE('4 收入构成'[属性]),
"收入",[302 分类收入占比],
"毛利",[302 分类毛利占比])

304 成长性 指标 当期 =
SWITCH(SELECTEDVALUE('5 财务指标'[指标名称]),
"营业收入",[2-1 营业总收入],
"毛利",[2-3 毛利],
"毛利率",[6 盈利能力 毛利率],
"营业利润",[2-5 营业利润],
"净利润",[2-9 净利润],
"营收 3 年复合增长率",[6 发展能力 营业收入 3 年复合增长率],
"收入增长率",[6 发展能力 营业收入增长率],
"营业利润增长率",[6 发展能力 营业利润增长率],
"净利润增长率",[6 发展能力 净利润增长率],

"资产增长率",[6 发展能力 资产增长率],
"股东权益增长率",[6 发展能力 股东权益增长率]
)

305 成长性 指标 同类标杆 =
var a = COUNTROWS('0 公司简表')>=1
var b = if(a,
CALCULATE(MAXX(values('0 公司简表'[公司名称]),[304 成长性 指标 当期]),
all('0 公司简表'[代码\名称\拼音]),all('0 公司简表'[最近季营收序]))
)
return b

307 成长性 指标 同类均值 累计平均 =
var a = COUNTROWS('0 公司简表')>=1
var b1 = CALCULATE(
[304 成长性 指标 当期],
FILTER('5 财务指标','5 财务指标'[简单或累计]=1),
all('0 公司简表'[代码\名称\拼音]),all('0 公司简表'[最近季营收序]))
var b = if(a,
CALCULATE(
[304 成长性 指标 当期],
FILTER('5 财务指标','5 财务指标'[简单或累计]=1),
all('0 公司简表'[代码\名称\拼音]),all('0 公司简表'[最近季营收序]))
+ CALCULATE(
AVERAGEX(VALUES('0 公司简表'[公司名称]),[304 成长性 指标 当期]),
FILTER('5 财务指标','5 财务指标'[简单或累计]=0),
all('0 公司简表'[代码\名称\拼音]),all('0 公司简表'[最近季营收序]))
)
return b

913 同业比较 标杆公司 =
var b = CALCULATETABLE(TOPN(1,VALUES('0 公司简表'[公司名称]),[304 成长性 指标 当期]),
all('0 公司简表'[代码\名称\拼音]),all('0 公司简表'[最近季营收序]))
var b1 = COUNTROWS(b)
var b2 = CALCULATETABLE(TOPN(1,b,[2-1 营业总收入]),
all('0 公司简表'[代码\名称\拼音]),all('0 公司简表'[最近季营收序]))
var b3 = CALCULATETABLE(TOPN(1,b,'0 公司简表'[公司名称],ASC),
all('0 公司简表'[代码\名称\拼音]),all('0 公司简表'[最近季营收序]))
var b4 = if(b1>1,b3,b)
return b4

2. 成长性同业比较

与成长性同业比较分析相关的度量值编写如下。

2-1 营业总收入 =
CALCULATE([2-1 利润表小计],'2-1 利润表-辅助表'[分类]="营业收入")
302 分类毛利率 = DIVIDE([302 分类毛利],[302 分类收入])

302 分类收入 = CALCULATE([301 分类小计],'4 收入构成'[属性]="收入")
308 分类占比 最大 = MAXX(VALUES('4 收入构成'[分类明细]),[303 分类占比])
304 成长性 指标 当期 =
SWITCH(SELECTEDVALUE('5 财务指标'[指标名称]),
"营业收入",[2-1 营业总收入],
"毛利",[2-3 毛利],
"毛利率",[6 盈利能力 毛利率],
"营业利润",[2-5 营业利润],
"净利润",[2-9 净利润],
"营收 3 年复合增长率",[6 发展能力 营业收入 3 年复合增长率],
"收入增长率",[6 发展能力 营业收入增长率],
"营业利润增长率",[6 发展能力 营业利润增长率],
"净利润增长率",[6 发展能力 净利润增长率],
"资产增长率",[6 发展能力 资产增长率],
"股东权益增长率",[6 发展能力 股东权益增长率]
)

302 分类毛利占比 =
DIVIDE(
CALCULATE([301 分类小计],'4 收入构成'[属性]="毛利"),
CALCULATE([301 分类小计],'4 收入构成'[属性]="毛利",ALL('4 收入构成'[分类明细])))

302 分类收入占比 =
DIVIDE(
CALCULATE([301 分类小计],'4 收入构成'[属性]="收入"),
CALCULATE([301 分类小计],'4 收入构成'[属性]="收入",ALL('4 收入构成'[分类明细])))

(二)创建企业发展趋势分析图

(1)插入"折现和簇状柱形图"视觉对象,创建能够将主营收入、毛利、毛利率以及其变化趋势展示的发展趋势分析图,如图 14-12 所示。

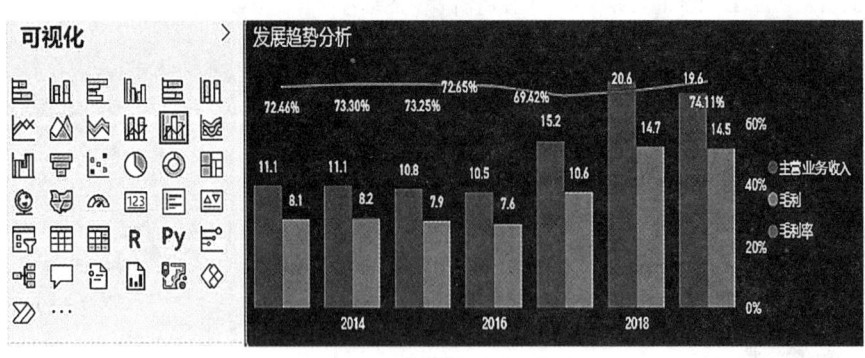

图 14-12 发展趋势分析图

(2)将"共享轴"字段放入"年""年季度"列,将"列值"字段放入"主营业务收入"和"毛利"度量值,"行值"字段放入"毛利率"度量值,并按照图 14-13 进行发展趋势分析图格式设置。

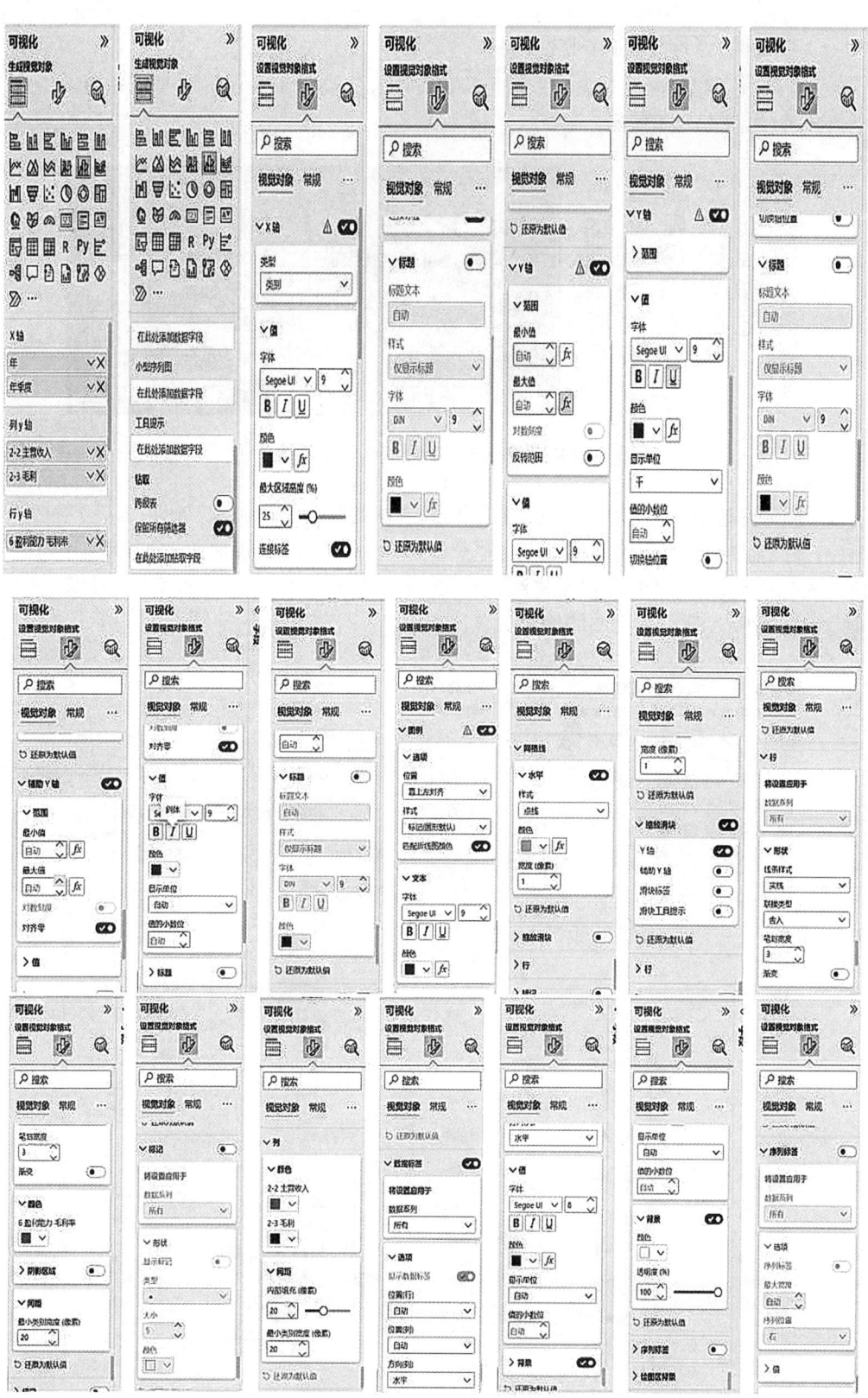

图 14-13 发展趋势图格式设置

(三)创建收入分类占比丝带图

(1)插入"丝带图"视觉对象,创建能够按照收入分类分别观测企业收入和毛利的分类占比丝带图,如图 14-14 所示。

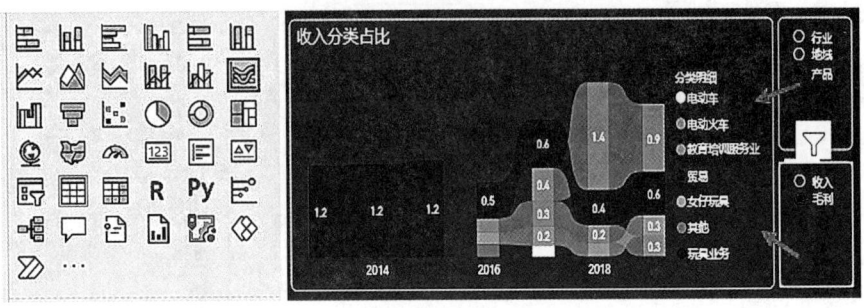

图 14-14　收入分类占比丝带图及其筛选条件

(2)插入筛选器,筛选条件分别为收入构成表中的"收入分类"和"属性"。

(3)将"轴"字段放入"年"列,修改为"升序年季";"图例"字段放入"分类明细"列;"值"字段放入"分类金额";"工具提示"字段放入"分类占比"和"分类毛利率"度量值,并按照图 14-15 进行收入分类占比图的格式设置。

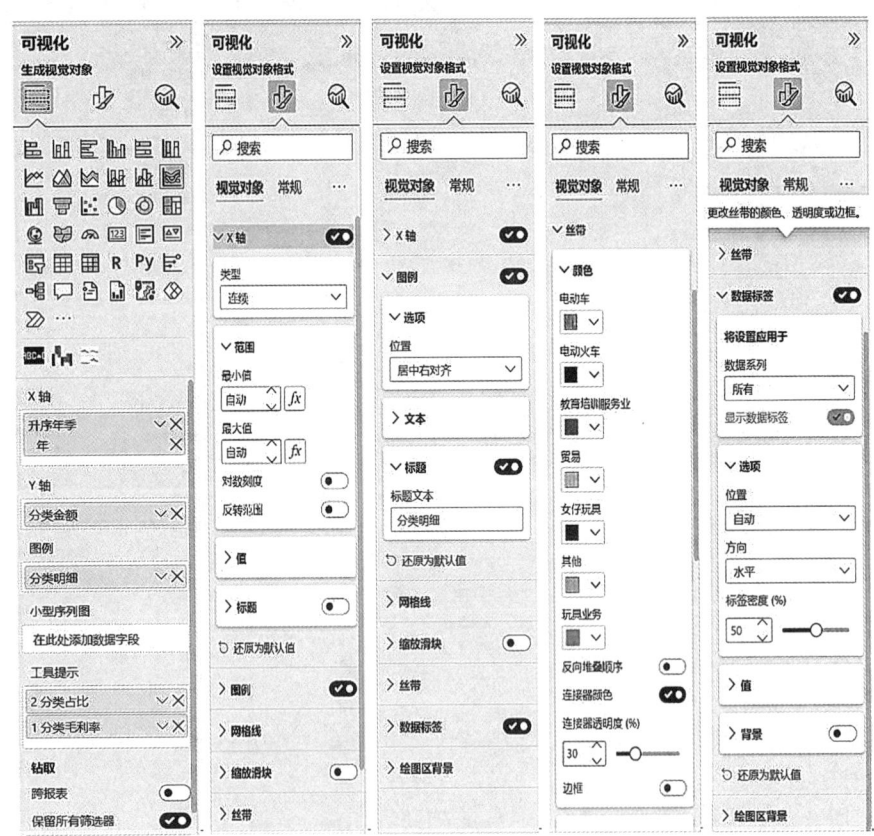

图 14-15　收入分类丝带图格式设置

（四）创建对应指标下的企业对比分区图和折线图

（1）分别插入"切片器""分区图""折线图"，为分区图和折线图分别赋予一个专属切片器，结合分析指标，观测对象企业的成长趋势并与行业均值和标杆企业进行对比分析，如图14-16所示。

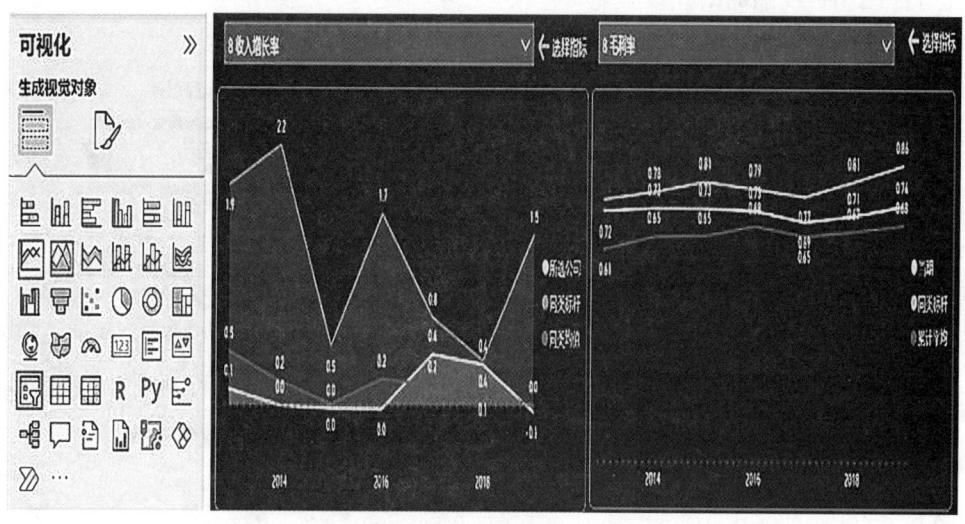

图 14-16　不同指标下对象企业发展趋势对比

（2）插入切片器，筛选条件均为分析指标且格式设置，如图14-17所示，通过交互编辑使得切片器对应关联至分区图和折线图。

图 14-17　切片器格式设置及编辑交互

(3) 分区图中将 X 轴字段放入"年"和"年季度"列并修改为"升序年季","所选公司""同类标杆""同类均值"度量值放入 Y 轴,并将"标杆公司"放入工具提示栏。折线图中将 X 轴字段放入"年"和"年季度"列,并修改为"升序年季";"当期""同类标杆""累积平均"度量值放入 Y 轴,并将"2-2 同业比较标杆公司"放入工具提示。按照图 14-18 进行对应指标下的企业对比分区图和折线图的格式设置。

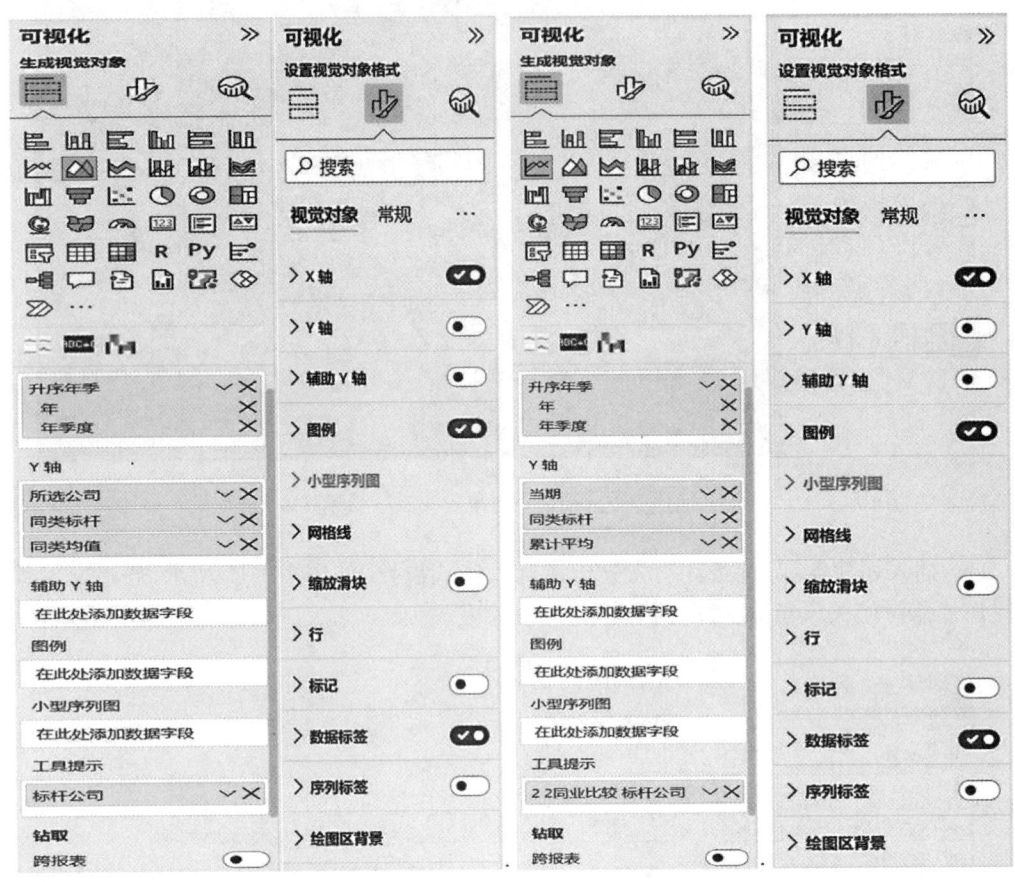

图 14-18　企业对比分区图和折线图的格式设置

在此基础上,为了进一步聚焦分析对象企业在同行业的竞争地位,并深度了解前 N 家企业的发展战略,需制作成长性分析(同行业)页面,并对其进行可视化图形的设计。

(五)进行营业收入趋势和同行指标变动趋势分析

(1) 复制上一步创建的折线图,制作营业收入趋势和同行指标变动趋势图,如图 14-19 所示,而同行指标变动趋势图需为其设定指标筛选器,方便对不同指标进行对比,此处筛选器仅需复制上一步的切片器即可。

(2) 复制的图形,指标元素需要改变,格式不需要重新设计,营业收入趋势和同行指标变动趋势的指标元素如图 14-20 所示。

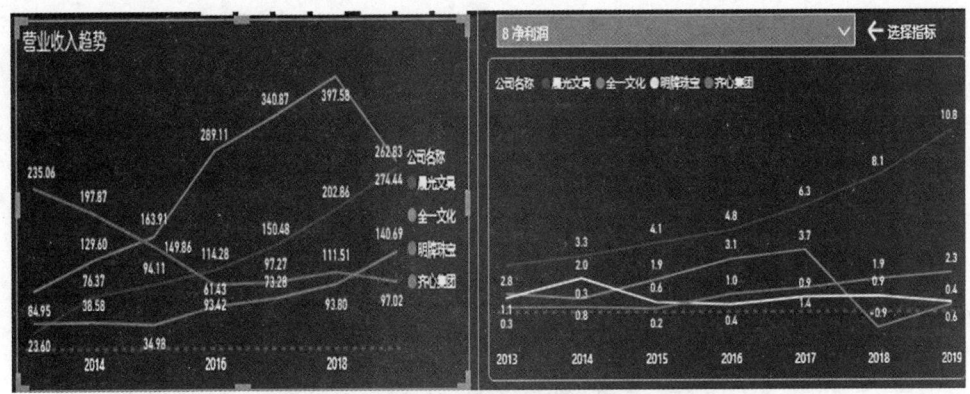

图 14-19　营业收入趋势和同行指标变动趋势图

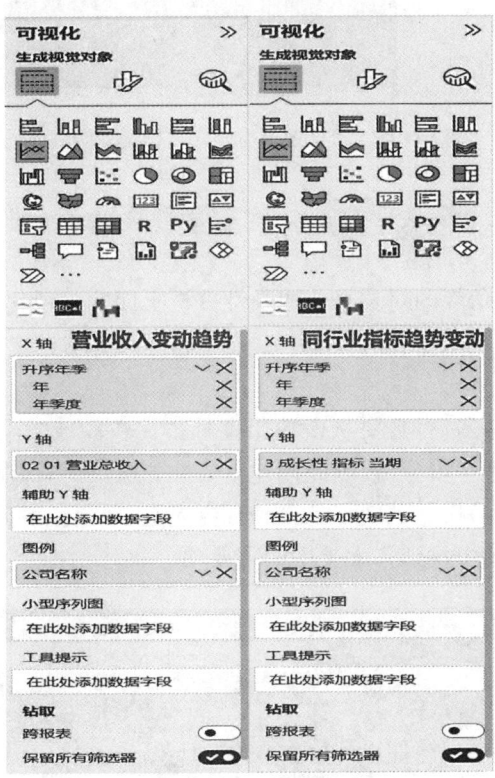

图 14-20　营业收入趋势和同行指标变动趋势的指标元素设计

（六）创建同行业分类收入占比指标明细表

（1）插入"矩阵"可视化对象，完成同行业选定前 N 家的分类收入占比的重要指标明细表，如图 14-21 所示。

（2）将"公司名称""分类明细"列放入行，"年度"列放入列，"收入占比""毛利占比""毛利率"度量值放入值中，同行业分类收入占比指标明细表的格式设置应于报表的明细表保持一致，因此格式设置不再重复解释。

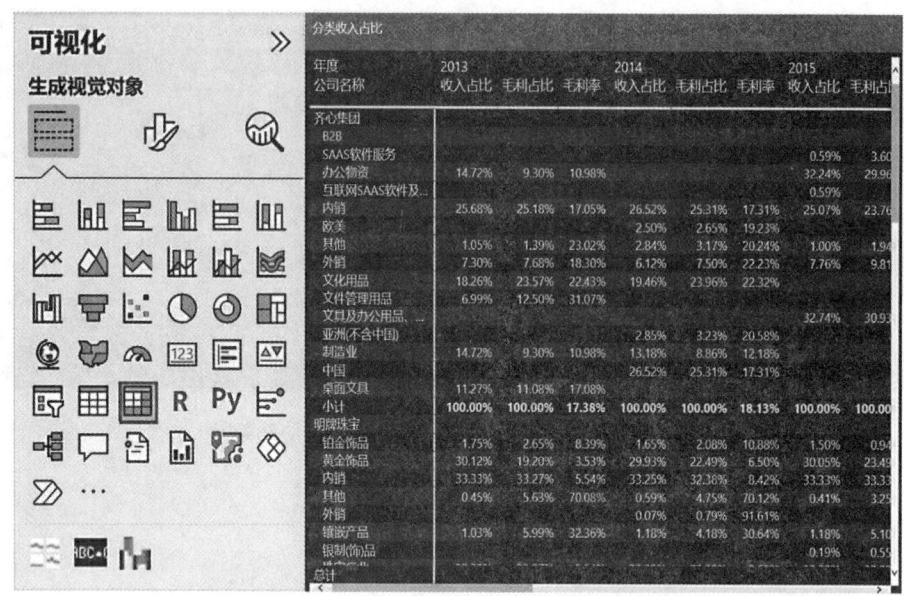

图 14-21 同行业分类收入占比指标明细表

(3) 单独放置一项前 N 家企业的切片器,方便对同行业的企业进行对比分析,具体可复制之前页面设计的前 N 家切片器。

至此,可以垂直水平角度的对象企业成长性分析页面的可视化元素已全部完成设置。

三、可视化重要性分析

三大财务报表科目繁多,有必要从中选出金额占比较高或者与同期变动幅度较大的科目,探究明细信息,以便进一步分析,因此创建重要性分析页面,如图 14-22 所示。该页面将三大财务报表分为负债类、权益类、收入支出、现金流量、现金流量附表、资产类六大类,可分别从可视化的堆积面积图中找到各大类中的重要项。

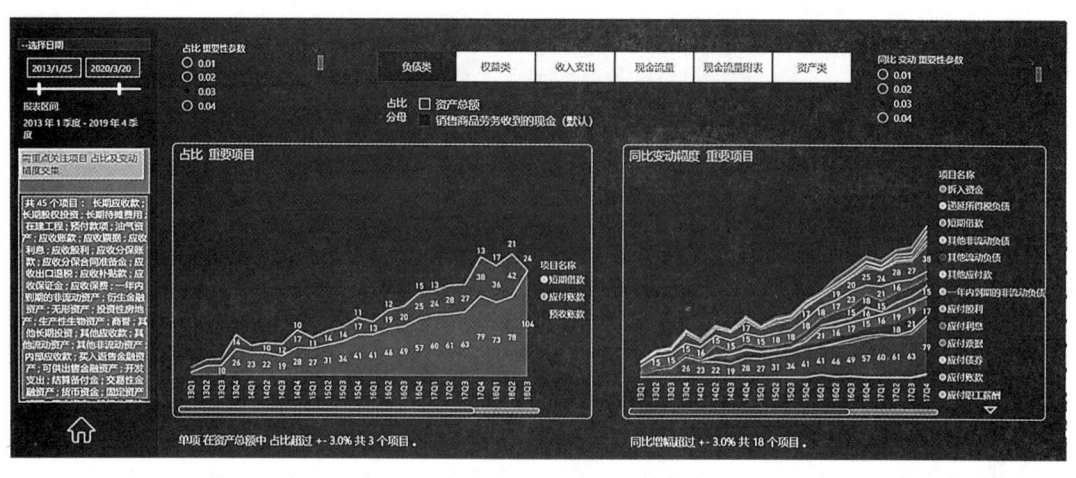

图 14-22 重要性分析页面

左侧堆积图为占比重要项目,资产类、负债类、权益类的各科目与资产总额比较;收入支出类的各科目与营收总额比较。通过设定参数,将占比超过选定参数的项目予以显示,与此同时堆积图可以看到该项目历年的变动趋势。现金流量,各科目与"销售商品劳务收到的现金"或"经营现金净流量"比较,现金流量附表,与"净利润"或"经营现金净流量"。分母通过"占比分母"切片器选择。

右侧堆积图为同比变动幅度重要项目,在"选择日期"区间的最后一期报表上,各科目与上期变动幅度超过设定参数的将会显示,同时堆积图可以看到该项目历年的变动趋势。两表右侧的图例明细,即各自的重要项目。页面最左侧会显示两类重要项目的交集,即需重点关注项目,有必要进一步探究其明细情况。日期及顶端的筛选器与其他页面保持一致。

(一)编写度量值

与重要性分析相关的度量值编写如下。

```
910 报表期间(时间段) =
var a = year(LASTDATE(all('1 资产负债表'[报告日期])))&" 年 "& QUARTER(LASTDATE(all('1 资产负债表'[报告日期])))&" 季度"
var a1 = year(FIRSTDATE('01 时间表'[Date])) & " 年 " & QUARTER(FIRSTDATE('01 时间表'[Date])) & " 季度"
var a2 = year(LASTDATE('01 时间表'[Date])) & " 年 " & QUARTER(LASTDATE('01 时间表'[Date])) & " 季度"
var b = a1
        & " - "
        & if( LASTDATE('01 时间表'[Date])>= LASTDATE(all('1 资产负债表'[报告日期])),
              a,
              if(
                 LASTDATE('01 时间表'[Date]) in all('1 资产负债表'[报告日期]),
                   a2,
                   YEAR(DATEADD(LASTDATE('01 时间表'[Date]),-3,MONTH))&" 年 "& QUARTER(DATEADD(LASTDATE('01 时间表'[Date]),-3,MONTH))&" 季度"))
return b

919 重要项目 交集 =
var a =
    FILTER(
        VALUES('7 报表选择'[项目名称]),
        [810 重要性 占比 筛选度量值]=1 &&[805 重要性 增幅 筛选度量值]=1 &&'7 报表选择'[项目名称]<>"" )

var b =
    if(
        COUNTROWS(a)<>0,
            "共 "& COUNTROWS(a)&" 个项目:"
                & CONCATENATEX(a,'7 报表选择'[项目名称],"; ",'7 报表选择'[项目名称],DESC),
            "无交集,请确认该公司数据是否完整,或调整参数")
```

return b

7 重要性 占比参数 = GENERATESERIES(0.01, 0.51, 0.01)

7 重要性 同比 变动参数 = GENERATESERIES(0.01, 0.51, 0.01)

801 重要性 0 度量值 =
var a = [1 资产负债小计]
var b = [2-1 利润表小计]
var c = [3 现金流量小计]
var d = SWITCH(SELECTEDVALUE('7 报表选择'[报表]),
              "资产类",a,
              "负债类",a,
              "权益类",a,
              "收入支出",b,
              "现金流量",c,
              "现金流量附表",c
)
return d

920 重要项目 增幅 =
var a = FILTER(VALUES('7 报表选择'[项目名称]),[805 重要性 增幅 筛选度量值]=1&&'7 报表选择'[项目名称]<>"")
var b =
        "同比增幅超过 + - "
        & FORMAT(SELECTEDVALUE('7 重要性 同比 变动参数'[同比 变动重要性参数]), "0.0%")
        & if(COUNTROWS(a)<>0,
              " 共 "& COUNTROWS(a)&" 个项目 。",
              " 的项目数量无 零")
return b

921 重要项目 占比 =
var a = FILTER(VALUES('7 报表选择'[项目名称]),[810 重要性 占比 筛选度量值]=1 &&'7 报表选择'[项目名称]<>"")
var b = SWITCH(SELECTEDVALUE('7 报表选择'[报表]),
        "现金流量",SWITCH(SELECTEDVALUE('7 重要性 占比分母'[占比分母]),
                    "经营现金净流量","经营现金净流量",
                    "销售商品劳务收到的现金","销售商品劳务收到的现金",
                    "销售商品劳务收到的现金"),
        "现金流量附表",SWITCH(SELECTEDVALUE('7 重要性 占比分母'[占比分母]),
                    "净利润","净利润",
                    "经营现金净流量","经营现金净流量",
                    "净利润")
)

```
var c = SWITCH(SELECTEDVALUE('7 报表选择'[报表]),
               "资产类","单项 在资产总额中 占比超过 + - ",
               "负债类","单项 在资产总额中 占比超过 + - ",
               "权益类","单项 在资产总额中 占比超过 + - ",
               "收入支出","单项 在营业收入 占比超过 + - ",
               "现金流量","单项 在"&b&"中 占比超过 + - ",
               "现金流量附表","单项 在"&b&"中 占比超过 + - ")
    & FORMAT( SELECTEDVALUE('7 重要性 占比参数'[重要性参数]),"0.0%")
    & if( COUNTROWS(a)<>0,             " 共 " & COUNTROWS(a) & " 个项目 。",
          " 的项目数量为 零 ")
return c

906 已选择公司数量 配色 =
if(
    COUNTROWS('0 公司简表')>=1,
    "#070F25",
    "#FD625E")
904 已选公司数量(单选 或 多选汇总) =
var a = COUNTROWS(VALUES('0 公司简表'[公司名称]))
var b = SWITCH( true,
                a>1,"选择 " & a & " 家汇总 ",
                a=1,"已选择 " & a & " 家 ",
                "所选公司与分类不一致 ")
return b
```

(二) 创建占比重要项目和同比变动幅度重要项目堆积面积图

(1) 插入"堆积面积图"视觉对象,创建占比重要项目和同比变动幅度重要项目堆积面积图,如图 14-23 所示。

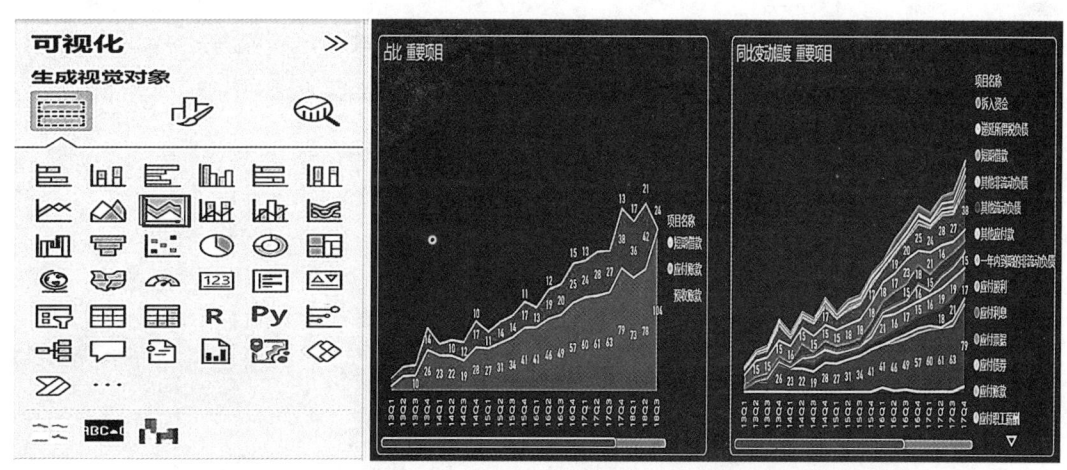

图 14-23 占比重要项目和同比变动幅度重要项目堆积面积图

(2) 在占比重要项目堆积面积图和同比变动幅度重要项目堆积面积图中,其元素设置基本一致,将"年季度"字段放入 X 轴,将"重要性 0 度量值"放入 Y 轴,"项目名称"放入图例。仅需改变视觉对象筛选条件是按占比还是按增幅即可设置其显示条件,并按照图 14-24 和图 14-25 进行堆积面积图格式设置。

(三) 创建重要项目的交集

(1) 插入"按钮"元素,创建能够自动显示两个堆积图重要项目交集说明的文本结果,如图 14-26 所示。

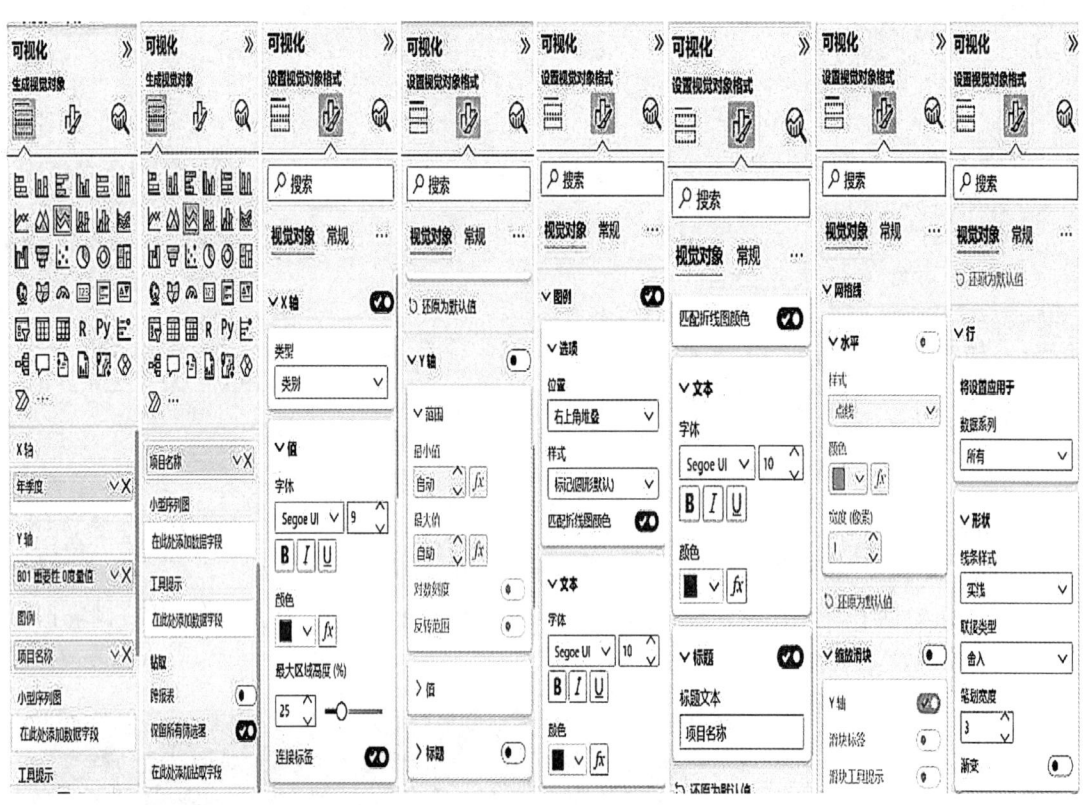

图 14-24　堆积面积图格式设置(1)

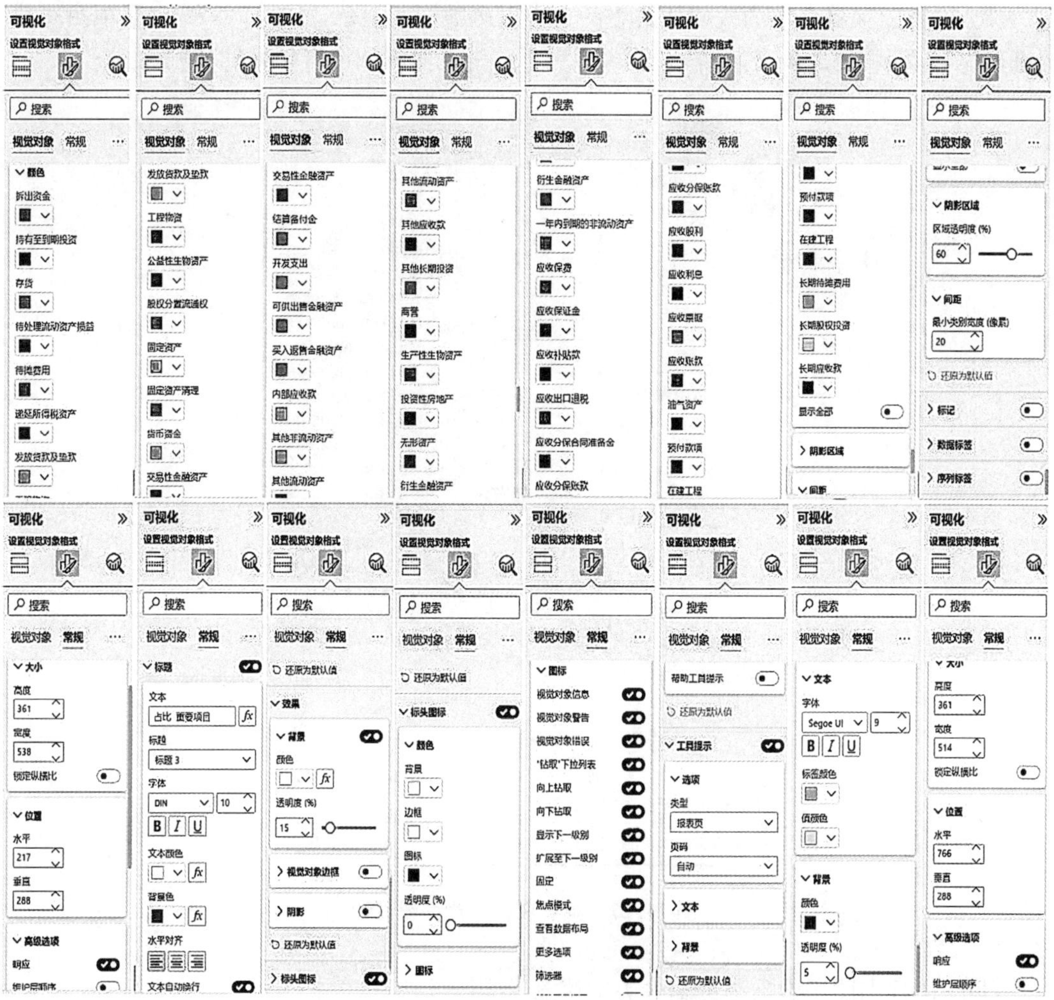

图 14-25　堆积面积图格式设置(2)

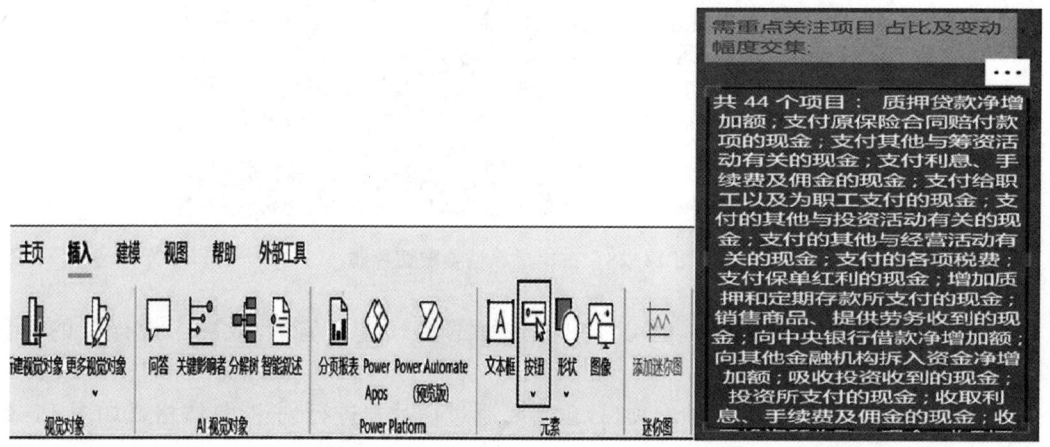

图 14-26　重要项目交集按钮

（2）将重要项目交集的按钮样式中的文本以函数形式显示，并选择"919 重要项目交集"为基础字段，即可完成该交集结果显示，这对于整个页面的阅读有很大的便利性。

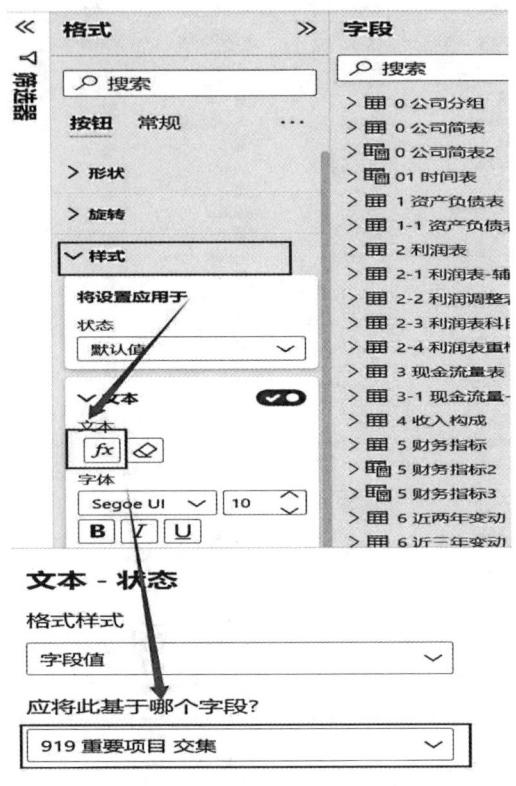

图 14-27　重要项目交集按钮设计

（四）创建占比重要性参数和大类切片器

（1）插入"切片器"视觉对象，创建能够进行占比参数选择的切片器，如图 14-28 所示。

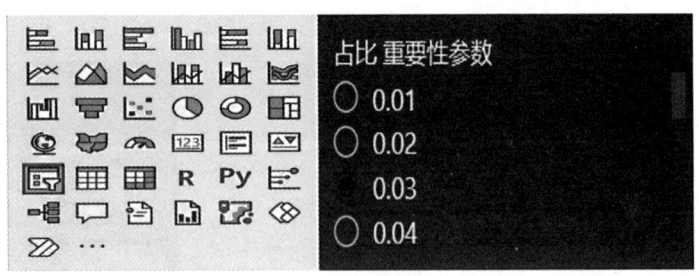

图 14-28　占比重要性参数切片器

（2）该切片器可以用滑块，也可以用单项选择的形式进行显示，取决于设计者的具体需求。

（3）大类切片器作为本页独有项目，也需要通过切片器进行创建，具体格式如图 14-29 所示。

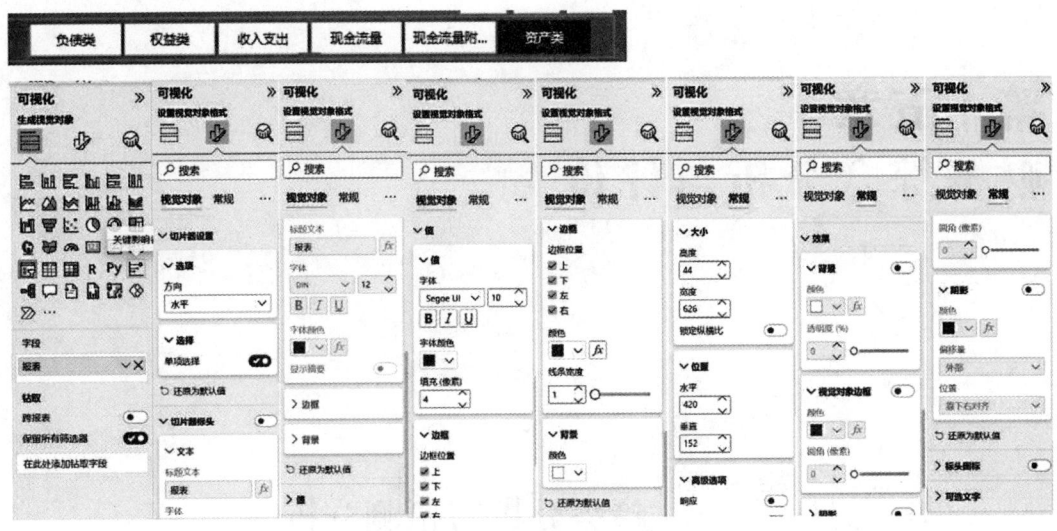

图 14-29 大类切片器

本章小结

本章提供了水平分析、趋势分析及垂直分析三种分析思路,并结合所关联的企业财务指标中的主要指标选择、成长性分析、重要性分析三个方面的内容进行可视化呈现,并将企业放在行业大类中进行对比分析。该部分是在普遍适用的报表分析基础上,针对企业特点的个性化分析,需要从重要性、可比性、可预测性等多角度进行考虑。该部分也对培养和提升创新和设计能力、管理沟通能力和自主学习能力方面有更高要求。

第十五章
财务综合分析与评价

第一节 趋势分析与预测分析

一、趋势分析与预测分析的目的

趋势分析是财务报表分析的基本方法,是指通过观察企业连续数期的财务报表,在运用一定的方法比较各期有关项目金额的基础上,确定各项目的增减变动及发展趋势,并对各项目在未来可能出现的结果做出预测的一种分析方法。

预测分析是财务分析估价企业未来职能的延伸。它是根据企业过去一段时期财务活动所形成的历史资料,结合企业现在所处的外部环境和自身状况,考虑企业的发展趋势,由专门人员通过主观判断或定量分析,对企业未来的财务状况和经营成果做出判断、预计和估算的一种分析方法,其核心是对企业未来的发展前景进行较为精确的估算。

进行趋势分析和预测分析的目的有以下几点:
(1) 发现企业发展的趋势及规律。
(2) 为做出正确的财务决策提供依据。
(3) 为编制财务预算、进行财务控制提供资料。
(4) 为评估企业价值奠定基础。

二、趋势分析和预测分析的内容

无论是发现企业发展趋势和规律的趋势分析,还是对企业生产经营活动的未来发展状况进行预计和测算的预测分析,都是对企业财务状况和经营成果进行的全面分析。具体来说,趋势分析和预测分析包括利润表的趋势与预测分析、资产负债表的趋势与预测分析、现金流量表的趋势与预测分析三方面的内容。

(1) 利润表是反映企业一定时期生产经营成果的财务报表,它揭示了企业收益的来源。利润表趋势与预测分析实质上是对企业收入、成本费用项目进行的趋势与预测分析。

(2) 资产负债表是反映企业特定时点财务状况的财务报表。资产负债表趋势与预测分析是对企业所拥有的资产、承担的债务、拥有的所有者权益在不同时点的增减变动及未来某一时点的发展状况进行的分析。

（3）现金流量表是反映企业一段时间内各类活动现金流入、流出情况的财务报表。对企业经营活动、投资活动、筹资活动产生现金流量的趋势与预测分析是整个趋势与预测分析的核心和终点。

三、趋势分析和预测分析的方法

（一）趋势分析的方法

在进行趋势分析时，分析者可以直接将所分析的报表或项目连续几年的数据放在一起，编制一张趋势分析表，以观察表内各项目的变动趋势，判断其发展规律。同时，为准确判断企业财务状况和经营成果未来的发展情况，可以进一步计算报表中各项目变动的趋势百分比。此时常用的方法有两种：定比分析和环比分析，这两种方法也是进行趋势分析的主要方法。

（1）定比是指选定某一会计期间作为基期，然后将其余各期与基期进行比较，从而计算得到的趋势百分比。这些比值往往按照时间先后顺序列示在一张分析表中。定比分析就是通过观察表内的这些定比指标，确定所分析项目的变动趋势及发展规律的一种分析方法。

（2）环比是指将各项目的本期数与上期数相比较而得到的趋势百分比。这些比值同样按照时间先后顺序列示在一张分析表中。环比分析就是通过对环比指标的分析，确定和评价表内各项目变动情况及其趋势的分析方法。

（二）预测分析的方法

1. 财务报表预测方法

财务报表预测的方法实质上是对利润表项目、资产负债表项目和现金流量表项目进行判断、预计和估算的方法，包括定量分析法和定性分析法两大类。这两类方法不是完全排斥的，而是相互补充，两者的有机结合，能够大大提高预测结果的准确性和可信性。常用的财务报表预测方法主要有以下几种：

（1）平滑指数法又称指数平滑法，是根据上一时期的观测值和预测值，利用平滑指数预测本期预测值的一种预测方法，平滑指数的确定是其运用的关键。此方法主要用于对企业未来销售收入、成本费用发生额的预测。

（2）销售百分比法，是根据财务报表上各项目与销售收入总额之间的比例关系，按照预期销售额的增长情况来预测有关项目未来金额的一种方法。销售额增减变动预测是否准确直接影响到最终预测结果的质量。此方法可用于预测资产负债表项目、利润表项目及对外筹集资金项目等。

销售百分比法在运用时，一般按照以下步骤进行：

第一，根据搜集到的历史资料，分析判断财务报表中各项目与销售收入总额之间的关系。

第二，根据以往历史资料，计算确定基期报表上与销售收入有关的项目与基期销售收入之间的比例关系。

第三，预测销售额。

第四,根据预测销售额及其与报表各项目之间的比例关系,对与销售额存在依存关系的项目进行预测。

第五,采用其他方法对报表上与销售收入不存在固定比例关系的其他项目进行预测。

第六,根据以上数据,编制预测资产负债表和利润表,并根据表中各项目的内在联系与平衡关系,确定企业资金的余缺量,即确定企业应对外筹集或投放的资金量。

(3) 线性回归分析法,是利用数理统计中最小平方的原理,通过确定一条能正确反映自变量与因变量之间误差平方和最小的直线即回归直线 $y=a+bx$,并根据自变量 x 的变动,预测因变量 y 变动趋势的一种方法。回归直线的确定尤其是其中 a、b 的确定是此方法运用的关键。

(4) 固定比例计算法,是利用某些相关指标之间存在的固定不变的比例关系来进行预测的一种方法。此方法较为简单。

此外,随着科学技术的发展、信息技术的进步,计算机在财务预测领域得到越来越广泛的应用。在使用计算机进行预测时,预测软件的选择十分关键。目前常用的财务预测软件有三类:电子表软件、交互式财务预测模型、综合数据库财务计划系统。

2. 三大财务报表预测

1) 利润表预测

利润表预测是整个财务预测的起点,也是财务预测的关键。编制预测利润表时,需要预测的相关项目有销售额、销售成本、期间费用、税率等,运用的主要方法是销售百分比法。

2) 资产负债表预测

资产负债表预测是对企业财务状况的未来发展趋势进行的预测。在实际预测过程中,需要获取业务预算、投资计划、筹资计划、预测利润表等资料。

3) 现金流量表预测

现金流量表预测是在利润表预测和资产负债表预测的基础上,对未来现金流量增减变动情况进行的估计和测算。预测现金流量时需要的相关资料有:预测利润表、预测资产负债表、业务预算、筹资计划、投资计划、现金收支的历史数据等。

第二节 企业价值评估

一、企业价值评估的目的

企业价值评估由于评估主体不同而具有不同的评估目的。企业价值评估的目的主要有以下四种类型。

(一) 投资者基于投资决策的评估目的

股票的内在价值何在?上市公司是否具有继续创造价值的潜力?企业经营业绩优良会给有效率的股票市场传递好的信息,促使股价上扬;相反,则会致使股价下跌。基于这样的信号传递机制,理性投资者认识到,要想使自己的投资得到实实在在的增值,就要看投资对象的内在价值。这样,企业价值评估就应投资者的需求而以评估企业的内在价值为目的在投资领域展开。在这个过程中,企业价值评估技术事实上处在一个极为核心的位置,投资者进行企业价值评估并据此做出买卖决策的结果,不断使股票市场价格达到新的均衡状态。

(二) 管理者基于价值管理的评估目的

企业的财务管理最终目标是企业价值最大化。企业的所有财务活动都是围绕着这一目标进行的,所有财务决策的最终目的都是增加企业的价值。那么,在进行一项决策之前,管理者就需要明确企业的现时价值是多少,该项决策对企业价值的影响有多大,什么样的决策结果可以使现有的价值增加。这些不是管理者凭空知道的,他们需要对企业价值进行评估,针对一个决策对企业价值的影响进行评估。通过了解企业价值在决策前后的增减变动进行各种投资决策、融资决策、经营决策和分配决策是企业价值评估的根本目的。

(三) 交易双方基于并购的评估目的

20世纪80年代初,美国出现了以企业控制权交易为目的的市场,并购事项层出不穷。起初市场的主体主要是企业或有能力的投资者。随着市场参与者日益增多,交易的审慎性开始削弱,市场的交易价格根本无法真实反映被购并企业的价值,导致大量的资本流向许多没有价值的空壳企业,给经济的发展带来了极其不利的影响。为了使交易价格尽量与其价值吻合,企业价值评估开始被应用于并购领域,目的就是要对被购并企业价值以公允的市场价值进行评估,使得交易双方实现公平交易。

(四) 清算企业基于精算的评估目的

每个企业都有自己的生命周期,在企业的成长期与成熟期,企业的经营者应该以价值最大化为目标努力经营,但如果企业出现衰退情况甚至被市场淘汰以至于被迫清算,就要利用企业价值评估在破产清算的前提下对企业价值进行合理评估,目的是尽可能以合理的最高价格清算资产。

二、企业价值评估的内涵

(一) 企业价值评估的定义

企业价值评估是指以企业整体为对象,对企业未来产生收益的可持续能力做出估算,能够为投资者和管理层等相关利益主体提供决策相关信息的一种活动。根据企业价值评估的目的与主体不同,价值评估的内涵也有所不同。

从资产评估师评估目的与主体角度出发,根据《资产评估准则——企业价值》的定义,企业价值评估是指注册资产评估师依据相关法律法规和资产评估准则,对评估基准日特定目的下企业整体价值、股东全部权益价值或者股东部分权益价值等进行分析、估算并发表专业意见的行为和过程。

从企业投资者及经营管理者进行投资决策及价值管理的目的与主体出发,企业价值评估就是要依据价值评估理论与方法,结合企业价值评估的目的,对企业整体价值或不同类别的价值进行分析与估算的行为与过程。

(二) 企业价值评估的类型

企业价值评估中的价值的类型或内容有许多,根据不同的价值评估对象及目的,价值评估中的价值内涵也有所不同。价值评估中要注意对比评估分析的几类主要价值包括以下方面。

1. 资产价值与企业价值

企业的资产价值是由企业拥有或控制的这些经济资源所创造的经济收益的现值所决定的,或者说企业的资产价值取决于企业未来创造经济收益的能力。

企业价值实际上是由创造企业经济收益的各种资源的价值决定的。价值通常以货币来计量,而企业能以货币计量的资源或经济资源就是资产,因此,企业价值可具体体现为企业资产的价值。

2. 企业价值与股东价值

企业价值是指企业全部资产的价值。股东价值亦称资本价值,是指企业净资产价值。已知"资产=负债+净资产",因此,无论是评估企业价值,还是评估股东价值,都是相互关联的。我们既可从评估企业价值入手评估股东价值,也可从评估股东价值入手评估企业价值。但应注意评价中所需要信息的不同。

3. 账面价值、市场价值和公允价值

账面价值是根据历史成本记录的,是特定时点会计核算反映的价值。市场价值是企业流通在外的普通股的市场价值与企业债务的市场价值的总和。公允价值是指在公平交易中,熟悉情况的交易双方自愿进行资产交换或债务清偿的金额,是一种市场参与者普遍认同的、非个别的和特殊的价值,代表一定时间内的市场价值。

4. 持续经营价值与清算价值

企业的持续经营价值与清算价值可能存在不同,在价值评估时应根据评估对象的具体情况,考虑应选择的价值。

5. 少数股权价值与控股权价值

价值评估中通常以股票或债券市场价格为基础进行评估。企业市场价值是评估企业经营业绩的重要指标和资本成本的主要决定因素。但是应当指出,市场价值衡量的是少数股权价值,不是控股权交易的可靠价格指标。

三、企业价值评估的程序与方法

(一) 企业价值评估的程序

企业价值评估的程序亦称企业价值评估的一般方法,通常包括以下几个步骤:

(1) 信息资料收集。根据价值评估目的,收集相关价值评估资料或信息,这是价值评估的最基本的或基础的步骤,没有相关可靠的信息,就不可能有准确的价值评估。

(2) 现场勘察。现场勘察对于整个评估过程有着特殊的意义,它不仅可以帮助评估人员获得更加可靠的信息,而且还有助于被评估企业的管理者了解评估的预期目标。当然,最主要的是,现场勘察能够提高企业价值评估的效率。

(3) 信息资料整理与分析。在信息资料收集和现场勘察的基础上,运用财务分析中的战略分析、会计分析、比率分析等方法,评估企业当前的财务状况和财务成果,预测未来企业的财务状况和收益状况,为最后价值评估方法的选择与运用奠定基础。没有这个步骤的准确分析,就没有正确的价值评估结果。

(4) 价值评估方法选择与运用。根据价值评估目的、评估对象、价值类型、资料收集与分析情况等相关条件,可供选择的价值评估方法有收益法、市场法和成本法(资产基础法)三种基本方法。恰当选择一种或者多种资产评估基本方法是价值评估的关键。《资产评估准则——企业价值》明确规定:以持续经营为前提对企业价值进行评估时,资产基础法一般不应当作为唯一使用的评估方法。不同方法从不同角度对被评估企业的价值进行反映,并且可以相互比较与验证。

(5)价值评估结果报告。根据评估目的与要求,选择与运用正确的评估方法,最终出具价值评估结果的报告。

(二)企业价值评估的方法

企业价值评估的方法将直接影响价值评估的结果及市场交易的实施。通常价值评估方法可以分为收益法、市场法、成本法(资产基础法)三种基本类型。

(1)收益法,是指将预期收益资本化或者折现,确定评估对象价值的方法。收益法的具体方法包括股利折现法、现金流量折现法、净利润折现法、经济利润折现法等。股利折现法通常适用于缺乏控制权的股东部分权益价值的评估,净利润折现法具有一定的局限性。从企业整体价值评估角度,常用的方法是现金流量折现法和经济利润折现法。

(2)市场法,是指将评估对象与可比上市公司或者可比交易案例进行比较,确定评估对象价值的评估方法,常用的方法有上市公司比较法和交易案例比较法。

(3)资产基础法,是指以被评估企业评估基准日的资产负债表为基础,合理评估企业表内及表外各项资产、负债价值,确定评估对象价值的评估方法。

以持续经营为前提对企业整体价值进行评估时,通常采用收益法和市场法。

在价值评估实务中,无论采用何种评估方法,对企业未来收益和相关标准的精确预测都是十分困难的。但是,对企业收益及相关指标的预测直接影响对企业价值的判断,是决定企业最终评估值的关键因素,所以在评估中应全面考虑影响企业盈利能力的因素,如被评估企业资本结构、经营状况、历史业绩、发展前景和被评估企业所在行业相关经济要素及发展前景等,从而客观、公正地对企业的收益做出合理的预测。

第三节 可视化经营与风险分析

上市公司虽然是所在行业中经营效益较好的企业,但是在市场经济日趋完善的今天,它们仍然每时每刻都面临着来自市场的各种风险。因此,财务管理系统作为企业风险预警器的作用越来越显示出其重要性,企业经营者应经常进行财务分析,防范财务危机,建立预警分析指标体系,采取适当的财务风险化解方式。

根据上市公司的特点,结合 Power BI 在数据处理方面的技术优势,本书选取经营与风险相关联的重要财务指标数据,重点讲解相关的可视化呈现。首先,创建经营与风险分析页面,如图 15-1 所示,该页面可任意选择某一企业对其经营管理能力进行分析。不同行业可增加相应的分析模块,将左侧分析内容以切片器的形式归集为两大类(效益与效率、质量与风险),7个项目(盈利性分析——ROE,净利润率分析,综合费用分析,资产周转率分析,ROE拆解分析,盈利质量分析,偿债能力分析),以及各项目对应具体的分析指标,可按年度、季度分别查询。在分析过程中依次选择分类大项、分析项目、分析指标,可以看到不同分析项下,指标趋势以及与同业(标杆均值、竞争对手)比较情况。分析指标一般单选即可,也可以多选,但多选时,无法同时观察同业资料。

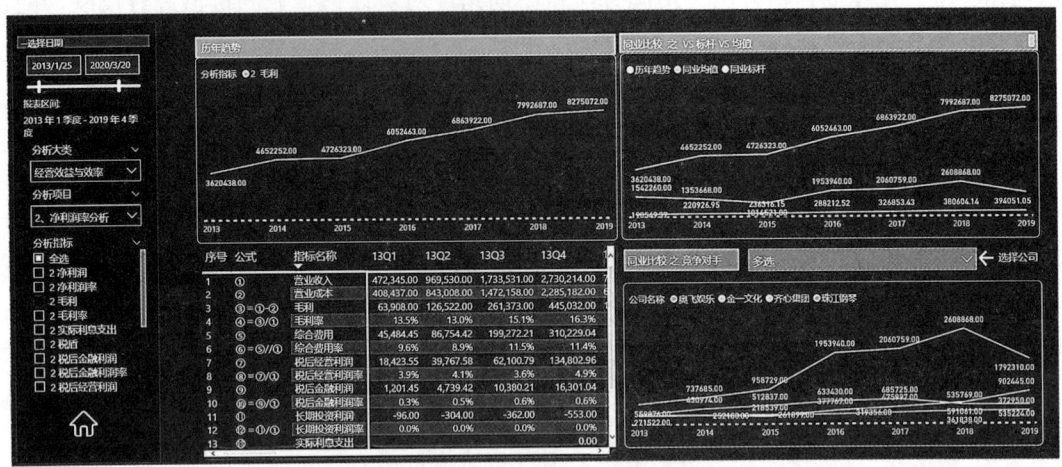

图 15-1 经营与风险分析页面

经营与风险分析主要包括以下几类分析。

（1）盈利性分析——ROE 以股权投资为基础进行回报能力分析,可进一步拆解为总资产回报率 ROA 和财务杠杆。总资产回报率 ROA 还可分解为净利润率及资产周转率。

（2）净利润率分析以销售为基础进行回报能力分析,考察产品的盈利能力。净利润可按重构利润表办法,拆解为税后金融利润、税后经营利润、税后长期投资利润、税后利息支出后,再进行逐项分析。税后经营利润可进一步分解为毛利和综合费用。

（3）综合费用分析要求对综合费用明细项目逐一分析,分别对绝对值和费用率情况分析。不同企业执行差异化战略必然采取一定的行动来实现,费用分析要结合企业战略分析,同时费用也会受到管理效率的影响。

（4）资产周转率分析反映资产管理能力,用于比较各项资产周转率变化情况。

（5）ROE 还可按另一种方式分解为息前税后资本回报率(经营资产回报率)以及财务杠杆利得。经营资产回报率用于衡量经营资产产生经营利润的能力,财务杠杆利得则是反映企业利用债务融资所附加的经济效应。经营资产回报率如果大于税后实际利息率,就会产生正效应,小于则是负效应。两者的差额(利差)乘以放大倍数(净财务杠杆),即得到财务杠杆利得。

（6）盈利质量分析观察收入质量、净利润质量,以及现金流充裕水平。现金流充裕水平表示经营活动现金净流量对于各项现金支出的覆盖情况(各项现金支出包含长期投资净支出、债务净支出、股利分配净支出)。

（7）偿债能力分析除了传统的偿债能力指标,还增加了易变现率指标,如:易变现率＝(长期资本－长期资产)÷营运资本。当易变现率＜0 且营运资本＞0 时,说明长期融资＜长期资产,出现的资金缺口将由短期融资弥补,出现"短债长投"的错配现象,企业存在较高的流动性风险。当易变现率＜0 且营运资本＜0 时,说明长期融资＞长期资产的同时,营运资本还创造了盈余资金,这说明企业的现金流处于非常优秀的流动性状态。当 0＜易变现率＜1,长期融资＞长期资产,说明长期资金出现盈余,此时营运资本中有部分融资来源是长期资金。"长债短投"说明企业在资本匹配上相对稳健,流动性情况较好,缓冲较大。当易变现率＞1 时,长期融资＞长期资产,说明长期资金的盈余完全覆盖了营运资本,此外仍有剩余,营运资本中的全部资金来源都是长期资金,企业在资本匹配上过于稳健,可能会出现融资成本过高的情形。

一、编写度量值

与经营与风险分析相关的度量值编写如下。

```
910 报表期间(时间段) =
var a = year(LASTDATE(all('1 资产负债表'[报告日期])))&" 年 "& QUARTER(LASTDATE(all('1 资产负债表'[报告日期])))&" 季度"
var a1 = year(FIRSTDATE('01 时间表'[Date])) & " 年 " & QUARTER(FIRSTDATE('01 时间表'[Date])) & " 季度"
var a2 = year(LASTDATE('01 时间表'[Date]))  & " 年 " & QUARTER(LASTDATE('01 时间表'[Date])) & " 季度"
var b = a1
        &" - "
        & if( LASTDATE('01 时间表'[Date])>=LASTDATE(all('1 资产负债表'[报告日期])),
            a,
            if(
              LASTDATE('01 时间表'[Date]) in all('1 资产负债表'[报告日期]),
                a2,
                YEAR(DATEADD(LASTDATE('01 时间表'[Date]),-3,MONTH))&" 年 "& QUARTER(DATEADD(LASTDATE('01 时间表'[Date]),-3,MONTH))&" 季度"))
return   b

5 财务指标 2 = all('5 财务指标')

602 经营与风险图 =
var a = [2-1 营业总收入]
var b = [513 税后利息支出]
var c = [2-9 净利润]
var d = [422 资产净额]
var e = [2-3 营业成本]
var g = [416 所有者权益]
var h = [3-2 经营活动净现金]
var i = [512 税后经营利润]
var j = [1-1 资产合计]
var l = [5 利息支出]
var m = [2-4 销售费用]
var n = [2-4 管理费用]
var o = [2-4 研发费用]
```

```
var p = [406 营运资本]
var q = [2-6 营业外收入]-[2-6 营业外支出]
var r = [506 长期股权投资利润]
var s = [413 金融负债]-[402 金融资产]
var t = [2-7 利润总额]
var u = [419 长期资产]
var v = [420 长期资本(长期融资)]
var w = [511 税后金融利润]
var x = [3-2 筹资活动净现金]
var y = [3-2 投资活动净现金]
var z = CALCULATE([3 现金流量小计],'3-1 现金流量-辅助表'[项目名称]="分配股利、利润或偿付利息所支付的现金")
var k = SELECTEDVALUE('5 财务指标'[指标名称])
var a1 = SWITCH(k,
                "营业收入",a,
                "净利润",c,
                "净利润率",DIVIDE(c,a),
                "总资产",j,
                "资产周转率",DIVIDE(a,j),
                "总资产回报率 ROA",DIVIDE(c,j),
                "股东权益",g,
                "财务杠杆",DIVIDE(j,g),
                "股权回报率 ROE",DIVIDE(c,g)
                )
var a2 = SWITCH(k,
                "营业收入",a,
                "营业成本",e,
                "毛利",a-e,
                "毛利率",1-DIVIDE(e,a),
                "综合费用",(a-e)-i,
                "综合费用率",DIVIDE((a-e)-i,a),
                "税后经营利润",i,
                "税后经营利润率",DIVIDE(i,a),
                "税后金融利润",w,
                "税后金融利润率",DIVIDE(w,a),
                "长期投资利润",r,
                "长期投资利润率",DIVIDE(r,a),
                "实际利息支出",l,
                "税盾",l-b,
                "税后利息支出",b,
                "净利润",c,
                "净利润率",DIVIDE(c,a)
                )
```

```
var a3 = SWITCH(k,
                "营业收入",a,
                "销售费用",m,
                "销售费用率",DIVIDE(m,a),
                "管理费用",n,
                "管理费用率",DIVIDE(n,a),
                "研发费用",o,
                "研发费用率",DIVIDE(o,a),
                "营业外收支",q,
                "其他收益变动",t-w-r+l-m-n-o+q,
                "其他收益变动率",DIVIDE(t-w-r+l-m-n-o+q,a)
                )
var a4 = SWITCH(k,
                "营运资本周转率",DIVIDE(a,p),
                "长期资产周转率",DIVIDE(a,u),
                "固定资产周转率",DIVIDE(a,[1-6 固定资产]),
                "存货周转率",divide(e,[1-5 存货]),
                "应收账款周转率",DIVIDE(a,[1-8 应收账款]),
                "应付账款周转率",DIVIDE(e,[1-7 应付账款])
                )
var a5 = SWITCH(k,
                "营业收入",a,
                "税后净利息费用",b,
                "净利润",c,
                "息前税后净利润",c-b,
                "息前税后净利润率",DIVIDE(c-b,a),
                "资本净额",d,
                "资本净额周转率",DIVIDE(a,d),
                "息前税后资本回报率",DIVIDE(c-b,d),
                "净负债",s,
                "利差",DIVIDE(c-b,d)-DIVIDE(b,s),
                "净财务杠杆",DIVIDE(s,g),
                "财务杠杆利得",DIVIDE(c,g)-DIVIDE(c-b,d),
                "股权回报率",DIVIDE(c,g)
                )
var a6 = SWITCH(k,
                "营业收入",a,
                "经营现金净流量",h,
                "净利润",c,
                "营业收入现金含量水平",DIVIDE(h,a),
                "净利润质量",       DIVIDE(h,c),
                "现金流充裕水平",    DIVIDE(h,-x-y),
                "购建固定资产现金流出",-y,
```

```
                              "支付股付现金流出",z,
                              "偿还借款现金流出",-x-z
                      )
       var a7 = SWITCH(k,
                      "长期资本(长期融资)",    v,
                      "长期资产",            u,
                      "长期资本余缺",         v-u,
                      "营运资本",            p,
                      "易变现率",            DIVIDE(v-u,p),
                      "流动比率",            [6 偿债能力 流动比率],
                      "资产负债率",          DIVIDE(j-g,j),
                      "利息保障倍数",        DIVIDE(t+l,l),
                      "现金流量利息保障倍数", DIVIDE(h,l),
                      "现金流量债务比",      DIVIDE(h,j-g)
                      )
       var a8 = SWITCH(SELECTEDVALUE('5 财务指标'[指标类别]),
                      "1. 盈利性分析-ROE",a1,
                      "2. 净利润率分析",    a2,
                      "3. 综合费用分析",    a3,
                      "4. 资产周转率分析",a4,
                      "5. ROE 拆解二",     a5,
                      "6. 盈利质量分析",   a6,
                      "7. 偿债能力分析",   a7
                      )
return a8


912 经营与风险 标杆公司 =
var c4 = VALUES('5 财务指标'[升或降])
var c5 = if(c4=1,1,-1)
var b = CALCULATETABLE(TOPN(1,VALUES('0 公司简表'[公司名称]),[602 经营与风险 图]*c4),

                      all('0 公司简表'[代码\名称\拼音]),all('0 公司简表'[最近季营收序]))
var c2 = CALCULATETABLE(TOPN(1,VALUES('0 公司简表'[公司名称]),-[602 经营与风险 图]),
                      KEEPFILTERS(FILTER('5 财务指标','5 财务指标'[升或降]=0)),
                      all('0 公司简表'[代码\名称\拼音]),all('0 公司简表'[最近季营收序]))
var b1 = COUNTROWS(b)
var b3 = CALCULATETABLE( TOPN(1,b,'0 公司简表'[公司名称],ASC),
                      all('0 公司简表'[代码\名称\拼音]),all('0 公司简表'[最近季营收序]))
var b4 = if(b1>1,b3,b)
return b4


602 经营与风险图 =
var a = [2-1 营业总收入]
```

```
var b = [513 税后利息支出]
var c = [2-9 净利润]
var d = [422 资产净额]
var e = [2-3 营业成本]
var g = [416 所有者权益]
var h = [3-2 经营活动净现金]
var i = [512 税后经营利润]
var j = [1-1 资产合计]
var l = [5 利息支出]
var m = [2-4 销售费用]
var n = [2-4 管理费用]
var o = [2-4 研发费用]
var p = [406 营运资本]
var q = [2-6 营业外收入]-[2-6 营业外支出]
var r = [506 长期股权投资利润]
var s = [413 金融负债]-[402 金融资产]
var t = [2-7 利润总额]
var u = [419 长期资产]
var v = [420 长期资本(长期融资)]
var w = [511 税后金融利润]
var x = [3-2 筹资活动净现金]
var y = [3-2 投资活动净现金]
var z = CALCULATE([3 现金流量小计],'3-1 现金流量-辅助表'[项目名称]="分配股利、利润或偿付利息所支付的现金")
var k = SELECTEDVALUE('5 财务指标'[指标名称])
var a1 = SWITCH(k,
                "营业收入",a,
                "净利润",c,
                "净利润率",DIVIDE(c,a),
                "总资产",j,
                "资产周转率",DIVIDE(a,j),
                "总资产回报率 ROA",DIVIDE(c,j),
                "股东权益",g,
                "财务杠杆",DIVIDE(j,g),
                "股权回报率 ROE",DIVIDE(c,g)
                )
var a2 = SWITCH(k,
                "营业收入",a,
                "营业成本",e,
                "毛利",a-e,
                "毛利率",1-DIVIDE(e,a),
                "综合费用",(a-e)-i,
                "综合费用率",DIVIDE((a-e)-i,a),
```

```
                    "税后经营利润",i,
                    "税后经营利润率",DIVIDE(i,a),
                    "税后金融利润",w,
                    "税后金融利润率",DIVIDE(w,a),
                    "长期投资利润",r,
                    "长期投资利润率",DIVIDE(r,a),
                    "实际利息支出",l,
                    "税盾",l-b,
                    "税后利息支出",b,
                    "净利润",c,
                    "净利润率",DIVIDE(c,a)
                    )
    var a3 = SWITCH(k,
                    "营业收入",a,
                    "销售费用",m,
                    "销售费用率",DIVIDE(m,a),
                    "管理费用",n,
                    "管理费用率",DIVIDE(n,a),
                    "研发费用",o,
                    "研发费用率",DIVIDE(o,a),
                    "营业外收支",q,
                    "其他收益变动",t-w-r+l-m-n-o+q,
                    "其他收益变动率",DIVIDE(t-w-r+l-m-n-o+q,a)
                    )

    var a4 = SWITCH(k,
                    "营运资本周转率",DIVIDE(a,p),
                    "长期资产周转率",DIVIDE(a,u),
                    "固定资产周转率",DIVIDE(a,[1-6  固定资产]),
                    "存货周转率",divide(e,[1-5  存货]),
                    "应收账款周转率",DIVIDE(a,[1-8 应收账款]),
                    "应付账款周转率",DIVIDE(e,[1-7  应付账款])
                    )
    var a5 = SWITCH(k,
                    "营业收入",a,
                    "税后净利息费用",b,
                    "净利润",c,
                    "息前税后净利润",c-b,
                    "息前税后净利润率",DIVIDE(c-b,a),
                    "资本净额",d,
                    "资本净额周转率",DIVIDE(a,d),
                    "息前税后资本回报率",DIVIDE(c-b,d),
                    "净负债",s,
```

```
                    "利差",DIVIDE(c-b,d)-DIVIDE(b,s),
                    "净财务杠杆",DIVIDE(s,g),
                    "财务杠杆利得",DIVIDE(c,g)-DIVIDE(c-b,d),
                    "股权回报率",DIVIDE(c,g)
                )
var a6 = SWITCH(k,
                    "营业收入",a,
                    "经营现金净流量",h,
                    "净利润",c,
                    "营业收入现金含量水平",DIVIDE(h,a),
                    "净利润质量",          DIVIDE(h,c),
                    "现金流充裕水平",      DIVIDE(h,-x-y),
                    "购建固定资产现金流出",-y,
                    "支付股付现金流出",z,
                    "偿还借款现金流出",-x-z
                )
var a7 = SWITCH(k,
                    "长期资本(长期融资)",    v,
                    "长期资产",              u,
                    "长期资本余缺",          v-u,
                    "营运资本",              p,
                    "易变现率",              DIVIDE(v-u,p),
                    "流动比率",              [6 偿债能力 流动比率],
                    "资产负债率",            DIVIDE(j-g,j),
                    "利息保障倍数",          DIVIDE(t+l,l),
                    "现金流量利息保障倍数",   DIVIDE(h,l),
                    "现金流量债务比",        DIVIDE(h,j-g)
                )
var a8 = SWITCH(SELECTEDVALUE('5 财务指标'[指标类别]),
                "1. 盈利性分析-ROE",a1,
                "2. 净利润率分析",   a2,
                "3. 综合费用分析",   a3,
                "4. 资产周转率分析",a4,
                "5. ROE 拆解二",    a5,
                "6. 盈利质量分析",   a6,
                "7. 偿债能力分析",   a7
                )
return a8

603 经营与风险 同业均值 =
var a = COUNTROWS(VALUES('0 公司简表'[公司名称]))>=1
var b = CALCULATE(
            [602 经营与风险 图],
```

```
                    FILTER('5 财务指标','5 财务指标'[简单或累计]=1),
                    all('0 公司简表'[代码\名称\拼音]),all('0 公司简表'[最近季营收序])
                    )
        + CALCULATE(
                    AVERAGEX(VALUES('0 公司简表'[公司名称]),[602 经营与风险 图]),
                    FILTER('5 财务指标','5 财务指标'[简单或累计]=0),
                    all('0 公司简表'[代码\名称\拼音]),all('0 公司简表'[最近季营收序])
                    )
//var c = if(a,b)
var c = (COUNTROWS(VALUES('0 公司简表'[公司名称]))>=1)*b
var d = (COUNTROWS(VALUES('5 财务指标'[分析指标]))=1)*c
return d
604 经营与风险 同业标杆 =
var a = COUNTROWS(VALUES('0 公司简表'[公司名称]))>=1
var b = CALCULATE( MAXX(values('0 公司简表'[公司名称]),[602 经营与风险 图]),
                    FILTER('5 财务指标','5 财务指标'[升或降]=1),
                    all('0 公司简表'[代码\名称\拼音]), all('0 公司简表'[最近季营收序]))
        + CALCULATE( MINX(values('0 公司简表'[公司名称]),[602 经营与风险 图]),
                    FILTER('5 财务指标','5 财务指标'[升或降]=-1),
                    all('0 公司简表'[代码\名称\拼音]), all('0 公司简表'[最近季营收序]))
//var c = if(a,b)
var c = (COUNTROWS(VALUES('0 公司简表'[公司名称]))>=1)*b
var d = (COUNTROWS(VALUES('5 财务指标'[分析指标]))=1)*c
return d


912 经营与风险 标杆公司 =
var c4 = VALUES('5 财务指标'[升或降])
var c5 = if(c4=1,1,-1)
var b = CALCULATETABLE(TOPN(1,VALUES('0 公司简表'[公司名称]),[602 经营与风险 图]*c4),

                    all('0 公司简表'[代码\名称\拼音]),all('0 公司简表'[最近季营收序]))
var c2 = CALCULATETABLE(TOPN(1,VALUES('0 公司简表'[公司名称]),-[602 经营与风险 图]),
                    KEEPFILTERS(FILTER('5 财务指标','5 财务指标'[升或降]=0)),
                    all('0 公司简表'[代码\名称\拼音]),all('0 公司简表'[最近季营收序]))
var b1 = COUNTROWS(b)
var b3 = CALCULATETABLE( TOPN(1,b,'0 公司简表'[公司名称],ASC),
                    all('0 公司简表'[代码\名称\拼音]),all('0 公司简表'[最近季营收序]))
var b4 = if(b1>1,b3,b)
return b4


601 经营与风险 表 =
var a = [2-1 营业总收入]
```

```
var b = [513 税后利息支出]
var c = [2-9 净利润]
var d = [422 资产净额]
var e = [2-3 营业成本]
var g = [416 所有者权益]
var h = [3-2 经营活动净现金]
var i = [512 税后经营利润]
var j = [1-1 资产合计]
var l = [5 利息支出]
var m = [2-4 销售费用]
var n = [2-4 管理费用]
var o = [2-4 研发费用]
var p = [406 营运资本]
var q = [2-6 营业外收入]-[2-6 营业外支出]
var r = [506 长期股权投资利润]
var s = [413 金融负债]-[402 金融资产]
var t = [2-7 利润总额]
var u = [419 长期资产]
var v = [420 长期资本(长期融资)]
var w = [511 税后金融利润]
var x = [3-2  筹资活动净现金]
var y = [3-2 投资活动净现金]
var z = CALCULATE([3 现金流量小计],'3-1 现金流量-辅助表'[项目名称]="分配股利、利润或偿付利息所支付的现金")
var k = SELECTEDVALUE('5 财务指标'[指标名称])
var a1 = SWITCH(k,
                "营业收入",a,
                "净利润",c,
                "净利润率",FORMAT(DIVIDE(c,a),"0.0%"),
                "总资产",j,
                "资产周转率",DIVIDE(a,j),
                "总资产回报率 ROA",FORMAT(DIVIDE(c,j),"0.0%"),
                "股东权益",g,
                "财务杠杆",DIVIDE(j,g),
                "股权回报率 ROE",FORMAT(DIVIDE(c,g),"0.0%")
                )
var a2 = SWITCH(k,
                "营业收入",a,
                "营业成本",e,
                "毛利",a-e,
                "毛利率",FORMAT(1-DIVIDE(e,a),"0.0%"),
                "综合费用",(a-e)-i,
                "综合费用率",FORMAT(DIVIDE((a-e)-i,a),"0.0%"),
```

```
                    "税后经营利润",i,
                    "税后经营利润率",FORMAT(DIVIDE(i,a),"0.0%"),
                    "税后金融利润",w,
                    "税后金融利润率",FORMAT(DIVIDE(w,a),"0.0%"),
                    "长期投资利润",r,
                    "长期投资利润率",FORMAT(DIVIDE(r,a),"0.0%"),
                    "实际利息支出",l,
                    "税盾",l-b,
                    "税后利息支出",b,
                    "净利润",c,
                    "净利润率",FORMAT(DIVIDE(c,a),"0.0%")
                )
var a3 = SWITCH(k,
                    "营业收入",a,
                    "销售费用",m,
                    "销售费用率",FORMAT(DIVIDE(m,a),"0.0%"),
                    "管理费用",n,
                    "管理费用率",FORMAT(DIVIDE(n,a),"0.0%"),
                    "研发费用",o,
                    "研发费用率",FORMAT(DIVIDE(o,a),"0.0%"),
                    "营业外收支",q,
                    "其他收益变动",t-w-r+l-m-n-o+q,
                    "其他收益变动率",FORMAT(DIVIDE(t-w-r+l-m-n-o+q,a),"0.0%")
                )
var a4 = SWITCH(k,
                    "营运资本周转率",DIVIDE(a,p),
                    "长期资产周转率",DIVIDE(a,u),
                    "固定资产周转率",DIVIDE(a,[1-6  固定资产]),
                    "存货周转率",divide(e,[1-5  存货]),
                    "应收账款周转率",DIVIDE(a,[1-8 应收账款]),
                    "应付账款周转率",DIVIDE(e,[1-7  应付账款])
                )
var a5 = SWITCH(k,
                    "营业收入",a,
                    "税后净利息费用",b,
                    "净利润",c,
                    "息前税后净利润",c-b,
                    "息前税后净利润率",FORMAT(DIVIDE(c-b,a),"0.0%"),
                    "资本净额",d,
                    "资本净额周转率",DIVIDE(a,d),
                    "息前税后资本回报率",FORMAT(DIVIDE(c-b,d),"0.0%"),
                    "净负债",s,
                    "利差",DIVIDE(c-b,d)-DIVIDE(b,s),
```

```
                    "净财务杠杆",DIVIDE(s,g),
                    "财务杠杆利得",DIVIDE(c,g) - DIVIDE(c-b,d),
                    "股权回报率",FORMAT(DIVIDE(c,g),"0.0%")
                )
var a6 = SWITCH(k,
                    "营业收入",a,
                    "经营现金净流量",h,
                    "净利润",c,
                    "营业收入现金含量水平",DIVIDE(h,a),
                    "净利润质量",DIVIDE(h,c),
                    "现金流充裕水平",DIVIDE(h,-x-y),
                    "购建固定资产现金流出",-y,
                    "支付股付现金流出",z,
                    "偿还借款现金流出",-x-z
                )
var a7 = SWITCH(k,
                    "长期资本(长期融资)",    v,
                    "长期资产",             u,
                    "长期资本余缺",         v-u,
                    "营运资本",             p,
                    "易变现率",             FORMAT(DIVIDE(v-u,p),"0.0%"),
                    "流动比率",             [6 偿债能力 流动比率],
                    "资产负债率",           FORMAT(DIVIDE(j-g,j),"0.0%"),
                    "利息保障倍数",         DIVIDE(t+l,l),
                    "现金流量利息保障倍数",  DIVIDE(h,l),
                    "现金流量债务比",        DIVIDE(h,j-g)
                )
var a8 = SWITCH(SELECTEDVALUE('5 财务指标'[指标类别]),
                    "1. 盈利性分析-ROE",a1,
                    "2. 净利润率分析",   a2,
                    "3. 综合费用分析",   a3,
                    "4. 资产周转率分析",a4,
                    "5. ROE 拆解二",    a5,
                    "6. 盈利质量分析",   a6,
                    "7. 偿债能力分析",   a7
                )
return a8


602 经营与风险图  =
var a = [2-1 营业总收入]
var b = [513 税后利息支出]
var c = [2-9 净利润]
var d = [422 资产净额]
```

```
var e = [2-3 营业成本]
var g = [416 所有者权益]
var h = [3-2 经营活动净现金]
var i = [512 税后经营利润]
var j = [1-1 资产合计]
var l = [5 利息支出]
var m = [2-4 销售费用]
var n = [2-4 管理费用]
var o = [2-4 研发费用]
var p = [406 营运资本]
var q = [2-6 营业外收入]-[2-6 营业外支出]
var r = [506 长期股权投资利润]
var s = [413 金融负债]-[402 金融资产]
var t = [2-7 利润总额]
var u = [419 长期资产]
var v = [420 长期资本(长期融资)]
var w = [511 税后金融利润]
var x = [3-2 筹资活动净现金]
var y = [3-2 投资活动净现金]
var z = CALCULATE([3 现金流量小计],'3-1 现金流量-辅助表'[项目名称]="分配股利、利润或偿付利息所支付的现金")
var k = SELECTEDVALUE('5 财务指标'[指标名称])
var a1 = SWITCH(k,
                "营业收入",a,
                "净利润",c,
                "净利润率",DIVIDE(c,a),
                "总资产",j,
                "资产周转率",DIVIDE(a,j),
                "总资产回报率 ROA",DIVIDE(c,j),
                "股东权益",g,
                "财务杠杆",DIVIDE(j,g),
                "股权回报率 ROE",DIVIDE(c,g)
                )
var a2 = SWITCH(k,
                "营业收入",a,
                "营业成本",e,
                "毛利",a-e,
                "毛利率",1-DIVIDE(e,a),
                "综合费用",(a-e)-i,
                "综合费用率",DIVIDE((a-e)-i,a),
                "税后经营利润",i,
                "税后经营利润率",DIVIDE(i,a),
                "税后金融利润",w,
```

```
                    "税后金融利润率",DIVIDE(w,a),
                    "长期投资利润",r,
                    "长期投资利润率",DIVIDE(r,a),
                    "实际利息支出",l,
                    "税盾",l-b,
                    "税后利息支出",b,
                    "净利润",c,
                    "净利润率",DIVIDE(c,a)
                )
var a3 = SWITCH(k,
                    "营业收入",a,
                    "销售费用",m,
                    "销售费用率",DIVIDE(m,a),
                    "管理费用",n,
                    "管理费用率",DIVIDE(n,a),
                    "研发费用",o,
                    "研发费用率",DIVIDE(o,a),
                    "营业外收支",q,
                    "其他收益变动",t-w-r+l-m-n-o+q,
                    "其他收益变动率",DIVIDE(t-w-r+l-m-n-o+q,a)
                )
var a4 = SWITCH(k,
                    "营运资本周转率",DIVIDE(a,p),
                    "长期资产周转率",DIVIDE(a,u),
                    "固定资产周转率",DIVIDE(a,[1-6  固定资产]),
                    "存货周转率",divide(e,[1-5  存货]),
                    "应收账款周转率",DIVIDE(a,[1-8 应收账款]),
                    "应付账款周转率",DIVIDE(e,[1-7  应付账款])
                )
var a5 = SWITCH(k,
                    "营业收入",a,
                    "税后净利息费用",b,
                    "净利润",c,
                    "息前税后净利润",c-b,
                    "息前税后净利润率",DIVIDE(c-b,a),
                    "资本净额",d,
                    "资本净额周转率",DIVIDE(a,d),
                    "息前税后资本回报率",DIVIDE(c-b,d),
                    "净负债",s,
                    "利差",DIVIDE(c-b,d)-DIVIDE(b,s),
                    "净财务杠杆",DIVIDE(s,g),
                    "财务杠杆利得",DIVIDE(c,g)-DIVIDE(c-b,d),
                    "股权回报率",DIVIDE(c,g)
```

```
            )
var a6 = SWITCH(k,
                "营业收入",a,
                "经营现金净流量",h,
                "净利润",c,
                "营业收入现金含量水平",DIVIDE(h,a),
                "净利润质量",          DIVIDE(h,c),
                "现金流充裕水平",      DIVIDE(h,-x-y),
                "购建固定资产现金流出",-y,
                "支付股付现金流出",z,
                "偿还借款现金流出",-x-z
            )
var a7 = SWITCH(k,
                "长期资本(长期融资)",   v,
                "长期资产",            u,
                "长期资本余缺",        v-u,
                "营运资本",            p,
                "易变现率",            DIVIDE(v-u,p),
                "流动比率",            [6 偿债能力 流动比率],
                "资产负债率",          DIVIDE(j-g,j),
                "利息保障倍数",        DIVIDE(t+l,l),
                "现金流量利息保障倍数", DIVIDE(h,l),
                "现金流量债务比",      DIVIDE(h,j-g)
            )
var a8 = SWITCH(SELECTEDVALUE('5 财务指标'[指标类别]),
                "1. 盈利性分析-ROE",a1,
                "2. 净利润率分析",   a2,
                "3. 综合费用分析",   a3,
                "4. 资产周转率分析",a4,
                "5. ROE 拆解二",    a5,
                "6. 盈利质量分析",   a6,
                "7. 偿债能力分析",   a7
            )
return a8
```

二、创建切片器

(1) 复制之前页面的切片器,完成分析大类和分析项目切片器(以下拉形式显示),完成分析指标切片器(以列表形式显示),如图 15-2 所示。

(2) 因各页面外观相对保持一致,因此不需要进行重复性的格式设置。

图 15-2　分析大类、分析项目、分析指标切片器

三、创建折线图

（1）复制之前页面的折线图,将"升序年季"中"年""年季度"放入 X 轴,"2 经营与风险图"度量值放入 Y 轴,"分析指标"度量值放入图例,"标杆公司"度量值放入工具提示完成历年趋势折线图,如图 15-3 所示,格式不需单独设置。

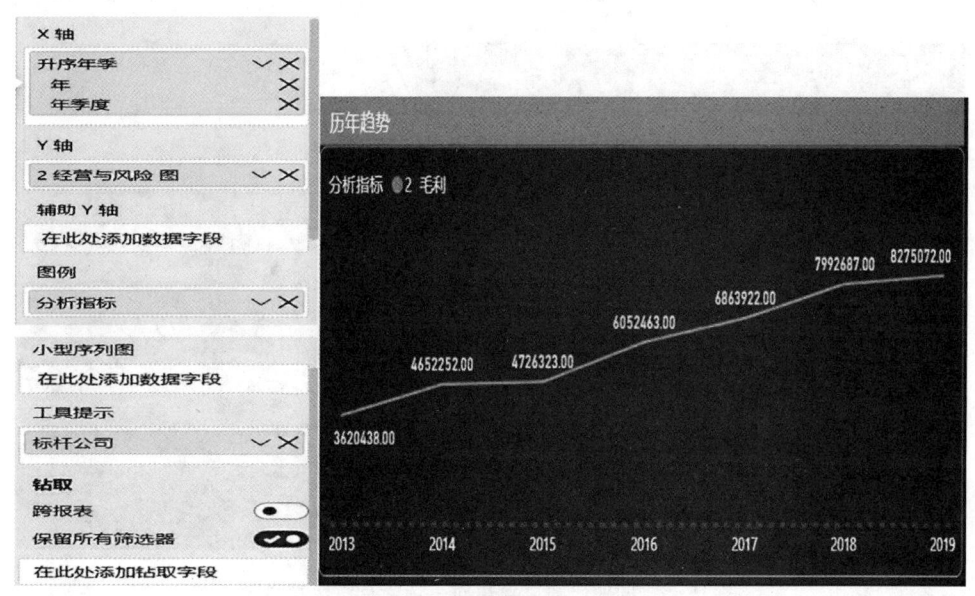

图 15-3　历年趋势折线图

（2）继续复制上述折线图,将将"升序年季"中"年""年季度"放入 X 轴,"历年趋势""同业均值""同业标杆"放入 Y 轴,"标杆公司"度量值放入工具提示完成同业比较之 VS 标杆 VS 均值趋势对比图,如图 15-4 所示。

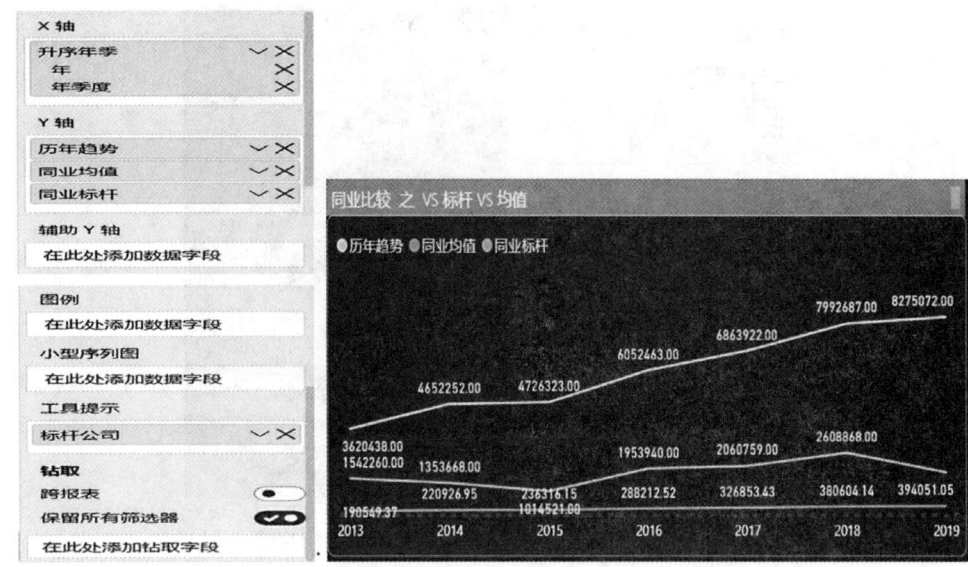

图 15-4 "同业比较之 VS 标杆 VS 均值"趋势图

(3) 复制粘贴上述切片器和折线图，切片器中将"02 公司简表[代码\名称\拼音]"放入切片器字段，实现同业比价之竞争对手选择的筛选器设置，折线图中将"升序年季"中"年""年季度"放入 X 轴，"2 经营与风险图"度量值放入 Y 轴，"公司名称"放入图例，完成与选定的竞争对手之间的趋势线对比图，如图 15-5 所示。

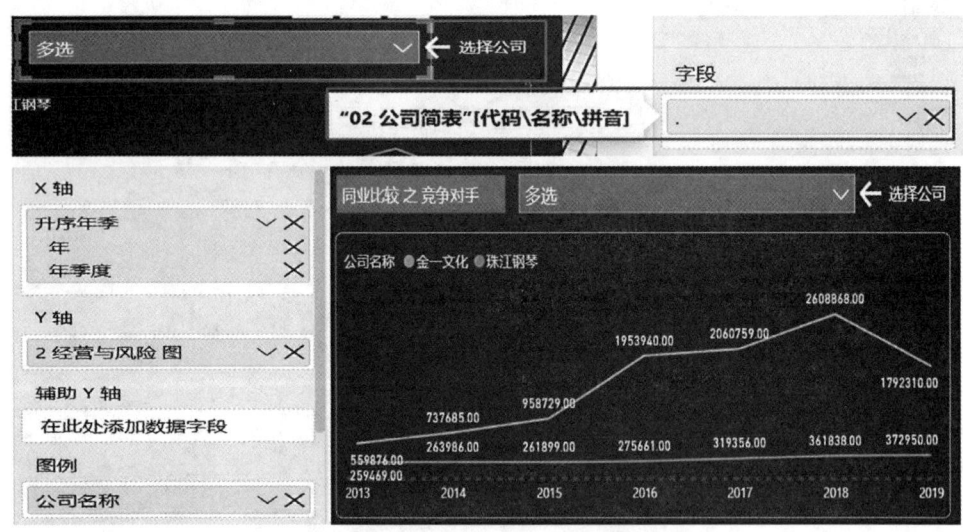

图 15-5 同业比较之竞争对手选择及对比趋势图

四、创建分析指标计算明细表

复制之前页面的可视化对象"矩阵"，将财务指标表中的"序号""公式""指标名称"列放入行中，"逆序年季""年""季度"放入列中，"1 经营与风险表"度量值放入值中，完成能够观察各类指标明细值的二维表,如图 15-6 所示,因该矩阵是从前面页面进行复制的可视化对象,因此不用再次进行格式设置。

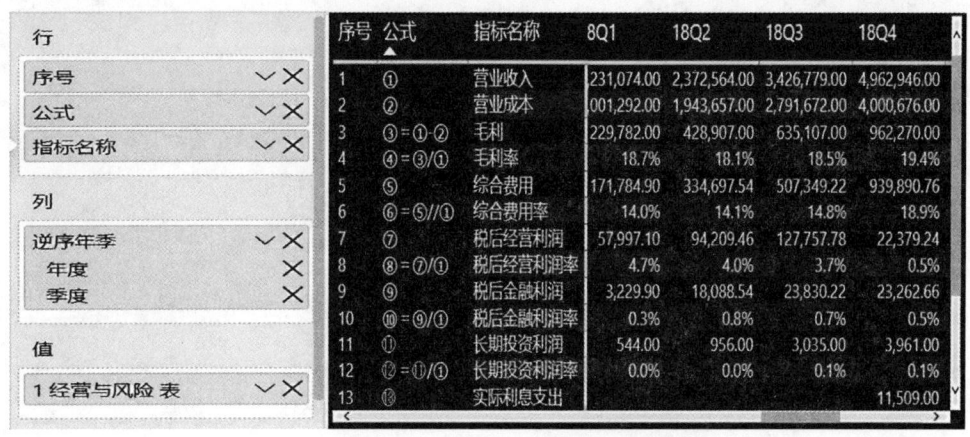

图 15-6 分析指标计算明细表

本章小结

本章是前面各类分析章节的小结,结合 Power BI 自身的优势和强大功能,详细介绍了趋势分析与预测分析法,通过对已知数据库中阶段性数据的特点扫描,对企业未来的财务走向进行预判。同时结合预测结果,从投资者角度评估企业价值和发展方向,并就经营过程中的风险要素进行识别和防范。读者学习本章时要意识到,虽然科技的进步可以提升数据分析和预测结果的准确性,但对于未来的预测和评估也依旧需要批判性的思维来适当取舍。

第五部分
交互式报表管理与分享

导入案例

在大部分的分析场景下,Power BI 在功能上可以完全代替 Excel 和 PowerPoint。如果说数据导入、数据建模、数据可视化是对 Excel 的计算与图表等功能的升级,那么交互式报表页面设计与分享则完全能够替代 PowerPoint 的功能并且有过之而无不及。因此,要想将 Power BI 报告变得易用易读且可以分享在不同群体,就需要在制作完成相关报告后,对其各页面设计风格进行统一,并且对创建的很多度量值进行合理管理,才能精益求精地创建能够为企业决策提供建设性意见的专有可视化报表。

第十六章
交互式财务可视化报表的管理与分享

第一节 / 度量值管理

度量值作为 Power BI 创建交互式报表的重要参数,无论是从其易用性、复用性的角度,还是为了后期进行维护和更新的必要,都需要结合可视化页面对度量值有针对性地进行管理,本书创建的度量值均以编号的方式,规范其命名和书写。

一、度量值引用规范

度量值有明确的引用列的文件路径,因此度量值本身便不再需要固定的文件路径,将度量值放在任意的表中都不会报错。基于此,建议大家使用以下度量值使用规范:①度量值前面不加文件路径;②引用列有文件路径(如果没路径系统就会报错)。这样的好处是一眼就能看出是度量值还是引用列。例如:

01 00 资产负债小计 = SUM('1 资产负债表'[值])/[00 00 计算单位]
　　// 有文件路径,是列
流动比率 = DIVIDE('00 度量值'[01 011 流动资产],'00 度量值'[01 021 流动负债])
　　//没有文件路径,是度量值

二、将所有度量值都收纳到一张表(文件夹)中

Power BI 所有的数据都是放在表中的,没有直接创建文件夹的方式,如果想将所有度量值都集中到一个文件夹,需要使用一张表来实现文件夹的目的。我们可以变通的方式,通过"主页—输入数据"来创建一张空表,表中不需要填数据,并将表名命名为"00 度量值",如图16-1 所示。

三、使用表实现度量值文件夹的建立

在创建完能够收纳度量值的表格后,可以选中度量值,在度量工具中为其更改主表,将其放置在"00 度量值表格中",此方法适用于初期建立度量值时,在已设定好的表格中再次建立度量值即可,如图16-2 所示。但是,若度量值已建立较多,上述方法的使用就相

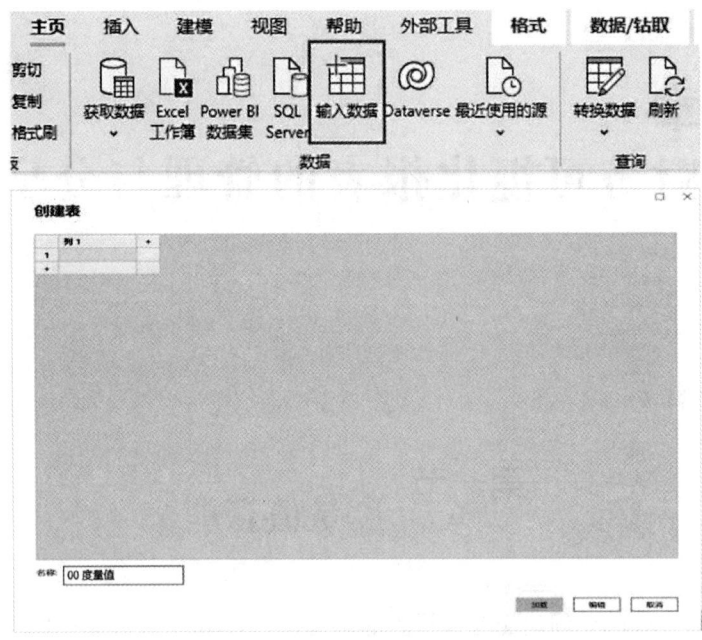

图 16-1　创建度量值收纳表

对比较繁琐。而度量值作为 Power Pivot 的核心部件，其功能是为了建立模型，因此，要想对已建立的度量值进行管理，就需要切换到模型视图，在该视图下所有的度量值，就可以通过按住 Shift 或 Ctrl 多个选择后用鼠标拖动到"00 度量值"表或直接改变其主表表名，如图 16-3 所示，从而实现一键式管理。并注意删除或隐藏建立度量值表时生成的空数据列。

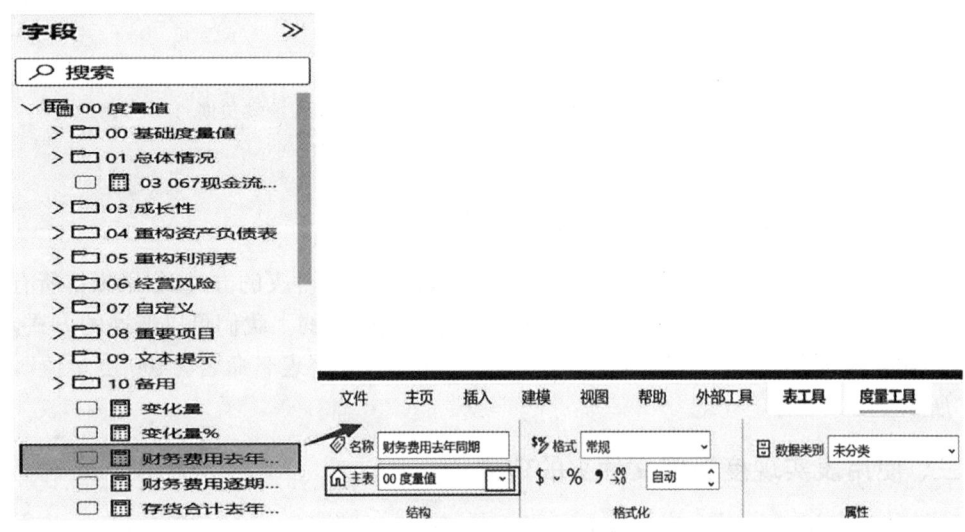

图 16-2　通过度量工具管理度量值位置

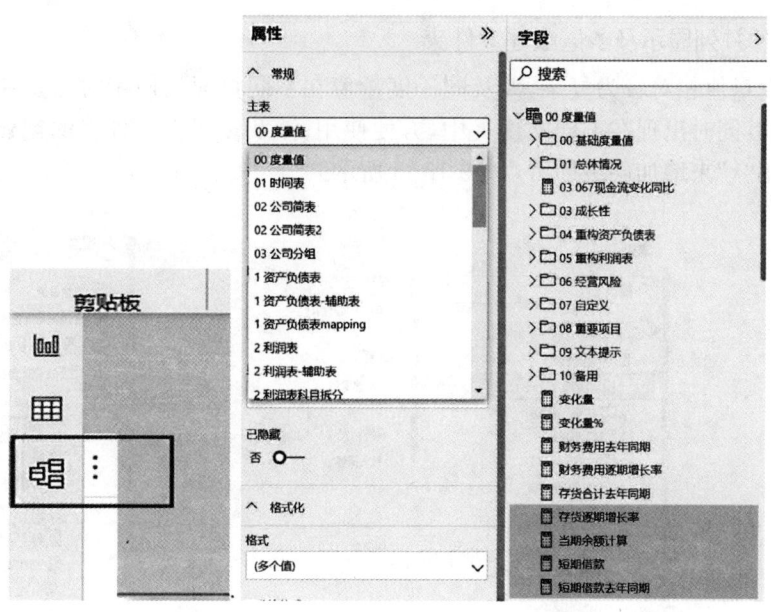

图 16-3　模型界面下的度量值一键管理

四、增加文件夹层级

在上述步骤的管理下,度量值可以快速存放至一张表内,但是本案例设计的度量值不仅数量多,且在不同报表界面下重复使用率极高,因此仅靠一个大文件夹,无法完成对度量值的精准管理。我们可以通过增加文件夹层级来对其进行精准管理,例如,本书将度量值按照可视化报表页面进行层级管理,若涉及一个度量值在多个页面使用,则将其平行放置在不同文件夹下。

（一）创建子文件夹

依旧在模型视图中进行操作,"ctrl"多选要归类的度量值,在左侧"属性"显示文件夹中填入文件夹名称并按"enter"就可以将度量值归集到以报表页面为名的文件夹中,如图 16-4 所示。

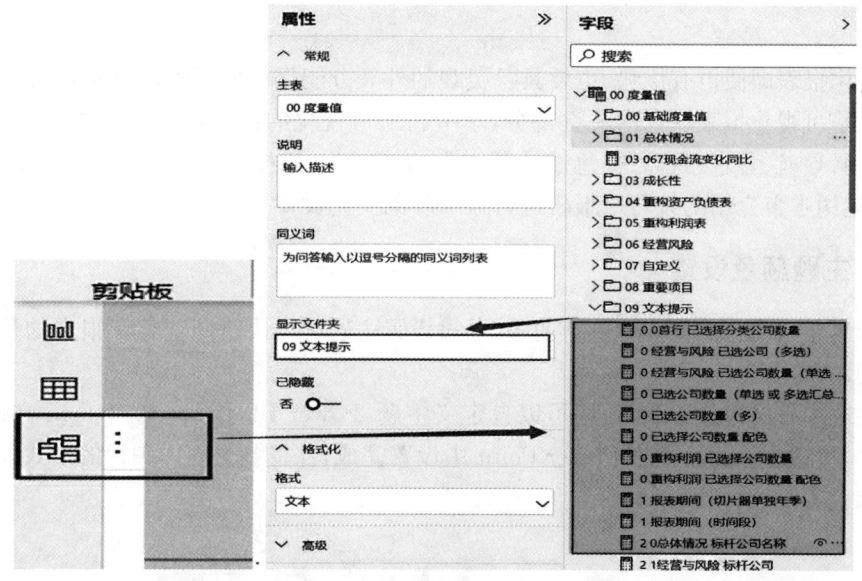

图 16-4　创建度量值子文件夹

（二）创建并列显示及多层级子文件夹

本书的度量值相对较为复杂，涉及同一度量值在不同页面的使用时需要在显示文件夹中用";"来使其同时出现在不同文件夹中，方便使用；涉及多层次文件夹的创建只需要在显示文件夹中用"\"来增加层级即可，如图 16-5 所示。

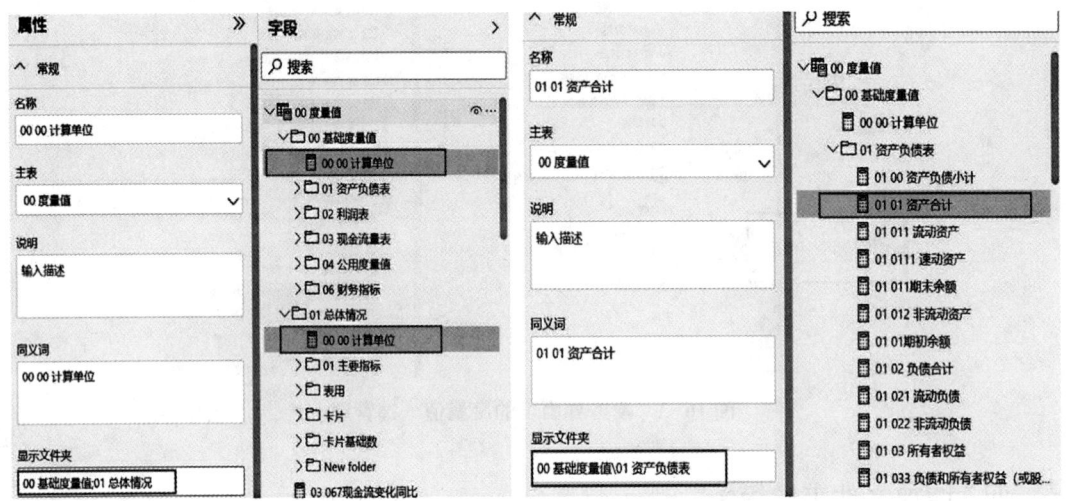

图 16-5 多表显示及多层级文件夹

度量值的管理并非强制要求，但是为了后期使用之便，仍然建议读者通过多种方法的结合，使得度量值的管理变得规范有序。

第二节 页面设计

可视化报表即便再有优势，也要具备美观的外表方能赢得使用者的青睐，因此页面的设计技巧也是可视化报表设计的关键部分，本节将从可视化的细节设计以及报告的整体效果上，如布局、导航、背景、封面、颜色设计等方面，来介绍一些技巧和思路，读者可以结合自己的报告，运用本节介绍的技巧对报告进行进一步的美化设计。

一、主题颜色设置

色彩对于可视化的重要性不言而喻，通过设置主题可以快速调整整个报告的色彩，如图 16-6 所示。

如果对内置的主题不满意，还可以自定义主题，Power BI 主题是通过 Json 文件来创建的。此外，可以提前将背景在 Power Point 中设置完成，并将各页面以图片的形式导入，能便于风格和色彩的统一。

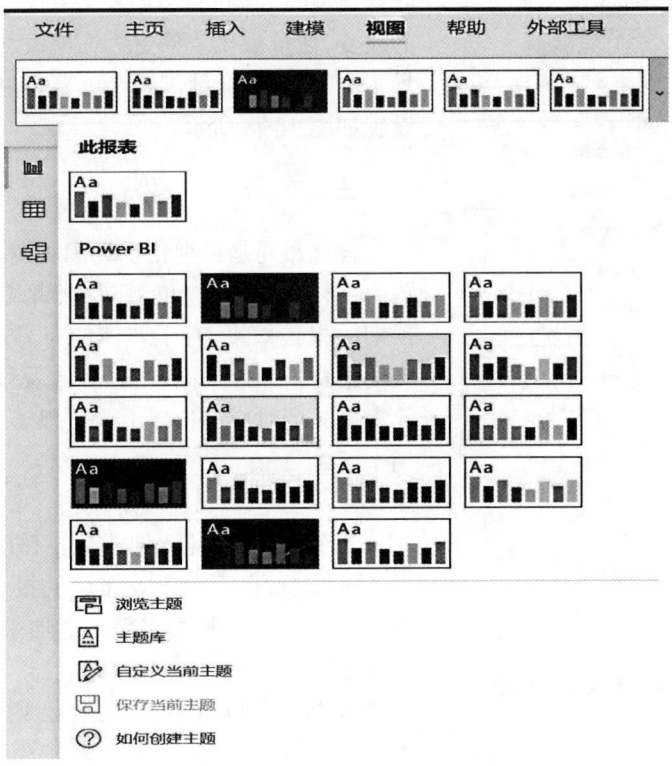

图 16-6 主题色设置

二、页面尺寸及页面背景

导入背景之前要首先锁定可视化报表的阅读者的阅读方式,Power BI 提供 PC 端和手机端的不同页面尺寸,如图 16-7 所示。而本书的可视化页面均使用 Power BI 默认的 16∶9 页面比例。

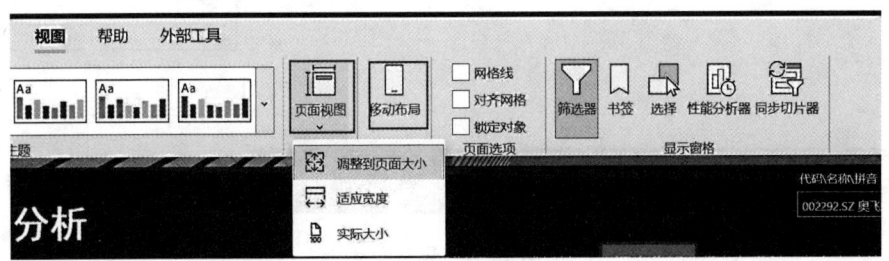

图 16-7 页面尺寸

页面背景又称画布背景,承载着主要的可视化呈现效果,要想 Power BI 的页面更加夺目,需要靠背景图片加持。而 Power BI 并不能灵活的设置字体,也没有太多的设计素材,如果可视化元素多且需要各种细节点缀,均可以在 PowerPoint 中完成背景图片设计并将其导入页面背景。然后将其插入 Power BI 页面的背景中,并将图表、切片器摆放到相应的位置。

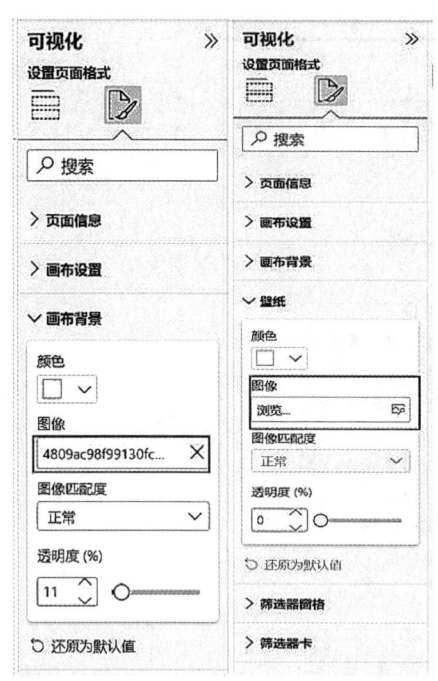

此外，还可以通过设置壁纸，并通过画布背景透明度的改变，使可视化效果更为惊艳大气。壁纸与画布背景不同的是，它会铺满整个屏幕，包括画布外围，具体设置如图16-8所示。

三、布局

合理布局是可视化呈现的关键，读者可以做一页图表，尝试怎么摆放更美观，或者先在纸上简单画出预期的报告效果，有了整体的布局思路以后，建议直接使用背景图片来固定布局，然后只需要将报告上的元素摆放到对应的位置上就可以了。

四、导航

一个多页的报告，通过点击下方的页码进行跳转会比较麻烦，也不利于发布后的报表进行使用，因此使用按钮制作导航能使交互更加平滑和自然。现在 Power BI 中有自动的页面导航器，不过不够灵活，个性化设置也很简陋，建议自己用按钮来设计，如图16-9所示。报告发送之前，一定要测试导航的效果，保证能够流畅地进入任意一个页面，也能从任意一个页面返回到初始页面。

图16-8 画布背景和壁纸设置

图16-9 导航设计

五、切片器

在一个报告中，切片器是非常重要的组成部件，其合理的使用直接决定了报告分析的维度是否有效。本书案例共建立通用切片器7个，分不同维度对企业经营情况进行分析，如图16-10所示，并且通过同步切片器和性能分析器将切片器共享在不同页面，使其实现不同角度的筛选。切片器的设计也有很多的技巧和方法，读者可以自己尝试，也可以利用网络资源进行更为深入的学习。

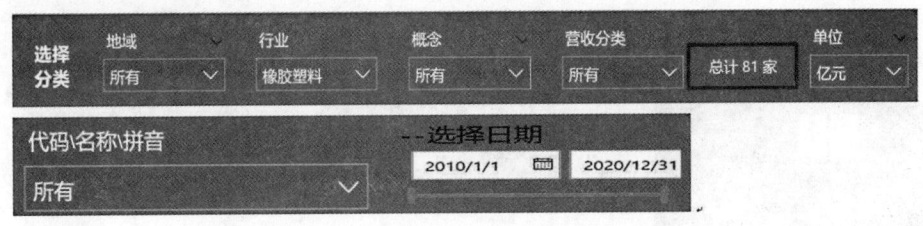

图 16-10　报表切片器

六、封面

其实这里所说的封面是一个普通的页面，只是我们可以把它打造成报告封面的效果。封面是用户打开报告后第一眼看到的页面，所以要设置得美观一些，我们可以选用一张合适的图片，并添加必要的信息，如报告的名称、组织的名称和 logo 等，作为该页面的壁纸。除了美观，它也是进入具体分析页面的入口，所以封面上的导航设计非常重要，如图 16-11 所示。

图 16-11　报告封面

七、隐藏视觉对象标头

在一个深色背景的报告上制作好图表，会发现右上角白色的视觉对象标头非常扎眼，可以通过在"选项＞报表设置"中，勾选"在阅读视图中隐藏视觉对象标头"，这样的设置只在阅读视图中有效，也就是发布以后，不会出现白色的标头。但是在 Power BI Desktop 编辑状态下，它是去不掉的，如果实在觉得难看，也可以通过变通的方式来隐藏它。在格式面板中，选中"常规＞标头"图标，将它的透明度设置为 100％，颜色设置为与背景色一致，这样即使在 Power BI Desktop 里面，右上角也不会再显示白色的图标。具体设置如图 16-12 所示。

图 16-12　隐藏视觉对象标头

八、特殊标识设计

作为多页面的交互式可视化分析系统,增设主页 logo、返回图标、问号图标、切片器结果显示等形式,可以使报表更为精细化。该部分设计与导航页设计类似,具体操作请参照导航设计。

第三节　报表分享

制作精美的交互式财务分析报表是要为企业提供决策支持的,因此报表的分享也显得尤为重要。如果单纯以 PPT 形式进行汇报,则失去了 Power BI 报表交互式的优势,因此要积极探索针对不同权限、不同目的下的报告分享形式。

发布到 Power BI 服务的最大优势就是继续保留报表的交互式效果,并可使得报表能够不受设备的限制,完成真正的共享。具体步骤如下。

(1) 在功能区上的"开始"选项卡中选择"发布",系统提示登录 Power BI,如图 16-13 所示。

(2) 登录完成后,会有显示的窗口要求提供已发布的报表要发送到的目标,可以将报表发布到可供整个组织访问的某个工作区(因此可与组织中的每个人共享该报表),或者可以将报表发布到其他可用工作区(显示哪些工作区取决于你和你的组织可以使用哪些工作区),还可以仅在自己的工作区("我的工作区")中共享报表。从自己的工作区中可以通过 Power BI 服务对报表执行更多操作(包括更广泛地共享报表)。在本节中,我们将选择"我的工作区",如图 16-14 所示。

(3) 完成发布过程后,会看到如图 16-15 所示的提示成功对话框。

(4) 登录 Power BI 时,服务的"仪表板""报表""数据集"部分会显示刚刚加载的 Power BI Desktop 文件。另一种共享工作的方法是从 Power BI 服务内部加载它。单击 https://app.powerbi.com 链接会在浏览器中打开 Power BI 服务。

第十六章 交互式财务可视化报表的管理与分享　341

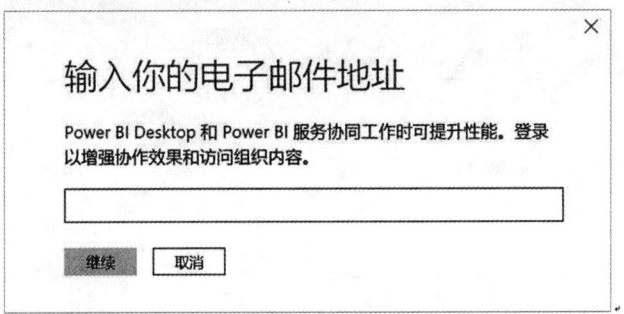

图 16-13　发布并登录

图 16-14　发布选项

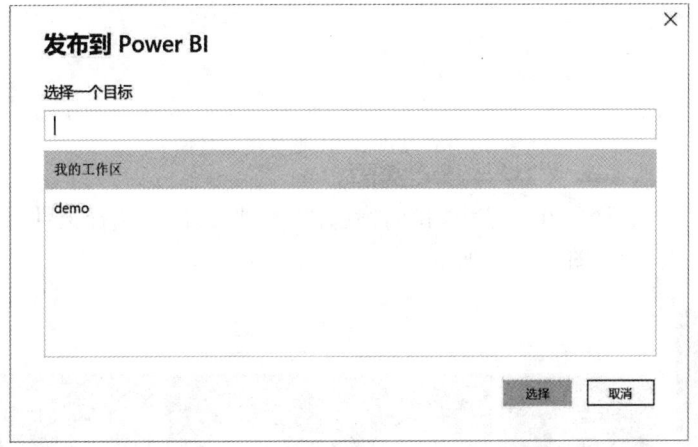

图 16-15　发布成功提示

（5）选择"获取数据"以开始执行加载 Power BI Desktop 报表的过程。在显示的"获取数据"页上，可以选择要从何处获取数据，在本节中，我们将选择"文件"框中的"获取"，如图 16-16 所示。

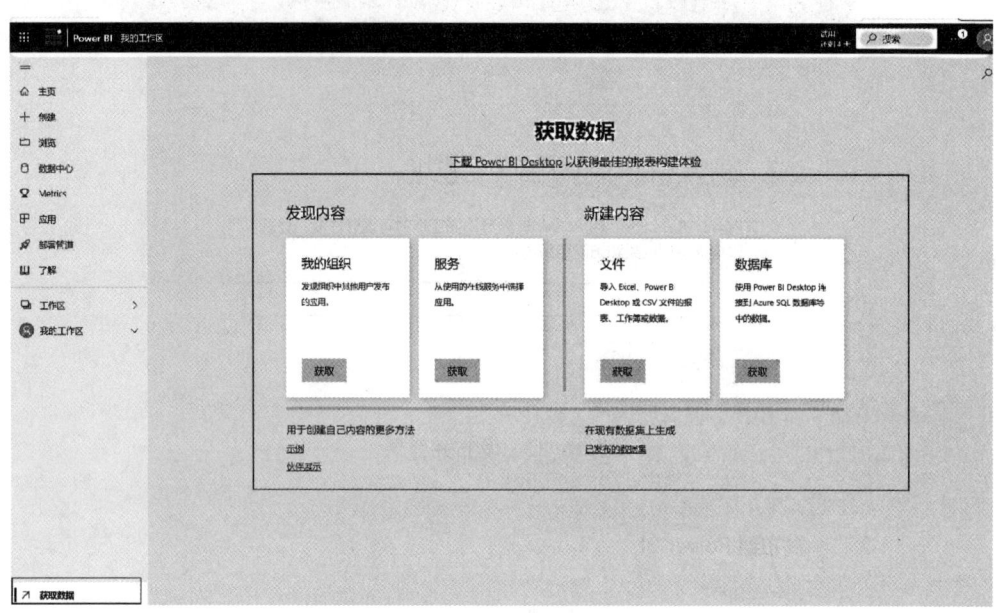

图 16-16　Power BI 服务获取数据

（6）显示"文件"视图。在本节中，我们将选择"本地文件"。选择文件后，Power BI 会上传该文件，如图 16-17 和图 16-18 所示。

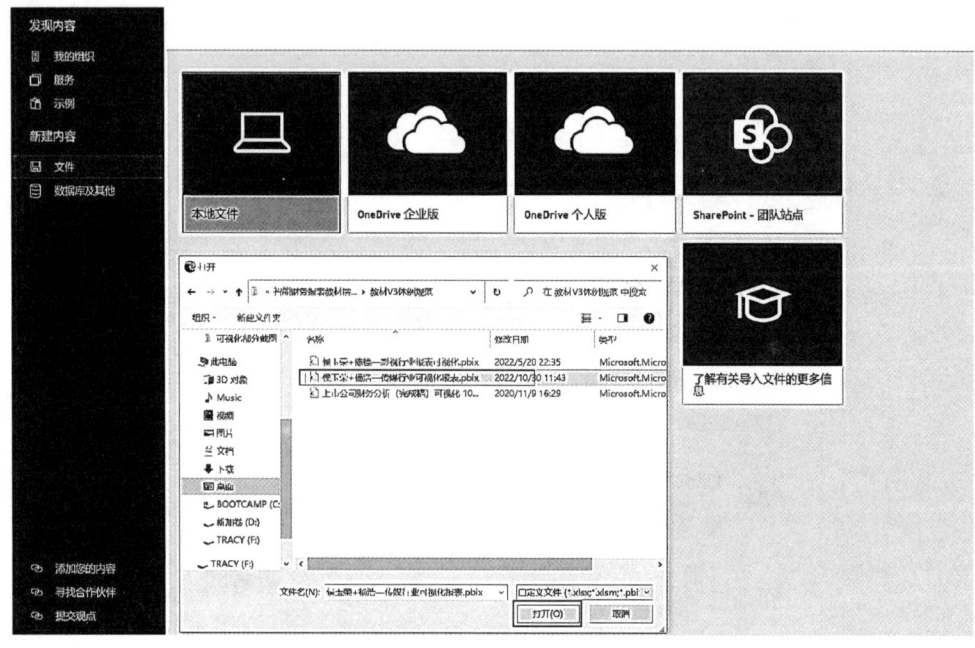

图 16-17　本地上传

图 16-18　上传成功

（7）上传文件后，可以选择该文件：在 Power BI 服务中，选择左侧窗格中的"我的工作区"，然后选择"报表"选项卡以显示所有报表，如图 16-19 所示。

图 16-19　在"我的工作区"选择上传报表

（8）选择报表（选择其名称）时，Power BI 服务会显示该报表的第一页。沿着该页面的左侧，可以选择任一选项卡以查看该报表页，如图 16-20 所示，可以通过在报表画布的顶部选择"编辑报表"，在 Power BI 服务中更改报表。Power BI 服务另存报表的操作如图 16-21 所示。

（9）Power BI 服务提供将报表导出为 Excel、PPT 和 PDF 格式，以导出 PPT 格式为例，导出过程完成后，Power BI 会告诉你 PowerPoint 文件已保存到的位置，并让你知道它已准备好与其他人共享，如图 16-22 和图 16-23 所示。此外，可以将报表共享成为 Web 链接，任意嵌套至各类报告方便阅读交互式分析报告。

了解如何创建和共享报表后，读者就可以充分发挥想象，使用数据讲述案例，然后在整个组织中进行共享。希望本书的报表制作能够为读者提供建设性意见。

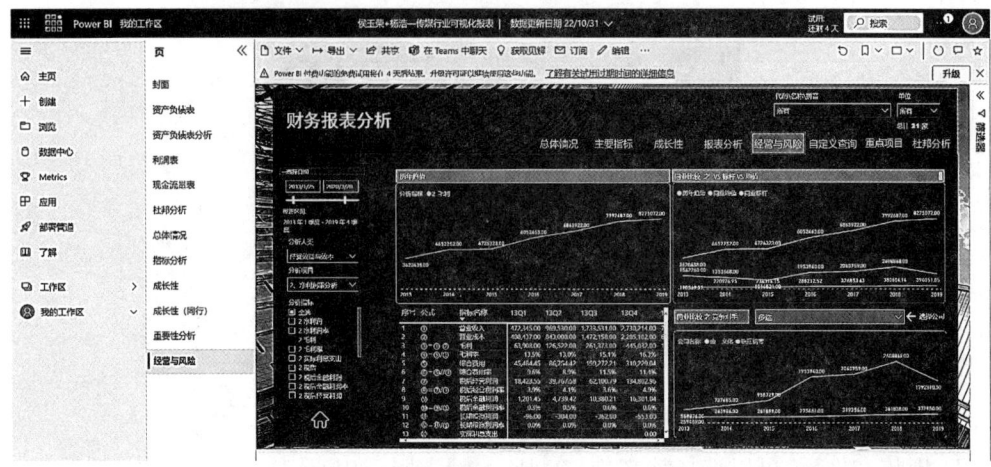

图 16-20 Power BI 服务查看并编辑报表

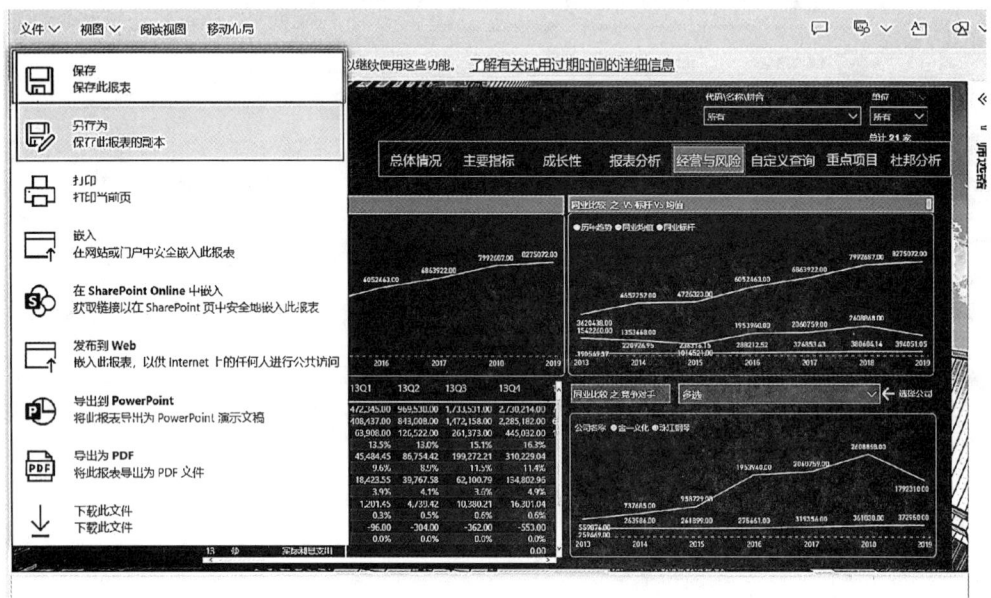

图 16-21 Power BI 服务另存报表

图 16-22 导出报表

第十六章 交互式财务可视化报表的管理与分享

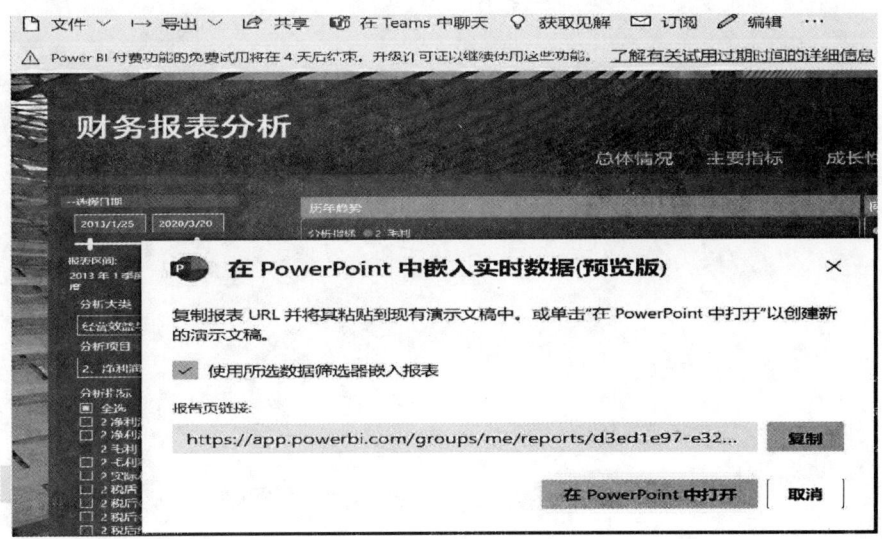

图 16-23　导出 PPT 成功

本章小结

本章提供了如何将可视化财报分析页面进行美化和发布以及度量值管理的技巧和方法，结合具体操作步骤，展示了如何进行上述内容的操作，为读者在今后实际工作中如何完整地开展财务数据分析工作提供了思路和方法。